马钢
MA GANG
年鉴
NIAN JIAN

《马钢年鉴》编辑委员会　编

北京
冶金工业出版社
2020

1. 2019 年 3 月 27 日，安徽省委书记李锦斌到马钢考察调研
2. 2019 年 9 月 26—27 日，中国宝武党委书记、董事长陈德荣率队到马钢调研，赴现场实地了解马钢炼钢生产、环保工程建设、原燃料保供工作情况（图为调研“长江大保护”工作）
3. 2019 年 11 月 19 日，中国宝武党委书记、董事长陈德荣一行到马钢调研

④ 2019年10月10日，中国宝武党委副书记、总经理胡望明一行到马钢调研

⑤ 2019年4月15日，中国工程院副院长、院士何华武，中国工程院原副院长、院士干勇，铁总科信部副主任齐延辉一行到访马钢

⑥ 2019年4月29日，辽宁省人大常委会党组副书记、副主任孙国相一行到马钢调研

1. 2019 年 9 月 19 日，中国宝武与马钢集团重组实施协议签约仪式在合肥举行
2. 2019 年 9 月 24—25 日，由工业和信息化部节能与综合利用司主办，冶金工业规划研究院、马钢（集团）控股有限公司、中国节能协会冶金工业节能专业委员会承办的“节能服务进企业”活动暨钢铁行业节能技术和先进电机交流活动在马鞍山市举行
3. 2019 年 1 月 24 日，马鞍山市与马钢融合发展工作对接会在马钢办公楼召开
4. 2019 年 4 月 22 日，“马钢杯”第六届全国大学生物流设计大赛颁奖典礼会场

5 2019年1月12日，马钢高寒地区结构用热轧H型钢获中国钢铁工业协会产品开发市场开拓奖（图为生产线）

6 2019年2月，马钢成功研制开发国内最高钢级140V页岩气油井管用钢（图为连铸圆坯）

7 2019年5月8日，马钢“十三五”重点工程长材事业部重型H型钢生产线厂房竖起第一根钢柱

8 2019年1月9日，马钢集团举行废钢公司、化工能源公司、新型建材公司揭牌仪式

5

6

7

8

⑨ 2019 年 12 月 31 日，中国宝武陈德荣、胡望明同志到马钢参加专业化整合融合启动会

⑩ 2019 年 1 月 18 日，马钢举行 2019 年多元产业合作发展大会

⑪ 2019 年 5 月 17 日，马钢举行“轨道交通关键零部件安徽省技术创新中心”建设可行性方案论证会

⑫ 2019 年 8 月 30 日，马钢举行“国家、省重点实验室轨道交通关键零部件先进制造技术国家地方联合工程研究中心”启动会暨“高性能轨道交通新材料及安全控制安徽省重点实验室”学术委员会

⑬ 2019年3—11月，马钢实施“长江大保护”环境整治系列工程（图为实施港料码头料场封闭改造）

⑭ 2019年3—11月，马钢实施“长江大保护”环境整治系列工程（图为马钢股份能控中心北区制水站浓缩池整治）

⑮ 2019年3—11月，马钢实施“长江大保护”环境整治系列工程（图为实施排烟管道洁化、美化）

⑯ 2019年3—11月，马钢实施“长江大保护”环境整治系列工程（图为实施废渣处理区域绿化建设）

⑰ 2019年3—11月，马钢实施“长江大保护”环境整治系列工程（图为马钢实施长江段沿江绿化建设）

①②③ 2019 年 1 月，马钢组织开展职工文艺汇演

④ 2019 年 10 月，马钢参加马鞍山市“金秋花展”，展品荣获一等奖

⑤⑥ 2019 年 6—9 月，庆祝新中国成立 70 周年，马钢组织开展“我和我的祖国”快闪活动

《马钢年鉴》编辑委员会

编辑工作人员

编　　辑　李一丹　姜国强

美术编辑　李一丹

摄影编辑　刘正发

图片摄影人员

刘正发　张明伟　刘军捷　张　磊　罗继胜
张贝贝　程年兵　张耀妮　高　铭

目　　录

特　　载

企业大事记

概　　述

集团公司机关部门

集团公司直属机构

集团公司分子公司

马鞍山钢铁股份有限公司

马钢矿业资源集团公司

马钢工程技术集团公司

集团公司合资公司

统计资料

人　物

附　录

特 载

马钢年鉴

MAGANG NIANJIAN

领导考察、调研

【中国工程院副院长、院士何华武,中国工程院原副院长、院士干勇,铁路总公司科信部副主任齐延辉一行到访马钢】 2019年4月15日上午,中国工程院副院长、院士何华武,中国工程院原副院长、院士干勇,铁路总公司科信部副主任齐延辉一行到访马钢。集团公司总经理、股份公司董事长丁毅,股份公司副总经理张文洋,股份公司副总工程师乌力平接待了何华武一行。公司相关部门、单位负责人参加座谈。

座谈中,何华武指出,近年来我国高速轮轴产品国产化进程不断加快,马钢在高速轮轴产品上也取得了不错的成绩。何华武希望,马钢做好时速350千米高速车轮产品在复兴号列车上装车运用情况的系统总结和数据分析,为马钢高速车轮产品下一步的发展打下坚实的基础。何华武表示,将积极帮助协调解决问题,为马钢轮轴产业发展提供支持。

丁毅对何华武一行到马钢参观指导工作表示欢迎,对中国工程院多年来给予马钢的大力支持表示感谢。丁毅表示,马钢正致力于打造中国最具竞争力的轨道交通装备产业集聚基地,在构建完善车轮、车轴、轮对研发、制造、维修、物流等一体化业务,为用户提供全流程服务的同时,进一步提升质量意识,完善质量管控体系,全力确保轮轴产品的质量安全,为建设交通强国做出应有的贡献。

座谈前,丁毅陪同齐延辉一行参观调研了特钢公司生产线。座谈会上,技术中心相关负责人汇报了中国工程院重大咨询研究项目"高速轮对产品产业化战略研究"进展情况。

(张　轩)

【中国宝武党委书记、董事长陈德荣率队到马钢调研】 2019年9月26—27日,中国宝武党委书记、董事长陈德荣率队到马钢调研,赴现场实地了解马钢炼钢生产、环保工程建设、原燃料保供工作情况,主持召开班子见面会。在调研过程中,陈德荣强调,兄弟同心,其利断金,马钢要按照中国宝武的整体安排部署来推进内部整合协同,推进深度融合发展,要通过创新、联合重组,走出一条中国国有企业的钢铁发展道路,为全集团竞争力的提升、为打造亿吨宝武作出马钢贡献,在为人民谋幸福、为民族谋复兴的伟大进程中彰显央企的使命和担当。在马钢调研期间,陈德荣在中国宝武副总经理张锦刚,马钢集团党委书记、董事长魏尧,马钢集团党委副书记、总经理、马钢股份董事长丁毅等的陪同下,会见了马鞍山市委书记张岳峰,市委副书记、市长袁方,市人大常委会主任从辉,市政协主席李群,市委常委、常务副市长吴劲等,并同他们进行了亲切交流。在班子见面会上,陈德荣与马钢集团领导班子成员、马钢股份经营层成员见面,并听取了马钢的工作汇报。魏尧指出,2019年以来,马钢坚持以习近平新时代中国特色社会主义思想为指导,坚持稳中求进工作总基调,强化"效率、效益"双引擎,聚焦变革突破、聚力价值创造,全面推进精益运营,保持了企业经营大局稳定。在全力以赴抓好生产经营和改革管理工作的同时,马钢积极配合重组工作,成立专班,驻点合肥,全力配合中国宝武、安徽省国资委,做了大量深入细致的工作。同时,主动融入对接,努力为重组顺利实施营造良好氛围和条件。魏尧指出,中国宝武重组马钢集团,是马钢集团发展史上具有里程碑意义的大事。通过重组,马钢集团成为中国宝武大家庭的一分子,在中国宝武的直接领导下,我们将努力重塑竞争新优势,加快打造治理规范、管理科学、技术先进、核心竞争力进一步增强的新马钢,实现更高质量发展。魏尧表示,做好重组深度融合工作,是当前和今后一个时期马钢集团的中心工作。就有序开展对接工作、做好深度融合工作,马钢将重点做好四个方面的工作:一是加快制度接轨;二是做好规划承接;三是强化运营协同;四是加速专业化整合。陈德荣指出,中国宝武与马钢重组,是顺势而为的举措,符合中央供给侧结构性改革的精神和要求,符合双方企业自身的利益及长远发展,顺应了时代,顺应了发展的趋势。陈德荣表示,中国宝武与马钢集团共饮一江水,双方联合重组可谓是天作之合。现在我们是一家人,一家人就要在一起,共同应对市场,共同追求未来长远更大的发展。兄弟同心,其利断金,从两家企业来说,产品、工艺各方面都可以优势互补,联合的目的就是要发挥协同效应。我们一定要按照习近平新时代中国特色社会主义思想和新发展理念来发展,要通过改革、创新、联合重组来走出一条中国国有企业的钢铁发展道路,推进资源要素的优化配置,推进行业竞争力提升。陈德荣指出,中国宝武与马钢重组是为了发展,发展是为了成果共享。习近平总书记的新发展理念"创新、协调、绿色、开放、共享",最终落点是在共享上。重组的最终目的是让大家都过上美好生活。要通过大力发展多元产业,大力培育新兴产业,为更多职工拓展职业发展空间,提供更多就业机会,确保转岗不下岗、转业不失业;要深入贯彻绿色发展理念,积极推进智慧工厂建设,进一步美化靓化厂区环境;要推进财务共享建设,实现财务共享系统在马钢集团的100%全覆盖。陈德荣强调,“不忘初心、牢记使命”主题教育让我们这代人牢记钢铁报国初心,实现中华民族伟大复兴是我们钢铁人的使命和追求。一是大力推进产业联合重组。中国钢铁企业300多家,正处在“春秋时代”,必须通过联合重组,提高市场占有率,建立一个有序的市场秩序。如果一个行业的前三强,没有达到行业50%以上的市场份额,这就不是一个成熟的行业,中国钢铁工业远没有成熟,联合重组势在必行。二是推进内部整合协同。集团要实行专业化整合,在专业化能力培育的基础上,体现规模效应,实现整体效率提升。亿吨宝武需要更多在细分领域的“单打冠军”。我们追求的是集团利益最大化、员工利益最大化、国家利益最大化,一定要教育引导干部员工按照集团统一的战略部署行动。三是携手成为全球钢铁业引领者。宝武是我们共同的宝武,我们正在从事一项共同的伟大事业,前无古人。亿吨宝武,愿景是成为全球钢铁业引领者,使命是共建高质量钢铁生态圈,目的是为了共享。亿吨宝武也是绿色、智慧、精品的。重组后,如何发挥出最大的效应,能够以最快的速度、最美丽的弧线、最安全地到达我们的彼岸,马钢应该作出应有的贡献。四是加快推进深度融合发展。再好的愿景都需要我们脚踏实地,一步一步地走。要按照集团的战略,按照总体布局来思考、安排、推进各项工作。希望马钢全体干部职工按照中国宝武、按照马钢党委工作的整体安排部署来推进工作,相信在大家的共同努力下,我们共同的事业一定会越来越兴旺。魏尧指出,陈德荣董事长的讲话高屋建瓴、振奋人心,让马钢明确了前进的方向、奋斗的目标,为大家注入了压力和动力。作为宝武大家庭的一分子,马钢人将提振精气神、增强责任心,抢抓每一天、干好每件事,为实现亿吨宝武作出马钢的努力和贡献。中国宝武钢铁业发展中心、办公厅、战略规划部、党委组织部、财务部、公司治理部,集团公司办公室主要负责人参加调研和见面会。

(金　翔)

【中国宝武党委书记、董事长陈德荣一行到马钢调研】 2019年11月19—20日,中国宝武党委书记、董事长陈德荣到马钢调研。中国宝武副总经理张锦刚,集团总部相关部门的负责人参加了调研。陈德荣要求,遵循“一业一企,一企一业”的原则,加快专业化整合,发挥整合协同效应;通过专业化能力的培育、提升,追求极致的高效率,实现产业化发展,为中国宝武成为全球钢铁业引领者作出应有的贡献。19日上午,陈德荣在听取了马钢股份关于工作情况和2020年工作基本思路的汇报后指出,马钢通过技术创新、现场严格管理,开创了中国钢铁工业的很多“第一”,很受感动。但也应该看到,产品多样化、产线多样化,也相对弱化了企业的竞争力。他要求,要抓紧推进新战略发展规划落地,要着眼于钢铁工业发展大趋势、中国宝武整体战略的大背景,瞄准最擅长、最具盈利能力、与市场对接最好的产品产线,做好新的战略发展规划。要抓住机会,开疆拓土,只有成为头部企业,才会有头部效益。要追求效率,高效率才有高效益。19日下午,陈德荣在听取了马钢轮轴事业部关于生产经营情况、产品研发与市场开拓、发展设想及存在问题等方面的汇报后指出,作为国民经济发展中非常重要的产业,城际高铁、轨道交通会迎来大发展。马钢轮轴是个好品牌,有着深厚的积淀。厚积薄发,要抓住市场机遇,转变观念,秉承没有竞争对手、只有合作伙伴的生态圈理念,通过资本的方式、联合的方式,提高产业集中度,提升专业化能力,快速发展壮大产业,在集团的“一基五元”产业布局中确立自己的地位。接着,陈德荣一行来到马钢废钢公司中控室,了解生产运行情况,并听取了废钢公司关于战略规划、智慧制造与流通交易平台、市场开拓、管控模式建设等方面的工作汇报。陈德荣指出,对集团而言,废钢业是具有巨大战略协同价值的行业,未来前景很好。作为国有企业,要有规范行业秩序的责任与担当,依法合规经营是底线。要加大技术创新的力度,支撑商业模式运行,并快速复制,抢占市场的先机。20日上午,陈德荣在听取了马钢矿业资源集团从集团基本情况,智慧矿山、绿色发展现状与规划,下一步整合融合的建议等方面的汇报后指出,互联网、大数据、5G等信息技术的发展,将给传统矿山带来颠覆性变革,要通过智慧型矿山建设,打造未来矿山。中国宝武与马钢联合重组后,矿山资源业通过整合具备了对外开疆拓土的能力,大家要转变观念,要做全球化矿业资源市场的开拓者。在听取了长钢股份基本情况、主要装备及产能情况、生产经营情况、工作重点及目标等方面汇报后,陈德荣充分肯定了长钢股份近年来取得的成绩,他勉励长钢股份创新永无止境、管理提升永无止境,进一步深化、完善体制机制,实现共赢,力争打造成混合所有制的样板范例。20日下午,陈德荣在听取了飞马智科的工作汇报后指出,未来是智能时代，智能科技产业未来有很大的发展空间。中国宝武正在推进智慧制造，要通过集团内的专业化整合协同，发挥各自优势，实现自身产业的发展，实现中国宝武智慧制造能力的极大提升。在听取了马钢工程技术集团基本情况、改革发展和运营情况、战略规划和运营改善等方面汇报后，陈德荣指出，工程设备检修很重要，亿吨宝武有很多生产线，我们的检修力量、技术积累是他人无法比拟的。要整合协同，提升设备体系的专业化能力，形成产业化。在产业互联网时代，推进商业模式创新，形成有效机制，实现"1+1>2"，为集团效益最大化作出贡献。

（张　轩）

要事记述

【马钢举行废钢公司、化工能源公司、新型建材公司揭牌仪式】　2019 年 1 月 9 日上午，马钢集团废钢公司、化工能源公司、新型建材公司揭牌仪式在公司办公楼 413 会议室举行。以此为标志，三家公司正式作为集团公司一级子公司运营管理。集团公司党委书记、董事长魏尧出席揭牌仪式并强调，要完善管控模式，规范公司治理；强化市场意识，加快转型发展；转换运营方式，提升效率效益，壮大多元规模体量、培育多元支柱产业，增强集团整体抗御市场风险能力和竞争力。

集团公司总经理、股份公司董事长丁毅主持仪式。集团公司党委副书记、纪委书记陈冬生，集团公司副总经理唐琪明、陈昭启、蒋育翔出席仪式。集团公司机关部门和直属机构主要负责人，三家揭牌单位领导班子成员、董事、监事、部门主要负责人参加仪式。

魏尧代表公司对三家公司揭牌表示热烈祝贺。魏尧强调，多元产业是马钢综合竞争力的重要组成部分。在集团层面组建废钢公司、化工能源公司、新型建材公司，是推动钢铁做精做优、多元做大做强的现实需要，是壮大多元规模体量、培育多元支柱产业的内在要求，是增强集团整体抗御市场风险能力和竞争力的重大举措，对于加快公司转型升级、实现高质量发展，意义重大，影响深远。

魏尧指出，马钢多元产业发展总的方向是，坚持有所为有所不为，集中优质资源，努力使废钢资源、矿产资源、工程技术、化工能源等产业尽快迈上 50 至 100 亿级营收平台。此次三家单位的成功揭牌，开启了集团化管控、产业化发展、市场化运营的新征程。

魏尧对三家单位提出了三点要求。一是完善管控模式，规范公司治理。三家单位作为集团公司的一级子公司，要适应集团管控要求，加快建立健全以公司章程为核心的现代企业制度体系，为企业运营提供基本遵循，做到学章程、用章程、遵守章程。要充分发挥好党委领导作用、董事会决策作用和经理层经营管理作用，处理好子公司与集团总部的关系，按照独立市场主体要求，自己的事自己处理、自己的事自己解决、自己的事自己负责。要处理好自主发展与风险管控的关系，把风险管控放在第一位，坚持问题导向和目标导向，调动职工积极性办企业、依靠职工办企业；要树立效益导向，在打造双引擎上下功夫，在变革突破、价值创造上下功夫，在提高服务水平上下功夫，到市场中去打拼，通过提高经营绩效来增加职工收入。要处理好制度管人和流程管事的关系，做到依法依规治企，提升企业的运行效率，集团放权并不是放任，子公司必须依法依规，按章程、按制度行使权力；要健全与集团管控模式相适应的管理流程、业务流程，对企业的各类制度，该建立的要建立，该修订的要修订，该废止的要废止，确保所有经营管理行为都在制度、规矩下运行。二是强化市场意识，加快转型发展。作为依法自主经营、自负盈亏、自担风险、自我约束、自我发展的独立市场主体，三家单位要进一步强化市场意识、发展意识，遵循市场规律，突出市场行为，加快从保产服务型向市场经营型转变，增强自主经营的能力，依托而不依赖内部市场，聚焦主业、聚焦核心产品的技术，大力开拓外部市场，快速提升外部收入的占比，壮大规模体量，努力形成支柱板块。三是转换运营方式，提升效率效益。要强化"效率、效益"双引擎，坚定实施创新驱动发展战略，强化科技引领，深化管理、技术、文化和商业模式创新，积极推行"基地+"模式，构建具有各自产业特色的市场化运营管理体系，提高全要素生产率，不断增强产业发展创新力和竞争力。废钢公司要率先突破百亿级营收，力争成为行业标准的制定者和废钢资源市场的引领者；化工能源公司要加快外部产业基地建设，构建本部创新引领、多基地协同发展、板块一体化运营的产业格局；新型建材公司要加强区域资源整合，推进产能合作，提高矿粉产销量，形成具有区域影响力和辐射力的品牌企业。

魏尧强调，推动废钢公司、化工能源公司、新型建材公司健康可持续发展，是公司上下的一致目标。希望公司职能部门加强工作指导和管理服务,明晰权责清单,该放的要放到位,该管的也要管到位,支持三家公司实现更高质量、更有效率、更可持续的发展。

丁毅希望三家单位,抢抓发展机遇,转变经营理念,明确发展定位,加速转型升级,在新平台上实现更高质量发展。要加快做大规模,在服务内部市场的同时,持续加大外部市场开拓力度,提高区域市场占有率,快速壮大规模和体量。要加快做强实力,积极推进流程整合和业务归并,大力实施产品、技术和服务升级,深化产业链延伸,不断提高供给质量。要加快规范运营,坚持党建引领,完善法人治理结构,优化管控流程,抓好风险防控;要紧扣关键指标,强化精益管理,加快信息化建设,提高运营效率。

三家单位负责人先后在仪式上作表态发言。

上午9时38分,魏尧、丁毅等为三家单位揭牌。

(张　泓)

【马钢举行2019年多元产业合作发展大会】 2019年1月18日,马钢集团公司2019年多元产业合作发展大会在马鞍山金鹰尚美酒店金鹰厅隆重举行。此次大会旨在进一步宣传推介马钢多元产业,树立品牌意识、客户意识,加快推进多元产业向市场经营型转变。

大会由集团公司副总经理蒋育翔主持。集团公司党委书记、董事长魏尧致辞,集团公司总经理、股份公司董事长丁毅作主题报告。市委常委、市政府常务副市长周善武出席会议。中国钢铁工业协会副会长、冶金工业规划研究院院长李新创,中煤矿山建设集团有限公司总经理郑玉建,中钢国际工程技术股份有限公司党委书记、董事长陆鹏程,中钢集团鞍山热能研究院院长张功多,华电煤业集团有限公司副总经理徐建伟,清华大学电机工程与应用电子技术系教授张贵新,日本发那科公司常务理事、机器人事业本部部长補佐鸟居信利作为相关方代表先后在大会上致辞。马钢领导陈冬生、张晓峰、苏世怀、唐琪明、陈昭启、蒋育翔、陆克从、严华、任天宝及张乾春、王文潇,马鞍山市、区、县,市直机关部门有关领导,马钢机关部门和直属机构主要负责人,马钢各多元产业负责人参加会议。

魏尧在致辞中代表马钢,向莅临大会的领导、来宾表示热烈的欢迎,向长期关心支持马钢改革发展的合作伙伴、各界朋友表示衷心的感谢。魏尧说,刚刚过去的2018年是马钢成立60周年,也是毛主席视察马钢60周年。马钢坚持以新发展理念为引领,以发展为第一要务,以创新为第一动力,以人才为第一资源,积极抢抓供给侧结构性改革机遇,奋力进位赶超,开创了马钢转型发展的崭新局面,全年马钢生产钢1966万吨,实现营业收入946亿元、利润总额91亿元,上缴税金56亿元,经营绩效创历史最好水平。

魏尧表示,马钢一年来的显著进步,是开放合作、融通发展的重要体现。无论是市场合作、技术合作,还是项目合作、资本合作,都实现了新的发展,迈上了新的平台。我们不仅收获了丰硕成果,促进了共同发展,也增进了沟通了解、相互信任,这为今后的深化合作、长远合作奠定了更加坚实的基础。面对新变化、新机遇,马钢将加快落实高质量发展的总要求,强化“效率、效益”双引擎,聚焦变革突破,聚力价值创造,推进全面精益运营,持续提升马钢创新力和竞争力;通过推进开放融合发展,加快改革创新步伐,推动产业提质增效,抢占新一轮产业升级和转型发展制高点。

魏尧说,站在新的起点上,马钢希望与各位携手并肩,共同面对发展形势的深刻变化,围绕“共商、共建、共享、共赢”的主题,增进互信、互融、互通,建立更加紧密的互利合作关系,推动合作向更大规模、更深层次、更高水平迈进,推动资本合作不断深化,推动技术合作持续升级,推动共享合作谱写新篇。

致辞的最后,魏尧说,深化互利合作、共享共赢的伙伴关系,是推动马钢与各位共同实现高质量发展的重要保障。让我们脚踏实地推进合作,扎扎实实落实合作,共同开创共赢发展的崭新局面。

丁毅从新时代马钢新品牌、多元产业发展新格局、壮大多元产业新思路、开启合作发展新篇章四个方面作大会主题报告。丁毅指出,走过60年辉煌发展历程,“江南一枝花”马钢在传承中快速发展,“一基多业”产业布局基本构建,“一三四五”品牌建设工程纵深推进,经营绩效持续向好。在多年发展过程中,通过资产重组、资源整合、规划引领、融通发展,马钢已形成了一批在行业和区域内有影响力的产业板块,建立了有效的管理体系和创新平台,探索了外向发展的体制机制,马钢多元产业发展取得的成绩是与相关方互信互利、通力合作的结果。

丁毅指出,立足当下、展望未来,马钢将坚持“一基多元”,坚持做大有效规模、坚持创新商业模式、坚持强化技术支撑、坚持激活体制机制、坚持防范化解风险,以钢铁产业为基础,促进资源开发与综合利用、工业服务、现代贸易物流、产业金融板块协同发展。以凝聚合作发展共识,打造命运共同体为目标,马钢将与广大合作伙伴坚持相互尊重,需求导向,共商发展大计。

坚持把握机遇,优势互补,共建发展平台;坚持整合资源,激活机制,共享发展机会;坚持长远合作,健康持续,共赢发展未来。以创新姿态推动开放合作纵深发展,共同打造引领性重点示范项目、健康可持续有竞争力的产业生态圈、具有特色和比较优势的产业集群。

在2019年1月18日上午的大会和17日、18日下午举行的九场分会中,马钢全体与会人员和450余家国内外合作伙伴共800余名代表共商大计、共绘蓝图,共享成果、共赢未来。应邀参加此次大会和分会的有世界500强企业30余家,中国500强企业50余家,同时还有高等院校、权威咨询机构和行业协会20余家,都是马钢不可或缺、至关重要的关联方。大会上,四个批次共16个项目签约。

在17日、18日下午举行的矿产资源产业、工程技术产业、物流产业、信息技术产业、节能环保产业、金融投资产业、化工能源产业、废钢资源产业、矿渣微粉产业等9个合作发展会分会场,马钢各板块管理、技术、销售人员与广大合作伙伴就进一步创新合作思路、丰富合作方式、拓展合作领域、深化合作关系进行了深入交流,并达成广泛共识。

（陶　颖）

【马钢高寒地区结构用热轧H型钢产品获中国钢铁工业产品开发市场开拓奖】 2019年1月12日,中国钢铁工业协会依照《中国钢铁工业产品开发市场开拓奖审定与奖励办法》及其实施细则规定的程序严格评审,经会长办公室审定,决定授予马鞍山钢铁股份有限公司高寒地区结构用热轧H型钢产品2018年度“中国钢铁工业产品开发市场开拓奖”。

马钢“高寒地区结构用热轧H型钢关键制造技术研究与应用”项目,成功攻克了高低温韧性热轧H型钢产品的经济型合金体系成分设计、异型坯表面裂纹发生率高、产品性能不均和稳定性差等诸多技术难题,开发出-40℃、-50℃、-60℃系列高寒地区结构用热轧H型钢。实现了产品率先开发,取得了欧盟CE证书,通过了法国Technip公司认证,获得法国道达尔公司全球油气项目供应商资质。马钢是国内唯一能够生产4.5~50毫米翼缘厚度热轧H型钢的企业。马钢已为全球最大的油气结构工程Yamal项目供货高低温韧性H型钢产品近5万吨。马钢高低温韧性H型钢产品已累计对外销售31.04万吨,新增产值15.22亿元。

行业专家表示,该项目在高低温韧性H型钢关键制造技术上取得了突破,在产品经济性和质量稳定性上实现提升,具有显著的行业示范效应。同时,该项目的研发成功,打破了国外技术及产品在此领域的垄断,满足了国内外极地装备建设急需,显著提升了我国热轧H型钢竞争力与品牌影响力,保证了产业链上高性能材料的战略安全,为“一带一路”倡议的实施提供了高性能结构钢材料支撑。此外,本项目开发的高强高低温韧性热轧H型钢关键技术,为马钢新建的超大超厚型热轧H型钢生产线奠定了产品研发基础,使我国热轧H型钢综合制造能力居于世界前列。

（柏　胜）

【工信部工业强基工程项目《高性能齿轮渗碳钢工程实施方案》启动会在马钢召开】 2019年2月27日下午,工信部工业强基工程项目《高性能齿轮渗碳钢工程实施方案》启动会在马钢召开。马钢领导丁毅、钱海帆,钢铁研究总院领导田志凌、杜挽生、陈思联,中车戚墅堰机车车辆工艺研究所有限公司副总经理陈笃,陕西法士特公司副总工程师王剑峰,股份公司经营层成员张文洋、乌力平出席启动会。

工业强基工程项目由工信部、财政部共同组织实施,旨在加快促进工业基础能力提升,围绕重大工程和重点领域亟须实现关键基础材料、核心基础零部件(元器件)、先进基础工艺工程化、产业化突破,夯实工业发展基础,提升工业发展的质量和效益。2018年,为满足高性能齿轮渗碳钢研发需要,依托马钢计划建设的特钢大方坯生产线,马钢在钢铁研究总院、中车戚墅堰机车车辆工艺研究所有限公司协助下,成功申报了工信部工业强基工程项目《高性能齿轮渗碳钢工程实施方案》,并于2019年12月与工信部正式签订项目合同书,同时邀请陕西法士特公司共同参与项目的研究工作。

启动会上,集团公司总经理、股份公司董事长丁毅表示,经过7年多的发展,马钢特钢产品已在国内占据一席之地,具有一定的品牌力和影响力。他希望,通过此次启动会的召开,各合作单位明确自身职责,按照项目目标及进度要求,着手开展各项研发工作,以确保按时全面完成项目总目标。同时,希望通过本项目的合作,各单位能在今后保持长期的合作态势,实现合作共赢。

钢铁研究总院常务副院长田志凌表示,希望双方技术人员以此为契机,加深共识、深化合作,推动项目成果早日转化生效,共同助力钢铁企业转型升级。

会上,还举行了项目合作协议签字仪式。

（罗继胜）

【“马钢杯”第六届全国大学生物流设计大赛举行颁奖典礼】　2019年4月22日上午,“马钢杯”第六届全国大学生物流设计大赛举行颁奖典礼。经过前期专家网络评审和决赛现场答辩,本届大赛共评选出一等奖18名、二等奖33名、三等奖39名,最佳组织奖9名。此外,根据赛事组织情况,评选出最具企业价值奖1名、优秀指导老师奖18名、特殊贡献奖2名。

中国物流与采购联合会会长何黎明,中国物流与采购联合会副会长任豪祥,物流教育指导委员会主任、上海海事大学校长黄有方,物流教育指导委员会副主任、华中科技大学教授刘志学,物流教育指导委员会副主任、西南交通大学物流研究院院长张锦,招商局集团长航货运有限公司总经理、党委书记张雅,宁波舟山港集团股份有限公司副总经理蒋一鹏,徽商集团党委委员、副总经理、安徽省物流与采购联合会常务副会长余保山,安徽省港航集团马鞍山港口(集团)有限责任公司副董事长、总经理高克华,宝武集团欧冶物流股份有限公司总经理李永林,马鞍山市委常委、副市长李舰舶,集团公司总经理、股份公司董事长丁毅,集团公司副总经理唐琪明,集团公司党委常委、董事、物流公司董事长陆克从出席颁奖典礼。

颁奖典礼上,丁毅代表马钢向各位领导、各位专家以及参赛师生代表表示热烈欢迎,对获奖的优秀队伍表示衷心的祝贺。他指出,近年来,马钢物流产业按照专业化服务、集约化管理、产业化发展的思路,为客户提供个性化服务和业务总包服务,不断提升服务质量和水平,在全程物流、专业物流、精益物流、供应链物流等方面均取得突破。他表示,物流产业的发展离不开人才的支撑,希望此次大赛中的优秀学子未来能加入马钢的物流团队,为马钢物流产业高质量发展发挥才智、贡献力量,马钢也将为大家施展才华、实现梦想提供广阔平台。

何黎明在会上致辞。他说,全国大学生物流设计大赛是提高大学生实践能力、展现才华、培养和发现人才的平台,也是将企业实践中的新模式、新技术和新业务不断融入教学的过程。本届大赛共有580支参赛队取得初赛资格,创下历史新高,大赛得到广大物流院校师生的积极响应和广泛参与,品牌影响力进一步提升。他希望,本届大赛的成果不仅能对马钢物流和供应链创新与应用有所推动,更能对其他企业发展产生借鉴引领作用。

黄有方代表主办方讲话。他指出,全国大学生物流设计大赛自举办以来,以其广泛的参与度、规范的管理、高水平的竞技和丰富的成果,有力地推动了高等院校物流人才培养模式的创新,实现了物流教学与实践的结合,得到教育部的高度认可和广大高校的积极参与。本届大赛院校参与广泛、高度重视,更加注重大学生综合素质的培养,竞争更加激烈,组织工作更加严密,取得了很好的效果。物流教育指导委员会将认真总结本届和往届大赛的经验,听取企业和广大高校的建议,把大赛办得越来越好。

会上,依次揭晓了最佳组织奖、三等奖、二等奖、一等奖、最具企业价值奖、优秀指导老师奖、特殊贡献奖。与会领导和嘉宾为获奖队伍、指导老师及相关单位颁发了奖杯和证书。

(俞国沛)

【马钢举行“轨道交通关键零部件安徽省技术创新中心”建设可行性方案论证会】　2019年5月17日,马钢举行“轨道交通关键零部件安徽省技术创新中心”建设可行性方案论证会。会议由安徽省科技厅国家实验室与创新基地建设处处长周晓辉主持,马鞍山市政府副秘书长杨庆海参会指导。省科技厅邀请太原理工大学党委书记吴玉程、中国科学技术大学副校长朱长飞等9名轨道交通领域知名专家参加论证会。专家组通过现场参观考察、听取汇报、专家质询等形式对马钢集团公司“轨道交通关键零部件安徽省技术创新中心”建设可行性方案进行了认真论证。专家一致认为马钢集团公司创建“轨道交通关键零部件安徽省技术创新中心”符合省、市经济社会和科技发展需要,具有明显的优势和特色,企业管理层创新意识强,创新团队力量雄厚,具有广泛联合产学研各方、整合创新资源、形成技术创新合作网络的显著优势和能力,已具备立项建设的基本条件。

(金良军)

【马钢选矿工匠基地揭牌】　2019年5月10日,马钢选矿工匠基地揭牌并投入运营。为大力弘扬工匠精神,充分发挥选矿工匠和技能骨干的带头作用,鼓励一线职工围绕重点难点工作开展技术攻关和创新创效,进一步推进优质铁矿石原料基地建设,马钢集团公司于2018年批准建设以培养“六型”矿山建设需求的专业选矿人才基地,实现矿山高质量绿色可持续发展。

马钢选矿工匠基地以“引领、创新、互联、共享”的发展理念,按照“现场难题的攻关站;岗位技能的练兵场;创新成果的孵化器;造物育人的示范园”具体要求,配备所需设备、设施和人员。选矿工匠基地建筑面积1200平方米,包括九个功能区域。

马钢选矿工匠基地与安徽工业大学创建了“产学研合作基地”和“实习实践基地”，开启“校企联合、产教融合”的职工学习培训新模式。为切实发挥技能团队的示范引领作用，技能团队以专业对口、形式多样、效率提升、全员参与为宗旨，以现场问题为导向，解决影响生产的瓶颈难题为目的，贴近生产实际建立了多个技术攻关小组和工匠基地实训点，丰富岗位职工创新创效的活动载体，带动更多的职工参与到群众性创新创效活动中来。

（毕　嵘）

【钢铁行业能源管理中心建设、运行与升级技术研讨会在马鞍山召开】 2019年6月13—14日，由中国金属学会、中国金属学会冶金自动化分会、中国金属学会能源与热工分会主办，安徽省金属学会和马钢协办的钢铁行业能源管理中心建设、运行与升级技术研讨会在马鞍山召开。中国工程院院士殷瑞钰，马钢领导丁毅、严华及田俊出席会议。

来自冶金企业、设计院、研究院、高校的300余名与会代表围绕能源管理与安全、高效利用、采用大数据技术进行能源精细化管理、能量流网络与信息流网络的协同等方面进行交流讨论，着重探讨钢铁行业能源管理中心的智能化问题，推动能源管理中心的优化升级。

集团公司总经理、股份公司董事长丁毅在致辞中指出，多年来马钢牢固树立能源环保是企业核心竞争力的观念，坚持以“三流一态”能源精益管理理念为指导，以价值流为导向，注重由单体节能向系统节能转变、由经验节能向模型节能转变、由能源系统向系统能源转变，推动实现能源利用价值最大化；充分发挥能控中心能源调控、资源配置等职能，不断提高能源管理自动化信息化智能化水平，有效支撑了能源高效回收、高效利用和环境绩效的不断提升，马钢股份公司成为国家首批“绿色工厂”。丁毅表示，此次研讨会为广大钢铁企业提供了相互交流、分享经验、知识流动的良好平台。马钢希望以此次技术研讨会为契机，同各兄弟钢铁企业和技术供应商朋友一道，围绕能源管控智能化和科学化深入开展技术研讨与项目合作，推动平台共建、资源共享和成果共用，共同为进一步推动我国钢铁行业超低排放、绿色制造和可持续发展作出积极贡献。

会议期间，殷瑞钰作题为《对流程制造业生产过程中能量流若干理论知识》的报告；股份公司副总经理田俊发布了《马钢能源管控中心建设运行实践与推进智能化的设想》；20多位专家和工程师先后作精彩报告，分享能源管理的先进经验。6月14日下午，与会人员参观了马钢能控中心。

（秦玲玲）

【马钢成功研制开发国内最高钢级140V页岩气油井套管用钢】 2019年2月，马钢特钢公司成功研制开发出国内最高钢级140V页岩气油井套管用钢，填补了国内高品级页岩气油井套管用钢的空白。产品投放市场后获得国内油管行业龙头企业江苏常宝钢管厂用户的充分认可，并实现供货。

近年来，为了强化国家能源安全、增强能源自给，我国颁布了多项政策文件以促进页岩气开采。根据规划，2030年我国将实现页岩气年产量800亿～1000亿立方米。页岩气产量的激增同时带来了页岩气套管用钢需求的增加。马钢特钢APQP组在与国内输油管龙头企业江苏常宝钢管厂的合作中，将高端能源用钢列为重点研制开发项目，先后完成常规钢级（80级、95级、110级）产品的研制，并着手向高端页岩气套管用钢的国内空白领域发起冲击。

我国页岩气海相、陆相、海陆相均有，埋藏深度多在4000米以上，对使用页岩气套管需要承受更高的弯曲、拉伸、压缩、内压复合载荷以及更长时间的磨损、腐蚀提出了极高的要求。围绕如何生产出高性能140V页岩气套管用钢，马钢研制开发团队在深刻了解页岩气套管用钢的关键性能指标的基础上，对关键性能进行逐级分解和细化，优化出理想的合金体系，并通过吸收国内外前沿成果，进一步完善关键工艺控制要点。为了确保在炼钢—连铸—轧钢全制造流程达到设计要求，项目研制开发人员进行了数次生产推演，并再次对江苏常宝钢管厂进行产线跟踪。通过跟踪交流所总结出的数据和经验，研制开发团队在炼钢过程中采用合金元素复合配比、有害元素低限控制、硫化物改性处理及超纯净冶炼达到了理想的成分控制；在连铸过程中，精选坯型尺寸、连铸温度—拉速—二冷水动态调控，实现了铸坯内部及表面质量的无缺陷控制；在轧钢中通过轧制温度及道次压下量关键匹配技术，在4月份生产出初期要求的500吨页岩气套管用钢产品，经厂家全面检验，各项性能均符合标准。至此，该厂家对马钢此产品将实现长期购货。

（罗继胜）

【马钢开展长江大保护专项工作】 2019年6月，马钢深入贯彻习近平总书记关于长江“共抓大保护、不搞大开发”的指示精神，成立了长江大保护专项工作领导小组，提高政治站位，强化责任担当，明确工作职责,系统制定方案。根据工作目标化、目标项目化、项目责任化的要求,围绕黑臭水体整治、环境综合整治、水系的美化、固废专项行动、突出环境问题整改、"央视长江大保护警示片反映问题"现场会迎检等各类专项工作,扎实推进、全面落实。9月26日,中国宝武党委书记、董事长陈德荣率队来到马钢股份公司港务原料总厂听取了港料总厂环保工程推进情况汇报,要求马钢加快推进料场环保项目建设,坚定不移推进长江大保护工作。

针对沿江化工企业、长江2公里范围、全域开展环境隐患排查等工作要求,制定整改问题"四责"清单并组织整改。开展长江入河排污口排查整治,以水质提升、排口优化等核心目标,实行"一口一档"和"排口长制"管理,立行立改或制定整改方案;拆除防护堤违建,对337米长江大堤实施4445平方米面积的绿化建设工程;完成铁运公司长江岸堤道口改道工程;完成雨山河东岸沿线700米废弃铁轨、枕木清理工作,为后续政府美化雨山河两岸创造有利条件;协调解决了雨山河两岸步道及美化改造需占用公司部分用地问题;马钢办公西区、中心食堂实现了雨污分流,生活污水排入市政管网;开展工业固体废物堆存场所"防扬散、防流失、防渗漏"设施情况整治;按时完成长江经济带94个突出环境问题中涉及马钢股份公司6个问题的整改销号,并顺利通过省厅复核。

(王　琼)

【马钢1720酸轧线环保改造项目投入使用】 2019年1月25日,马钢响应国家"超低排放"环保政策,正式启动冷轧总厂1720酸再生站环保改造项目。该项目对现有机组处理能力、烟气吸收及洗涤系统进行升级,提高系统的吸收和洗涤能力,是全国首例针对大处理量的老旧酸再生系统进行的环保升级改造工程,改造难度大,涉及专业广。施工单位在项目施工期间安全消防防护措施管理到位,在调试和联动阶段严格按照既定的时间节点有序推进,从而保证生产稳定有序进行。经过三个月的紧张施工,2019年4月30日进入单体及系统联动调试阶段,2019年5月1日正式投入使用。环保改造后,生产运行稳定,HCl≤10毫克/立方米,颗粒物<8毫克/立方米,烟气冷却及灭白效果明显,达到超低排放"双十"标准,填补了国内在酸再生"超低排放"环保改造领域的技术空白,彻底解决了酸再生烟囱尾气排放带来的环境问题。

(孙　琦)

【"轨道交通关键零部件先进制造技术国家地方联合工程研究中心"建设启动会在马钢召开】 2019年1月31日,"轨道交通关键零部件先进制造技术国家地方联合工程研究中心"通过国家发展改革委批准,这是马钢第二个国家级企业创新研发平台。2019年8月30日,在马钢(集团)控股有限公司举行国地联合中心建设启动会。本次会议由集团公司副总经理严华主持,太原理工大学党委书记吴玉程、安徽省金属学会理事长苏世怀等12位专家参会,集团公司总经理、股份公司董事长丁毅,股份公司总经理助理、马钢轨道交通公司董事长杜松林代表依托单位参会;会议还特邀马鞍山市科技局副局长李吉安,马鞍山市发改委科长薛峰参会指导。与会专家们充分肯定国地联合中心建设方案,并分别就平台的建设和管理、人才培养、基础研究与产品研发、产业化发展、开放课题的设置等关系国地联合中心发展的关键性问题进行了讨论,并提出了宝贵的意见与建议,专家们希望国地联合中心进一步做强马钢轨道交通产品与品牌,加大基础研发投入与高端专业人才培养,聚焦问题,细化研发工作。通过技术创新、机制创新,努力使国地联合中心在轨道交通产品设计、制造和应用领域具备国际竞争力。

(邹　强)

【"节能服务进企业"活动暨钢铁行业节能技术和先进电机交流活动在马鞍山市举行】 2019年9月24—25日,由工业和信息化部节能与综合利用司主办,冶金工业规划研究院、马钢(集团)控股有限公司、中国节能协会冶金工业节能专业委员会承办的"节能服务进企业"活动暨钢铁行业节能技术和先进电机交流活动在马鞍山市举行。

工信部、中国工程院、中钢协、中国节能协会、中国炼焦协会、北京科技大学、冶金工业规划研究院有关领导专家,中国宝武、鞍钢集团等钢铁企业及节能技术公司、装备厂家代表参加活动。工信部节能与综合利用司节能处处长王孝洋,冶金工业规划研究院院长李新创,马钢集团公司总经理、股份公司董事长丁毅先后致辞。中国工程院院士殷瑞钰应邀作《能量流网络应该是动态的、实时的、信息联网的—构建钢厂能源管控中心的思考》主题报告。

丁毅在致辞中介绍了近年来马钢在节能环保方面取得的进步。他表示,未来马钢将依托中国宝武的先进技术和管理经验,进一步提升能源技术和绿色发展水平,建设绿色智慧的城市钢厂。他希望,以此次交流活动为契机,与各兄弟钢铁企业和科研院所共建绿色合作平台、共享绿色应用资源、共创绿色发展未来，为进一步推动我国钢铁行业节能减排、绿色制造和高质量发展做出积极贡献。马钢股份公司能源环保部有关负责人介绍了马钢在能源管控与智慧能源探索方面所做的工作。活动中，与会领导专家就典型节能技术进行了介绍分析探讨，并分三组对行业内节能技术现状和发展趋势、开关磁阻和永磁电机等先进电机技术发展进行交流研讨。

活动期间，与会人员还现场参观了炼铁总厂4号高炉、四钢轧总厂1580毫米热轧生产线、能源管控中心等马钢用能单位。

（荣　裕）

【中国宝武与马钢集团重组实施协议签约仪式在合肥举行】 2019年9月19日，中国宝武与马钢集团重组实施协议签约仪式在合肥举行。安徽省委书记、省人大常委会主任李锦斌，国务院国资委党委书记、主任郝鹏，省委副书记、省长李国英，省委副书记信长星，省委常委、常务副省长邓向阳，省委常委、省委秘书长陶明伦，中国宝武党委书记、董事长陈德荣出席签约仪式。安徽省政府副省长何树山主持签约仪式。邓向阳指出，中国宝武与马钢集团联合重组，是深化落实长三角一体化发展国家战略、加强区域经济协同发展的务实举措，有利于进一步推进国有经济布局调整，推动强强联合、优势互补。希望双方做实做细重组各项工作，用良好的改革发展业绩检验重组成效。马钢集团要抓住改革机遇，通过产业融合、业务协同，加快把企业打造成为具有世界一流品牌的大而强的新马钢。希望包括中国宝武在内的广大央企，进一步把目光聚焦安徽，把资源配置安徽，在深化协同创新、提升产业链水平等方面开展务实合作，促成更多高质量的合作成果。陈德荣指出，中国宝武与马钢集团联合重组是双方长期合作的延续，也是双方推进钢铁行业供给侧结构性改革的重要举措，将有助于提升中国钢铁产业集中度，打造具有国际竞争力的世界一流钢铁企业。重组后，中国宝武将充分发挥自身优势和马钢的产业产品特色，加大在马钢集团的投资和资源配置力度，优化产品结构，提升产品质量，建设绿色智慧的城市钢厂，实现中央企业与区域经济的协同发展。国务院国资委秘书长彭华岗，安徽省政府秘书长白金明，马鞍山市委书记张岳峰，中国宝武党委副书记伏中哲，副总经理郭斌、张锦刚，党委常委、纪委书记章克勤，集团公司党委书记、董事长魏尧，集团公司党委副书记、总经理丁毅等参加签约仪式。

（杨定国）

【表面技术公司挂牌新三板】 2019年5月17日，安徽马钢表面技术股份有限公司在位于北京金融街的全国中小企业股份转让系统举行挂牌仪式，是第三家登陆新三板的马钢多元板块企业。

安徽马钢表面技术股份有限公司于2011年5月注册成立，注册资金为2.75亿元，前身是马钢第二机修厂、马钢股份有限公司第二机械厂、马钢股份有限公司第二机械设备制造公司。马钢表面技术公司是国家高新技术企业、国家知识产权示范企业、省信息化和工业化融合示范企业、省循环经济示范企业、省守合同重信用单位，拥有省级企业技术中心、省级博士后工作站，拥有7项高新技术产品、3项省级新产品、50项专利(其中发明专利14项)。先后通过了ISO9000质量管理体系、OHSAS18000职业健康管理体系、ISO14000环境管理体系认证和GB/T29490知识产权管理体系的认证，获得了国家安全生产标准化二级企业的资质。经过多年的发展，马钢表面技术公司已从传统的冶金机修企业成功转型成为集喷涂、环保电镀、特种堆焊、成套冶金设备四大类产品为一体的机械制造及再制造企业。

表面技术公司于2017年12月启动新三板挂牌工作，聘请了安徽天禾律师事务所、中兴华会计师事务所、北京天健兴业资产评估有限公司、国元证券股份有限公司作为公司挂牌的中介机构，辅导公司新三板挂牌工作。2018年，先后完成了股改、增资扩股和新三板申报工作。2018年8月27日，公司召开创立大会暨第一次股东大会，会议审议通过了《关于安徽马钢表面技术股份有限公司筹办情况的报告》《关于安徽马钢表面技术股份有限公司各发起人出资情况的报告》《关于安徽马钢表面技术股份有限公司章程的议案》《关于选举安徽马钢表面技术股份有限公司董事会董事的议案》等共18项议案。2018年8月31日，公司由有限公司整体变更为股份公司，注册资本2.75亿元。公司总股本2.75亿股，其中安徽马钢工程技术集团有限公司(现更名为宝武重工有限公司)认缴出资26082.925万元，持股94.847%，为公司控股股东；马鞍山慈湖高新技术产业开发区投资发展有限公司认缴出资1417.075万元，持股5.153%。

2018年12月28日，公司将申报材料上报全国中小企业股份转让系统并拿到全国中小企业股份转让系统有限责任公司出具的挂牌受理通知书。2019年3月8日，公司收到全国股转公司股份系统函〔2019〕743号《关于同意安徽马钢表面技术股份有限公司股票在全国中小企业股份转让系统挂牌的函》。2019 年 3 月 27 日,正式挂牌新三板,在全国股转系统挂牌公开转让(证券简称:马钢表面,证券代码:873245,转让方式:竞价集合转让)。

(车小求)

【马钢(中东)公司在阿联酋迪拜挂牌】 2019 年 6 月,阿联酋时间 15 日上午,马钢(中东)公司在阿联酋迪拜杰贝阿里自贸区正式挂牌成立。集团公司党委常委、股份公司总经理钱海帆,阿联酋迪拜杰贝阿里自贸区首席运营官 Ahmad Al Haddad,共同为马钢中东公司揭牌。

马钢(中东)公司是马钢股份公司全资子公司,主要负责马钢各类钢材产品在中东及北非地区的出口业务。针对中东市场特点,马钢结合自身产品多样化和品质化的优势,在产品出口方面将以热轧板卷、型钢、冷轧板卷为主,辅以彩涂板和镀锌板市场拓展,兼顾开拓车轮及车轴市场。

马钢(中东)公司挂牌运营是马钢积极主动响应国家"一带一路"倡议的重要举措。马钢(中东)公司将尽快熟悉和融入本地市场,为"一带一路"项目落地阿联酋和中东市场服务,推动马钢产品扎根中东市场,担当马钢国际化发展战略的"桥头堡"。

(王红兵)

重要会议

【集团公司召开两级机关机构改革回头看动员大会】 2019 年 2 月 11 日,集团公司召开两级机关机构改革回头看动员大会。集团公司党委书记、董事长魏尧主持会议并作动员讲话。集团公司领导丁毅、陈冬生、张晓峰、苏世怀、唐琪明、陈昭启、钱海帆、陆克从、严华、任天宝及张乾春、王文潇出席大会。集团公司机关部门主要负责人;集团公司直属机构党政主要负责人;股份公司机关部门主要负责人;集团公司部分子分公司党政主要负责人参加会议。魏尧指出,今天的会议很重要,既是机关机构改革"回头看"的部署会,也是奋力奔跑、再创辉煌的动员会。新春伊始,希望大家紧紧围绕"效率、效益"双引擎,聚焦变革突破,聚力价值创造,以饱满的精神状态投入到各项工作中。围绕会议主题,魏尧主要谈了三个方面的意见。一是充分肯定机关机构改革取得的阶段性成效。魏尧指出,一年来,在公司党委的坚强领导下,在公司上下的共同努力下,这项改革取得了显著成果,呈现出三个特点:第一是力度大,机关机构和人员的调整幅度、范围超过以往历次改革;第二是推进快,集团公司、股份公司机关机构改革从谋划方案到动员实施,仅用了两个月时间,集团其他子公司机关机构改革按照成熟一个推进一个的原则,从去年 7 月份全面启动方案编制,10 月份正式进入决策和实施阶段,年底前基本完成;第三是过程稳,公司机关机构改革领导小组总体谋划,机关部门深入开展一对一思想工作,及时商讨解决改革推进过程中遇到的各类问题,既保障了人员交接,也体现了人文关怀,得到了广大职工的理解、支持和参与。公司机关机构改革也得到了省领导、省国资委的充分肯定。魏尧强调,机关机构改革是一年来变革突破的破题之举,意义重大。正是以此为突破口,为我们推行分层分级管理、构建母子公司管控体系、完善法人治理结构搭建了基础平台、开拓了操作空间、提供了前提条件。我们通过一系列变革突破举措的有力实施,推动公司管理体制机制正在实现五个方面的深刻转变:第一是在构建管控模式方面;第二是在理清管理权责方面;第三是在绩效考核评价方面;第四是在干部任用管理方面;第五是在薪酬分配制度方面。这些新变化归结起来,就是聚焦"效率、效益"双引擎,推动干部能上能下、人员能进能出、收入能高能低,为推动马钢高质量发展提供体制机制保障。二是准确把握机关机构改革"回头看"的主要任务。魏尧强调,机关机构改革顺应了新时代高质量发展的深刻变革,是马钢发展历史上的一件大事,不可能一蹴而就,也不会一劳永逸,需要通过开展"回头看",在过程中发现和解决问题,在持续优化和调整中取得新的成效。开展"回头看"是改革行动的再审视,是改革方案的再完善,是改革共识的再凝聚。无论是目标导向、问题导向,还是结果导向,核心都是要破除旧观念、旧体制、旧机制,建立起适应高质量发展的新观念、新体制和新机制,以改革强动力增活力。魏尧指出,回头看关键是对照构建职能清晰、流程优化、管放结合、权责到位的母子公司管控体系的总要求,理性客观地评价机关机构改革是不是符合理清权责界面、分层分级管理的要求,是不是有利于发挥三个作用(党委领导作用、董事会决策作用、经理层生产经营管理作用)、落实两个地位(子公司法人实体和市场主体地位),是不是有利于建设创新型、服务型、高效型机关。具体而言,要聚焦以下几个方面:要围绕观念转变,看认识是不是到位了;要围绕部门设置,看机构是不是精干了；要围绕管控模式，看职责是不是理顺了；要围绕流程优化，看制度是不是健全了；要围绕履职尽责，看能力是不是匹配了。三是锲而不舍将机关机构改革推向深入。魏尧指出，深化机关机构改革事关全局，“时间”窗口不容耽搁。我们要以开展两级机关机构改革“回头看”为推动，坚定改革意志，以逢山开路、遇水架桥的闯劲，以滴水穿石、绳锯木断的韧劲，将改革进行到底。一要以昂扬奋进的精气神推动改革深化。二要以积极稳妥的硬举措保障改革深化。三要以统筹兼顾的全局观促进改革深化。魏尧强调，新的一年，公司两级机关机构深化改革的任务艰巨、责任重大，我们要紧紧围绕强化“效率、效益”双引擎，聚焦变革突破，聚力价值创造，奋力奔跑，接续奋斗，全力推动各项改革举措落地见效，确保改彻底、改到位，为马钢高质量发展持续注入强劲动力。

（陈　扬）

【马钢召开2019年党委工作会议暨“严规矩、强监督、转作风”集中整治形式主义官僚主义专项行动动员会】　2019年2月28日上午，马钢2019年党委工作会议暨“严规矩、强监督、转作风”集中整治形式主义官僚主义专项行动动员会在公司办公楼413会议室召开。此次会议围绕深入贯彻落实习近平新时代中国特色社会主义思想和党的十九大精神，总结2018年公司党的工作，研究部署2019年公司党的工作主要任务；就开展“严规矩、强监督、转作风”集中整治形式主义官僚主义专项行动进行部署动员；进行基层单位党委书记抓党的建设现场述职评议和基层单位纪委书记述责述廉评议；组织动员公司各级党组织和广大党员围绕公司全年工作主题，为全面完成全年各项目标任务而努力奋斗。集团公司党委常委魏尧、丁毅、陈冬生、张晓峰、钱海帆、蒋育翔、陆克从、严华在主席台就座。公司党委委员，公司纪委委员，非党委委员、纪委委员的公司领导，集团公司机关部门主要负责人，集团公司直属机构党政主要负责人，股份公司机关部门主要负责人，集团子分公司党政主要负责人、副书记、纪委书记、工会主席，股份公司子分公司和二级单位党政主要负责人、副书记、纪委书记、工会主席，现场评议代表参加会议。会上，集团公司党委书记、董事长魏尧作题为《充分发挥党委领导作用、全力提升党建工作水平，为推动马钢高质量发展提供坚强政治保证》的党委工作报告。集团公司党委副书记、纪委书记陈冬生作题为《聚焦变革突破、忠实履职尽责，奋力推动新时代马钢纪检监察工作高质量发展》的纪委工作报告，并宣读集团公司党委《开展“严规矩、强监督、转作风”集中整治形式主义官僚主义专项行动工作方案》，明确了专项行动的总体要求、主要内容、工作安排。公司党委副书记、总经理丁毅在会议最后就贯彻会议精神提出三点要求：一要领会精神实质，统一思想抓落实；二要坚持问题导向，从严从细抓落实；三要层层压实责任，改进作风抓落实。魏尧主持基层单位党建工作现场述职评议。冷轧总厂、康泰公司、飞马智科党委负责人分别作述职报告。魏尧在认真听取汇报后，现场给予了点评。陈冬生主持基层单位纪委书记述责述廉和评议。矿业公司、三铁总厂、港务原料总厂纪委负责人分别作了述责述廉报告，陈冬生也分别给予了点评。

（庆　辉）

【马钢召开精益工厂创建总结表彰暨再动员会议】　2019年3月13日下午，马钢精益工厂创建总结表彰暨再动员会议，在公司办公楼413会议室召开。集团公司总经理、股份公司董事长丁毅主持会议。集团公司领导陈冬生、张晓峰、唐琪明、任天宝，股份公司经营层成员田俊、张文洋、伏明、杜松林，桑尔企业管理顾问公司董事长刘承元出席会议。

2018年，公司强化顶层设计，明确精益工厂内涵，采取试点先行、局部带动整体的形式，坚持四个结合，导入八项要素，强化机制运行，促进精益落地，形成了领导参与、机制推动、要素管理、典型引路、相互交流、总结提炼、员工认同、氛围营造“八大特色”，生产效率、品种质量、准时交付能力、员工素质和技能明显提升，运行成本显著下降，价值流改善活动有效开展，马钢特色精益文化获得内外部广泛认同，取得了“硬指标改善、软要素提升”的创建成效。

丁毅在讲话中指出，精益工厂是一种管理模式，为各项工作的持续改进提供思路、提供方法，要将创建精益工厂作为战略落地的基础性工程、要素管理的系统性工程、自主改善的创新型工程，以打造马钢特色精益文化为目标，以“零化目标、造物育人、永续改善、共建共享”为方向，全员、全方位、全流程、全要素一体推进，推动制造能力、环境质量、职工素养、精神面貌全面提升。针对2019年精益工厂创建工作，他提出了六点要求：一是管控要清晰。围绕构建职能清晰、流程优化、管放结合、权责到位的母子公司管控体系，各具体创建单位要不断完善上下结合、有效互动的创建工作机制。二是标准要健全。建立以集团基本标准和子公司差异化标准为核心的精益工厂创建标准体系，提高创建工作的规范性。三是评价要到位。要注重成熟度评价、注重与公司绩效考核改革相结合、注重常态化运行需要。四是素养要提升。要完善基层自主管理模式,推进人才培养基地建设,通过实践锻造人才。五是要素要聚焦。要在劳动生产率不高、产品创效能力不够强、安全生产事故频发、智能制造能力还需要进一步提升等重难点问题上取得突破。六是方法要系统。要善用工具、强化协同、不断改善,持续提升创建体系的科学性和系统性。

会上,集团公司党委副书记、纪委书记陈冬生宣读了2018年度精益工厂创建工作获奖单位、优秀提案、优秀推进人员名单。与会领导为获奖单位、人员颁发了奖状。桑尔企业管理顾问公司董事长刘承元以"精益,让钢铁企业从优秀走向卓越"为主题作演讲。管理创新部汇报了2018年精益工厂创建工作总体进展情况,并对2019年创建工作提出建议。轮轴事业部、矿业公司、股份公司运营改善部负责人分别汇报了精益工厂创建工作情况。

(崔家冀)

【马钢召开"十三五"基建技改重点工程项目专题会】 为检查督促公司"十三五"基建技改重点工程项目推进情况,2019年5月9日上午,公司召开了"十三五"基建技改重点工程项目专题会。集团公司领导丁毅、陈冬生、张晓峰、陆克从、任天宝,股份公司经营层成员田俊、张文洋、乌力平、黄发元、杜松林、章茂晗、王光亚出席会议。相关部门及有关单位负责人参加会议。

会议听取了技术改造部对"十三五"基建技改重点工程建设情况的专题汇报。技术改造部对项目实施情况及管理"瓶颈"问题进行了分析。集团公司总经理、股份公司董事长丁毅在会上指出,"十三五"期间,公司重点项目投资规划了一批基建技改项目。同时,为加强环境综合治理,打赢蓝天保卫战,也陆续投入了一批环境保护改造项目。丁毅说,从安全、质量、环保目标来看,项目推进基本处于受控状态,但也有部分项目处于工期滞后状态。从公司近几年基建技改项目来看,比较突出的问题是,投资超计划、工期滞后以及项目转固不及时。他要求,各有关部门及相关单位需要进一步落实主体责任,营造良好工作氛围,坚定信心、通力合作,梳理问题、补齐"短板",规范运作、高效推进,尽快推进相应改进措施,不断提升项目管控效果,全力保障公司重点工程建设项目各项目标的实现。

集团公司党委副书记、纪委书记陈冬生在会上提出了三点要求:第一,肩负历史责任,加快项目建设,力争项目早日建成、早日投产、早日见效;第二,加强党建工作,引领项目建设,要充分发挥工程建设"领跑者"作用、攻坚克难"突击队"作用、工作创新"示范田"作用,汇聚工作合力,更好地助推、引领工程项目又好又快建成;第三,强化规矩意识,规范项目建设。要严格招投标管理、强化施工现场管理、加强工程项目审计、规范项目竣工交付、严格执行失职追责,为打造精品工程、廉洁工程提供强有力的纪律保证。

会上,股份公司副总经理田俊就做好重点工程项目建设提出了具体要求。焦化筒仓项目部项目经理、重型H型钢项目部项目经理、重点项目承揽单位工程技术集团负责人先后做了发言。

会前,公司领导赴焦化筒仓项目现场和重型H型钢项目现场进行了实地督查。

(黄远顺)

【马钢召开集团公司两级机关机构改革总结会】 2019年5月14日,马钢召开集团公司两级机关机构改革总结会。集团公司党委书记、董事长魏尧主持会议并讲话。集团公司班子成员及副总师、总经理助理;股份公司经营层成员;集团公司机关部门主要负责人;集团公司直属机构主要负责人;股份公司机关部门、二级单位主要负责人;集团各子公司主要负责人出席会议。魏尧指出,2018年4月,公司大刀阔斧、全面启动了两级机关机构改革工作。在公司党委的坚强领导下,在公司上下的共同努力下,经过两轮系统谋划和强力推进,两级机关机构改革已经全面完成。总体来看,机关机构改革力度大、推进快、过程稳,取得了显著成效。一是机关机构大幅精简;二是部门职能定位重新划定;三是重点子公司机关机构改革全面完成;四是服务保障机构的功能逐步实现;五是转岗人员得到妥善安置。以机关机构改革为突破口,公司围绕构建集团管控模式、激发内生发展动力,积极探索和纵深推进一系列配套改革措施,并取得重要突破。一是探索建立了新的集团管控架构。二是探索建立了新的干部任用管理机制。三是探索建立了新的绩效考核评价机制。四是探索建立了新的薪酬分配机制。魏尧指出,此次机关机构改革之所以能取得预期效果,最首要、最根本的是得益于我们坚持以思想突围引领行动突围,以观念突围破除路径依赖,这为我们坚定改革意志、寻求变革突破奠定了坚实基础。具体而言,主要体现在四个方面:一是得益于党委领导作用的充分发挥;二是得益于科学系统的顶层设计;三是得益于过程管控的有序有力;四是得益于广大职工的积极参与。魏尧强调,虽然机关机构改革工作已经全面完成，成绩值得肯定，但集团管控模式还不够成熟，配套的机制改革尚未定型，集团公司与子公司权力责任界面还不够清晰，管控制度化、流程化未完全形成，两级管控能力和水平有待提升，机关人员素养与要求相比还有一定差距。在公司加快高质量发展的当下，产业发展已经迈上了新平台，这些都给深化改革提出了新的要求。就牢牢把握“效率、效益”双引擎，不断完善集团管控模式，提高管理成熟度，推动机关机构改革实现新提升、新突破，魏尧提出三点要求：一是强化章程约束，规范公司治理体系，要充分发挥公司党委领导作用，充分发挥董事会决策作用，充分发挥经理层经营管理作用；二是强化制度建设，推动分层分级管理有效落地，要坚持授权与监管相结合、放活与管好相统一，围绕运转规范、运作高效，持续完善母子公司管控体系，做到该放的放权到位、该管的管住管好。要厘清管控模式，明确管控界面，健全制度体系；三是强化战略协同，发挥集团宏观管理功能，要切实发挥集团总部引领、服务、监管等宏观管理功能，支撑产业板块转型发展、协同发展、可持续发展，高水平、高质量建设具有世界一流品牌的大而强的新马钢。要做好资源统筹，抓好板块协同，强化风险管控。魏尧强调，改革不会一蹴而就、一劳永逸，希望各单位始终牢固树立变革思维，坚定改革意志，锐意变革突破，不断激发高质量发展的强劲动力，为做强做优做大马钢而努力奋斗，以改革发展的新突破、新成效向新中国成立70周年献礼！

（陈　扬）

【马钢召开第三届职工经济技术创新成果发布会暨职工创新论坛】　2019年5月31日下午，马钢第三届职工经济技术创新成果发布会暨职工创新论坛在安徽冶金科技职业学院报告厅召开。马钢领导丁毅、张晓峰、唐琪明、严华、任天宝及张文洋、张乾春出席会议。集团公司党委常委、工会主席张晓峰主持会议。

近年来，马钢以“六位一体”职工经济技术创新为载体，在公司生产经营建设、精益工厂创建和品牌建设等方面，充分发挥职工经济技术创新工作的积极作用，取得了丰硕成果。

集团公司总经理、股份公司董事长丁毅在讲话中指出，召开第三届职工经济技术创新成果发布会，目的就是总结经验，表彰先进，进一步深化职工经济技术创新创效活动，激发广大职工的创新热情，引导高技能人才建功立业、脱颖而出，营造人人创新、处处创新、时时创新的良好氛围。丁毅说，在过去的一年中，职工经济技术创新工作以“六位一体”职工经济技术创新为载体，围绕公司加速提升创新竞争力工作要求，“搭平台、提素质、强基础、比贡献”，进一步增强职工经济技术创新工作在企业生产经营建设中的实效性，成为工会组织服务企业发展、服务职工成才的重要阵地和马钢对外展示创新活力、彰显工匠精神的重要窗口。丁毅强调，职工经济技术创新工作作为推动企业高质量发展的重要力量，要围绕强化“效率、效益”双引擎，以贯彻落实《马钢集团公司推进新时代产业工人队伍建设改革行动方案》为抓手，进一步调动和激发广大职工创新创造的积极性和主动性，不断加快创新人才成长速度，不断提高创新成果增效水平，着力打造马钢“六位一体”职工创新品牌。就做好2019年职工经济技术创新工作，丁毅提出五点要求：一是要持续完善“六位一体”创新体系；二是要打造马钢特色“基地+”造物育人模式；三是要继续推进“马钢e工汇”建设；四是要大力培养多层次高技能专业型创新人才队伍；五是要大力营造爱岗敬业、争创一流、善于创造、勇于创新的良好氛围。

会前，基层创新骨干代表参观了长材事业部生产现场和智能引擎工匠基地。

（王　舜）

【马钢党委召开“不忘初心、牢记使命”主题教育动员部署会】　2019年6月14日上午，根据省委、省国资委党委的统一部署，马钢党委召开“不忘初心、牢记使命”主题教育动员部署会，深入学习贯彻习近平总书记在中央“不忘初心、牢记使命”主题教育工作会议上的重要讲话精神，全省主题教育工作会议精神，对深入开展“不忘初心、牢记使命”主题教育进行全面部署和动员。省委第十二巡回指导组组长许崇信，集团公司党委书记、董事长魏尧，集团公司党委副书记、总经理丁毅，集团公司党委副书记、纪委书记陈冬生在主席台就座。省委第十二巡回指导组成员；集团公司领导班子成员及副总师、总经理助理；股份公司经营层；集团公司和股份公司机关部门主要负责人及相关党务工作人员；集团公司直属机构，矿业资源集团、工程技术集团、物流公司及下属单位，集团公司其他分子公司，股份公司二级单位和合资公司党政主要负责人、党群部门负责人；公司党委巡回指导组成员参加会议。魏尧在动员讲话中就开展“不忘初心、牢记使命”主题教育，提出三个方面的要求：第一，深刻认识开展“不忘初心、牢记使命”主题教育的重要意义；第二，精准把握开展“不忘初心、牢记使命”主题教育的根本任务和目标要求;第三,加强组织领导,确保主题教育取得实效。魏尧在讲话的最后强调,开展“不忘初心、牢记使命”主题教育,既是对马钢落实国有企业政治责任社会责任经济责任、推进钢铁产业转型升级的“大检验”,更是对马钢共建高质量钢铁生态圈、打造大而强新马钢的“大促进”。各级党员领导干部要铭记习近平总书记“幸福是奋斗出来的”号召,以更高的境界、更强的本领、更优的作风、更好的精神状态,不忘初心,牢记使命,把“为了谁、依靠谁、我是谁”这一常写常新的时代答卷书写得更加扎实、更加精彩。许崇信在会上就如何高质量开展主题教育作指导讲话,提出三个方面的要求:第一,要提高政治站位,充分认识开展第一批主题教育的重大意义;第二,要深刻学习领会,准确把握中央及省委关于主题教育的部署要求;第三,要突出工作重点,深入推动主题教育各项任务有效落实。丁毅在主持会议时指出,要提高政治站位,深入学习贯彻习近平总书记在中央“不忘初心、牢记使命”主题教育工作会议上的重要讲话精神,全省主题教育工作会议精神,迅速传达本次会议精神,切实把思想和行动统一到党中央和省委的决策部署上来;要严格对照标准,紧密结合企业实际,精心组织实施,为马钢聚焦变革突破、聚力价值创造,奋力开创高质量发展新局面提供强大动力。

(庆　辉)

【马钢召开长江大保护综合环境整治暨超低排放工作推进会】 2019年6月19日下午,马钢在公司办公楼主楼433会议室召开“央视长江大保护警示片”现场迎检暨上半年超低排放工作推进会。集团公司副总经理严华主持会议,集团公司总经理丁毅、股份公司副总经理田俊出席会议。

会上,集团公司能环部汇报了国务院“央视长江大保护警示片”现场会迎检工作方案及集团公司超低排放工作推进情况,行政事务中心详细介绍了“长江大保护”厂容环境集中整治方案,股份公司能环部对“央视长江大保护警示片”现场会迎检工作开展及上半年超低排放改造推进情况进行了汇报。

“央视长江大保护警示片”反映问题整改工作现场会的迎检工作涉及长江干流堤顶路整治、黑臭水体整治、入河排口整治、厂容厂貌环境整治、突出环境问题整治和大气环境质量提升整治等工作,是落实政府要求的政治任务,是提升马钢精益工厂创建水平的重要载体和实际内容,也是践行“不忘初心、牢记使命”主题教育活动的重要切入点和具体实践,时间紧,任务重,必须高度重视。

会议对上半年集团公司超低排放推进情况进行了检查,会议认为,公司在繁重的生产经营任务下,在落实国家超低排放改造方面开展了大量卓有成效的工作,上半年集团管控的重点项目总体进展有序,应予以充分肯定。会议要求,要严肃认真地对待超低排放改造工作,要抓住主要矛盾,坚持实事求是原则,聚焦关键“短板”,以铁前系统脱硫脱硝、物料封闭以及废水综合治理等重点,充分考虑技术的成熟度、运行成本等因素,有序推进,切忌大干快上,全面铺开。同时,要探索项目建设新模式、新机制,如采取合同能源管理等模式推进超低排放项目,规避技术、资金等风险。

(荣　裕)

【中国宝武与马钢集团管理对接启动会在马钢召开】 2019年10月10日,中国宝武与马钢集团管理对接启动会在马钢召开。中国宝武副总经理张锦刚主持会议。中国宝武党委副书记、总经理胡望明出席会议并讲话。胡望明对马钢干部职工在重组过程中,特别是国庆期间,为确保马钢集团安全顺行、队伍稳定所付出的艰辛努力表示感谢。胡望明指出,中国宝武与马钢集团实施重组是中国钢铁行业备受关注的一件大事,是钢铁行业供给侧结构性改革、央企和地方国企打造国际一流钢铁企业的典范。这次重组具有广阔的发展前景,将对中国钢铁行业乃至全球钢铁行业产生深远影响。胡望明指出,当前,中国宝武重组马钢集团已经进入了实质性操作阶段,中国宝武高度重视,制订整合计划,挖掘协同效益,探索激励机制,推进文化融合。当务之急,我们要做好管理的协同和对接,具体要做好以下几个方面的工作。第一,系统体系对接。要以成熟细致和先进的管理运营系统为抓手,深入移植、全面推进系统的一致和覆盖。以信息化建设倒逼业务整合,确保“快、准、深入”的整合目标,最终提升整体竞争力。要以商业计划书为主线和抓手,做好规划的有效承接、分解和执行。第二,管控架构对接。中国宝武正在以管资本为导向,以分业经营为基础,逐步扩大专业子公司管理幅度、压缩管理层级,打造中国宝武“资本运作层—资产经营层—生产运营层”三层管理架构。尤其在对接初期,马钢集团要进一步强化与集团总部的协同对接。第三,战略规划对接。要将马钢总体发展规划纳入集团总体规划体系,加快钢铁发展规划的有序承接。要自觉服务和服从国家战略,聚焦主责主业,形成优势互补、高质量发展的区域布局;借助重组机遇,积极响应“一带一路”倡议,统筹海外钢铁布局。要将马钢的优势充分发挥出来，按照中国宝武“三步走”总体安排，实现技术引领、效益引领和规模引领，驱动钢铁生态圈高质量发展。第四，业务协同对接。马钢独具特色的“板、型、线、轮、特”产品结构，对中国宝武产品系列形成有益互补。要加快产品协同对接，提高板材方面的市场占有率、市场影响力。在产品服务体系、服务能力、服务标准等方面的协同优化，具有巨大潜力。此外，马钢多元产业要在“一基五元”的框架下，按照“一企一业”“一业一企”的原则做好整合规划，提高产业竞争力。第五，文化协同对接。要通过文化的协同对接、融入融合，有效继承并发扬原有企业文化精髓，从整合到融合，从形似到神似，不断提升企业文化的向心力、凝聚力。第六，把握好改革、发展、稳定的关系。做好马钢战略重组，不仅要协同对接好，促进更好发展，同时还要为实践国有资本、国有企业改革，推动钢铁产业供给侧结构性改革，发挥积极促进和引领示范作用。要把改革的力度、发展的速度和稳定的程度结合起来，在保持稳定中推进改革发展，通过改革发展促进社会稳定。胡望明强调，各业务中心、各部门、各单元都要深度对接，通过对接实现协同发展。让我们一起共同努力，加快步伐，推进整合融合，携手共建绿色智慧型钢铁生态圈，将中国宝武早日打造成为具有全球竞争力的世界一流企业。

（崔海涛）

【马钢集团公司召开十八届三次职工代表大会第四次联席会议】　2019 年 12 月 25 日下午，马钢集团公司十八届三次职工代表大会第四次联席会在公司办公楼 413 会议室召开。会议选举产生马钢集团出席中国宝武第一届职工代表大会代表。

集团公司党委常委、工会主席张晓峰主持会议并讲话。职代会各代表团团长、合团非团长单位工会主席、各专门工作委员会正、副主任参加会议。

中国宝武一届三次职工代表大会将于 2020 年 1 月中旬召开。按照宝武集团工会通知要求，分配给马钢集团代表名额为 14 名，类型为领导人员、技术业务管理人员、操作维护人员。马钢集团工会提出代表人选初步方案后，经 12 月 14 日集团公司党委常委会研究，提出 14 名代表候选人建议名单，并报宝武集团工会审核同意。按规定，于 5 个工作日公示期后，将 14 名人选提交本次职代会联席会议进行选举。

会议听取了《推荐选举中国宝武第一届职工代表大会代表有关事项的说明》；通过了《马钢集团公司十八届三次职代会第四次联席会议选举办法（草案）》；与会的集团公司职工代表以无记名投票的方式，选举产生了马钢集团参加中国宝武第一届职工代表大会 14 名代表。

张晓峰在会上指出，与中国宝武整合融合是当前十分重要的任务，中国宝武职代会的召开对谋划好 2020 年工作具有重要的意义。他希望，会议选举产生的 14 名代表能以昂扬向上的精神风貌参加中国宝武职代会，认真履行代表职责，带头学习领会职代会精神，宣传好、落实好、贯彻好职代会的重要工作部署。当前正值年终岁末，各项工作都比较繁忙。他要求，代表要深入职工群众，及时了解掌握职工思想动态，加强信息沟通，维护职工队伍稳定，确保与中国宝武整合融合工作顺利推进。

（江　宁）

【马钢专业化整合融合启动会召开】　2019 年 12 月 31 日，马钢专业化整合融合启动会召开。中国宝武党委书记、董事长陈德荣出席会议并讲话。中国宝武党委副书记、总经理胡望明，副总经理郭斌出席会议。陈德荣在对中国宝武和马钢各相关方面重组以来所做的大量工作表示充分肯定的同时，也指出了当前所面临的困难、问题和挑战。首先是来自民营企业的竞争压力。当今中国的钢铁行业，三分天下居其二的是民企。民营企业的竞争力，我们既要感到巨大压力，也是要虚心学习的。过去，民营企业就是低小散乱差的代名词，现在希望大家有机会多到民营企业去看看、去学习，他们的装备水平、工艺技术、现场管理，都具备了相当高的水准。其次是绿色发展、环保压力巨大。还有就是内部产线的配套、产能的平衡等方面存在的问题以及多元产业散小弱的问题等等。所以，中国宝武与马钢的联合，是优势互补，也是应对未来的钢铁冰河期的抱团取暖。在钢铁这样一个充分竞争、过度竞争的行业，如果我们不走联合发展的道路，还在低水平上重复建设，相互拼杀，只会“杀敌一千自损八百”。因此，中国宝武与马钢的联合是必由之路，符合产业发展的规律，符合国有企业做强做优做大的要求，也符合企业自身提升能力的要求。陈德荣强调，实现亿吨宝武目标以后，大而强，大而优，是下一步奋斗的方向。联合不能是简单的“一加一大于二”，联合以后的专业化整合才是发挥联合协同效应的最佳路径和方式。只有通过专业化整合，形成极致专业化基础上的规模效应，我们才能够把联合的协同效应发挥出来。

对推进下一步专业化整合工作，陈德荣要求，一是对于委托方来说，放心放手，扶上马送一程。原有的管理主体要多关心、多支持,既要放手放心,还要扶手扶持。对于受托方来说,若要好,大做小,要放低身段,要对被委托的单位高看一眼,厚待三分。对于被托方而言,要放下包袱,以主人翁的姿态为新的主体开疆拓土,开枝散叶,开拓创新提升,出钱出力出资源。我们是为一个共同的未来在奋斗,都是为了党的利益、国家的利益、集团的利益、企业的利益最大化。希望大家不利于联合整合融合的话少说,不利于联合整合融合的事少做,说了要受批评,做了要受处分,这是规矩这是纪律。大家只要心往一处想,劲往一处使,就没有解决不了的矛盾和问题。二是专业化整合聚焦之后,马钢的钢铁板块在2020年有三大任务:第一是填平补齐改造,发挥产能的最大优势,提升边际效益,发挥规模效应,加快发展改造的步伐;第二是绿色发展,加快环保节能改造,打造优美环境;第三是智慧制造,提升效率。2020年1月2日,中国宝武绿色发展和智慧制造的现场会在马钢举行。马钢集团、马钢股份要把这作为一件大事,各相关方面要全力以赴支持马钢集团、马钢股份开好这个现场会。现在中国宝武搞赛马机制,是骡子是马拉出来遛遛,才能够知道谁英雄谁好汉。我相信马钢一定是宝马良驹,一定是千里马。马钢的轮轴、车轮,当年是中国钢铁工业的一个重点项目。现在,高铁产业大发展,我们要让高铁装上马钢的轮子,马要做千里马,轮子要做高铁轮,要加快发展!此外,资源的综合利用是一个巨大的战略性新兴产业,要积极加以培育。还有马钢的矿山整合了以后,要开疆拓土,要沿着“一带一路”走出去,要为中国钢铁行业争取在铁矿石领域的话语权、定价权,这个使命、意义非常重大。检修、水务、耐材、化工、环保、工程检修招标等进入到新的专业化公司后,都要加快业务的整合步伐。整合是为了聚焦,聚焦是为了向外,必须在专业化整合聚焦的能力培育基础上,形成平台化的商业模式,对外开疆拓土。每一个专业化的子公司,都要瞄准行业内每一个细分领域全球第一的目标,迅速形成细分领域的龙头地位,为整个集团钢铁生态圈的打造贡献“一基五元”每一个单元的作用。

(金　翔)

企业大事记

马钢年鉴

NIAN JIAN

企业大事记

1月

9日　马钢举行废钢公司、化工能源公司、新型建材公司揭牌仪式。

17—18日　马钢举行2019年多元产业合作发展大会,马钢全体与会人员和450余家国内外合作伙伴共800余名代表参加。

21日　中国民生银行与马钢(集团)控股有限公司战略合作协议签约仪式在北京中国民生银行大厦隆重举行。

24日　集团公司党委书记、董事长魏尧在公司办公楼国际厅接待了到访的皖北煤电集团公司党委书记、董事长龚乃勤一行。

△　马鞍山市与马钢融合发展工作对接会在马钢办公楼召开。马鞍山市领导张岳峰、左俊、从辉、李群、周善武、李强等参加。

本月　财务共享中心费用报销系统上线。

本月　马钢大型高炉已连续稳定顺行突破1700天。

本月　马钢2400吨热轧基坑支护用栈桥板花纹H型钢出口泰国,330吨高附加值热轧H型钢出口中东卡塔尔。

本月　飞马智科公司登陆新三板,标志着马钢多元发展的信息化产业成功进入资本市场。

2月

1日　马钢举行多元产业经营目标责任书签字仪式。集团公司党委书记、董事长魏尧主持仪式并讲话。集团公司总经理丁毅代表集团公司分别与矿业公司、物流公司、工程技术集团、国贸公司、飞马智科公司、投资公司、废钢公司、康泰公司、欣创公司、化工能源公司和财务公司等多元产业各板块负责人签订了2019年经营目标责任书。

11日　集团公司召开两级机关机构改革回头看动员大会。集团公司党委书记、董事长魏尧主持会议并作动员讲话。

19日　集团公司党委书记、董事长魏尧在公司办公楼接待了到访的中冶南方工程技术有限公司党委书记、董事长项明武一行。

20日　集团公司总经理、股份公司董事长丁毅接待了中冶焦耐工程技术有限公司董事长于振东一行。集团公司副总经理唐琪明,股份公司经营层成员田俊、黄发元,化工能源公司、炼焦总厂主要负责人参加了会见。

△　安徽省政府副秘书长赵振华一行到马钢参观调研。

27日　股份公司举行经营目标责任书签字仪式。

△　工信部工业强基工程项目《高性能齿轮渗碳钢工程实施方案》启动会在马钢召开。马钢领导丁毅、钱海帆,钢铁研究总院领导田志凌、杜挽生、陈思联,中车戚墅堰分公司副总经理陈笃,陕西法士特副总工程师王剑峰,股份公司经营层成员张文洋、乌力平出席启动会。

28日　马钢召开2019年党委工作会议暨“严规矩、强监督、转作风”集中整治形式主义官僚主义专项行动动员会。

本月　马钢蝉联“吉利汽车优秀材料供应商”。

本月　马钢“轨道交通关键零部件先进制造技术国家地方联合工程研究中心”通过国家发展改革委批准,成为马钢继“车轮、H型钢工业产品质量控制和技术评价实验室”之后获批的第二个国家级企业创新研发平台。

本月　马钢高寒地区结构用热轧H型钢获2018年度“中国钢铁工业产品开发市场开拓奖”。

本月　马钢6项产品分别被认定为中国钢铁工业协会2018年度冶金产品实物质量“特优质量产品”和“金杯质量产品”。

本月　马钢H型钢出口马达加斯加。

本月　欣创公司荣获“马鞍山市2018年度市知识产权试点、示范企业”称号。

本月　马钢两名职工享受“省政府特殊津贴”。

3月

1日　股份公司召开智能制造启动会。

6日　马钢召开2019年企业上市工作会议。

7日　集团公司召开工会九届十二次(股份公司工会四届十二次)全体委员(扩大)会议。

13 日　马钢召开精益工厂创建总结表彰暨再动员会议。

19 日　安徽省委第二十二综合考核组到马钢进行综合考核,集团公司召开考核动员会,考核组组长、省统计局局长吴劲松作动员讲话,集团公司党委书记、董事长魏尧主持会议并代表集团公司党政领导班子作工作总结报告。

本月　马钢启动上半年巡察工作,按照"一托三"的方式分别对利民公司、矿业公司、炼铁总厂(南区)、保卫部、财务公司、特钢公司 6 家单位开展常规巡察,对招标公司、金华加工中心、新闻中心 3 家单位进行专项巡察。

本月　马钢出台新时代产业工人队伍建设改革行动方案。

本月　马钢蝉联吉利汽车"年度优秀材料供应商"称号。

本月　马钢产品亮相第十九届中国国际冶金工业展览会。

本月　马钢 H 型钢成功出口马达加斯加。

本月　马钢轻轨轮对成功出口印尼,正式打开国际轻轨轮对市场。

本月　马钢"青皮螺"成功应用安徽省引江济淮工程。

本月　马钢与三家辅料战略供应商签订年度合作协议。

本月　马钢输送设备制造有限公司"移动破碎后连续智能皮带桥"项目和马钢表面技术公司"新型连铸结晶器铜板防护涂层关键技术联合研发"获省级重点研发项目立项。

本月　马钢《液压多缸同步控制新方法及其应用技术研究》科技成果通过省金属学会评价。

本月　马钢组织开展化工企业反恐防暴演练。

本月　马钢飞马智科职工张世友获评敬业奉献"中国好人"称号。

4 月

8 日　市委书记张岳峰在调研安全生产工作时,深入马钢化工能源公司生产现场进行了实地调研。市委常委、秘书长何志中,市委常委、常务副市长吴劲,集团公司总经理、股份公司董事长丁毅参加调研。

10 日　集团公司召开财务共享建设推进大会,集团公司党委书记、董事长魏尧出席会议并讲话。集团公司总经理、股份公司董事长丁毅主持会议。集团公司副总经理陈昭启通报财务共享建设进度及应付应收上线情况。

11 日　集团公司总经理、股份公司董事长丁毅在公司办公楼接待了台湾荣刚材料科技股份有限公司总经理许泽东一行。

△　安徽省委第八巡视组巡视马钢集团控股有限公司党委工作动员会召开。会前,巡视组组长俞伦洋主持召开巡视组与马钢集团党委主要负责人的见面会,传达省委书记李锦斌在省委"五人小组"和省委常委会会议上的讲话精神,通报巡视任务和工作安排。会上,俞伦洋作动员讲话,集团党委书记、董事长魏尧主持会议并作表态发言。省委第八巡视组副组长李晓清、侯巍及有关同志,集团领导班子成员出席会议。

12 日　股份公司召开 2018 年度竞争力分析会。集团公司党委书记、董事长魏尧出席会议并讲话。集团公司总经理、股份公司董事长丁毅主持会议。集团公司领导陈冬生、张晓峰、钱海帆、陆克从,股份公司经营层成员张文洋、伏明、乌力平、黄发元、杜松林、章茂晗、王光亚出席会议。股份公司机关部门、各二级单位中层副职及以上管理人员,部分合资企业行政主要负责人,股份公司高级技术主管及 APQP 正、副组长和销售负责人参加会议。

△　马钢集团公司党委召开五届六十六次常委会议巡视工作专题学习会,传达学习全国巡视工作会议暨十九届中央第三轮巡视动员部署会议精神,李锦斌在省委"五人小组"会议和省委常委会会议上的讲话精神,刘惠在全省巡视巡察工作会议暨十届省委第七轮巡视工作动员部署会上的讲话精神。

15 日　中国工程院副院长、院士何华武,原副院长、院士干勇,铁总科信部副主任齐延辉一行到访马钢。

16 日　马钢召开 2019 年二季度集团公司安委会暨防火委会议,总结回顾一季度安全、消防工作情况,部署下阶段重点工作。集团公司总经理丁毅主持会议,集团公司领导陈冬生、唐琪明、陈昭启、陆克从、任天宝,股份公司经营层成员伏明出席会议。集团公司安委会成员单位负责人,相关子公司主要负责人、安全消防分管负责人参加会议。

21 日　集团公司总经理、股份公司董事长丁毅接待了物流教育指导委员会及协会领导何黎明、黄有方、任豪祥、刘志学、张锦,马钢合作单位嘉宾潘友华、余保山、蒋一鹏等。

22日 “马钢杯”第六届全国大学生物流设计大赛举行颁奖典礼。中国物流与采购联合会会长何黎明，中国物流与采购联合会副会长任豪祥，物流教育指导委员会主任、上海海事大学校长黄有方，物流教育指导委员会副主任、华中科技大学教授刘志学，物流教育指导委员会副主任、西南交通大学物流研究院院长张锦，招商局集团长航货运有限公司总经理、党委书记张雅，宁波舟山港集团股份有限公司副总经理蒋一鹏，徽商集团党委委员、副总经理、安徽省物流与采购联合会常务副会长余保山，安徽省港航集团马鞍山港口(集团)有限责任公司副董事长、总经理高克华，宝武集团欧冶物流股份有限公司总经理李永林，马鞍山市委常委、副市长李舰舶，集团公司总经理、股份公司董事长丁毅，集团公司副总经理唐琪明，集团公司党委常委、董事、物流公司董事长陆克从出席颁奖典礼。

28日 马钢召开“五一”表彰大会。

本月 马钢入选中国工业遗产保护名录(第二批)。

本月 马钢与中国联通签署战略合作协议。

本月 “马钢人才之家”揭牌。

本月 马钢《高低温韧性热轧H型钢关键制造技术研究》和《车体轻量化用系列热轧高强钢的绿色制造及产业化》两项成果，分别荣获2018年安徽省科技进步一等奖和二等奖。

本月 马钢客商主数据管理平台上线。

本月 马钢电子招投标平台手机移动端上线。

本月 马钢供应链协同平台上线。

本月 中国联通——马钢联合实验室揭牌。

本月 马钢实现对东风商用车批量供货，成为东商15年来首次引入的新钢材供应商。

本月 冷轧1720酸轧线机器人贴标系统正式进入投用阶段。

本月 马钢1号高炉冷却系统改造实现无废水排放。

本月 一钢轧总厂重登日产万吨钢平台，钢产量达到10462吨，创下6年来日产最高水平。

5月

6日 集团公司总经理、股份公司董事长丁毅在公司办公楼接待了加拿大荣斯科公司总经理肯特·蒙哥马利。

8日 集团公司总经理丁毅接待了到访的香港嘉华建材集团董事、总经理徐应强，财务总监曹欣荣一行。

9日 集团公司总经理、股份公司董事长丁毅在公司办公楼接待了到访的神皖能源公司董事长何成江一行。

△ 马钢召开“十三五”基建技改重点工程项目专题会。

10日 马钢举行选矿工匠基地揭牌仪式。安徽工业大学校长魏先文，马钢领导丁毅、张晓峰、陆克从及王文潇，矿业公司、姑山矿主要负责人出席仪式。安徽工业大学，马钢工会、人力资源部、矿业公司、南山矿、桃冲矿、张庄矿相关负责人和专家，姑山矿各级干部职工代表参加揭牌仪式。

14日 马钢召开防汛排涝工作电视电话会议。

△ 马钢召开集团公司两级机关机构改革总结会。集团公司党委书记、董事长魏尧主持会议并讲话。集团公司班子成员及副总师、总经理助理，股份公司经营层成员，集团公司机关部门主要负责人，集团公司直属机构主要负责人，股份公司机关部门、二级单位主要负责人，集团各子公司主要负责人出席会议。

16日 集团公司总经理、股份公司董事长丁毅在公司办公楼接待了到访的山西焦煤集团副董事长、总经理黄巍一行。

△ 股份公司召开安委会扩大会议暨“安全生产月”动员会。

△ 马钢召开综治委全委会会议。

17日 马钢举行“轨道交通关键零部件安徽省技术创新中心”建设可行性方案论证会。省科技厅、马鞍山市政府相关领导及人员，马钢领导丁毅、严华及张文洋、乌力平、杜松林出席论证会。

31日 马钢召开第三届职工经济技术创新成果发布会暨职工创新论坛。

本月 马钢蝉联中国“十大卓越钢铁企业”品牌。

本月 马钢成功入选全国首批重点建设培养产教融合型企业名录。

本月 马钢在2018年度省直单位定点扶贫工作成效考评中获得“优秀”等次。

本月 马钢5件作品入选首届“安徽廉洁文化精品工程”；马钢纪委被评为“优秀组织奖单位”。

本月 马钢股份公司入选《福布斯》2019年“全球上市公司2000强”排行榜，位列1296位。

本月 马钢参展国际先进汽车制造技术大会。

本月 马钢参展第二届中国西部国际投资贸易洽谈会。

本月 马钢350千米时速标准动车组车轮亮相第一届长三角一体化创新成果展。

本月 马钢牵头起草制定《硼铁 硫含量的测定 红外线吸收法》国家标准通过审定。

本月 马钢“时速350千米高铁用高性能车轴产品开发”课题通过验收。

本月 马钢股份公司的“时速350千米动车组用D22车轴钢”“经济型微铬Nb-V复合微合金化600兆帕级抗震钢筋”“城市轨道交通用阻尼环车轮”“4137H钻杆接头用圆钢”“高性能取向硅钢热轧卷MCGO-2产品”和表面技术公司的“伺服重载双梁机械手”等六个新产品通过省级鉴定。

本月 炼铁总厂团委荣获2018年度“省属企业五四红旗团委”称号、炼铁总厂1号高炉团支部荣获“全国五四红旗团支部”称号。

本月 轮轴事业部车轮二线热负荷试车一次成功。

本月 轮轴事业部荣获2018年度美国GE-Wabtec综合竞争力奖。

本月 检测中心校准实验室通过国家CNAS现场评审。

本月 表面技术公司挂牌新三板。

本月 飞马智科机器人公司正式成立。

本月 矿业资源集团建材科技公司成立。

本月 马钢王强家庭荣获全国最美家庭称号。

6月

3日 集团公司总经理、股份公司董事长丁毅在公司办公楼接待了到访的PSI冶金集团总裁斯文·布什一行。

△ 集团公司党委书记、董事长魏尧在公司办公楼接待了到访的中国铁路物资集团有限公司总经理、党委副书记廖家生一行。

10日 马钢党委召开常委(扩大)会议暨中心组理论学习会议,学习习近平总书记在“不忘初心、牢记使命”主题教育工作会议上的重要讲话精神、习近平总书记关于“不忘初心”的重要论述、《中共中央关于在全党开展“不忘初心、牢记使命”主题教育的意见》、全省“不忘初心、牢记使命”主题教育工作会议精神等内容。

13日 由中国金属学会、中国金属学会冶金自动化分会、中国金属学会能源与热工分会主办,安徽省金属学会、马钢协办的钢铁行业能源管理中心建设、运行与升级技术研讨会在马钢召开。中国工程院院士殷瑞钰,马钢领导丁毅、严华及田俊出席会议。

14日 根据省委、省国资委党委的统一部署,马钢党委召开“不忘初心、牢记使命”主题教育动员部署会,深入学习贯彻习近平总书记在中央“不忘初心、牢记使命”主题教育工作会议上的重要讲话精神,全省主题教育工作会议精神,对深入开展“不忘初心、牢记使命”主题教育进行全面部署和动员。

19日 马钢召开长江大保护综合环境整治暨超低排放工作推进会,传达市委市政府有关会议精神,部署综合环境整治工作,加快推进超低排放改造,打造本质环保型企业。

本月 马钢中东公司在阿联酋迪拜挂牌。

本月 安徽马钢矿业资源集团材料科技有限公司成立。

本月 清华大学(材料学院)——马钢股份公司铁基新材料联合研究中心项目启动会在清华大学材料学院举行。

本月 马钢成功研制开发国内最高钢级140V页岩气油井管用钢,填补国内空白。

本月 马钢车轮首次批量进入俄罗斯市场。

7月

18日 马钢党委召开“以案示警、以案为戒、以案促改”警示教育专题学习会议,学习习近平总书记在中央政治局第十五次集体学习会和在中央和国家机关党的建设工作会议上的重要讲话精神等,学习省委有关《通报》精神、李锦斌同志有关讲话,并结合“三个以案”警示教育思考题进行集中研讨。

△ 马钢党委召开五届四次全体(扩大)会议暨上半年经济运行分析会,认真总结上半年经济运行情况,研究部署下半年生产经营和改革发展各项重点工作。

26日 马钢党委召开主题教育调研成果交流会。省委主题教育第十二指导组组长许崇信到会指导。

29日 马钢召开2019年二季度精益工厂创建推进会。

△ 股份公司召开上半年运营改善会,总结上半年运营情况,研究部署下半年生产经营和各项重点工作任务。

本月 马钢铁道车辆用高耐蚀钢产品通过CRCC认证。

本月 马钢3个集体被授予“全国钢铁工业先进

集体”称号、3名职工被授予“全国钢铁工业劳动模范”称号。

8月

7日　集团公司总经理、股份公司董事长丁毅在公司办公楼接待了到访的台湾富利康科技股份有限公司董事长林永清一行。

△　安徽省委第八巡视组向马钢集团控股有限公司党委反馈巡视情况。巡视组组长俞伦洋主持召开向集团党委书记、董事长魏尧的反馈会议，传达了省委书记李锦斌在省委“五人小组”会议听取巡视工作汇报时的讲话精神，并代表巡视组分别向集团党委主要负责人和领导班子反馈了巡视情况。魏尧主持向领导班子反馈大会并作表态发言。4月11日至6月6日，省委第八巡视组对马钢集团党委开展了巡视。

8日　按照中央和省委“不忘初心、牢记使命”主题教育领导小组部署要求，马钢党委召开对照党章党规找差距专题会。省委第十二巡回指导组副组长郑舒玉到会指导。

△　全国工业产品生产许可证办公室（中冶建筑研究总院）到马钢进行钢筋产品生产许可证管理调研。

9日　股份公司在办公楼召开精益六西格玛项目启动会。

10日　集团公司党委书记、董事长魏尧赴阜南县地城镇李集村走访贫困户，看望马钢驻村扶贫干部，并与村镇干部就进一步做好扶贫工作进行交流。

13日　集团公司党委书记、董事长魏尧在办公楼国际会议厅接待了到访的河南能源化工集团总经理、党委副书记、副董事长田富军一行。

30日　“轨道交通关键零部件先进制造技术国家地方联合工程研究中心”建设启动会暨“高性能轨道交通新材料及安全控制安徽省重点实验室”学术委员会在马钢召开。

△　集团公司党委书记、董事长魏尧在办公楼19-1会议室会见了到访的太重集团党委书记、董事长王创民一行。

本月　马钢集团拔河队勇夺世界冠军。

本月　全国冶金矿山行业实训基地落户马钢。

本月　马钢5项科技成果荣获冶金科学技术奖。《重载车轴钢冶金技术研发创新及产品开发》荣膺一等奖，《大型露天低贫磁铁矿绿色智能开发关键技术与工程实践》《基于铸轧全流程的轧机振动协同控制技术及推广应用》获评二等奖，《冶金苛刻服役环境关键部件的长寿化高可靠复合涂层技术》《矿山粉尘污染防治高效节能技术装备研究及工程应用》获评三等奖。

本月　2018年度“全国重点大型耗能钢铁生产设备节能降耗对标竞赛”结果揭晓。马钢炼铁总厂北区380平方米A烧结机蝉联300—400平方米级别“冠军炉”，四钢轧总厂2号转炉问鼎200吨以上级别“冠军炉”，炼铁总厂北区B高炉获4000立方米及以上级别“优胜炉”，南区4号高炉获3000—4000立方米级别“创先炉”荣誉称号。

本月　轮轴事业部顺利通过CRCC年度动车组车轮审核。

本月　马钢首个“移动式”消防站——南区移动消防站揭牌。

本月　马钢新闻作品在安徽新闻奖评选中获2个一等奖和2个二等奖。

本月　安徽省工程勘察设计协会举办的2019年度“安徽省优秀工程勘察设计行业奖”评选结果公布。“马钢股份电炉厂高速车轮用钢生产线技术改造项目”获“优秀建筑（工程）信息模型”一等奖，“马钢第四钢轧总厂热轧平整分卷检查线工程”获“优秀工业工程设计”二等奖，“安徽马钢罗河铁矿一期选矿工程”“马钢股份冷轧总厂——重卷检查线工程”获三等奖，“大型板带处理线钢卷包装控制系统软件”获“优秀工程勘察设计计算机软件”二等奖，同时该项目已被省协会推荐参加全国优秀勘察设计行业奖的评选。

9月

4日　美国宾夕法尼亚大学沃顿商学院组织创新转型代表团到访马钢。

5日　股份公司召开安委会扩大会议。

19日　中国宝武与马钢集团重组实施协议签约仪式在合肥举行。安徽省委书记、省人大常委会主任李锦斌，国务院国资委党委书记、主任郝鹏，省委副书记、省长李国英，省委副书记信长星，省委常委、常务副省长邓向阳，省委常委、省委秘书长陶明伦，中国宝武党委书记、董事长陈德荣出席签约仪式。省政府副省长何树山主持签约仪式。国务院国资委秘书长彭华岗，安徽省政府秘书长白金明，马鞍山市委书记张岳峰，中国宝武党委副书记伏中哲，副总经理郭斌、张锦刚，党委常委、纪委书记章克勤，集团公司党委书记、董事长魏尧，集团公司党委副书记、总经理丁毅等参加签约仪式。

24 日　集团公司召开马钢集团重组情况通报会，通报中国宝武与马钢集团联合重组工作情况，部署安排公司当期重点工作。集团公司党委书记、董事长魏尧主持会议并讲话。

24—25 日　由工业和信息化部节能与综合利用司主办，冶金工业规划研究院、马钢(集团)控股有限公司、中国节能协会冶金工业节能专业委员会承办的"节能服务进企业"活动暨钢铁行业节能技术和先进电机交流活动在马鞍山市举行。

25 日　集团公司党委书记、董事长魏尧在办公楼东和厅，会见了到访的中钢集团总经理、党委副书记刘安栋一行。集团公司总经理、股份公司董事长丁毅，中钢集团副总经理陆鹏程，中钢集团马鞍山矿山研究院公司总经理徐修平参加会见。

26—27 日　中国宝武党委书记、董事长陈德荣率队到马钢调研，赴现场实地了解马钢炼钢生产、环保工程建设、原燃料保供工作情况，主持召开班子见面会。

本月　2019 世界制造业大会"制造强国建设专家论坛"发布了 2018 年度安徽省推进制造强省建设考核评价结果，公布了制造业 10 强县区、10 快县区、50 强企业及 50 名优秀企业家等榜单。马钢集团上榜制造业 50 强企业榜单，股份公司总经理钱海帆上榜制造业 50 名优秀企业家榜单。同时，马钢自主研发生产的"中国标准动车组复兴号车轮"荣获 2019 世界制造业大会创新产品金奖。

本月　马钢推选的作品分别获得第七届全国品牌故事大赛(合肥赛区)暨第三届安徽质量品牌故事大赛演讲比赛二等奖 1 项、三等奖 1 项，征文比赛三等奖 3 项，微电影比赛三等奖 1 项。马钢被授予"优秀组织奖"。

本月　股份有限公司牵头编制的《高耐候热轧型钢》《船用热轧 T 型钢》《H 型钢腹板平面度检验平尺》和《冶金企业煤气站所无人值守安全技术规范》4 项行业标准获工业和信息化部批准发布，将于 2020 年 1 月 1 日起实施。

本月　长钢股份产能减量置换项目 140 吨电炉工程开工。

本月　长材事业部吨钢铁水消耗创历史最低纪录，吨钢消耗铁水 874 千克。

本月　飞马智科与肥东县人民政府就长三角(合肥)数字科技中心项目正式签约。

本月　马钢节能减排 CCPP 综合利用发电工程开工。

10 月

10 日　中国宝武与马钢集团管理对接启动会在马钢召开。中国宝武副总经理张锦刚主持会议。中国宝武党委副书记、总经理胡望明，马钢集团党委书记、董事长魏尧，马钢集团总经理、马钢股份公司董事长丁毅等出席会议。

11 日　马钢集团产线产品规划启动会在公司办公楼召开。中国宝武副总经理张锦刚，马钢集团党委书记、董事长魏尧，马钢集团总经理、马钢股份公司董事长丁毅，马钢股份公司总经理钱海帆及部分马钢股份经营层出席会议。中国宝武钢铁业发展中心、战略规划部、办公厅、宝钢工程技术集团相关负责人和有关专家，马钢集团管理创新部、马钢股份相关部门和单位负责人及部分高级技术主管参加会议。

16 日　马钢召开"绿色发展 · 智慧制造"专项工作启动会。会议由集团公司党委书记、董事长魏尧主持。集团公司领导班子成员及副总师、总经理助理，股份公司经营层，集团公司机关部门和直属机构主要负责人，股份公司机关部门主要负责人，股份公司分子公司、二级单位主要负责人，矿业公司及下属单位、工程技术集团及下属单位、物流公司及下属单位、集团公司其他分子公司主要负责人，部分合资公司及有关单位主要负责人参加了会议。

22 日　马钢举行 2020 年马钢集团商业计划书编报专题培训及绩效驱动型战略执行体系专题研修会。集团公司总经理、股份公司董事长丁毅主持会议。集团公司副总师、总经理助理及以上领导出席。

25 日　中国宝武工会主席、职工董事傅连春在马钢办公楼主持召开工会工作对接汇报会。

30 日　中国宝武党委常委、纪委书记、国家监委驻中国宝武监察专员章克勤在公司办公楼主持召开座谈会。

本月　马钢成功研发应用新一代轧钢加热炉分段燃烧监测控制系统。

本月　一钢轧总厂转炉三次除尘系统顺利投产。

本月　马钢国内首推高韧性新型铝硅镀层热成形钢。

本月　欣创公司荣获"2019 中国新三板年度风云榜——最佳公司成长奖"。

本月　马钢获评 2018 年度"安徽创新企业 100 强"。

本月　长钢股份被授予"马鞍山市百企帮百村精准扶贫行动先进企业"称号。

11 月

6 日　马钢集团公司党委召开巩固深化“不忘初心、牢记使命”主题教育推进会。

7 日　集团公司总经理、股份公司董事长丁毅在公司办公楼会见了到访的上海宝信软件股份有限公司总经理朱湘凯一行。

13 日　中国宝武副总经理郭斌到马钢调研，主持召开调研汇报会，并赴飞马智科、欣创公司、矿业资源集团、废钢公司现场考察马钢多元产业发展情况。

△　集团公司总经理、股份公司董事长丁毅在公司办公大楼热情接待了到访的中国宝武设计院院长、宝钢工程技术集团党委书记、董事长王建跃一行。

15 日　集团公司总经理、股份公司董事长丁毅率队走访阜南县定点扶贫村，慰问贫困户、查看帮扶项目进展情况并看望马钢驻村扶贫干部。

△　撤销马钢集团北京办事处、驻上海联络处机构。

19 日　马钢领导班子宣布会在马钢举行。中国宝武党委书记、董事长陈德荣，中国宝武副总经理张锦刚参加集体谈话。

19—20 日　中国宝武党委书记、董事长陈德荣在马钢调研。中国宝武副总经理张锦刚，集团总部相关部门的负责人参加了调研。

28 日　中国宝武集团总部与马钢干部交流支撑工作启动会在宝武大厦举行。

本月　启动实施深化马钢集团公司机关机构改革及人力资源优化。

本月　马钢股份荣获 SONY 优秀供应商。

本月　长钢股份荣获“安徽省绿色工厂”称号。

本月　马钢物流公司成功入选中国企业品牌创新成果。

本月　马钢焦炉系统工程开工。

本月　马钢轨道公司顺利通过英国铁路供应商（RISAS）认证。

本月　马钢在全国冶金行业率先应用铁路信号综合智能系统。

本月　马钢免退火冷镦钢热轧盘条入选“安徽工业精品”。

本月　马钢欣创公司荣获“北极星杯十大钢铁脱硫企业奖”。

12 月

4—6 日　中国宝武聚焦融合行动学习—马钢专业化整合发展培训在宝武（常熟）领导力发展中心举行。

9 日　飞马智科智能装备及大数据产业园项目举行开工奠基仪式。该项目是集研发创新、高端制造、云计算基地为一体的高端智能装备及大数据产业园，项目占地面积约 14.67 万平方米，总投资约 20 亿元，分两期建设，建设内容包括飞马智科新的研发基地、智慧城市云计算服务中心、智能制造产业基地、机器人研发集成制造基地等。

11 日　集团公司党委书记、董事长魏尧在公司办公楼 19-2 会议室接待了到访的五矿发展股份公司党委书记、董事长刘青春一行。

△　集团公司党委书记、董事长魏尧在公司办公楼 19-2 会议室接待了到访的上海大屯能源股份公司党委书记、董事长包正明一行。

11—12 日　省新四军历史研究会常务副会长桂建平一行到马钢，调研指导马钢新四军历史研究会工作，赴马钢生产现场参观。

12 日　集团公司党委书记、董事长魏尧在公司办公楼 19-1 会议室接待了到访的华为安徽企业业务总经理单松一行。

△　马钢在重庆召开以“共建高质量钢铁生态圈”为主题的 2020 年钢材客户交流会。

15—16 日　马钢电子文件归档和电子档案管理国家试点项目通过国家档案局专家验收组验收。

18 日　人民日报发布了“中国品牌发展指数”报告。马钢荣登“中国品牌发展（企业）指数 100 榜单”，排名第 94 位，成为上榜的 4 家钢企之一。

20 日　马钢在武汉召开以“共建高质量钢铁生态圈”为主题的 2020 年钢材客户交流会。

△　重型 H 型钢异形坯连铸机热负荷试车成功。

23—24 日　中国宝武党委常委、总会计师朱永红到马钢调研。

25 日　马钢集团公司十八届三次职工代表大会第四次联席会在公司办公大楼 413 会议室召开。会议选举产生马钢集团出席中国宝武第一届职工代表大会代表。

27 日　马鞍山市市长袁方、常务副市长吴劲一行到马钢调研。集团公司领导魏尧、丁毅、严华及张乾春出席调研座谈会。会上，双方通报 2019 年市与马钢对接落实情况，并就 2020 年进一步强化产城一体融合发展进行了深入交流。

△　中国侨联党组书记、主席万立骏一行到马钢参观调研。

31 日　马钢专业化整合融合启动会在马钢召开，标志着马钢专业化整合融合百日行动计划全面启动。中国宝武党委书记、董事长陈德荣出席会议并讲话。中国宝武党委副书记、总经理胡望明,副总经理郭斌出席会议。

本月　飞马智科—中国电信马鞍山分公司“5G+工业物联网创新联合实验室”揭牌仪式在飞马智科工匠基地举行。

本月　马钢 5 名职工在第十二届全省高技能人才评选表彰工作中“榜上有名”。其中,李强、张烨荣获江淮杰出工匠称号,汪昌平、沈飞、李明军荣获安徽省技能大奖。

(周景程)

概　述

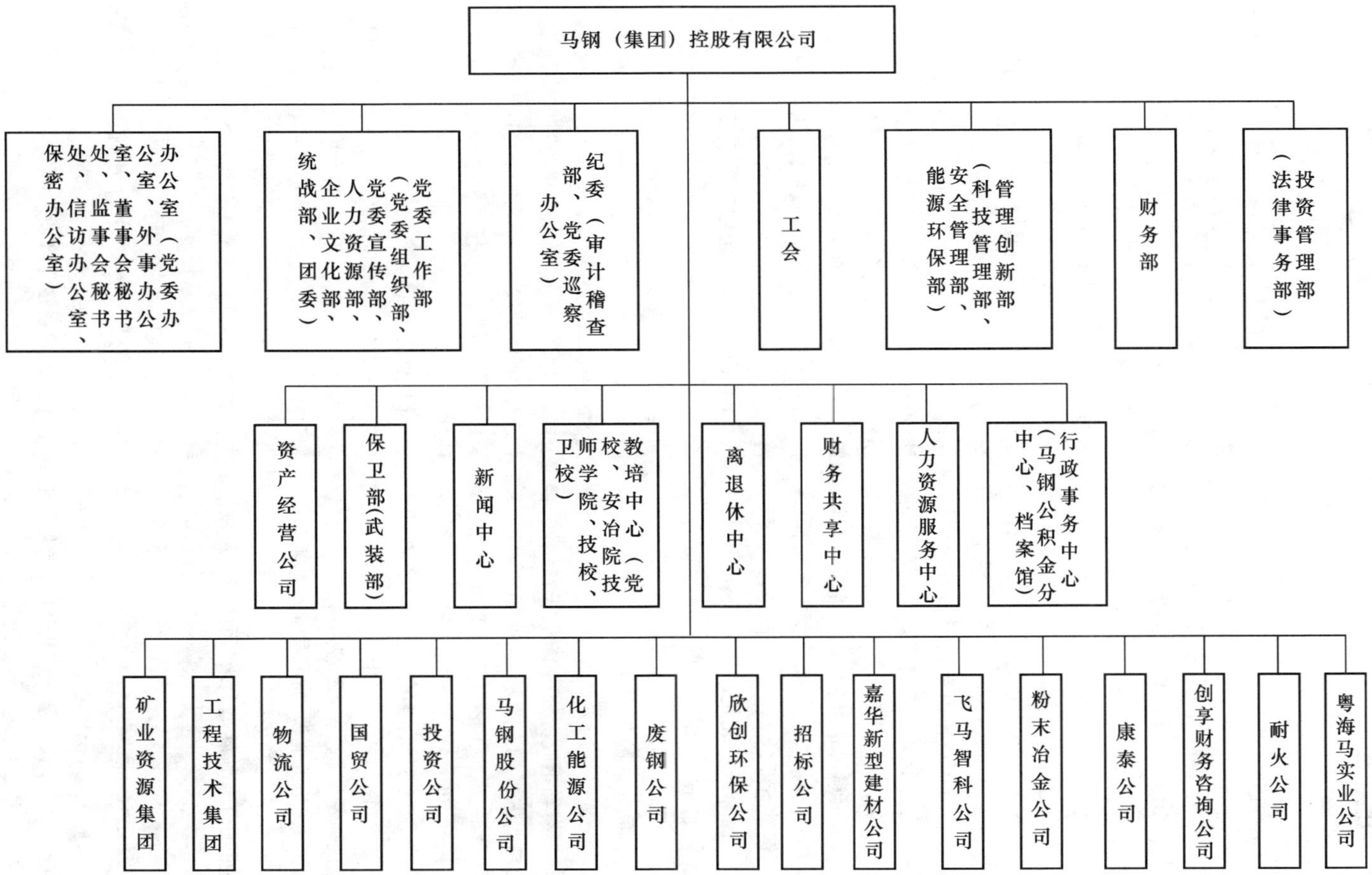

图1　2019年马钢集团组织机构图

（袁中平）

企业概况

【基本情况】 马钢集团是中国宝武钢铁集团有限公司控股子公司,拥有A+H股上市公司1家、新三板上市公司3家,具备2000万吨钢配套生产规模,在岗员工4.3万人。2019年,马钢集团生产铁矿石743万吨、生铁1809万吨、粗钢1983万吨、钢材1877万吨,实现营业收入991亿元、利润总额36.8亿元,EVA12.3亿元,上缴税金54亿元。

马钢的前身是成立于1953年的马鞍山铁厂;1958年马鞍山钢铁公司成立;1993年成功实施股份制改制,分立为马钢总公司和马鞍山钢铁股份有限公司;1998年马钢总公司依法改制为马钢(集团)控股有限公司;2019年9月19日,中国宝武与马钢集团重组实施协议正式签约,马钢集团成为中国宝武控股子公司。在60多年艰苦创业、自我积累和滚动发展的历程中,马钢创造了我国钢铁行业的多个第一,我国第一个车轮轮箍厂、第一套高速线材轧机、"中国钢铁第一股"(A+H股上市公司)、第一条大H型钢生产线先后诞生在这里。

马钢是多元协同发展的集团化企业,构建了钢铁及产业链延伸产业、战略性新兴产业协同发展的产业格局。钢铁产业拥有马钢股份公司本部、长江钢铁、合肥公司、瓦顿公司四大钢铁生产基地,冷热轧薄板、彩涂板、镀锌板、H型钢、高速线材、高速棒材和车轮轮箍等先进生产线,长材、板带、轮轴三大系列产品,车轮、H型钢、冷镦钢、管线钢等产品拥有自主知识产权和核心技术,车轮和H型钢产品获得"中国名牌"称号,股份公司荣获"全国质量奖"。多元产业拥有矿产资源、工程技术、废钢资源、化工能源、贸易物流、金融投资、节能环保、信息技术、新材料等板块。

当前,马钢正处于加快转型升级、迈向高质量发展的关键时期。面对钢铁行业发展大势,马钢将在中国宝武的坚强领导下,坚持以习近平新时代中国特色社会主义思想为指导,牢牢把握高质量发展这个根本要求,深入贯彻新发展理念,积极融入国家"一带一路"倡议、《中国制造2025》和长三角一体化战略,强化"效率、效益"双引擎,聚焦变革突破、聚力价值创造,全面推进精益运营,加快打造治理规范、管理科学、技术先进,核心竞争力进一步增强的新马钢,为助推中国宝武成为全球钢铁业引领者、共建高质量钢铁生态圈,为全面建设现代化五大发展美好安徽、水清岸绿产业优美丽长江经济带做出积极贡献。

(崔海涛)

2019年马钢集团主要工作综述

【概况】 2019年是马钢发展史上具有里程碑意义的一年。在安徽省和中国宝武的主导下,马钢正式成为中国宝武控股子公司,这为马钢加快高质量发展提供了新平台。马钢坚持以习近平新时代中国特色社会主义思想为指引,坚持稳中求进工作总基调,深入贯彻落实安徽省委省政府、中国宝武重大决策部署,在全球经济处于下行周期、中国经济增速放缓的大背景下,积极应对两头市场急剧变化,强化"效率、效益"双引擎,聚焦变革突破,聚力价值创造,持续推动钢铁产业做优做精,多元产业做大做强,实现了企业经营的平稳有序。

【全面推进与中国宝武重组工作】 为深入落实长三角一体化发展国家战略,进一步推进国有经济布局调整,推动强强联合、优势互补,9月19日,安徽省国资委和中国宝武签订了《关于重组马钢集团相关事宜的实施协议》,马钢集团正式成为中国宝武控股子公司。以此为推动,马钢积极推进与中国宝武整合融合工作,有序开展59项管理对接工作,全面启动"绿色发展·智慧制造"工作和专业化整合融合百日行动计划。

【做优做精钢铁产业】 不断优化品种结构。坚持效益最大化原则,持续扩大高附加值产品比重,全年品种钢比例55.5%。深入推行精益营销。完善APQP和EVI服务模式,成立客户服务中心,持续优化客户渠道,新开发终端用户102家,板带直供比81%。加快推进重点产品认证。铁道车辆用高耐蚀热连轧钢板产品通过CRCC产品认证,汽车板70个牌号产品通过上汽大众、上汽通用等主机厂认证,马钢"中国标准动车组复兴号车轮"荣获2019世界制造业大会创新产品金奖。

【做大做强多元产业】 积极推动多元增量增效。多元产业实现营业收入408亿元、利润总额25.42亿元,分别占集团的34%和53%。其中,废钢板块预计实现营业收入147亿元,矿产资源板块预计实现利润总额9亿元。全面推进资产证券化。飞马智科公司、表面技术公司成功登陆新三板。持续激活体制机制。引入江东控股、绍兴富圆、经华碳素等战略投资者,全年引入外部资金7.34亿元;飞马智科公司国企改革“双百行动”方案加快落实,粉末冶金公司员工持股试点有序推进。

【深化改革管理】 纵深推进企业改革。继续开展机关机构改革,实现机构进一步精简,人员进一步高效;稳妥有序完成新闻中心机构改革、文体中心管理模式调整、集团公司北京办事处和驻上海联络处撤销工作;进一步强化资源业务整合,整合成立炼铁总厂,有序推进轨交资源整合。持续优化人力资源。按照每年8%底线要求,积极推进“减总量、调结构、提素质、增活力”,完善配套政策,实施流程再造,推行扁平化管理,拓展安置渠道,人事效率显著提升。加强创新型人才培养,系统推进“1+2+4”人才培养工程,实施“领航计划”和“腾飞计划”,马钢入选全国先期重点建设培育的产教融合型企业。不断深化品牌建设。以落实品牌建设年度20项重点工作为抓手,持续完善品牌培育管理体系,积极参加“第十九届中国国际冶金工业展”“2019世界制造业大会”等国际国内展会,讲好马钢故事,加大品牌传播力度,持续提升企业知名度和美誉度。有序推进重点工程建设。重型H型钢异形坯连铸机项目成功热负荷试车,汽车零部件用优棒材生产线等一批项目按计划节点推进。

【持续打造“三型”企业】 围绕打造本质安全型企业,强化安全“1000”理念,压实安全责任,深入开展“1+5+N”安全专项治理,公司安全生产形势总体平稳。围绕打造本质环保型企业,加快实施总投入约80亿元的三年超低排放改造系列项目,组织开展长江大保护系列工作,深入落实中央环保督察“回头看”问题整改及突出问题整改,股份本部吨钢综合能耗同比下降3.7千克标煤。围绕打造财务稳健型企业,健全投资收益机制,从严从紧控制资金支出,优化融资结构,加快建立财务大数据共享平台,积极争取政策资金20亿元。

【深入推进技术创新】 深入推行“基地+”技术创新模式。与北科大合作实施43个智能制造项目,与清华大学联合打造铁基新材料联合研究中心。不断加快创新平台建设。“轨道交通关键零部件先进制造技术”国家地方联合工程研究中心获批成立并挂牌运行,欧冶链金公司、化工能源公司等单位分别组建成立了研发中心。大力实施技术研发攻关项目。全年承担省级以上科研项目18项,主持或参与制修订并发布了国家和行业标准9项,获冶金科学技术奖5项。不断加强知识产权管理。全年获授权专利353项,表面技术公司被国家知识产权局认定为国家知识产权优势企业。

【深入落实以人为本】 产业工人队伍建设积极推进。举办马钢第三届职工经济技术创新成果发布会暨职工创新论坛。征集合理化建议10231条,命名公司级先进操作法9项、公司级创新工作室11个,全面建成12个工匠基地。开展了“当好主人翁、建功新时代”主题劳动竞赛和产业板块专项竞赛;举办马钢第九届职业技能竞赛,4447名职工踊跃参赛;组织马钢第二届“职工网上练兵”,参与职工达35万人次;组织参加海峡两岸暨香港职工焊接技能竞赛,获得冠亚军。职工合法权益得到切实维护。公司职代会联席会议审议通过了《2019年马钢集团薪酬调整增资方案》和《企业与员工协商一致解除劳动合同实施方案》,听取审议了中国宝武与马钢集团联合重组有关事项。认真办理职代会提案40项、职工代表意见31条。职工帮扶体系不断完善。集网上练兵、劳动创新、维权帮扶、宣传教育等在线服务为一体的“马钢e工汇”APP客户端已覆盖2.4万名职工;提前完成全总帮扶平台建档立卡的773户困难职工解困脱困任务;组织职工参加全总在职职工互助保障计划38183人次。

（金　翔）

董事会

【董事会工作】 2019年,马钢(集团)控股有限公司董事会依据《公司法》《公司章程》《董事会议事规则》以及国家有关法律法规的规定,认真履行职责,规范高效运作,全年召开董事会18次(其中以通讯方式召开会议4次),会议审议的事项有:

1. 会议审议通过了《关于集团公司为保理公司融资提供担保的请示》。批准为保理公司提供3亿元的最高额担保,期限不超过3年,并免于其提供反担保;集团公司按照最高额3亿元、1%比例一次性收取担保费。该事项报省国资委备案。

2. 会议审议通过了《关于炼焦总厂南区新建筒仓等六个工程立项的请示》。同意马钢股份公司炼焦总厂南区新建筒仓工程、节能减排CCPP综合利用发电工程、炼焦总厂7号及8号焦炉烟气脱硫脱硝工程、原料场环保升级及智能化改造工程、能控中心1号制氢站更新改造工程、能控中心北区鼓风机站2号及3号风机新增鼓风脱湿系统工程等6个项目立项。上述6个项目总投资额控制在316780万元以内。

3. 会议审议了《关于调整拟设山西福马炭材料科技有限公司注册资本的议案》。为保障化工能源公司与山西经华炭素公司合资建设的年产4万吨针状焦及配套30万吨焦油精制项目顺利实施,同意将合资公司注册资本由原定4亿元调增至5亿元,合资双方股权结构不变,按比例增加认缴金额。

4. 会议审议通过了《关于集团设计院增加注册资本的议案》。同意马钢集团设计研究院有限责任公司通过资本公积和未分配利润转增方式,将注册资本从1337.84万元调增至2846.07万元。

5. 会议审议通过了《关于安徽马钢罗河矿业有限责任公司罗河铁矿一期500万吨/年扩能工程建设项目的议案》。同意安徽马钢罗河矿业有限责任公司罗河铁矿一期500万吨/年扩能工程项目立项。该项目总投资73561万元,工程建设期3年。

6. 会议审议并原则通过了《关于马钢集团公司2019年度财务预算及投资计划的请示》。该事项报省国资委批准。

7. 会议审议通过了《关于将保卫部同时列作股份公司序列的请示》。同意将保卫部同时列作股份公司的序列,保留集团公司保卫部和股份公司保卫部两块牌子,作为合署办公机构;其核算维持目前方式不变;发生的保卫费用按照为谁提供服务向谁收取费用的原则处理。

8. 会议听取了管理创新部关于《马钢(集团)控股有限公司企业负责人2019年度经营业绩考核目标建议值书》情况报告。

9. 会议审议通过了《关于工程技术集团与集团设计院资质分立及章程修订的议案》。同意工程技术集团将其持有的设计资质(除建筑行业建筑工程甲级外)分立划转至集团设计院;批准修改工程技术集团公司章程中经营范围条款。

10. 会议审议通过了《关于投资公司章程修订的议案》。批准投资公司章程第十条、第十二条、第二十六条修改意见。

11. 会议审议通过了《关于桃冲矿业公司青阳县长龙岗冶金用白云岩矿200万吨/年技改工程项目建设的议案》。为支持矿业板块打造桃冲矿千万吨级辅料基地,批准桃冲矿业公司青阳县长龙岗冶金用白云岩矿200万吨/年技改工程项目立项。该项目总投资21510.08万元,项目建设期12个月。

12. 会议审议了《关于马钢诚兴公司购买资产立项及对资产评估结果确认的议案》。会议认为,马钢诚兴公司购买安徽诚兴金属材料集团有限公司设备资产,既是履行双方合资合作协议书的约定条款,也是推动废钢资源板块业务发展的现实需要;第三方评估机构——安徽悦达资产评估有限公司作出的评估报告,评估程序合规,但资产评估升值较高,存在潜在的风险因素。会议决定对该议题暂缓决策。会议要求,购买资产行为要坚持底线思维,做到依法合规、程序规范、价值公允、风险可控。

13. 会议审议并原则通过了《关于"马钢集团公司2019年多元产业组织绩效及经营团队经营绩效考核分配方案"的议案》。

14. 会议审议通过了《关于废钢公司合资建设马钢皖北循环经济产业园项目的议案》。批准马鞍山马钢废钢有限责任公司(简称废钢公司)与天津仁和智信能源科技发展有限公司(简称仁和智信)、宿州马鞍山投资集团(控股)有限公司(简称宿马投资)设立合资公司,建设马钢皖北循环经济产业园项目。合资公司名称为马钢智信资源科技有限公司(暂定名,最终以工商登记部门核准的名称为准),注册资本10000万元人民币;废钢公司认缴5100万元人民币、持股51%,仁和智信认缴3900万元人民币、持股39%,宿马投资认缴1000万元人民币、持股10%,三方均以现金出资;公司经营范围为废钢铁、废纸、废塑料、废玻璃等废旧物资回收、加工与销售及委托代理加工和技术咨询服务,货物仓储、运输等。项目总投资2.28亿元人民币,建设60万吨/年废钢加工配送基地、22万吨/年废纸加工配送基地。委派曹玉龙、刘健、亓万刚、刘泽兵担任合资公司董事,推荐刘健为董事长;委派何树春担任合资公司监事,并提名为监事会主席;推荐李祥亮担任合资公司财务总监。

15. 会议审议通过了《关于废钢公司合资建设郑蒲港废钢基地项目的议案》。批准马鞍山马钢废钢有限责任公司(简称废钢公司)与绍兴市富圆再生物资有限公司(简称富圆公司)设立合资公司,建设郑蒲港废钢基地项目。合资公司名称为马钢富圆金属资源有限公司(暂定名,最终以工商登记部门核准的名称为准),注册资本5000万元人民币;废钢公司认缴2550万元人民币、持股51%,富圆公司认缴2450万元、持股

49%；双方均以现金出资；公司经营范围为废旧金属回收、加工、仓储、销售，生铁、钢材仓储、销售等。项目总投资3.47亿元人民币，建设100万吨/年废钢加工配送基地。委派蔡朝晖、王永生、代松担任合资公司董事，推荐蔡朝晖为董事长；委派何树春担任合资公司监事，并提名为监事会主席；推荐王永生担任合资公司财务总监。

16. 会议审议通过了《集团公司机关机构与管控优化调整方案》。

17. 会议审议通过了《关于炼焦总厂焦炉系统等两个工程立项的议案》。批准炼焦总厂焦炉系统工程、炼焦总厂集装箱运输智能化环保改造工程立项，两个项目投资额为132880万元。

18. 会议审议通过了《关于设立马钢集团财务管理咨询有限公司的初步方案》。为规范财务共享中心员工劳动关系，更好服务内外部市场，同意设立集团公司一级全资子公司——马钢集团财务管理咨询有限公司（暂定名，最终以工商登记部门核准的名称为准），注册资本500万元，经营范围为会计代账、税务核算、税务筹划咨询、财务管理咨询、财务信息化咨询等。

19. 会议审议并原则通过了《2019年股份公司绩效评价办法（组织绩效、经营团队绩效）》。

20. 会议审议通过了财务部《关于对合伙企业进行解散清算的议案》。为降低财务费用、化解监管风险，董事会批准向马鞍山马钢降本增效基金合伙企业（以下称"合伙企业"）提前偿还贷入的委托贷款18.75亿元及相关利息；同意对合伙企业进行解散清算，批准《马鞍山马钢降本增效基金合伙企业（有限合伙）关于本合伙企业财产分配及解散清算的合伙人会议决议》，并授权集团公司副总经理陈昭启代表公司签订该决议及清算过程中的相关协议。

21. 会议审议通过了《关于集团公司为融资租赁公司融资提供担保的议案》。批准集团公司为马钢（上海）融资租赁有限公司提供2.55亿元的最高额担保，债务发生期限不超过3年，免于反担保，并按照实际担保额的1%每年收取担保费。该事项报省国资委备案。

22. 会议审议通过了《关于滚动调整〈马钢集团2019—2021年发展规划〉的议案》。该事项报省国资委备案。

23. 会议审议通过了《关于矿业公司年产60万立方米尾砂加气混凝土板材（砌块）及2.4亿块尾砂灰砂砖项目设立合资公司的议案》。同意马钢集团矿业有限公司与合肥浦发建设集团有限公司共同发起设立安徽马钢矿业资源集团墙材有限公司（暂定名称，最终以工商局核定的名称为准）。合资公司注册资本2亿元人民币，马钢集团矿业有限公司出资10200万元人民币，持股51%；合肥浦发建设集团有限公司出资9800万元人民币，持股49%。合资公司主营业务范围为60万立方米尾砂加气混凝土板材（砌块）及2.4亿块尾砂灰砂砖产品技术研发、生产及销售等。

24. 会议审议通过了《关于飞马智科成立机器人公司的议案》。同意飞马智科信息技术股份有限公司（以下简称飞马智科）与工场网信息科技（上海）有限公司（以下简称上海工场网）、日本未来科技株式会社（以下简称日本未来科技）、日本NC网络株式会社（以下简称日本NC网络）合资设立机器人公司，公司注册资本2000万元人民币，股东各方均以现金出资；飞马智科出资840万元人民币，持股42%；上海工场网出资800万元人民币，持股40%；日本未来科技出资240万元人民币，持股12%；日本NC网络出资120万元人民币，持股6%。公司主营业务为工业机器人及配套产品销售、工业机器人集成应用、售后维保服务、加工制造等。

25. 会议审议通过了《关于废钢公司增加注册资本的议案》。同意增加马鞍山马钢废钢有限责任公司（以下简称废钢公司）注册资本3亿元人民币，增资后注册资本为4亿元人民币。增资方式为，集团公司与马钢股份公司按原股权比例、同步以现金对废钢公司进行增资，集团公司出资1.65亿元人民币，马钢股份公司出资1.35亿元人民币。

26. 会议审议通过了《关于马钢集团公司持有的马钢共昌轧辊公司34%股权无偿划转的议案》。同意将集团公司持有的马钢共昌轧辊有限公司34%股权无偿划转至工程技术集团。股权无偿划转基准日为2018年12月31日，以经审计的集团公司对马钢共昌轧辊有限公司的长期股权投资账面值进行划转。

27. 会议审议并原则通过了《关于工程技术集团以土地使用权对重机公司和输送公司增资的议案》。

28. 会议审议并原则通过了《工程技术集团参与组建大连长兴岛环境服务有限公司的议案》。同意安徽马钢工程技术集团有限公司（以下简称工程技术集团）与北京航天国环技术有限公司（以下简称航天国环）组建大连长兴岛环境服务有限公司（暂定名称，最终以工商局核定的名称为准），公司注册资本5000万元人民币，工程技术集团出资3500万元人民币，持股

70%;航天国环出资1500万元人民币,持股30%;公司经营范围为污水处理、中水处理、淤泥处理、自来水生产与销售、水质监测、固体废弃物处理、废物资源化等。

29. 会议审议并原则通过了《关于矿业公司章程修订的议案》。

30. 会议审议并原则通过了《关于物流公司章程修订的议案》。

31. 会议审议通过了《关于比亚西公司50%股权无偿划转的议案》。批准将安徽马钢工程技术集团有限公司持有的安徽马钢比亚西钢筋焊网有限公司(以下简称比亚西公司)50%股权无偿划转至马钢集团物流有限公司。会议决定,无偿划转前,比亚西公司按6000万元人民币实施分红。本次股权无偿划转基准日为2018年12月31日。

32. 会议审议了《关于集团公司参股设立中铁物总资源科技有限公司的议案》。会议决定对该事项暂缓决策。

33. 会议审议通过了《关于保理公司增加注册资本的议案》。同意马钢(上海)商业保理有限公司(以下简称保理公司)增加注册资本3亿元人民币,增资后保理公司注册资本为6亿元人民币。增资方式为,各股东按原股权比例、同步以现金对保理公司进行增资。

34. 会议审议通过了《关于新设安徽国弘企业管理咨询有限公司的议案》。

35. 会议审议通过了《关于国贸公司为上海国贸融资提供担保的议案》。批准马钢国际经济贸易有限公司(以下简称国贸公司)为上海马钢国际贸易有限公司(以下简称上海国贸)提供5000万元的融资授信担保,债务发生期限不超过3年,并免于反担保。董事会一届四十七次会议决议的"同意国贸公司为其全资子公司上海马钢国贸公司提供2000万元融资授信担保"不再执行。该事项报省国资委备案。

36. 会议审议通过了《关于CCPP项目涉及检修公司、钢结构分公司西村基地资产搬迁及固定资产投资立项的议案》。原则同意CCPP项目涉及检修公司、钢结构分公司西村基地资产搬迁及固定资产投资立项。

37. 会议审议通过了《关于管理咨询公司股权无偿划转的议案》。

38. 会议审议通过了《关于集团公司参股设立中铁物总资源科技有限公司的议案》。批准集团公司与中国铁路物资集团有限公司(以下简称中国铁物)合资设立中铁物总资源科技有限公司(暂定名,最终以工商部门核准的名称为准),注册地在合肥市国家高新技术产业开发区;注册资本为1亿元人民币,其中中国铁物认缴7000万元人民币,占注册资本70%;集团公司认缴2000万元人民币,占注册资本20%;管理团队成立的合伙企业认缴1000万元人民币,占注册资本10%;各方均以现金出资。公司经营范围主要为铁路废旧车辆、废旧钢轨、废旧金属及其他报废物资的回收、处置与销售等。委派方啸云担任中铁物总资源科技有限公司董事并推荐其为该公司副总经理,委派郝国民出任该公司监事。

39. 会议审议通过了《关于增资马钢轨道交通装备有限公司用于新建轮对解体清洗项目的议案》。批准马钢股份公司对马钢轨道交通装备有限公司现金增资4000万元人民币,用于其建设轮对解体清洗项目。

40. 会议审议通过了《关于马钢(广州)钢材加工中心股权重组的议案》。批准马钢股份公司行使优先购买权,购买其控股子公司马钢(广州)钢材加工有限公司股东香港百利好(申投)企业有限公司(以下简称"百利好公司")8.33%的股权,股权以折价方式转让,对价1305.82万元人民币,在扣除应交税费后,剩余款项支付给百利好公司用于偿还马钢国际经济贸易有限公司债务。

41. 会议审议通过了《关于设立马钢宏飞电力能源有限公司的议案》。批准马钢股份公司与安徽宏飞新能源科技有限公司(以下简称宏飞公司)、飞马智科信息技术股份有限公司(以下简称飞马智科)合资设立马钢宏飞电力能源有限公司(暂定名,最终以工商部门核准的名称为准),注册资本1亿元人民币,马钢股份公司持股51%、飞马智科持股9%、宏飞公司持股40%;各股东方均以现金出资,在公司法人营业执照签发之日起十五日内一次性缴纳各自认缴出资额。注册地址在马鞍山市慈湖高新园区,经营范围主要为购售电业务,配电业务,综合能源供应业务,电力运维服务等。同意马钢股份公司委派李怀迁、陆强、张健出任马钢宏飞电力能源有限公司董事,李怀迁担任董事长(公司法定代表人);委派程青平出任该公司监事。

42. 会议审议通过了《关于马钢富圆公司增加注册资本的议案》。批准马钢废钢有限责任公司对其控股子公司马钢富圆金属资源有限公司(以下简称马钢富圆公司)按股权同比例增资,以货币方式增资2550万元人民币。增资后,马钢富圆公司注册资本由5000万元人民币增加至1亿元人民币。

43. 会议审议通过了《关于废钢公司合资建设宣

城基地项目的议案》。批准马鞍山马钢废钢有限责任公司(以下简称废钢公司)与安徽长江科技股份有限公司(以下简称长江科技)、马鞍山和生实业有限公司(以下简称和生实业)、安徽长江钢铁股份有限公司(以下简称长江钢铁),合资设立马钢长江金属资源有限公司(暂定名,最终以工商部门核准的名称为准),建设宣城150万吨废钢加工配送基地项目;注册地址在安徽宣城市经济技术开发区,注册资本为2亿元人民币,废钢公司出资9800万元人民币,占比49%;长江科技出资6600万元人民币,占比33%;和生实业出资3000万元人民币,占比15%;长江钢铁出资600万元人民币,占比3%;各股东均以现金出资。

44. 会议审议通过了《关于工程技术集团设计资质分立成立子公司的议案》。同意安徽马钢工程技术集团有限公司设立全资子公司工程技术集团设计院有限公司(暂定名,最终以工商部门核准的名称为准),注册资本600万元,以现金出资;经营范围为冶金行业设计、建筑行业设计、市政行业设计、电力行业设计、环境工程设计、风景园林工程设计,工程咨询、工程造价咨询、城乡规划编制等。

45. 批准马钢集团财务管理咨询有限公司章程。

46. 会议审议并原则通过了《关于欣创公司合资组建马鞍山市洁利源环保有限公司的议案》。批准安徽欣创节能环保科技股份有限公司(以下简称欣创公司)与中钢集团马鞍山矿山研究院有限公司(以下简称中钢矿院)和江东控股集团有限责任公司(以下简称江东控股)合资组建马鞍山市洁利源环保有限公司(暂定名,最终以登记机关核准的公司名称为准),注册地在马鞍山市雨山区;注册资本2000万元人民币,其中欣创公司认缴820万元人民币、占注册资本41%,中钢矿院认缴780万元人民币、占注册资本39%,江东控股认缴400万元人民币、占注册资本20%,各方均以现金出资。同意欣创公司委派杨凡担任合资公司董事并提名杨凡为该公司董事长(公司法定代表人)。

47. 会议审议并原则通过了《关于物流公司合资成立机动车循环利用科技公司的议案》。批准马钢集团物流有限公司(以下简称物流公司)与玉成有限公司(以下简称玉成公司)、马鞍山市花山区城市发展投资集团有限责任公司(以下简称花山城投)、马鞍山市九鹏嘉腾机械实业有限公司(以下简称九鹏嘉腾)合资组建安徽马钢玉成机动车循环利用科技有限公司(暂定名,最终以登记机关核准的公司名称为准),注册地为马鞍山市花山区;注册资本为2000万元人民币,其中,物流公司认缴820万元人民币、占注册资本41%,玉成公司认缴880万元人民币、占注册资本44%,花山城投认缴200万元人民币、占注册资本10%,九鹏嘉腾认缴100万元、占注册资本5%,物流公司与花山城投为一致行动人;各方均以现金出资。安徽马钢玉成机动车循环利用科技有限公司董事长(公司法定代表人)由物流公司委派的董事担任。

48. 批准解散安徽马钢耐火材料有限公司,并开展清算工作;成立清算组,工作组成员为郭斐、戴修明、王福宁、陈海山,郭斐为清算工作负责人;清算组可根据需要聘请专业机构办理具体清算事宜。

49. 批准工程技术集团对马鞍山中日资源再生工程技术有限公司实施清算。

50. 会议审议通过了《关于飞马智科发行股票的议案》。批准《飞马智科信息技术股份有限公司股票发行方案》;同意飞马智科本次拟发行股票涉及股东权益价值的资产评估结果;批准飞马智科以非公开协议方式面向原股东增资,同意马钢集团公司认购股票总金额2亿元人民币,马钢投资公司认购股票总金额1亿元人民币,批准马钢集团公司、马钢投资公司分别签署《股票认购协议》(发行价格将参照挂牌成交价格确定,最终认购金额可根据尾数处理规则略作调整)。同意就本次增资发行工作向产权交易中心及新三板股转中心出具批复及相关证明材料。

51. 会议审议通过了《关于集团公司转让持有马钢诚兴公司股权的议案》。批准集团公司以协议转让方式将持有的马钢诚兴金属资源有限公司(以下简称马钢诚兴公司)51%股权转让给马鞍山马钢废钢有限责任公司,马钢诚兴公司资产评估以2019年4月30日为评估基准日,根据资产评估结果,51%股权转让价格为12708.32万元;评估基准日与股权交割日期间损益经审计归属原股东。

52. 会议审议通过了《关于集团公司以现金和土地使用权对工程技术集团增资的议案》。批准集团公司以现金和土地使用权对安徽马钢工程技术集团有限公司(以下简称工程技术集团)进行增资,增资总额为14252.62万元,其中现金增资金额为8000万元,土地增资金额6252.62万元(含土地使用权评估价值5954.88万元、增值税297.74万元)。增资后,工程技术集团注册资本由169688.9724万元增至183941.5924万元。

53. 会议审议通过了投资公司《关于参与物产中大集团股份有限公司定向增发的议案》。

54. 会议审议通过了《关于工程技术集团对设备检修公司土地增资的议案》。目前设备检修公司机关大院的土地及房产权属工程技术集团。为支持智慧检修中心项目建设,批准安徽马钢工程技术集团有限公司(以下简称工程技术集团)以土地使用权和房产相结合的方式,对安徽马钢设备检修有限公司(以下简称设备检修公司)进行增资。设备检修公司机关大院约54亩土地使用权价值为1516万元(含增值税125万元)、房产价值为446万元(含增值税37万元)。增资后,设备检修公司注册资本由5000万元增至6962万元。

55. 会议审议通过了工程技术集团《关于重机公司铸造生产线停产及资产处置的议案》。批准工程技术集团永久性关停重机公司铸造生产线,资产处置优先考虑招标销售,对无使用价值的资产予以拆除、交废。该事项报省国资委备案。

56. 会议审议通过了工程技术集团《关于大连长兴岛西部工业园污水处理厂项目固定资产投资的议案》。同意工程技术集团启动大连长兴岛西部工业园污水处理厂项目建设,总投资额为5939万元,建设内容为污水预处理装置、生化装置、深度处理装置、污泥处理装置以及综合办公楼等。

57. 会议审议通过了物流公司《关于安徽中联海运有限公司新造4艘2.25万吨级江海直达干散货船的议案》。批准物流公司新建4艘2.25万吨级江海直达干散货船,投资总额为2.488亿元。

58. 会议审议通过了《关于转让重型H型钢项目和CCPP项目用地的议案》。同意从重机公司本部地块和西村混铁车间1地块中分割71150.90平方米(约106.73亩)土地、118512.18平方米(约177.77亩)土地转让给马钢股份公司,分别用于重型H型钢项目和CCPP项目建设。

59. 会议审议通过了《关于划转矿业资源集团办公楼房地产的议案》。同意通过资产划转的方式,将矿业资源集团现使用的办公楼房地产划转给矿业资源集团。

60. 会议审议通过了《关于对中板生产线等已关停资产挂牌交易及后续相关事项的议案》。批准马钢股份公司对去产能关停的一钢轧总厂中板生产线等固定资产通过安徽省产权交易中心进行公开挂牌交易。该事项报省国资委备案。

61. 会议审议通过了《关于能控中心一硅钢废水处理站提标改造等7个工程立项的议案》。批准马钢股份公司能控中心一硅钢废水处理站提标改造工程、冷轧总厂1720酸轧线设备能力提升改造工程、冷轧总厂1号镀锌线设备能力提升改造工程、港务原料总厂供二铁原料通廊安全和环保综合治理技术改造工程、炼铁总厂南区3号烧结机烟气脱硝及超低排放工程、马钢南区新建CCPP公辅燃气及热力配套工程、马钢高端汽车和轨道交通零部件线棒材深加工项目等7个项目立项,7个项目投资额控制在150829万元以内。

62. 会议审议通过了《关于新型建材公司设立当涂子公司并收购当涂中天资产的议案》。批准安徽马钢嘉华新型建材有限公司(以下简称新型建材公司)与马鞍山市亿嘉美实业发展有限公司(以下简称亿嘉美公司)合资设立马钢嘉华(当涂)新型建材有限公司(以工商登记核准的名称为准,以下简称当涂子公司),新型建材公司出资12870万元人民币,持股65%;亿嘉美公司出资6930万元人民币,持股35%。同意当涂子公司作为收购主体,以1.98亿元人民币的价格收购马鞍山市中天新型建材有限公司资产。

63. 会议审议通过了《关于马钢合肥公司认购飞马智科公司股票的议案》。同意马钢股份公司控股子公司——马钢(合肥)钢铁有限责任公司,以现金方式认购飞马智科信息技术股份有限公司新增发股票,投资金额不超过2亿元人民币(以实际成交金额为准)。

64. 会议审议通过了资产经营公司《关于申请拨付雨山区D级危房除险搬迁安置资金的议案》。鉴于雨山八村三栋D级危房除险搬迁安置工作尚未完全结束且未经审计,同意对安置资金差额部分暂缓支付,待审计结束后依据审计结果,一次性补齐差额部分;同意先行支付创业村1栋D级危房除险搬迁安置资金658万元,待审计后清算,多退少补。

65. 会议审议通过了《关于落实省政府会议纪要与省地矿局合作实施方案的议案》。为落实《安徽省政府〈研究省地矿局与马钢集团合作工作〉专题会议纪要》(第147号)要求,同意马钢矿业资源集团在安徽地矿投资集团有限公司以安徽金沙钼业有限公司(以下简称金沙钼业)15%股权质押作为预付款担保的条件下,预付3亿元人民币购买金沙钼业部分股权。会议要求,马钢矿业资源集团要坚持依法依规操作,强化风险管控,在巩固业已合作关系的基础上,促进共赢发展。

66. 会议审议通过了《关于马钢股份公司以车轮公司资产对轨交公司进行增资的议案》。批准马钢股份公司以车轮公司相关资产和土地使用权总计10.86

亿元人民币对马钢轨道交通装备有限公司(以下简称轨交公司)进行增资。增资后,轨交公司注册资本由4亿元人民币增至14.86亿元人民币。

67. 会议审议通过了《关于飞马智科启动智能装备及大数据产业园一期项目建设的议案》。批准飞马智科公司在马鞍山市雨山经开区建设智能装备及大数据产业园一期项目,总投资约6.87亿元。

68. 会议审议通过了《关于飞马智科启动长三角(合肥)数字科技中心一期项目建设的议案》。批准飞马智科公司购买合肥东部新城核心区土地,建设长三角(合肥)数字科技中心一期项目,总投资约6.62亿元。

69. 会议审议通过了《关于飞马智科成立合肥子公司的议案》。批准飞马智科公司在合肥市设立全资子公司,公司名称为长三角(合肥)数字科技有限公司(暂定名,以工商部门核准的名称为准);注册资本2亿元人民币,以现金方式出资;注册地在合肥市东部新城核心区(肥东县境内);主营业务为DC/IDC/EDC设备租赁,云计算数据存储及运算服务、计算机系统服务,网络技术开发及相关服务,软件应用产品开发及相关服务,计算机、电子产品及配件销售,增值电信业务。

70. 会议审议通过了《关于南山矿等分公司设立为子公司的议案》。同意矿业资源集团对南山矿、姑山矿、桃冲矿等分公司实行子公司管控模式,新设立矿业资源集团三家子公司,分别将南山矿、姑山矿、桃冲矿资产及负债划转至三家子公司,将原马钢集团分公司予以注销。

71. 会议审议通过了《关于马钢专业化整合委托管理相关事项的议案》。同意启动专业化整合事项。

72. 会议审议通过了《关于投资公司增加注册资本的议案》。批准增加投资公司注册资本8亿元人民币,以现金方式进行增资。

73. 会议审议通过了废钢公司《关于郑蒲港年产100万吨废钢加工配送基地项目的议案》。同意建设郑蒲港年产100万吨废钢加工配送基地项目。

74. 会议审议通过了废钢公司《关于马钢智信年产100万吨废钢加工配送基地项目的议案》。同意建设马钢智信年产100万吨废钢加工配送基地项目。

75. 会议审议通过了废钢公司《关于马钢诚兴收购并续建年产140万吨废钢加工基地项目的议案》。同意马钢诚兴金属资源有限公司收购并续建年产140万吨废钢加工配送基地项目。

(崔海涛)

集团公司机关部门

马钢年鉴

办公室(党委办公室、外事办公室、董事会秘书处、信访办公室、保密办公室)

【文秘工作】 在承办会务方面。严格要求按照会务管理规范做好会务工作,对内提高会议效率,对外展示公司形象。参与安排了集团领导碰头会,党委书记专题会,集团公司党委常委会,党委全委会,集团总经理办公会,股份公司总经理办公会,股份公司碰头会,股份公司每月销售、采购定价会,经营目标评审会,铁前例会,技术质量例会,党委工作会议,公司生产经营咨询会,团拜会,公司党委保密委员会暨档案工作领导小组会议,集团公司两级机关机构改革回头看动员大会,集团公司两级机关机构改革总结会,职代会等公司级会议300多次,安排集团公司、股份公司各类专题会议3000多次。

此外,重点做好2019年集团公司多元产业合作发展大会,2019年市与马钢融合发展工作对接会,西洽会,省委第八巡视组对马钢集团党委巡视,中国宝武与马钢集团重组实施协议签约仪式,中国宝武到马钢尽职调查,公司领导赴宝钢股份、韶钢考察等大型活动的组协调工作。

在重要接待方面。主要参与了接待省委书记李锦斌一行,周喜安副省长一行,何华武院长、干勇院士一行,辽宁省人大常委会党组副书记、副主任孙国相一行,省国资委党委书记、主任李中一行,“马钢高铁轮轴生产能力和质量保证体系现场考察评估”专家组一行,太重集团党委书记、董事长王创民一行及中国宝武党委书记、董事长陈德荣,中国宝武党委副书记、总经理胡望明等中国宝武集团领导到马钢调研等重要接待活动。

在公文处理方面。贯彻执行公司《关于进一步精简公司公文的通知》精神,按照拟文有据,拟文质量过关,发文程序规范的总原则,控制公司发文数量,提升公文质量,确保每份公文都能高质量地分发。2019年共处理市级及以上外单位发来正式文件约3774份(集团),407(股份),其中:通过省国资委综合办公平台共接收文件及邮件资料约409份;通过市政务办公平台接收正式文件和通知约2177件,接收处理各类密级文件363份;向中国宝武、省国资委及市里上报正式文件104份;处理公司各单位请示报告287份(集团),426(股份),办理公司及各部门、单位来文2996份;制发公司各类文件442份,通知61份,发放纸质文件6份。比照2018年各项数据,其中外来公文(集团)比上一年降低168份,公司发文比上一年降低72份。

在协同办公系统运行方面。2019年协同办公系统以公司组织机构调整、合资公司流程部署、业务流程搭建、现有流程深入优化以及金蝶EAS业务审批流程数据整合为主要工作。2019年新增用户800余人,共有11153名在线用户。新增业务流程41个,优化流程11个;共创建流程241267条。对集团党委工作部、财务共享中心、人力资源服务中心、股份公司运改部等单位业务审批流程进行了梳理,搭建了“二级子公司内部员工协商性流动OA系统流程”“跨二级子公司员工协商性流动OA系统流程”“财务相关系统需求变更申请”“财务相关系统用户及权限管理申请流程”等10个公司层面业务流程,逐步推进业务流程的无纸化工作。为满足金蝶EAS业务审批流程和协同办公系统的数据整合,配合泛微网络科技公司对协同办公系统进行了升级开发,实现了金蝶EAS系统在协同办公系统上的统一待办显示。2019年9月和宝武集团建立了3套标准视频会议系统,至今已举办40次视频会议,同时建设了一套沉浸式会议系统。

【调研信息工作】 在文稿起草方面。围绕公司重点工作部署,共起草完成公司各类文稿516篇,主要包括:一是围绕联合重组专项工作,起草完成省国资委与中国宝武重组签字仪式系列材料、宝武调研马钢工作系列材料和马钢专业化聚焦整合培训动员会、集团公司绿色发展智慧制造专项工作启动会、2020年马钢集团商业计划书编报专题培训及绩效驱动型战略执行体系专题研修会等材料;二是围绕公司机关机构改革专项工作,起草完成公司两级机关机构改革回头看动员大会、集团公司两级机关机构改革总结会等有关材料;三是围绕集中整治、主题教育、综合考核和巡视整改等专项工作。起草完成“严强转”集中整治专项行动动员会系列材料、“讲严立”专题民主生活会领导班子整改落实情况等有关材料。起草完成集团公司党委“不忘初心、牢记使命”主题教育部署动员会系列材料,起草完成省委第八巡视组巡视马钢集团公司党委反馈问题整改进展情况及台账资料整理。四是围绕公司重要工作会议和活动。起草完成公司党委工作会议、集团公司党委五届四次全体(扩大)会议暨上半年经济运行分析会、股份公司经营目标责任书签字仪式、公司精益工厂创建总结表彰暨再动员会等有关材料。五是围绕公司重要汇报和发言材料。起草完成推进国务院推进产教融合发展座谈会汇报材料、向李锦斌同志汇报材料、国务院发展研究中心调研组等汇报材料。

在调查研究方面。围绕推动高质量发展、深化改革创新、推进"绿色发展·智慧制造"、深化全面对标等重点领域,深入开展调查研究,有效发挥参谋助手作用。一是协助公司主要领导完成了《聚焦变革突破、聚力价值创造,推动马钢高质量发展》《坚持"一板块一核心"做大做强多元产业》2篇调研报告。二是完成了集团公司内部资源整合框架思路梳理和机关机构改革"回头看"建议汇总。三是参加了公司组织的赴宝钢股份、韶钢绿色发展智慧制造学习考察和对标宝钢股份学习考察,收集了相关工作情况和典型经验。

在信息服务方面。围绕拓展信息渠道,增进信息沟通,促进工作开展,精心做好多层次的信息服务工作。全年编印一周动态45期,信息资讯8期,信息编报43期,信息专报283期、同比增长12.7%,办公室网站信息更新1914条。马钢集团公司办公室被中钢协评为"2019年度信息工作先进单位"。

【董事会秘书处工作】　一是认真做好董事会会务工作,尊崇《公司章程》,履行董秘处职能模块职责,认真做好董事会会议筹备、会议记录、会议决议事项下发等工作,全年召开董事会18次,审议议题75项,下发决定事项18份、决议5份。二是认真配合做好联合重组有关工作,配合马钢专班驻点合肥,做好联合重组期间有关材料的准备、接待和会务工作。三是认真做好中国宝武调研马钢联络服务工作,协助办公室相关职能模块,做好中国宝武调研组在马钢工作期间的办公、联络等工作。

【外事工作】　切实落实外事审批三级分级负责,认真履行邀请权国家外交政策,构建廉洁高效因公出访机制。对于执行合同、产品推销、售后服务以及重要的技术交流和国际化经营等方面的外事审批实行简化审批程序,按照合同进度和生产经营需要,特事特办,按照时间节点顺利出访。与中国宝武重组后,积极与外交部、宝武外办和安徽省外事办沟通,制定符合新形势下的外事工作流程,配合整合融合工作的需要,确保马钢外事工作的稳定运行。全年办理出国(境)团组114批618人次;办理外专邀请26批54人次。

【信访工作】　2019年,马钢集团在职职工和离退休职工没有发生进京集体上访,赴省上访人数与去年相比有所下降;省、市交办的信访事项办结率达100%;在全国"两会"、国庆70周年等重点时期,各部门单位各尽其责、协调统一、形成合力,全力做好信访稳定工作,保证了公司信访总体形势平稳、有序。全年信访办受理信访事项总量105件184批808人次,其中来信26件32封,来访79件152批776人次;发生集体访5件20批602人次。与上年度同期相比,信访总量下降5.7%,来信下降27.3%,来访下降4.5%,集体访件数下降44.4%,批数上升5.3%、人数上升1.5%。办理市长公开电话670件,与去年同期相比上升33.5%。省、市及宝武总部交办的信访事项19件,均按时上报,报结率100%。2019年4月,省国资委下发《关于表彰2018年度省属企业信访工作责任目标考核优胜单位和先进个人的通报》(皖国资群工〔2019〕35号),马钢集团公司再次被授予"省属企业信访工作责任目标考核优秀单位"称号。

【保密工作】　完善了保密制度建设,组织编写修订了《马钢保密工作责任管理办法》《马钢保密宣传教育制度》《马钢加强国家秘密载体保密管理的规定》《马钢保密要害部门、部位保密管理规定》《马钢涉密办公自动化设备保密工作管理规定》等16条保密规章制度。

做好保密自检工作,接受市保密部门的巡查,对保密办和几个专业保密办积极自查,运用计算机保密终端检查工具对有关计算机进行检查,将检查生成的总体检查报告上交市保密局。此外为进一步加强全公司的保密意识,保密职能牵头组织在整个公司范围对处理涉及公司内部资料、商业秘密、技术秘密和中国宝武内部公文、商业秘密的人员进行了大自查活动,确保非涉密计算机不处理、保存涉及公司内部信息和企业商业秘密。

加强了涉密人员管理。根据机构及人事变化及时梳理涉密人员,对不再从事涉密工作的人员及时脱密、办理交接手续;对新上岗的涉密人员进行了政审,并与其签订了保密承诺书;并将所有涉密人员名单向国家安全部门报备,因私护照上交统一由党委工作部保管。

升级了保密技防措施,做好防范管理。对公司全部涉密计算机、打印机等设备,实现了所有涉密设备的国产化,提高了涉密信息处理的安全性。在保密要害部位配置了保险柜、手机屏蔽柜,安装了24小时视频监控和电子门禁系统,对出入涉密场所和使用涉密设备的人员均做到有记录,有台账。

严格信息发布规则。以防止网络泄密为重点，制定了信息发布流程审查审批制，并建立后台信息发布、审核日志记录，方便查询，责任到人，杜绝网上信息泄露。

（杨定国）

党委工作部（党委组织部、党委宣传部、人力资源部、企业文化部、统战部、团委）

【理论武装】 在习近平新时代中国特色社会主义思想学懂弄通做实上下功夫，认真学习贯彻党的十九届四中全会精神，以党委中心组学习会的形式开展集中学习和研讨20次。加强对基层单位理论学习的督促指导，编发10期《理论学习参考》，开展党委中心组学习督查工作。

【政治建设】 深入开展"不忘初心、牢记使命"主题教育，抓好学习教育、调查研究、检视反思和整改落实四项重点工作。根据中国宝武党委要求，围绕"三个持续"巩固提升主题教育成果。组织召开2018年度民主生活会。开展"严强转"集中整治形式主义官僚主义专项行动。

【意识形态】 扎实推进省委意识形态工作专项检查反馈问题整改。组织学习《中国共产党宣传工作条例》等。根据中国宝武党委相关文件，修订完善《意识形态工作责任制实施细则》。开展意识形态领域风险隐患排查行动、突出问题整治行动和阵地管理提升行动。

【党组织建设】 根据中国宝武与马钢集团重组实施协议，马钢集团党委由中国宝武党委领导和管理，党组织隶属关系由隶属于安徽省国资委党委调整为中国宝武党委，党员组织关系由地方党委接收，基层党组织建设和党员教育管理全面与中国宝武党委进行对接。根据"四同步、四对接"要求，成立马钢股份、马钢轨交、废钢公司党委。根据中国宝武对马钢专业化整合需要，调整了部分基层党组织的隶属关系。集团党委在巩固基层党组织标准化建设的基础上，2019年全面推行基层党支部品牌建设。按上级统一部署，集团党委在全公司开展了"不忘初心、牢记使命"主题教育。

【统一战线】 建立集中统一的统战工作领导机制，配齐配强各民主党派基层组织的领导班子。完善信息准确的统战工作基础台账，共有各民主党派成员90人，无党派人士4人，各级人大代表2人，侨眷59人，台胞台属14人，采集具有副高以上职称的294名统一战线代表人士信息上报"全省统一战线基础信息库"。开展了各民主党派、无党派人士"不忘初心，继续携手前进"主题教育活动。落实了各民主党派马钢支部的活动经费。

【干部管理】 在股份公司、矿业公司等13家子公司推行管理人员分层分级管理。全年提拔公司中层管理人员11人、助理2人，岗位调整交流公司中层管理人员77人、助理8人；改非公司中层管理人员11人、助理4人，因违法违纪处分免职1人、降职1人；1名中层管理人员因身体原因退出现岗位。全力配合省委第八巡视组及选人用人专项检查，对反馈问题持续整改。对党组织隶属于集团公司党委的单位和机关部门以及全体公司中层管理人员。牵头组织开展公司中层管理人员的经商办企业专项整治工作，286名中层管理人员进行了填报。严格执行管理人员兼职报备、因公出国（境）人员备案和因私出国（境）审批。落实总部与马钢互派干部支撑任职工作要求，选派8名优秀年轻干部赴总部挂职学习，制定《与宝武赴马钢挂职干部学习互鉴工作方案》。

【舆论宣传】 强化形势任务教育和典型宣传，组织策划"2019怎么干"专题访谈，制定并组织实施"聚焦变革突破"宣传工作方案和主题教育宣传工作计划，举办"致敬70年奋斗新时代"系列庆祝专题活动，进一步深化新闻中心机构改革，加快媒体融合发展。组织开展公司"改革先锋"年度新闻人物宣传，宣传报道32人；南山矿卜维平入选安徽省向中央推报的20名"最美奋斗者"候选人序列，并入围全国候选人。积极主动对接权威主流媒体，讲好马钢故事，全年接待重要媒体采访54次，省级以上发稿400多篇。强化网络阵地建设和管理，完善舆情监测预警报告制度，积极维护重要媒体关系，建立与市网信网宣网安及市主要网媒负责人交流机制。

【企业文化】 大力宣传中国宝武文化理念，营造文化融合的浓厚氛围。深入基层开展企业文化建设调研，修订完善6部主要钢铁产品宣传片。组织参加冶金工业展、西部国际投资贸易洽谈会及"长三角"三省一市企业文化建设合作交流论坛。组织开展"我们的节日"活动，深入组织国庆社会宣传活动和社会主义核心价值观宣传活动。持续开展职业道德建设和志愿者服务活动,飞马智科张世友被评为“中国好人”。广泛开展文明单位创建活动,10家单位通过安徽省文明单位评选公示。举办2019年职工思想政治工作暨第十届职工道德论坛征文活动,6篇政研论文在中国冶金行业2019年党建思想政治工作优秀论文评比中,获一等奖1篇、三等奖3篇、优秀奖2篇。

【员工培训与薪酬管理】 推进“1+2+4”科技领军人才培养工程,组建车轮、型钢、工业线材、特钢、矿业5个领域团队,根据各自专业特点实施培养。2019年马钢集团培训管理明确了“分级分类、各司其职”培训工作总体方针,建立集团、二级子分公司、基层单位三级培训管理架构。按照“整体预算、月度监控、季度盘点、年度清算”方式进行工资总额动态管理。撤销原马钢企业年金理事会,成立马钢企业年金管理委员会。承办第37届全国冶金特大型钢铁联合企业人力资源管理交流研讨会。

【规划配置与员工管理】 积极谋划人事效率提升和员工转型发展支持发展,出台《企业与员工协商一致解除劳动合同实施方案》等政策措施,稳妥实现全年优化在岗员工3487人(财务并表口径)。稳妥完成集团机关部门和新闻中心改革及人力资源优化工作,集团机关部门在岗定员由193人精简到72人,妥善完成新闻中心36名员工转岗安置工作。高效完成宝武与马钢重组过程人力资源尽职调查、管理对接以及专业化整合融合人员关系调整等相关工作。

【青年工作】 组织庆祝新中国成立70周年等系列活动,巩固青年思想基础;通过“青”字号品牌活动,激发创新活力;持续开展大学生职工帮扶贷款等工作,完善关爱青年机制;坚持“青年在哪里,组织在哪里”原则,提升团队的基层组织力。

【管理对接】 积极与中国宝武开展工作对接,先后修订十多个管理制度。党的建设方面,根据中国宝武与马钢重组协议调整马钢党组织隶属关系,协助中国宝武和地方党委工作对接;组织基层党支部书记和党务工作人员参加中国宝武集中开展的党支部书记示范班暨组工干部培训班的视频培训。干部管理方面,上报干部管理相关制度文件,填报公司领导人员信息表及公司助理级以上领导人员“一图一表”,推荐2名人选参加中国宝武钢铁业发展中心总监岗位公开竞选,推荐1名人选参加中国宝武第20批博士服务团,为西部地区提供人才支持和智力服务。舆论宣传方面,先后申请报备央视四套摄制组、省市电视台记者来马钢采访拍摄工作;按中国宝武舆情应急管控要求,建立国庆期间马钢互联网网站及重要信息平台的安全保障和舆情值班机制;转发进一步加强舆论阵地管理工作的通知。企业文化方面,广泛开展中国宝武企业文化理念宣传、播放企业形象片,并在中国宝武总部播放马钢形象片。组织参观马钢企业文化现场宣传,举办马钢员工座谈会,并就使用企业品牌和Logo进行沟通协商,营造了文化融合的良好氛围。人力资源方面,对接2020年的人力资源管理要求,编写商业计划书。参加人事效率现场专题讨论会,听取了2020年人力资源计划和人事效率提升项目的相关工作任务。参加总部薪酬季度例会,填写并提交总额相关表格,提供科技人才竞争力分析报告。

(肖卫东)

纪委(审计稽查部、党委巡察办公室、监事管理)

一、纪检监察工作

【基本情况】 深入贯彻落实习近平新时代中国特色社会主义思想和党的十九大精神,坚持以党的政治建设为统领,按照上级纪委和公司党委工作部署,突出监督执纪问责,认真履行工作职责,一体推进不敢腐、不能腐、不想腐,并做好与中国宝武工作对接,以纪检监察工作新的成效为马钢高质量发展提供了有力的监督服务和纪律保证。

【加强政治监督】 坚持政治引领不动摇,把学习贯彻习近平新时代中国特色社会主义思想作为全年工作的主线,严明政治规矩,大力开展党性宗旨、党风党纪和理想信念教育,教育引导党员干部增强“四个意识”,坚定“四个自信”,做到“两个维护”。强化政治责任,加强《关于新形势下党内政治生活的若干准则》等党内法规执行情况监督检查,组织专题调研、专项检查等,确保政令畅通、令行禁止。

严明党的纪律,树道德“高线”、明纪律“红线”、强思想“底线”,强化党员领导干部纪律意识。结合“不忘初心、牢记使命”主题教育和专项整治,扎实开展“以案示警、以案为戒、以案促改”警示教育,组织中高层管理人员学习《党的十九大以来查处违纪违法党员干部案件警示录》和身边的典型案例,督促各级领导班子及成员检视反思问题,进行“党性体检”,让党员干部知敬畏、存戒惧、守底线。

认真对照中央巡视组巡视中国宝武反馈意见和中国宝武落实整改、开展专项治理等要求,举一反三做好工作对接,主动开展梳理排查,积极落实禁入管理等规章制度,组织相关专项治理,巩固工作成果。高度重视安徽省委专项巡视反馈意见的整改,按照集团管控、分级管理原则进行任务分解,研究制订责任清单,并认真做好省委巡视组移交问题线索核查,落实责任追究,51件问题线索全部核查完毕。

【压实"两个责任"】 坚持并完善党风廉政建设工作机制和"两个责任"体系,细化分解落实16项党风建设和反腐倡廉工作重点任务,推动工作层层落实。落实"两个责任"约谈、考核和评议、责任追究等制度,协助党委组织公司中高层管理人员述责述廉,选择部分基层单位党委书记、纪委书记在党委工作会议上述责述廉和接受评议;督促全体基层单位党委书记和直属总支、支部书记提交抓党风廉政建设专项报告,纪委书记提交履职尽责报告,并汇总分析通报有关情况。把党风廉政建设责任制检查考核纳入年度综合考核,对发生职务犯罪案件的2家单位进行考核,相应扣发4名中层管理人员绩效年薪。

严格先进集体、个人评选和拟提任人员的廉政(廉洁)审核,实行"一票否决",对申报2018年度先进集体的1家单位予以否决。加大党内问责力度,对1名已退休的原公司中层管理人员因在任时监督不到位问题给予通报问责处理,对1名委派兼任合资企业董事长没有严格履行董事长职责给予诫勉问责处理。落实中高层管理人员问责制度,对2家单位履职不力发生事故的相关中层管理人员3人实施行政问责,分别给予记过处分和扣发年薪等处理;责成1家单位对因诉讼造成损失的下属单位负责人给予行政警告处分、扣发奖金等处理。

加强内部监督工作的领导,强化重要领域和重点环节权力运行制约监督。集中开展领导人员和管理者及其亲属、其他特定关系人违规经商办企业专项治理,10064人填报了"经商办企业有关事项报告表",集团公司纪委督促相关单位纪委、党组织就本人经商办企业、亲属经办的企业与马钢及下属单位有业务往来的问题,分别对当事人进行了提醒教育,并落实限期整改。

【持续纠治"四风"】 深入贯彻落实中央八项规定精神,细化具体措施,推进作风建设实施办法、严禁设立"小金库"等制度落实,并针对违规吃喝、违规收受礼品礼金、违规操办婚丧喜庆事宜、私车公养和利用名贵特产类特殊资源谋取私利等问题进行集中排查和专项整治。全年共查处违反中央八项规定精神问题22起,处理53人,分别给予党纪政纪处分、诫勉谈话、经济考核、责令作出书面检查、责令退出违纪所得、通报等处理。加强重要时间节点宣传教育,严明作风建设和廉洁从业各项纪律要求;加强重要节假日期间作风建设督查,在马钢职工相对集中居住的小区及周边进行明察暗访,落实"八个严禁",杜绝节日腐败。

根据上级要求开展"严规矩、强监督、转作风"集中整治形式主义、官僚主义专项行动,细化29项工作任务,坚决整治不担当、不作为、慢作为、假作为,严肃查处重点工作推进中空泛表态、应景造势、敷衍塞责等行为,自查自纠和整改问题18个,通过核查发现和处理违规违纪问题6个,处理2名责任人。集中开展"为企业减负"集中攻关行动、"用人行政化、作风衙门化、监管空洞化"突出问题集中排查整治,推出24条"为基层减负"措施;在深入调查和广泛征求意见的基础上,针对8个突出问题,研究制订形式主义官僚主义问题、任务、责任、标准"四个清单",以看得见、摸得着的整改效果让基层有感。

【精准监督执纪】 坚持用纪律警醒大多数、管住大多数,开展经常性纪律教育、典型示范和警示教育。按照"一单位一册、一人一档"模式建立306名中层管理人员廉政档案,并及时收集廉情信息,规范管理。集中开展党员干部赌博问题专项整治,组织学习601场次,15597名党员参加了学习和承诺。加快推进纪检监察信息化和纪律审查标准化谈话场所建设,组织开展审查调查安全隐患大排查,为精准监督执纪提供有利支撑。

深化信访举报工作目标管理,开展了三年一次的评比表彰。规范信访举报受理和问题线索处置,全年办结各类信访件277件,诫勉谈话28人次,约谈(提醒谈话)53人次,纠错整改290人次,收缴违规资金、进行经济处罚、挽回经济损失等共计660万元。经初核立案审查或责成下属单位立案审查16件,涉及16人。认真做好案件审理工作,审结案件22件,涉及22人,分别给予相应处理;集中对2012年12月至2018年12月办结的103件案件进行了全面排查和纪律处分执行情况自查自纠,坚决纠正执行不到位问题。针对已发生的违纪违法案件,建立个案预防工作机制,修订发布《个案预防工作实施办法》。

精准有效运用监督执纪“四种形态”,对发现的苗头性倾向性问题及时提醒纠正,让“红红脸、出出汗”成为常态。全年运用“四种形态”处置问题线索146人次,其中:运用“第一种形态”予以约谈、提醒谈话、诫勉谈话、组织处理、纠错整改等122人次,占比83.6%;运用“第二种形态”予以党纪政纪轻处分的13人次,占比8.9%;运用“第三种形态”予以党纪政纪重处分的4人次,占比2.7%;涉及违法犯罪运用“第四种形态”予以开除党籍、解除劳动合同处理的7人次,占比4.8%。

【深化专项监察】 完善内部监督工作机制,不断强化对重要领域和重点环节权力运行制约监督。组织对集团公司应收账款风险防范与管理工作的专项督查,开展清欠专项行动,下达监察建议书,向18家清欠主体单位下达清欠目标任务,累计督促完成超期应收账款清欠1.48亿元;督促下发集团公司《应收款项及交易对象授信管理办法》,建立了长效机制。开展公司层面规范蒸汽外转供管理的专项治理,依规对外部13个单位已使用的蒸汽费进行追溯,挽回经济损失55万元,装表率从整治前的26%上升到100%,外转供合同签订率从34%上升到96%。调动基层单位工作积极性,组织43家基层单位立项44个效能监察项目,开展了2017—2018年度效能监察工作先进单位、优秀效能监察项目评比。

加强重点工程建设项目监督,新增炼焦总厂集装箱运输智能化环保改造工程项目部监督组,调整了热电总厂节能减排CCPP综合利用发电工程项目等7个项目监督组成员。针对已投产工程建设项目未按时“转固”问题开展专项督查,督促29项工程已全部正式转固,并督促股份公司发布《基建技改工程结算管理办法》和《工程造价管理办法》,建立工程建设项目结算、验收核销与“转固”的协同联动机制。开展股份公司建设工程甲供材管理调研,跟踪异型坯和筒仓两个在建工程项目,完成甲控自产材供应流程的再造,股份公司发布《基建技改工程用材管理办法》,销售公司发布《甲控材管理办法》,制定《马钢甲控自产材供货产品大纲》。

【加强自身建设】 进一步明确纪检监察机构职责定位,把监督的切入点转变到对履行主体责任、岗位职责的监督上来,逐步退出事务性、参与性工作,提高工作针对性和有效性。强化职能管控,持续深化“三转”,加强重点领域的再监督和再管理,协调推进集团公司重大决策部署落实,参与机构改革、人力资源优化、重点工作督导和事故事件调查处理及专项工作,先后下发通知书14份,建议书30份,决定书16份,有针对性提出要求和建议。

积极做好与中国宝武纪委、审计部的管理对接、制度对接和工作对接,建立常态化联络沟通和请示汇报机制,建立信息报送、反馈交流的渠道,并按照中国宝武管理职能、制度体系要求,加大中国宝武管理制度的宣贯力度,推进重要制度修订。加强对下属单位纪委工作领导和业务指导,落实线索处置和案件查办情况报告制度,执行二级单位纪委书记、副书记提名考察办法,会同党委工作部考察7名二级单位纪委副书记人选。坚持刀刃向内,严格执行监督执纪工作规则,强化自我约束,组织马钢纪检干部集中学习培训和进行革命传统教育,打造忠诚干净担当的纪检队伍。委部机关被马钢集团公司命名为先进集体(先进部室),党支部被集团公司党委评为先进基层党支部。

二、内部审计工作

【基本情况】 坚持以习近平新时代中国特色社会主义思想和党的十九大精神为指导,贯彻供给侧结构性改革决策部署,紧密围绕公司“聚焦变革突破,聚力价值创造”的工作主题,牢牢把握高质量发展这个根本要求,聚焦公司机构改革、经营绩效和风险管控,积极开展审计工作。2019年完成审计项目31个,发现潜亏2858.44万元,少计收入多列成本2481.3万元,虚增收入1482万元,投资损失288万元,长期挂账5968.28万元,其他各类不规范资金3208.27万元,提供有价值的审计信息和建设性意见279条。

【经济责任审计】 坚持逢离必审,凡审必严,根据党委工作部委托,对基层单位领导人员任职期间经济责任履行情况进行监督评价,促进领导干部履职尽责、担当作为。先后对欧邦彩板公司张鸣、张庄矿张华、欣创环保公司史德明、桃冲矿许如亭、矿业公司王文潇、南山矿朱青山、姑山矿李大培进行了离任经济责任审计,对利民公司温业云、飞马智科公司梁越永进行了任中经济责任审计。审计发现存货发出环节存在控制手续不规范、部分产品赊销未受控导致货款未全部收回、薪酬管理不规范、子公司管控不到位、废旧物资回收奖励比例过大、公车没有维修费用管控程序等问题。

【建设项目审计】 扎实开展建设项目审计,规范项目管理,减少项目投资。先后完成了南山矿凹选节能减排升级改造项目、销售公司合肥材料公司汽车板先进加工生产基地工程、炼焦总厂新区全干熄焦工程、炼铁总厂3号烧结机项目、能控中心公辅项目、桃冲矿绿色矿山建设项目、资源分公司南区渣处理项目7个项目审计,审计核减工程造价1831.14万元,同时也发现了功能考核不到位,合同存在先建后签现象,税率调整后不及时扣除结算中多计部分,甲供材领用偏低,部分项目融资费用扣除不到位等问题。

【生产经营审计】 加强对子公司生产经营审计和评价,揭示生产经营过程中存在的问题和薄弱环节,提出改善经营管理、提升管理效率、提高经济效益的建议与措施,监督和服务于各子公司,为集团管控提供参考。先后完成了表面技术公司、金华加工公司、招标公司、粉末冶金公司、物流公司、汽运公司、芜湖加工公司、合肥加工公司8家公司的生产经营审计。审计揭示了劳务费实际支付标准与合同计费标准不同、延迟交货未按合同约定扣款、固定资产管理不到位、备品备件库存积压等问题。

【内控审计和专项审计调查】 加强对内部控制设计和运行有效性的审查和评价,派员参加和指导部分子公司内控审核工作,为公司加强风险管理和内控提供支撑。组织对马钢股份公司14部门,13个二级单位和分公司,7个子公司进行内控测试,发现运行缺陷18个,出具了股份公司内控自评报告,并下达整改通知,要求各单位和部门对内控缺陷加以整改。依据公司《风险控制管理办法》,风险数据库及风险应对措施、各单位和部门的风险识别评估表等,对公司风险综合管理,以及战略风险、经营风险、安全环保风险、法律合规风险等管控情况进行评价,公司整体风险受控,但也存在公司全面风险管理体系建设不健全,三道防线职能不清晰等。

在中介机构协助下组织开展了废钢公司专项审计调查,梳理出废钢公司存在战略风险、税务风险、环保风险、资金风险、废钢贸易风险等数十条风险,要求其制定应对措施加以整改。开展了补充医疗保险使用情况的专项审计,进一步规范了补充医疗保险资金的使用。

【审计管理和制度建设】 积极对接和融入宝武审计工作,加强宝武审计管理制度学习和宣贯,重点对《内部审计制度》《经济责任审计管理办法》《投资项目后评价》《内部控制评审管理办法》《全面风险管理办法》《违规经营责任追究实施办法》等进行宣贯,并按照统一部署优化或修订公司的内部审计制度。按照宝武集团内部审计"九统一"的要求,在宝武集团审计部的指导下,梳理各类型审计项目,结合风险控制、审计频次和重要性的考虑,编制马钢《2020年内部审计工作计划》,了解和掌握投资项目后评价、绩效评价、违规追责等新增业务操作实务。

发挥组织协调作用,持续推进安徽省审计厅经济责任审计反馈问题整改,将反馈的四个方面19项56个问题分解细化为88个具体问题,纳入集团公司月度党的建设和生产经营管理重点工作,持续、有效地向前推进,取得直接经济成果10556.35万元,修订制度83项,优化了在建工程转固、建设项目甲供材、矿山废石销售、工程技术集团生产所需要钢材采购等业务流程。

三、党委巡察工作

【基本情况】 坚守政治巡察定位,按照"六围绕一加强""五个持续"和"聚焦政治责任、强化政治监督"要求,重点聚焦基层党的领导、党的建设、全面从严治党等方面存在的突出问题,扎实开展内部巡察工作,并重点检查集团公司重大改革举措落实、形式主义官僚主义突出问题,以及巡视巡察整改等情况,上下联动促进巡察成果运用。

【持续发力推进巡察覆盖】 认真传达学习中央及上级党委巡视巡察工作精神,部署巡察工作。全年从20余家部门、单位共计抽调73人次,分两轮成立巡察组,推进巡察全覆盖工作。上半年分别对利民公司、矿业公司、炼铁总厂、保卫部、财务公司、特钢公司6家单位党组织开展了常规巡察,对招标公司、金华加工中心、新闻中心3家单位党组织进行了专项巡察。根据省委第八巡视组要求,分别对北京办事处和驻上海联络处进行了专项巡察。下半年分别对合肥公司、物流公司、长钢股份进行了常规巡察,对BOC气体、比亚西公司、离退休中心开展了专项巡察,并首次对3家单位党委落实意识工作责任制情况开展专项检查。全年共发现434个具体问题,提出143条建议,移交12件信访件或问题线索。

【上下联动延伸巡察触角】 总结固化巡察工作经验,立足精准查找,延伸巡察触角,体现出巡察监督越到基层越具体越实在。公司领导和巡察办负责人在关键节点到巡察现场指导工作,进一步指明巡察方向和重点,确保对每家被巡察单位的"画像"更加精准。上半年,在开展常规巡察的同时,对矿业公司下属5家分子公司党组织和原三铁总厂党委巡察整改情况开展了"回头看",专项巡察了特钢优棒生产线工程建设项目部临时党支部,延伸巡察了两个基层党支部,专项检查了炼铁总厂相关"十三五"重点工程项目,先后深入到29个基层分厂(车间、队)和两个关联单位,着力发现职工群众身边的管党治党和企业管理方面的突出问题。下半年,巡察组又对物流公司下属汽运公司巡察整改情况开展了“回头看”,延伸巡察了两个基层党支部。不仅如此,党委巡察办提炼运用延伸巡察经验,加强对基层单位巡察工作的示范传导,督促指导四钢轧总厂等10余家二级公司(单位)党委建立巡查制度,帮助提供巡查培训和相关资料,参加巡查工作动员会现场指导,并将“基层巡查骨干参加公司巡察锻炼学习”等相关内容写入公司巡察人才库管理办法,形成人力资源共享机制,为基层党组织开展巡查工作提供智力支撑。

【完善制度提升巡察水平】 制定巡察档案管理办法,规范巡察基础工作;修订完善巡察全覆盖方案,推动巡察工作向纵深发展;制定《马钢党委巡察人才库成员管理办法(试行)》,整合内部巡察人力资源,建立由143人组成的人才库;制定马钢党委巡察整改“回头看”督查工作实施方案,多措并举推动巡察整改落实;制定《马钢党委巡察工作底稿制度(试行)》,并在下半年试运行,后期总结经验进行固化,不断提升巡察工作质量;完善巡察工作流程,建立健全问题线索和重点问题移交、整改台账,实现巡察整改全过程规范、受控。同时,通过培训领会习近平总书记关于巡视巡察工作重要讲话精神和中央巡视巡察相关文件内容,学习掌握集团公司新制定修订的规章制度,打牢专业知识基础;开展巡察微案例征集活动,对巡察发现问题线索的方法进行收集、整理,促使每名巡察人员带着“课题”,同时注重总结提炼巡察经验,进一步提高梳理、归纳、定性问题的能力;加强巡察队伍作风建设,从巡察人员自身做起破除形式主义和官僚主义,坚持深入现场、贴近职工,及时了解情况、发现问题;妥善保存巡察工作印证资料,对已认定的问题集体讨论分析,完善工作底稿,确保发现的问题都有“铁证”支撑。

【综合施策深化成果运用】 认真做好巡察“后半篇文章”,督促2018年下半年和2019年上半年17家被巡察单位落实整改任务,公司领导和纪委负责人对15名中层管理人员、3名中层助理和1名科级管理人员进行了巡察整改约谈,对4名相关违规人员开展诫勉谈话。督促指导被巡察单位制定整改方案,提交整改报告,定期对账、挂单销号,分两次在马钢宣网公布2018年15家被巡察单位整改进展情况,接受广大职工的监督。

深入落实中央巡视整改“回头看”反馈意见、上一轮省委巡视反馈意见和内部巡察整改任务,强化协调调度,确保按时按质整改到位。于2018年12月5日至2019年1月25日,集中对各单位各部门落实中央巡视“回头看”反馈意见、省委专项巡视反馈问题、“4+4”专项整治问题、省委督查组反馈问题、自查自纠问题,以及内部巡察发现问题和2017年巡察管理建议的整改落实情况进行了全面督查,集团、股份共15个部门、55家单位开展了自查自纠,并按期报送相关资料。在公司开展2018年度综合考核期间,各考核工作组通过查阅资料、实地查看、走访座谈等形式,对各部门、各单位整改情况进行核查,对整改结果进行评价,并提出深入持续整改建议27条,同时将检查结果纳入了年度综合考核。

针对共性问题,党委巡察办综合提炼形成《2018年巡察发现问题管理建议书》,对23条管理建议进行了责任分解,督促指导相关部门和单位对照建议清单开展自查自纠,17个部门和32家单位报送了整改措施。巡察办按照集团管控要求和管理职能分工进行分类梳理,并及时与相关部门和部分承担管理职能的单位协调沟通,归纳提炼应由管理层面落实的139条整改措施,形成《2018年巡察管理建议整改任务清单(汇总)》,推动共性问题的整改,促进巡察成果有效转化,建立健全长效机制。

四、监事管理工作

【基本情况】 按照集团管控要求,通过列席子公司重要会议、收集分析财务数据等资料、开展专项调研和调查等多种形式,充分发挥监事监督作用,保障国有资产保值增值,促进子公司健康发展。

【维护集团合法权益】 根据委部领导批示,对某改制企业违规发放员工股权奖励损害马钢集团公司持有的股权权益的问题进行了调查,查清了违规事实,向公司提交专项报告和处理建议,并督促问题整改落实。在相关部门的配合下,为集团公司追回股权收益499.77万元,同时,规范了该企业股权分红行为,保证了集团公司股权投资收益。

【降低子公司经营风险】 督促指导专职监事在做好日常监督检查的基础上,通过及时掌握分析子公司经营情况,对可能发生的坏账风险及时进行跟踪分析,抓住关键环节和重要事项,组织有重点的专项检查,督促子公司采取措施应对,避免或降低资金损失。针对安徽马钢嘉华新型建材有限公司收取的宝塔石化财务公司电子银行承兑汇票及应收账款问题进行了深入的调查分析,向公司领导提交了调研报告,提出了严格执行票据管理制度、加快办理资产抵押手续和妥善解决二次抵押问题等项建议，并就嘉华新型建材公司后续整改落实工作进行了跟踪督促，使因退票产生的应收账款已由年初的2220万元降为580万元。

【督促规范工商登记】 在前期对集团公司、股份公司投资设立公司信息情况进行调研的基础上，依据工商登记信息再次对集团公司、股份公司投资设立公司情况进行了调研，基本摸清了子公司设立情况，指出工商登记信息与实际状况不符，可能会给公司经营带来法律风险的问题。提出了有关职能部门应按照相关决定对集团公司工商登记信息及时办理变更；各子公司应加强法律观念，及时变更信息；有关职能部门加强监管，督促子公司防范法律风险的建议。引起公司高度重视，专门召开了就集团公司、股份公司及其子公司工商信息登记中存在的问题整改专题会议，监事办按照会议部署对专题会布置整改落实事项进行了跟踪督促。

【加强派出监事队伍建设】 充分发挥现有专职监事作用，推荐监事办专职监事担任派出监事工作，协调指导销售公司等单位安排其专职监事从事派出监事工作。指导督促专职监事通过收集了解子公司财务报表和生产经营改革情况，参加子公司监事会会议，列席董事会、生产经营例会、职代会以及专题会等相关会议，开展现场工作调研，以及督促巡察、审计问题整改落实等形式，加强对子公司规范运营情况的监督。组织开展了派出监事考核评价工作，对集团公司和股份公司直接管理的29名派出监事2018年度履职情况进行了考核评价，从履职报告情况、履职时间、影响履职的主客观因素和监事管理日常了解的情况等方面进行综合评价，向公司提交了考核建议，激励派出监事履职尽责。

（鲁世宣）

工　会

【思想政治教育工作】 深入学习贯彻习近平新时代中国特色社会主义思想。广泛开展“中国梦·劳动美——与共和国同成长、与新时代齐奋进”主题宣传教育，引导职工培育践行社会主义核心价值观。加强工会系统党的建设。按照公司党委的部署安排，扎实开展“严规矩、强监督、转作风”集中整治形式主义官僚主义专项行动、“以案示警、以案为戒、以案促改”警示教育和“不忘初心，牢记使命”主题教育，以党建带工建，充分发挥工会组织桥梁纽带作用。

大力弘扬劳模精神、工匠精神。开展“变革突破我先行、价值创造我当先”主题教育活动，加强形势任务宣传，引领职工为实现马钢高质量发展建功立业。评比表彰各类先进代表，吴保桥、袁军芳、林震源被授予“全国钢铁工业劳动模范”称号。组织以“弘扬劳模精神、争做发展先锋”为主题的劳模专场巡讲活动，开设专版专栏广泛宣传劳模先进事迹，积极营造“学先进、赶先进、当先进”的浓厚氛围。

深化职工文化建设。广泛开展庆祝新中国成立70周年系列活动。举办“致敬70年——我看变革创新”征文活动，组织拍摄“我和我的祖国”快闪视频。举办马钢春节团拜会暨职工文艺汇报演出、职工艺术摄影展、羽毛球俱乐部等级联赛、乒乓球联赛等文体活动，设备检修公司、特钢公司等基层单位结合实际组织开展“短平快”文体活动，激励职工奋发有为、争创一流。由一钢轧总厂和南山矿业公司职工组成的马钢代表队夺得世界拔河俱乐部室内锦标赛冠军，实现了中国在此项目上金牌零的突破。

【职工经济技术创新工作】 全面推进新时代产业工人队伍建设。积极履行工会牵头职责，加强统筹协调、分类指导、督促检查，贯彻落实马钢行动方案，着力建设有理想守信念、懂技术会创新、敢担当讲奉献的产业工人队伍。推动职工创新创效走深走实。举办马钢第三届职工经济技术创新成果发布会暨职工创新论坛。全年征集合理化建议10231条，命名公司级先进操作法9项、公司级创新工作室11个。举办“融合创新、共建共享”职工创新研修班，与宝钢股份开展创新工作室结对共建活动，推动职工创新工作室建设管理水平上台阶。全面建成12个工匠基地，构筑以“工匠基地为引领、创新工作室为中坚、基层工作室为基础”的职工创新培育体系。工匠基地在培养高技能人才、孵化创新成果上成效显著，全年开展岗位培训349次，培训职工6954人次；申报QC成果49项、技术革新142项、专利123项，产生创新创效成果28项、先进操作法21项；李强、张烨被授予安徽省“江淮杰出工匠”，沈飞等3名职工被授予“安徽省技能大奖”。

扎实开展“当好主人翁、建功新时代”主题劳动竞赛。以“市场拓展、品牌创建、产业链服务、辐射力提升”为目标，广泛开展多元板块劳动竞赛。以“挖潜增效、指标升级、提升质量、节能降耗”为主攻方向，深入开展钢铁主业系列劳动竞赛，对标行业标杆，提高竞赛质量。开展全员微创新劳动竞赛,激发全员参与创建精益工厂的积极性。开展马钢第二届“职工网上练兵”,参与职工达35万人次。成功举办马钢第九届职业技能竞赛,4447名职工踊跃参赛,1400余名选手参加决赛。组织参加海峡两岸暨香港职工焊接技能竞赛,2名职工分获男子组冠亚军。技术中心、炼铁总厂、四钢轧总厂、冷轧总厂等工会积极打造基层劳动竞赛品牌,公司上下形成了作业区(班组)、车间(分厂)、总厂(事业部)、集团(股份)公司四个维度齐头并进的劳动竞赛新格局。

加强职工劳动保护监督工作。强化安全生产教育,与安全管理部联合开展安全知识竞赛活动,一线职工“我要安全、我会安全、我能安全”的意识进一步强化。切实维护广大职工劳动安全健康权益,深入开展“安康杯”竞赛,作业区(班组)、分厂(车间)参赛率达100%。与安全管理部联合开展劳动防护用品使用管理情况调研,为改进一线职工劳动防护用品的使用管理建言献策。广泛开展班组(作业区)升级竞赛。组织开展夏季高温“送清凉”工作,筹集发放高温慰问资金214.2万元,保护一线职工的身心健康。

【维权帮扶工作】　科学规范落实民主权利。注重源头参与,召开职工代表大会和职代会联席会议,分别审议通过了《2019年马钢集团薪酬调整增资方案》和《企业与员工协商一致解除劳动合同实施方案》,听取审议中国宝武与马钢集团联合重组有关事项。加强职工代表履职能力建设,引导职工代表积极建言献策。认真开展职工代表提案工作,办理落实职代会提案40项,职工代表意见31条。指导基层规范履行民主管理程序,健全完善两级劳动争议预防调解机制,促进改革转型中企业和职工队伍和谐稳定。深化“公开解难题、民主促发展”主题活动。开展厂务公开民主管理工作调研检查,制定实施《马钢集团厂务公开内容目录》,推动提升基层民主管理工作规范化、科学化水平。铁运公司、港务原料总厂等单位坚持定期开展厂务公开专项检查,将检查情况与绩效考核、生产经营、降本增效等情况一并通报,促进了基层各项工作公开透明有序进行。

多措并举实施精准帮扶。及时调整最低生活标准,提前完成全总帮扶平台建档立卡的773户困难职工解困脱困任务。春节期间发放慰问款615万元,慰问困难职工1.09万人次。“不忘初心,牢记使命”主题教育期间,公司领导结对帮扶慰问困难职工30人次。职工互助帮困资金救助大病职工及家属505人次,发放大病救助金435万元。“金秋助学”资助21名困难职工子女9.5万元。组织职工参加全总在职职工互助保障计划43167人次,收缴互助金242万元,发放赔付金188万元。职工及家属共2281人次获得商业保险赔付,赔付金额共计1325万元,20余起理赔纠纷均得到妥善处理,保障职工的切身利益。职工疗养完成16批次697人,其中职工健康疗养194人次,劳模女杰先进人物休养35人次。

集聚全员力量抗击疫情。面对突如其来的新冠肺炎疫情,公司工会在集团党委的统一部署下,组织指导各级工会和广大工会干部站位靠前、积极应对,团结动员全体职工众志成城、共克时艰。及时安排疫情防控专项资金500万元,多渠道筹措,第一时间将3万只口罩、5277公斤消毒水等防疫物资送到基层,为一线职工提供防护保障。组织开展“众志抗疫”网上练兵活动。成立各级志愿服务队,广泛开展“阻击疫情”志愿服务活动。开展慰问疫情隔离青年职工,通过健身打卡PK、开通心理热线电话、推送线上心理辅导微视频等,为隔离青年职工减压赋能。广泛宣传防疫知识、抗疫动态、战疫典型,动员激励职工众志抗疫。与文联联合组织马钢书画家积极创作以“众志成城、防控疫情”为主题的书画作品,开展了“齐心协力、共抗疫情”摄影作品征集活动;与党委工作部、新闻中心联合开展“抗击疫情、马钢在行动”随手拍活动,着力营造全员抗疫的浓厚氛围。

【工会组织建设】　全面对接中国宝武。在集团党委的统一领导下,顺利完成工会组织隶属关系的调整。全面梳理工会各项管理制度,逐步规范工会工作流程、工作界面和工作职责。无缝对接各项工作业务,首次参加宝武集团工会季度工作会议,并在会上进行工作交流。组织申报工会工作最佳实践案例,安排10余人次参加宝武工会干部业务培训。工会组织和工会干部逐步融入宝武大家庭。同步开展以“从智慧制造看环境改善、绿色发展”为主题的“职工代表看宝武”活动,零距离感知中国宝武智慧制造示范工程。对接宝武荣誉激励体系,刘学华等职工被评为中国宝武“金牛奖”“银牛奖”“最美宝武人”和“优秀员工”。各项工作在对接融合中传承发展、不断创新。

加强工会组织建设。根据集团党委的部署要求,稳步推进机关机构改革“回头看”,全面梳理、逐步优化工作职能,提升人事效率。加强工会机关效能建设,结合工会实际开展结对共建、跟班蹲点、业务授课等活动,带课题下基层开展针对性调查研究,在一线为职工解决实际问题。加强基层工会组织建设，评选表彰“模范职工之家”和“先进职工之家”。加强智慧工会建设。优化升级“马钢 e 工汇”功能结构，丰富拓展网上练兵、劳动创新、维权帮扶、宣传教育等在线服务，基本实现工会组织网上联通、事务网上办理、信息网上推送、活动网上开展。目前已有 2.6 万多名职工下载安装使用“马钢 e 工汇”APP 客户端，职工参加网上练兵超过 270 万人次。“马钢 e 工汇”被评为“全省工会优秀互联网+普惠平台”一等优秀平台。

统筹做好其他各项工作。加强财务管理，严肃财经纪律，规范经费使用。举办工会财会业务专题培训班，开展工会财务管理专题调研，组织年度财务互审监督检查，进一步完善工会财务管理制度，规范工会财务管理。切实发挥工会女职工组织优势，着力打造“四季恋歌”青年职工交友平台，助力青年成长成才。评选表彰第九届马钢十大女杰，开展“创造新业绩，巾帼建新功”主题竞赛，引导女职工立足岗位建功立业。桃冲矿业公司工程与设备部总降配电所、检测中心检化验二站综合作业区被命名为“省级巾帼文明岗”。

【荣誉】 马钢集团公司工会被授予中国职工保险互助会先进单位和省级工会财务工作先进集体；“马钢 e 工汇”获评安徽省“互联网+优秀普惠平台”一等优秀平台。

（汪少云　查仁豪）

管理创新部（科技管理部、安全管理部、能源环保部）

【战略规划调整完善】 组织对《马钢“十三五”发展规划》进行滚动调整，形成《马钢集团 2019—2021 年发展规划》，并报送省国资委。发展规划对集团公司关键绩效指标及目标进行了调整，将科研投入总额指标调整为研发投入比重、在岗人数调整为人事效率提升指标、培训项目完成率指标调整为培训覆盖率，对战略性结构、精益运营模式、品牌战略、科技创新能力、绿色发展、资本运作、国际化经营等方面内容进行了完善优化。组织各职能部门、子公司对职能规划、业务规划进行了同步调整，并对子规划调整给予指导。

【机关机构改革“回头看”工作】 调研形成《关于集团公司机关机构调整与职能优化的决定》，并于 3 月初正式实施，此轮优化后，集团公司部门由原 10 个精简为 9 个，优化人员 10%。由此，集团公司部门由 2018 年初的 15 个精减为 9 个，精减比例 40%；集团公司机关人员由 591 人精简为 167 人，精简比例 72%。在此基础上，12 月上旬，组织完成了集团机关机构及人力资源年度第二次优化，进一步将部门精简到 7 个，人员精简到 70 人，使产业经营职能全面下沉，管理边界再度压缩，管理成本明显降低，人事效率显著提升。

【跟踪督促子公司相关改革工作】 一是督促飞马智科积极开展“双百行动”。协助飞马智科与公司改革需求做好对接，进一步完善公司治理结构，规范董事会建设，推进契约化管理，深化综合改革，推动企业高质量发展。二是跟踪粉末冶金员工持股试点情况。协助督促其进一步完善公司法人治理结构，有效发挥董事会职能，提升科学决策能力，充分释放改革动力，促进企业健康可持续发展。三是对马建公司、康泰公司、力生公司、中心医院、利民公司等五家单位开展调研，对各单位近年来运行情况、好的做法及存在问题进行梳理，提出下一步改革工作思路。

【制度建设】 对照集团管控要求，对 290 项管理制度进行梳理、优化、整合，在广泛采纳各单位意见后，形成《集团管理制度优化整合清单》，对首批编写修订的 24 个管理制度组织集中评审，对后续管理制度进行责任分解，列出工作计划并持续推进。组织各单位按照计划推进，按照预定计划对管理制度持续优化。

【风险管理】 牵头全集团范围内风险排查，编写《风险排查报告》上报省国资委；组织各相关单位围绕经济运行、资金及债务、改革改制等八个方面重大风险进行梳理，形成书面报告报送省国资委；按中国宝武相关要求，在马钢集团范围内开展重大风险隐患排查以及重大经营投资风险应对预案编制工作。

【深化薪酬分配】 明确集团公司负责一级子公司绩效评价、工资总额、经营团队成员薪酬总额及经营团队主要负责人薪酬；一级子公司负责下属各单位绩效评价，确定其工资总额、经营团队成员薪酬总额以及主要负责人以外经营团队成员薪酬。绩效评价及分配方面，分类设置子公司绩效评价指标，突出利润总额、经济增加值、营业收入（或外部收入）核心指标的考核，对不同子公司针对性提出人事效率提升、国有资本保值增值率、安全生产环保、风险管控等方面要求，实行清单制考核，并按定绩效目标、定工资总额、定经营团队薪酬的“三定”原则，编制各子公司组织绩效及经营团队绩效评价办法，实行差异化工资总额管理方式和决定机制。通过这些举措,较大幅度减少了考核指标、频次,因充分放权、减负基层,分配合理,监督有效,使子公司内在动力和职工工作热情不断得到激发。

【品牌提升】 按照集团公司品牌建设总体思路,股份公司全面推进品牌建设工作。组织相关单位,协同推进、重点突破,扎实推进体系建设。开展品牌建设系列研讨活动,采用"方法-展开-结果-审视",引导品牌管理人员熟悉品牌培育管理体系成熟度评价工具。通过持续改进,不断提高品牌培育管理体系运行的有效性和成熟度。策划参加中国品牌发展国际论坛品牌故事分论坛活动、"第十九届中国国际冶金工业展""第二届中国西部国际投资贸易洽谈会展览""2019 世界制造业大会"等展览展会,全面彰显企业形象,系统展示产品特色,收到了良好的企业品牌传播效果。

【精益工厂】 编制《2019 年精益工厂创建工作行动方案》,各子公司承接集团方案,编制各自实施计划。按"试点先行、逐级创建、互促互进"原则,从众多单位遴选 8 家试点,重点推进;同时将 34 家单位分成 8 大组作为跟进单位,实现工序衔接、属地关联、协作互促。工作过程中,注重打造队伍、培养人才、分享经验,将各单位碎片化的可视化标准进行集成,发布《马钢精益工厂创建可视化标准手册》,建立"创建星级精益工厂"评价标准。在集团层面开展精益改善案例评选活动;拍摄集团公司精益工厂创建视频供各单位借鉴参考。

【"绿色发展·智慧制造"工作启动】 组织制定《马钢"绿色发展·智慧制造"专项工作方案》,成立工作领导小组并下设办公室,拟订重点工作,明确工作原则,编制具体专业项目,选定项目支撑单位,开展技术合作交流。以环境整治为突破,组织全员全过程持续参与,各部门、单位齐抓共管,集中整治与日常管理相结合,开展治脏、治乱、治差系列工作,持续打造像家一样的工作环境,共建高质量钢铁生态圈。

【信息化建设】 除长江钢铁及马钢股份部分驻外子公司,集团本部、集团所属子公司及延续独立法人机构统一财务核算系统已全部上线运行;马钢全集团费用、应收、应付、总账功能已完成;统一财务共享平台上线运行;推进完成银(财)企直联、影像及供应链协同等配套信息化项目建设。股份公司采购销售系统升级、工程技术集团信息化二期、马钢诚兴业财融合等配套信息化项目也在大力推进建设中;完成人力资源系统中培训管理、SAP_HR 模块与 SAP 系统其他功能模块分离,各自单独部署,新增人力资源管理报表等内容;推进股份公司一体化计划系统、公司整体 ERP 系统、基础网络设施配套升级改造项目建设,股份检化验统一平台升级改造全部上线并不断优化;按计划推进股份公司门禁系统升级改造项目建设。

【技术创新平台建设】 2019 年 1 月,"轨道交通关键零部件先进制造技术"国家地方联合工程研究中心获国家发改委批准成立并挂牌运行,8 月 30 日公司召开"轨道交通关键零部件先进制造技术"国家地方联合工程研究中心启动会,并按照会议要求及相关管理办法推进平台建设工作。安徽省科技厅组织对马钢"轨道交通关键零部件安徽省技术创新中心"进行论证并获通过,于 11 月份获公示。配合马鞍山市政府,牵头申报安徽省马鞍山市大宗固体废弃物综合利用基地,已获国家改革发展委员会批准实施。安徽省轨道交通轮轴工程研究中心在 2019 年度评估为优秀。

【科技项目管理】 围绕重点聚焦轨道交通、绿色环保、智能制造等方向,培育企业自主创新能力,实现重大关键技术突破。2019 年开展公司级以上科研项目合计 38 项,其中承担国家项目、安徽省科技重大专项及其他政府项目 16 项(国家项目 7 项、省项目 11 项),集团科研项目 20 项。马钢集团承担的省科技重大专项"时速 350 千米高铁用高性能车轴产品开发"顺利通过结题验收。

【技术标准管理】 强化技术标准管理,组织推进国际标准、国家标准和行业标准制订项目;马钢集团申报钢铁行业资源综合利用标准化工作组副主任委员,组织申报特钢团标委副会长单位并推荐委员;获批立项标准 10 余项,主持、参与制、修、订并获批发布国家行业标准 9 项;集团能环部参与制订的行业标准《钢铁行业绿色工厂评价导则》,报批稿在工信部网站公示完成,标准号 YB/T4771-2019。

【科协工作】 立足"四服务一加强"工作职责,重点组织开展内外部学术交流活动,协办召开了钢铁行业能源管理中心建设、运行与升级技术研讨会,与中国金属学会、北京科技大学、安徽工业大学联合主办"冶金流程工程学学科发展及教学研讨会";举办全国科技活动周及全国科普日活动,围绕"礼赞共和国、智慧新生活"活动主题,组织在全公司范围开展科普宣传、科普报告会、创新成果展、知识竞赛、创新方法大赛等活动共 30 余项;举办第三届马钢创新方法大赛并获奖,组织开展马钢优秀科技论文评选、行业重点学术论文征集、评审等活动。

【安全绩效】 2019 年,发生职工工亡事故 1 起,工亡2人;属地工亡事故3起,工亡3人;重伤事故2起,重伤2人;轻伤事故14起,轻伤16人;千人负伤率0.4;无新增职业病。

【策划落实安全工作】 2019年安全费用共投入约2.43亿元;组织下发《2019年安全生产工作计划》和安全重点工作推进计划表;组织各单位全面修订完善安全生产责任制,建立岗位安全责任清单,细化落实全员安全生产责任;组织各单位全面开展全员隐患排查治理工作,建立全员隐患排查治理工作机制,提高岗位员工隐患排查参与率;强化对各类危险源的风险管控,组织各单位开展危险源重新辨识,制定落实具体的风险防控措施。

【安全专项治理】 各单位根据行业特点,围绕危险化学品、非煤矿山、金属冶炼、冶金煤气、交通运输、消防安全、建设工程施工、特种设备、粉尘涉爆、有限空间等重点行业领域进行专项治理;完善管理制度、规范作业标准,强化对作业人员的教育培训,加强对设备设施的更新维护,开展专项检查。

【安全教育培训】 举办生产经营单位的主要负责人和安全管理人员培训;开展对安全管理人员的业务培训工作,加强安全专业队伍建设;股份公司开展煤气安全管理六项标准培训;制作《马钢集团公司安全生产禁令(试行)》的宣教片(通用禁令部分),层层组织全体员工集中观看学习。

【塑造安全文化】 股份公司组织对冷轧总厂、轮轴事业部开展了一级安全标准化模拟评审;组织各单位全面开展安全标准化示范班组创建工作,并推荐25个班组申报国家安全标准化示范班组,计划到2021年实现安全标准化内部验收达标率100%。

【能源环保】 组织召开马钢集团公司2019年能源环保工作会议暨一季度能环委会扩大会议,并与股份公司、矿业公司等八家单位签订《2019年能源环保目标责任书》;集团公司组织开展长江生态环境大保护工作,下发马钢集团公司长江入河排污口排查整治行动方案,组织各单位开展"查、测、溯、治"工作;集团公司成立"长江大保护专项工作组"并组织开展长江生态环境保护专项工作;集团公司组织开展沿江厂区综合环境大整治,推进现场综合环境整治,现场综合环境问题81项,整改完成率为100%。

【荣誉】 马钢2项科技成果获"安徽省人民政府2018年度安徽省科学技术奖"(2019年颁布),其中一等奖、二等奖各1项;马钢5项科技成果获冶金行业科学技术奖,其中一等奖1项、二等奖2项、三等奖2项;集团公司获2018年度"安徽创新企业100强"(2019年10月安徽创新企业100强申报)、"2018年度安徽省制造业综合实力50强企业(皖制造强省组办〔2019〕1号)";管理创新成果获中钢协一等奖1项,二等奖2项,三等奖3项;全面质量管理推进40周年杰出推进单位;2018年度"中国企业品牌创新成果"一项;2017—2019年连续三年荣获中国"卓越钢铁企业品牌";马钢"中国标准动车组复兴号车轮"荣获2019世界制造业大会创新产品金奖;组织参加2019年中国创新方法大赛活动,马钢6个项目全部获奖,其中二等奖两项,三等奖四项。集团公司组织参与国家节能中心开展的全国节能宣传周工作,参赛作品在各分项比赛中均取得优异成绩,其中微视频获得一等奖一项,摄影获得一等奖一项,征文一、二、三等奖各一项,马钢集团公司获得组织奖;矿业资源公司铁精矿(露天开采)被评为绿色产品,长钢公司被评为安徽省绿色工厂。

(胡善林)

投资管理部(法律事务部)

【股权投资管理】 2019年完成股权投资345938万元,其中钢铁业137116万元,金融投资业138487万元,金属资源利用业14500万元,矿产资源利用、节能环保、信息技术及智能制造、能源、贸易等领域合计55835万元;境内投资329922万元,境外投资16016万元。全年新设17家对外投资企业,其中全资企业1家,控股企业15家,参股企业1家;其中混合所有制企业11家。2019年成立马钢交材公司,拉开了加快铁路交通材料产业发展的序幕;在资源利用、节能环保领域投资7个项目;在信息产业与智能制造领域投资2个项目;在高端炭材针状焦领域投资1个项目;在氢能领域投资1个项目。

【股权变动管理】 围绕集团母子公司管控和产业化发展要求,继续推进股权优化整合,以产权多元化为契机,增强资源优化配置能力,盘活存量、做大增量。一是抢抓交通强国战略机遇,在集团层面构建轨道交通产业发展平台。牵头制定轨交板块重组方案,协调项目单位推进实施,2019年完成马钢股份公司内部轮轴资源整合前期工作。二是按照同业归并原则,组织实施业务和资源整合。将商品混凝土公司委托矿业资源集团管理,将集团公司持有的马钢共昌轧辊公司

34%股权无偿划转至工程技术集团,将工程技术集团持有的比亚西50%股权无偿划转至物流公司,将集团公司持有的马钢诚兴公司51%股权协议方式转让至废钢公司,协助推进新型建材公司设立当涂子公司收购当涂中天资产。三是对子公司实施增资,壮大国有资本实力。牵头推进实施马钢集团公司对工程技术集团、投资公司、废钢公司增资,履行工程技术集团对重机公司、输送公司、检修公司增资,马钢股份公司先后两次对轨交公司增资,保理公司原股东同比例增资等事项的马钢集团公司层面决策程序。四是加快推进“僵尸企业”处置工作,筹划马钢集团压减方案。推进3家“僵尸企业”(考克利尔培训中心、中日资源公司、一重马鞍山公司)处置工作,对考克利尔培训中心、中日资源公司进行清算注销,两家公司已成立清算组,人员、债权债务已处置完成,配合一重集团对一重马鞍山公司进行清算注销,厂房、设备、土地等资产已整体挂牌处置。根据中国宝武退资工作要求,对马钢处僵治困、法人压减、参股瘦身、层级压缩等相关退资工作进行梳理,形成马钢集团压减方案报宝武审核。

【资本证券化管理】 加快推进5家公司资本证券化工作。完成飞马智科挂牌新三板,2019年1月19日举行挂牌敲钟仪式。完成表面技术公司挂牌新三板,2月完成问题反馈,3月8日取得挂牌同意函,5月7日举行挂牌敲钟仪式。完成飞马智科新一轮融资,推进飞马智科股票发行工作,募集资金7.16亿元,其中外部资金2.16亿元。推进废钢公司A股上市基础工作,完成增资扩股及诚兴公司收购工作。推进矿产资源业上市,梳理张庄矿上市路径,在充分分析张庄矿矿业权价款及募集资金等性价比的情况下,将张庄矿上市路径调整以矿业资源集团整体上市为重点方向。启动物流公司上市策划,制定挂牌新三板工作方案,明确引战、股改、上市三步骤路径和网络节点。

【合同管理】 2019年,审查重大合同63份;以马钢股份工程管理和原材料采购部门为重点,拟定《设备买卖合同》《承揽合同》《EPC总包合同》和《原燃料买卖合同》《货运代理协议》等五类合同标准文本;审核重要规章制度12项,审查其他事项75项,其中涉及股权投资事项10项,这10项股权投资事项,均为法务部全程介入的项目,参与尽职调查、法律文件起草、谈判和审定等工作;根据合同管理人员持证上岗要求,2019年度共有250人参加培训,其中202人成绩合格并取得合同管理资格。

【诉讼管理】 2019年马钢集团各类纠纷案件184件,其中诉讼仲裁案件80件,主要涉及劳动争议、合同纠纷、损害赔偿、行政诉讼等,涉及标的额约1亿元,结案45件,挽回或减少直接经济损失达8560万元。劳动争议共19件(其中群体纠纷案件1件,法院以78件计算),涉案标的额为1723万余元,结案13件,挽损1713万元,挽损率99.4%。合同纠纷30件,涉案标的额为7599万元,结案19起,其中包括重大诉讼案件凤凰城集团有限公司诉花山区政府、马钢集团公司共同开发房地产合同纠纷案标的额5300万元,在两审审结后胜诉。在母子公司分级管控模式下,2019年子公司自行处理的案件37件,结案15件,胜诉率约为87.5%。参与马来西亚冷轧反倾销应诉。编印《典型案件管理评析报告》,每半年整理典型案件,剖析成因,指出管理漏洞,发送法律风险提示函和法律建议函。外聘律师管理上,建立了马钢集团外聘律师备选库,马钢集团和各一级子公司通过招标、商务比价等方式,在备选库中分别选聘常年法律顾问律所。除马钢股份外,常年法律顾问为8家一级子公司提供法律服务163项,较好地支撑了子公司法律风险防控工作。

【合规管理】 2019年起草了《合规管理办法》《马钢集团合规管理体系建设方案》《马钢集团合规手册》以及《马钢集团商业行为准则》,但因诸多因素,尚未提交审批。完成集团一级及以下子公司股权投资和股权变动事项的法律复审工作,针对上报集团公司审批前已经本单位法律顾问出具的法律意见予以复审,并向董事会提交法律复审意见。2019年,共审核18件,其中股权投资事项9件,股权变动事项5件,重大资产处置事项2件。

【子公司法务管控】 2019年,审核办理“马钢”字号授权书14份;完成马钢集团公司股权无偿划转变更登记,协调子公司各类登记10件;组织欧邦彩板、防锈材料、耐火材料、考克利尔等4家子公司解散清算工作;审查子公司章程修改方案14份;对照宝武集团《公司章程管理办法》,完善子公司法人治理结构,解决公司党委会、董事会、经理层权责边界不清晰,决策流程不优等问题,起草《子公司章程管理办法》。根据各职能模块的管理要求,牵头开展检查、评价和监督工作,包括:开展子公司外聘律师管理督导工作,对集团一级子公司的外聘律师制度建立、选聘程序、监督评价等问题进行检查;对一级子公司的法务工作进行抽查,内容涉及公司章程的贯彻执行情况、合同签订履行情况、诉讼管理情况等;开展安全隐患排查工作,从相关方管理角度随机抽取了设备部、技术改造部、制造部等三家职能部门以及资源分公司、能控中心两家二级单位，对安全协议的签订和履行环节排查安全隐患；开展境外法律风险排查工作，落实中国宝武与马钢集团管理对接的要求；开展改制企业管理工作调研，对2010—2012年，原马建集团、康泰公司、力生公司和实业公司相继实施产权多元化改革等企业的党建、企业管理和股权管理等情况进行调研。

（陶　颖　徐　郡）

财务部

【预算管理】　紧抓年度预算目标，做好分解落实。根据集团公司下达的年度预算目标，狠抓各单位预算指标分解落实；每月下达月度生产经营计划，配合进行月度经济责任制考核。

做好经济活动分析，提供决策依据。规范月度经营情况快报和分析制度，制定月度经营分析报告的模板，逐步建立较为完善的运营评价体系。

完成财务预算报告和材料。组织完成2018年度集团公司预算执行分析报告、2019年度省国资委年度全面预算编制、2019年上半年预算执行分析报告。组织开展2019年度集团公司全面预算编制工作。向省市发改委、经信委等部门以及公司相关职能部门提供季度经济活动分析材料；编制完成2020—2022年国有资本经营三年收支规划。

商业计划书管理。与宝武重组后，10月份分别组织召开2020年商业计划书编报专题培训会、编制任务布置会，行文下发编制大纲，要求各子公司按编制模版编制；11月经汇总整理，完成集团合并商业计划书，经公司领导审核后报送宝武财务部，并按照其要求开展各项后续工作。

【资金管理】　坚持从严从紧原则，保证资金需求。根据现金预算和月度资金计划动态调控资金配置，优先保证生产经营资金周转，保证重点工程项目支出，压缩非生产性支出、非重点项目支出，严格控制对外投资。

拓展创新融资渠道，优化融资结构。经营性现金流净额为正；子公司分红落实到位；继续保持外部信用评级AAA，在外部资金市场价格走低等因素下，持续统筹优化融资结构，拓展创新融资方式，有效降低融资成本。集团本部综合资金成本降至基准利率4.35%以下。3月份提前偿还18.75亿元实际资金成本5.5%的债转股基金，并对合伙企业解散清算，降低了资金成本，有效化解“明股实债”的监管风险。通过与财务公司或商业银行加大办理电票保贴和国内证等表外融资模式，置换部分流动资金贷款，资金成本由4.35%降至3.5%—4.0%。通过在公司内部资金归集和财务公司融资，完成41.3亿元的专项资金的筹集。

加强沟通金融机构，提高子公司融资能力。支持子公司独立进行银行融资，并可为其增信提供担保，协助其提高融资能力，降低集团本部间接融资比重。股份、矿业、国贸等公司已具备较强融资能力，废钢、保理、长钢等公司也正逐步开展授信融资。

【会计与统计管理】　完成财务决算报告。关注各单位年报审计和省国资委年报软件编报的进展，积极与事务所沟通协调，及时处理年报审计中的问题，完成省国资委2018年度财务决算报告。按照中钢协和市财政局要求，组织完成年度财务决算报告编报工作。

完成统计报告。按照中钢协、省冶金工业协会和市统计局等要求，完成2018年统计年报；完成各类统计报表。根据《马鞍山市人民政府关于认真做好第四次全国经济普查的通知》，组织集团内所有普查涉及单位，按照工作时间节点，分步骤圆满完成。

完成日常各类报表。组织每月合并报表、财务快报、经济运行旬报编报，为公司领导及内外部相关部门提供数据支撑。

【税务管理】　争取财税优惠政策，合理减轻税负。积极与省、市政府部门沟通协调汇报，牵头协助公司相关职能部门和各分子公司，统筹做好争取国家政策资金扶持工作。2019年争取各项政策资金20亿元，增加当期利润14亿元。作为公司降本增效的重要措施，财税政策返还增加了预算收入及净现金流入。

应对国家税制改革，争取税费减免。增值税政策调整应对：制造业等行业4月1日起，税率由16%降至13%，交通运输业、建筑业等由10%降至9%。为此，财务部下发《关于增值税税率调整后统一合同定价模式的通知》，指导子公司在销售和采购环节签订、履行合同时，就如何规范价格条款等方面提出指导意见，为集团争取效益最大化，全年可少缴纳增值税6.2亿元，少缴纳增值税附加0.7亿元。个人所得税改革应对：1月1日起，个人所得税新政实施，组织各部门落实个人所得税新政，指导基层职工填写个人所得税APP，让近2万职工及时享受到税收新政的优惠措施。对个税专项扣除等问题及时答疑解惑，保障职工利益。全年个税减少约3000万元。

【资产及固定资产投资管理】 加大内外投资管理,提高财务收益。梳理各项固定资产投资项目,加强投资项目评审,严格投资决策程序。配合参与集团公司对外投资项目的可行性研究、项目效益测算等投资项目立项前期的调研分析。加强对投资项目立项的前期程序和资料的审查,按照投资决策程序报公司决策。完成子公司18个投资项目报告的程序审核并指导其立项;下达年度集团本部投资项目计划14项。组织对纳入2017—2018年度投资项目后评价计划的项目进行评审,形成后评价总结报告。下达2019年度后评价工作计划。组织完成2018年度集团公司投资完成情况报告。组织每季度对纳入省里调度的固定资产投资重点项目进展情况进行汇总分析。参与对煤焦化公司拟与山西省介休市经华炭素公司合资等5项股权投资尽职调查。协助投资公司开展新股申购22只,股票出售累计实现收益74万元。

规范产权管理程序,完善系统维护。督促指导出资单位在"企业产权管理综合平台"及时进行产权信息维护。本年度共办理14家单位的产权变更登记手续,完成集团公司2018年度产权登记信息汇编上报工作。

加强国有资产监管,防止资产流失。根据公司资产管理相关制度规定,完成幼教移交等7个项目的资产评估;审核办理约30项固定资产的验收、报废、调拨、销售等相关手续,监督包括去产能在内的各项固定资产处置流程,协调处理固定资产管理中出现的问题。参与完成物流公司与中国铁路物资集团关于废旧铁路物资再制造再利用等4个项目的财务审核。

【风险管理】 财务风险专项监管,加强风险防控。按月收集集团15家子公司财务报表、季度分析报告,定期上报集团子公司财务风险汇总分析报告。

完善财务管控制度,明确职责流程。为适应当前公司机构改革、转型发展需要,提高专业化管理水平,不断完善健全财务制度建设,加强风险管控,对已有的财务制度进行修订完善。组织完成2018年度财务会计制度汇编。

持续加大清欠力度,减少坏账风险。财务部作为公司清欠办公室牵头部门,积极组织、协调联合清欠,7月在全公司组织开展了应收账款可回收性测试及评估工作,汇总后分门别类,专题分析,按"一企一策""一笔一策"提出应对策略,形成测试报告。合并报表应收账款由二季度的36.6亿元下降至四季度的27.46亿元。牵头实施"加强应收账款及授信管理,加大超期账款清欠力度"的公司效能监察项目,明确超期应收账款管理的总体思路,督促各一级子公司制订各自的授信及清欠管理制度。与18家单位签订《清欠目标责任书》,要求至2019年年底完成1.22亿元的超期账款的清欠任务,实际清欠1.48亿元。

清理拖欠民企账款,化解审计风险。5月审计署南京特派办到公司开展关于拖欠民营企业中小企业账款问题的专项审计,经与审计署南京特派办和省国资委、省清欠办沟通汇报,下达《关于下达清理拖欠民营企业中小企业账款整改措施的通知》,督促各拖欠子公司加快整改清欠工作,并按周汇总、统计、上报清欠整改情况。2019年末基本完成拖欠民企账款的清欠。

强化担保委贷管理,防范金融风险。严格要求子公司执行担保、委贷相关制度,履行集团内部单位的担保和委托贷款的审查备案、履行审批流程,按月清查担保和委托贷款情况并统计报送。不定期在全集团范围内开展风险评估及排查工作,在《省属企业产权管理综合平台》上登记各项担保业务事项,规范登记和报送委托贷款明细台账,保证信息及时、真实、完整。

【重点工作】 落实整改反馈问题,报送整改报告。组织省国资委集中监督检查反馈意见的整改落实。2月报送省国资委《马钢集团关于落实省国资委集中监督检查反馈意见整改方案的报告》;5月报送省国资委《马钢集团公司关于报送省国资委集中监督检查反馈意见整改情况的报告》,对整改落实完成情况逐项予以汇报。

对接宝武财务管理,确保平稳衔接。自9月19日签署协议起,全面开展与宝武财务部、战略规划部、钢铁业发展中心、运营共享服务中心等归口部门、单位的各项对接。按照对接任务(项目)表,加强沟通联系,每周报送"马钢与宝武管理对接工作简报",各项对接工作均有条不紊地按计划持续推进,包括:对照梳理和修订相关财务管理制度;财务报告、商业计划书、管理报告、季度工作例会、月度各类报表等事项的对接;完成宝武3季度工作例会的汇报材料;按时报送月度生产经营简报及其他各项临时材料;组织召开中央企业2019年财务决算布置培训视频会议;报送资金、税费、资产管理相关月报、季报和资金相关的分析报告;筹划集团资金上线宝武集团的现金平台等资金一体化管理的相关事宜;千户集团、保险管理、三供一业等事项对接。

加快推进共享上线,搭建核算平台。按照集团公司信息化统一部署和财务管控的要求,协同推进财务共享中心建设和开展财务集中核算上线项目,以进一步适应经营发展新形势、整合优化财务资源、强化信息化支撑。集中核算上线项目经过一段时间的稳定顺行,一季度已组织对该项目实施进行了评估和项目验收。按照财政部新准则实施报表项目列示变化的要求,及时要求和组织相关人员对报表模板、格式和取数公式进行调整,随时跟踪网上报表报送情况。联合财务公司、财务共享中心、金蝶项目组,搭建集团资金管理平台。将集团银行存款、银行承兑汇票、贷款、担保、融资授信、投资理财等资金相关信息汇总,利用信息化手段,实现核算与管理分离,规范资金业务流程,强化集团公司对各级子公司的资金监管。

注重知识更新,提高专业素养。组织开展形式多样的业务培训。4月份组织集团所属45家单位约100名财务人员,参加"深化增值税改革减税降费暨2018年企业所得税汇算清缴"税法宣传月活动;举办减税降费政策专题培训及个人所得税新政辅导。6月份组织集团公司52人次,参加上海财经大学"会计准则深度解析及财务共享平台实践分享"高级财务管理人员培训学习。12月份组织集团公司8人申报2019年度高级会计师评审。

(李志林)

集团公司直属机构

行政事务中心(马钢公积金分中心、档案馆)

【基本情况】 2019年,行政事务中心认真贯彻落实公司统一部署,围绕集团公司年度生产经营目标和重点工作,聚焦变革突破,聚力价值创造,强化管理和服务双引擎发挥,以全面协同提效率,以全面精益强质量,注重厂容绿化、公共卫生、定点扶贫、等重点工作任务完成效率,不断提升医保服务、档案利用、公积金办理等业务服务质量和水平,各项工作均取得新成效,为公司生产经营建设和职工后勤服务保障提供了强有利支撑。

【公益支持管理】 1. 定点帮扶收到实效。公司党委全年4次听取扶贫工作情况汇报,并对帮扶项目进行研究和部署;公司主要领导及相关领导先后到贫困村调研走访,送项目、送温暖。继续推进"一对一"干部包户结对帮扶工作,及时了解贫困户生活生产状况,解决实际困难和问题;按照"一户一策"的原则,包保干部采取节日慰问、提供医疗补助和助学金、支持种养殖资金等措施,对贫困户进行帮扶。实施产业扶贫项目4项,资助李集村100万元苗木基地项目和20万元入股金达箱包分红项目,共为村集体增收12万元;资助马楼村70万元建设扶贫车间;帮助望江县黄河村销售玉竹耳250千克;马楼村变更的入股阜南县利民混凝土有限公司分红项目为村集体增收6万元。实施张庄矿委托马钢技师学院定向阜南县扶贫招生项目,采取"订单"方式招收近100名"励志班"学生;继续推进"助学计划",为9月份开学期间114名贫困户就学子女每人发放2000元助学金。围绕贫困村脱贫后精神文明建设和乡村振兴发展,资助马楼村20万元建设残疾人康复和养老中心。在扶贫日期间,积极参与和落实上级主管部门组织的系列活动和工作部署,组织撰写《国有企业参与精准扶贫的实践与思考》和《关于马楼村抓党建促脱贫工作的研究》两篇论文参加省脱贫攻坚研讨活动,组织各单位干部职工收看全国脱贫攻坚特别节目。此外,张庄矿、罗河矿、合肥板材公司、矿业资源集团材料科技有限公司等单位向当地政府捐款,积极参与"扶贫日"期间的扶贫济困活动。

2. 履行公益支持社会责任。继续参加市"慈善一日捐"活动,向市慈善总会捐款60万元,公司荣获全市"2017年度慈善捐赠贡献奖"。有序组织公司领导和机关职工开展义务植树活动。设计布展参加全市第28届"金秋花展"并荣获一等奖。2019年共组织3570名职工进行无偿献血,献血量共约103万毫升。

【绿化管理】 继续加大厂区重点线路及区域绿化美化改造提升力度,确立并组织实施"九线七面"重点绿化工程。先后对钢轧大道、钢轧中路、煤焦西路、煤焦北路、轮箍东路、三钢南路、二厂路、钢轧25号路、三钢西路等线路和教培中心主干道、长江大堤马钢段、钢轧大道西北转角、新区土渣山东侧、新11号门、飞马游园、一号炉区域、九号炉工业遗址等区域进行绿化美化。规范实施技改工程和厂管绿化项目。将绿化项目与技改主体工程同时规划、同时设计,同时实施,做到"三同时",施工过程完全配合技改工程进度,并做好绿化复建工作;将厂管绿化项目比照公共绿化项目进行管理,通过改进厂管绿化项目申报方式、优化工作流程等做好绿化管理工作。根据公司"绿色发展、智慧制造"专项工作总体部署,加强与中冶赛迪沟通,结合公司厂区布局环境,研究编制2020年绿化美化靓化工作方案。

【厂容环境卫生管理】 围绕在马鞍山召开的"央视长江大保护警示片"反映问题整改工作现场会,组织开展"长江大保护"厂容环境专项整治工作,对天门大道、湖南西路、恒兴路等路段两侧、长江大堤马钢段以及六汾河、雨山河、慈湖河两岸涉及的马钢区域绿地退化、围墙破损、管线拖挂、设施锈蚀、建筑物外立面积尘等39项问题进行整治,并于11月上旬做好会议期间厂容环境管控工作。强化绿化养护管理,及时督促绿化养护单位适应季节变化,切实做好绿地养护工作,针对厂区部分重点区域的绿植,采取轻、重度修剪和地面硬化相结合的方式进行重点治理。围绕公司"绿色发展、智慧制造"专项工作,在全公司范围内开展为期一个月的环境专项整治行动;对公共区域道路、绿地、公厕、浴室、食堂和各单位辖区内道路、绿地、"四室"、办公楼等可视和可触范围进行环境卫生集中整治,通过全员全过程参与,全面治脏、治乱、治差。及时落实数字化城管各项任务,对市城管提交的环境卫生案件进行确权,属于马钢辖区内的及时督促责任单位办理,2019年共办理马钢辖区内环境卫生案件200件,办结率为100%,及时率达90%以上。通过采编"四室"标准可视化,拆除、关停或合并不符合建设要求的"四室",推广使用"四室"数字信息化管理系统,开展"四室”等级评定及“最佳四室”网络投票评比活动等多种举措,提高“四室”管理成效,公司“四室”不达标率由原先的25%降至10.6%。加强室外公厕及生活垃圾分类管理。对公厕管理实现统一标准、统一标识、统一保洁;建立生活垃圾分类长效管理机制,对生活垃圾分类、收集、运输、处置等各环节进行严格监管。

【爱国卫生管理】 筹备与组织召开公司爱国卫生委员会会议,研究部署全年爱国卫生工作。加大公共卫生管理力度。通过开展“第32个爱国卫生活动月”和“第10个爱国卫生法制宣传周”专项活动、做好病媒生物防制工作,不断提升各单位创建省级、市级爱国卫生先进单位、健康单位和无烟单位的能力,并牵头组织创卫评审。对食堂食品卫生安全和桶装饮用水安全进行不定期巡查,加大对加工环节、食品储存和原材料采购源头的监管力度,确保食品安全事故和水传染疾病发生率为零,进一步提高职工餐质量。正式启动1年1次的职工健康体检,优化升级体检项目,增加肺部CT及甲体腺彩超检测项目,为职工及时发现早期疾病发挥重要作用,体检满意度始终保持到95%以上。

【史志管理】 精心开展史志年鉴编纂。一是筹划实施《马钢志》(2001—2020年)编纂工作,构建公司编纂组织体系,编制下发实施方案。二是认真完成中钢协工业史马钢有关内容的材料报送工作,及时做好中钢协、安徽省、马鞍山市地方志等部门要求的《中国钢铁工业年鉴》《马鞍山年鉴》《马鞍山市情》等马钢有关材料的起草、审定和上报工作。三是调整年鉴框架结构,提早下发大纲,增加信息量,精心组织完成2019年版《马钢年鉴》编纂出版工作。四是认真做好公司重要会议、活动的影像和文字资料的收集与留存。

【后勤服务管理】 1. 切实提高医保服务质量。完善医保制度,将原《马钢企业补充医疗保险管理办法》《马钢职工家属医疗保险费报销管理办法》合并修订为《马钢企业补充医疗保险管理办法》,并首次将合资企业纳入到公司企业补充医疗保险政策范围。加强政策宣传,做好大病重症补助审核发放工作,利用报纸、电视台等媒介开展医保政策宣传,提高职工政策知晓率;举办企业补充医疗保险培训班进行政策解读,扩大宣传面;在离退休中心的配合下,采取工资渠道发放离退休人员的报销款,通过各种举措保障职工及时享受应有政策。针对领取养老金的职工家属能否报销参保费问题组织相关部门进行研究,从人性化管理角度,对可否报销进行明确。加强业务培训,派送医保窗口工作人员到市医保学习进修,提高业务水平。2019年完成大病重症补助3764人次、1768.44万元,新中国成立前老工人医疗费报销345人次、207.14万元,尿毒症门诊透析补助139人次、204.9万元,工伤双超费用294人次、42.76万元,工伤停工留薪期生活护理费239人次、58.01万元,工伤辅助器具配置及其差旅费14人次、1.07万元,矽肺伙食补助309人次、112.97万元,职工家属医疗保险费290.5万元,原马钢医保封闭运行期间职工沉淀账户金退款44人次、15.12万元。

2. 深入开展商险管理工作。完善职工商险协议,针对保险协议和补充协议中没有明确,且容易引发理赔纠纷的重大疾病释义、重复赔付以及意外伤害等级鉴定参照标准等问题开展深入调研,并与各保险公司反复沟通协商,最终达成一致意见并签署会议备忘。2019年度职工人身商业险理赔数据统计,公司支付保费1200万元,累计索赔2715人次、1830万元,通过积极帮助职工维权,协调处理理赔纠纷40余起,预计人身商业保险年度周期内理赔金额仍高于投保金额。

3. 继续做好计划生育工作。依法落实全面两孩政策,围绕计划生育工作“三个不变”,组织公司和各单位签订目标管理责任书。2019年,为1399名独生子女父母办理退休一次性奖励419.7万元;发放独生子女父母保健费124.7万元;报销学杂费753人次、托费497人次,共计45.1万元。全面完成马钢与市政府签订的人口和计划生育目标管理任务。

【档案管理】 从增量档案电子化、存量档案数字化、业务系统数据归档、数据异地备份等方面推进数字档案馆建设,着力打造马钢数字档案信息中心。落实国家档案局《企业电子文件归档和电子档案管理试点》任务,12月16日顺利通过验收。深入推进股份公司档案资源整合,优化档案人力资源,规范制度标准,梳理业务流程,明确人员分工,积极做好与股份公司各二级单位的对接、交接工作,顺利完成股份公司14家二级单位档案搬迁工作。强化档案管理体系建设,对接宝武集团,整合、简化马钢档案规范标准,修订相关管理文件;按照企业数字档案馆国家试点项目迎检要求,修订完善马钢《档案利用与查阅工作制度》等管理制度;适应公司机关机构改革、业务板块整合、新单位成立、工程项目建设等新情况,修订、编印马钢《档案分类编号细则》(2019版)。加强档案工作监督、检查、指导,开展引进项目档案、外事档案等专项整治和考核,提升档案工作管控能力。强化档案资源体系建设,重点抓好机关、重点工程项目、重大活动档案收集归档，开展库藏档案清理鉴定工作。加强档案库房“九防”管理，开展安全自查、消防巡查工作，分区域安装视频监控，并妥善解决档案“涨库”问题。强化档案人才队伍建设，开展档案劳动竞赛、业务技能培训、第四届档案系统业务技能竞赛，参加档案行业学会论坛，交流管理和业务方面工作经验。积极做好档案查阅利用服务。2019 年累计提供各类档案查阅 28916 卷(件)/2689 人次，提供复制件 2136 张、扫描件 2622 件，提供现场取证服务 8 次。

【公积金管理】 强化住房公积金风险防控与审核监督，组织对电子稽查报告进行全面分析，开展严厉打击骗提骗贷住房公积金违法行为专项治理，共计核查出 24 名职工的购房骗提行为，并予以处罚。继续开展岗位之星评选活动，及时为职工办理公积金、公租房、住房补贴发放、大学生首付贷等相关业务。加强房改与公共租赁住房管理。制定并实施公租房承租职工承租资格与个人住房公积金联动机制，及时掌握职工市场购房动态；严格公共租赁住房承租资格年审，对不符合安置条件的住户按规定进行处理；开展公租房区域内公共设施、设备消防安全管理专项督查，确保安全运行。

【文体分中心管理】 根据公司要求，与公司工会进行文体中心业务和人员交接，成立行政事务中心文体分中心，做好人员、岗位、制度、设施等各项管理工作，为职工提供优质服务。

【办公楼综合管理】 1. 强化办公楼设备设施运行监管。对办公楼主体结构和设备设施每日巡查，及时要求维保单位对设备设施存在的安全隐患进行整改。严格监督维保单位及时落实日常维保工作，特别是锅炉、电梯、消防等设备的定期维保，为办公楼安全稳定运行提供双重保障。督促检修公司实施办公楼空调系统维修改造，16 号货梯改造更新、锅炉本体及燃烧器系统维修、消防泵、阀门更换等重点维保项目，2019 年共计实施设备设施维修 1683 项。

2. 安全实施办公楼土建工程和改造项目。有序实施办公楼幕墙玻璃部分更换、东侧健身广场地坪翻新与健身器材修复、南北广场地砖及南面坡道大理石板修补、裙楼部分区域通行道路修复、空调系统改造、通风地窗清洗、室内防水维修和部分会议室改造等工程。2019 年共计实施土建工程及改造项目维修 334 项。

3. 严格办公用房管理与会务服务。统筹安排，协调做好马钢办公楼内入驻单位的办公用房管理，有效保障正常办公环境。细致做好会务中心会议室调度和会务服务工作，圆满完成公司职代会、文艺汇演、建国 70 周年大阅兵集中观看等大型会议服务任务，2019 年服务会议共 1071 场次。

4. 加强相关物业管理工作。认真做好公司办公楼、工程管理部、共享中心等办公区域的保洁及门岗管理等工作。加大对保洁单位保洁工作的监督和检查力度，不断强化责任范围内办公楼区域的治安门卫管理。此外，认真做好办公楼特殊天气应急预案，积极应对雨雪天气等紧急情况。

【党建工作】 1. 根据公司党委统一部署，开展“不忘初心，牢记使命”主题教育。围绕“守初心，担使命，找差距，抓落实”总要求，把学习教育、调查研究、检视问题，整改落实四项重点措施贯穿主题教育全过程。班子成员从思想、政治、能力、作风和廉政等方面进行全面检视问题 28 项，并通过制定整改措施，各类问题全部得到解决。

2. 围绕公司“聚焦变革突破、聚力价值创造”工作主题和宝武集团重组马钢后各项工作的对接，及时传达公司面临的形势和任务，先后组织干部职工开展大讨论，层层传递压力，使员工认清形势、转变观念、统一思想，增强紧迫感和责任感，工作作风和工作效率显著提升。

3. 以谋划中心改革发展为契机，对中心管理和服务职能进行梳理，进一步优化工作流程。

4. 积极开展“医保政策惠民生，服务职工暖人心”“服务中心促发展，保障有力做贡献”“强化档案指导，精益档案管理”“以党管档，服务在档”和“管好公积金，服务马钢人”的“一支部一品牌”创建工作，发挥党建品牌化效应。

5. 以支部共建活动为依托，结合脱贫攻坚重点工作，中心一支部与张庄矿机关支部、王堰镇马楼村支部结成三方共建，帮助马楼村支部不断完善党建工作。

6. 加强干部和党员队伍建设，均衡科室力量，优化人力资源，提拔正科级管理人员 3 人、岗位交流 2 人；规范党员发展程序，全年共发展 3 名预备党员，4 名预备党员按期转正，确定 5 名入党积极分子作为培养对象。

7. 组织开展庆祝中华人民共和国成立 70 周年“我和我的祖国”健步走、读书分享等系列活动。

8. 以“三个以案”警示教育为抓手，积极推进惩治和预防腐败体系建设,强化制度落实,运用监督执纪“四种形态”,持之以恒纠正“四风”。

9. 对接宝武管理制度,修订公司级管理文件31项。半年开展一次工作效能和工作作风自查,督办各项管理制度落实情况,强化工作执行力。

(庞　湃)

人力资源服务中心

【人才招聘和交流】 1. 积极实施招聘服务,根据集团各子公司及相关单位用工实际需求,坚持公开、公平、公正原则,精心设计招聘实施方案,细化招聘流程环节,依托马钢内外网、智联招聘、前程无忧、马鞍山人才网等网络平台优势,2019年先后完成了矿业资源集团、工程技术集团、废钢公司、飞马智科、融资租赁公司、商业保理公司、化工能源公司等33场内外部招聘(其中外部招聘9场),接收报名4003人,经资格审核合格1380人,通过严格的笔试、面试、体检,录用202人。

2. 扩大招聘服务内容,为相关单位选人用人提供服务平台,先后参与了矿业集团、南山矿、和菱实业、长江钢铁等单位科级管理人员、关键管理技术岗、后备人员竞聘组织工作。同时,还参与了废钢公司有关产线人员分流安置方案编制。

3. 加强人员流动服务,及时办理指令性、协商性、成建制等子公司内部、跨子分公司人员流动手续,为集团人员合理配置、人才有序流动提供了较好服务。

【员工培训】 1. 扎实开展去产能转岗培训,根据公司去产能计划总体安排,通过集中授课、分班教学、理论教学和学习参观、岗位实践与导师带徒相结合方式,2019年组织长材事业部北区13个批次612人次转岗培训,助力转岗员工较快掌握专业知识和岗位技能。

2. 积极配合改革改制,完成了为期两个月的原表面技术公司未换签劳动合同18名员工转岗培训,经理论学习培训合格后,17名学员成功转岗。协助南山矿开展待转岗人员培训安置等。

3. 着重业务交流培训,围绕当下人力资源管理的热点、焦点问题,先后举办了3期主题分别为“企业转型升级背景下的员工绩效管理”“企业劳动用工管理及风险防控”“宽带薪酬与层级管理”的合资企业HR沙龙,举办了11期“人力资源服务每月大讲堂”、2期矿业及工程技术集团的“流动大讲堂”活动,促进了集团人力资源管理人员基本业务素质提升。

4. 精心组织职称评审,组织完成了政工、工程序列职称评审工作,政工序列经评委会评审合格37人,其中高级政工师16人,政工师21人。工程序列经高评委评审合格245人,其中高级工程师89人,工程师156人。组织完成工程序列正高级职称评审工作,共收集9人申报材料,初审合格5人。参与组织2019年度公司英语等级一、二、三级考试组织工作,共592人参加。

5. 有序安排大学生实习,组织协调北京科技大学、安徽工业大学、武汉科技大学、东北大学等高校大学生到公司生产实习,全年共接待实习学生48批次3456人(14903人次)。加强校企合作力度,安排了12名安徽工业大学青年教师社会工程实践。

【薪酬发放】 一是流程优化取得突破。已全面实现通过新的SAPHR信息系统完成薪酬发放的相关业务,发放范围由原先的75家部门单位扩大到82家,每月发放人次约38800人,基本做到平稳有序、及时准确。筹划并实施集团公司薪酬发放流程优化工作,基本完成本部范围内所有单位的发放流程优化。二是稳步实施个税代缴。2019年,在国家实行新所得税法的背景下,积极与公司、市财务税费相关部门沟通协作,在较短的时间内完成系统调整、职工专项附加扣除收集、日常信息变更以及个税相关咨询等工作,建立了内部报税以及职工所得税核对相关流程,较好完成了新个税在马钢集团范围实施推广。三是财务共享有序对接。配合财务共享中心薪酬结算流程的上线,完成集团机关、国贸、飞马智科、重机、长材事业部等22家薪酬数据与财务共享中心核算平台的互通共享,初步实现薪酬数据财务核算的自动化。四是顺利完成薪酬调查。根据集团公司安排,在规定时间内组织汇总并上报省国资委2018年薪酬调查相关工作。同时配合党委工作部完成幼教中心2015—2016年以及2017年工资补发相关工作,参与完成方案宣讲答疑等相关事宜。五是及时办理公积金支取。做好日常集团、股份机关人员公积金支取以及房屋补差业务办理,全年共办理公积金支取180人次,房屋补差业务办理45人次。

【社保征缴】 1. 社保征缴。按月审核57家单位社会保险缴费,并及时与财务对账、汇总上报市人社局。2019年公司实际缴纳各项社会保险费共计12.07亿元,其中养老保险8.30亿元、失业保险0.31亿元、医疗保险3.15亿元、大病救助险0.04亿元、工伤保险

0.19 亿元、生育保险 0.08 亿元。

2. 系统维护。2019 年市人社局保险系统，录入新增员工参保信息，线上办理保险新增和续保 74 人，停保 2829 人（未含 12 月份停 1 月份减员 2751 人）；公司 HRSAP 系统，录入新增员工 74 人相关信息，办理保险补缴 33 人、转移保险关系 51 人、减员（含解除合同、退休、在职死亡、退休死亡）5807 人。

3. 社保缴费管理。根据单位需求，经与市人社局相关部门多次沟通协调，较好处理了工程技术集团下属钢构、设备检修和博力监理以及利民公司、康诚建筑等单位因社保参保涉及办理相关资质事宜。及时梳理公司在职参军 48 人基本信息及其在马钢 1996—1999 年集中补缴社保期间、参军期间社保缴费情况，对涉及 26 人建账和补缴相关工作，正在进行规范处理。

4. 社保卡换发。完成集团公司在册职工第一批 35726 人省统一金融社保卡和使用手册的发放及相关功能激活。同时，对制卡失败人员情况进行梳理反馈、收集汇总上报，完成第二批 1412 名员工省统一社保卡换发及激活。截至 2019 年 9 月，经市人社局信息中心确认，除少数员工因特殊原因须自行办卡，其余员工已全部完成新卡换发。经与市人社局相关部门对接，协助开展马钢与市保险系统员工参保基本信息及缴费情况比对确认。

5. 基数调整。按照省市规定，调整 2019 年 5—6 月社会保险和年金基数上下限。从 2019 年 8 月起，以 2018 年度全口径社会平均工资为依据分别调整职工个人社会保险缴费基数上下限，同时与市社保系统基数调整结果进行核对。2019 年度人均缴费基数由 2018 年度的 6439 元增至 7683 元。

6. 退养调资。按照公司规定，结合 2019 年省市调整企业退休人员基本养老金精神，完成各单位 146 人退养工资增发审批工作。

【年金事务】 1. 年金管理。参加集团人力资源部与年金新受托人国寿就年金法人受托运行以来有关支付、数据核对、查询等事项对接，规范年金领取需要提供材料的有关事宜，参加年金受托人国寿举办的企业年金投资研讨会。

2. 年金征缴。按月审核 62 家单位（含 5 家合资单位）年金缴费，并及时与财务对账、汇总报于年金受托人。2019 年公司企业年金缴费共计 1.99 亿元，其中合资企业缴费 0.06 亿元。

3. 年金支付。按月汇总、传递员工年金支付、转移信息，登记台账，2019 年核对 2718 人企业年金支付、150 人转移相关信息。对受托人国寿退回的 66 人年金支付错误信息进行核对、反馈。

【政府奖补】 1. 失业保险返还。按照市人社局要求，及时进行马钢集团 2019 年度失业保险返还申报，梳理马钢集团 2018 年度受环保处罚单位涉及的 4377 人员基本信息及失业保险缴费情况。提交 2018 年度因受环保处罚企业失业保险参保缴费情况表、六家单位受环保处罚决定书以及失业保险返还企业确认书，8 月份市里将失业保险返还 1253.05 万元拨付到马钢集团账户。

2. 费率降低。失业保险费费率和工伤保险费费率分别继续降低 1% 和 0.65%，养老保险费费率自 2019 年 5 月起由 19% 降至 16%，预计集团全年少缴 11160 万元左右。

3. 去产能社保补贴。配合市人社局对 2018 年去产能脱困升级离岗安置 403 人档案进行审核、确认，上报马钢集团 2018 年去产能离岗退养人员的 2018 年度社保奖补及 2016—2018 年三年去产能离岗退养人员的 2019 年度社保补贴申请报告、相关审批表及花名册，补贴资金 300 万元左右，市里兑现 263 万元，余额部分明年一季度前抵扣单位社保缴费。2019 年上半年，市里将马钢集团 2017 年年底前去产能离岗退养人员的 2018 年度社保补贴资金 188.51 万元拨付到马钢集团账户。同时积极申报去产能转岗培训政府奖补资金，提交相关资料报经市人社局、财政局审核同意后，拨付奖补资金 48.9 万元。

4. 省级失业保险调剂金补助。配合集团人力资源部，经与市人社局多次沟通，上报《关于拨付马钢集团失业保险省级调剂金的申请》，争取省级失业保险调剂金补助 585 万元。

5. 失业保险稳岗返还。按照省市规定和要求，及时进行马钢股份有限公司失业保险稳岗返还申报，提交相关材料，相关程序已办完。经与市人社局沟通，2019 年 12 月，市人社局拨付股份公司失业保险稳岗返还 17188 万元。

【员工服务】 1. 退休审核。每月定期收集、归返、预审退休职工档案，报经市人社局审批。2019 年，经市人社局审批退休 1980 人，其中股份公司 1130 人。在市人社局支持下，协助热电总厂、特钢公司、长材事业部、炼焦总厂、炼铁总厂、重机公司等多家单位，对有关“一条（二）项”工种进行现场调研和梳理确认。落实了公司中层管理人员、高管、首席技师 SAPHR 系统办理退休数据录入相关事项。按月审核离退休中心和三个矿山离退休人员养老金统筹外项目发放。协助市人社局养老服务中心前往姑山矿协调有关离退休人员信息采集事宜。

2. 政策办理。严格按照公司有关规定办理相关手续,2019 年共办理协商解除合同 5492 人,其中股份公司 3483 人。对办理人数较多的单位,积极主动深入基层服务,相继前往长材事业部、冷轧总厂、四钢轧总厂、炼铁总厂、铁运公司、设备检修公司、重机公司等多家单位现场审核办理。针对 12 月份集团各单位要求办理协商解合手续的员工人数暴涨,统计预计人数,成立审核办理服务团队,制订工作安排表,按照地域和单位隶属关系设立集中办理地点。办理编外管理 32 人,其中股份 23 人。办理协议保留劳动关系 5 人,其中股份 3 人。2019 年办理劳动合同初次签订 3 人、续签和变更(含换签)1509 人手续。

3. 劳动能力鉴定。2019 年收集、申报市人社局因病、非因工市劳动能力鉴定 550 人材料,安排 533 人参加鉴定,取回鉴定结论 492 人,其中达到完全 369 人、大部分丧失劳动能力 49 人、无丧失 74 人。为让申报的病残员工尽快鉴定,多次协调市人社局,市劳动能力鉴定中心打破惯例,加快鉴定频次,较好解决病残员工申请办理协商解合后顾之忧。

4. 工伤待遇审核。审批 10 人老工伤职工一次性伤残补助金 123763 元、1 人工伤丧葬费补差 31966 元,审批 227 名工伤人员协商解除合同一次性就业补助金 12055131 元。加强业务协同,与财务共享中心联合下发《关于上报一次性伤残就业补助金支付办理关键用户的通知》,对工伤一次性待遇支付进行线上审核操作。

5. 人员流动办理。2019 年共办理集团各子公司内部及跨子公司 1731 人调动手续(含单位整体划拨)。办理 240 人入职(含合资企业)、91 人离职以及 39 人返岗手续,并及时做好公司 SAPHR 系统维护。

6. 政策解答。本着依法合规、让员工满意的原则,根据国家、公司有关政策,热情接待、解答职工有关退休待遇、年金支付以及工伤待遇等来信来访。在办理协商解合政策过程中,做好单位和员工政策咨询解释工作,梳理遇到疑难问题如本企业最低月工资标准、员工工作年限计算、作业长协商解合涉及相关政策规定等,及时报告公司并参加相关讨论,统一规范操作口径和规则。按照市国资委和集团人力资源部要求,整理、汇总公司教育机构涉及职教幼教退休人员基本情况,提供有关养老金待遇相关数据,做好幼教移交人员社保接续及社会保险费代缴清算等工作。协助离退休中心、信访办、集团人力资源部等部门,处理涉及职工出生年月、工龄、退休待遇及"一条(二)"工种认定等来信来访。

【信息交流和服务咨询】　1. 信息交流。每月及时完成市统计局、中钢协等上级年报,为公司相关部门定期或不定时提供各类报表和数据。同时积极参与集团 SAPHR 信息系统、财务共享信息化建设,开展多次系统操作业务培训,做好系统机构、兼职、人员信息等日常维护运行和相关业务信息处理。及时融入中国宝武人力资源管理体系,组织两次宝武报表专题培训,每月及时上报人事报表及有关数据。加强信息共享和业务交流,已编发 12 期《人力资源服务》和《人力资源信息》,累计 20 期。同时,通过各模块工作群,及时进行日常信息交流、业务沟通。完成了人力资源服务中心网站和微信公众号开发设计,初步具备上线条件。

2. 服务咨询。为扩大服务范围,做好合资企业人力资源咨询服务,先后赴长江钢铁、合肥板材、合肥加工中心、和菱实业、奥瑟亚、表面技术、嘉华建材、瑞泰马钢、欣创、粉冶等多家合资企业调研,了解企业需求,商讨服务方式和合作内容。同时,以党建带业务、以业务促党建,围绕"互上党课、制度探讨、业务融合、学习交流、主题实践"等 5 个方面,与马钢嘉华建材、欣创公司开展知识竞赛、主题征文、参观革命教育基地等多项支部结对共建活动。

【主题活动】　开展了以"聚焦人力资源服务、聚力服务价值创造"为主题的"人力资源服务年"专项活动,覆盖全集团多家单位 48 项服务事项,围绕重点工作,积极参与有关板块的人事效率提升、人力资源优化;围绕问题导向,积极为相关合资企业提供人力资源问题解决方案,"一企一策",提供优质高效精准服务;围绕能力提升,积极开展人力资源业务交流、信息共享、技能竞赛等活动。先后为总部机关、矿业资源集团、工程技术集团、废钢公司、招标公司、长江钢铁、欣创公司、罗河矿、一钢轧等多家单位,提供劳动用工、社保征缴、薪酬改善、职称评审、人员招聘、实习代培、人事档案、项目培训等多项业务办理和咨询服务。2019 年共收集、整理总部机关人事档案进档资料 925 份;提供档案资料 35 人次,协助机关办理档案转接 143 人次。

【综合服务】　围绕人才开发、培训招聘、技能竞赛、薪酬改善、社保年金、信息化服务等六个模块,与长江钢铁开展深化服务合作,联合举办了马钢合资企业人力资源管理论文评选,收集论文20多篇;组织了首届“长钢杯”马钢合资企业人力资源管理论坛,其中10家县域企业应邀出席,共130多人参会;与长江钢铁联合承办当涂县首届“长钢杯”职业技能竞赛,共有318名选手参加6个工种角逐,均取得良好效果。经过1年的综合服务实施,不仅有力提升了长江钢铁人力资源综合管理水平,也为中心后续人力资源服务提升、外部市场开拓积累了一定的经验。同时围绕人才培养、薪酬设计、用工管理等方面,启动了长钢第二轮人力资源综合服务项目。积极支撑矿业资源集团人事效率提升,参与实施了编制定员设计、新项目人员补充、机关人员招聘配置、新机构班子竞聘等6项矿业板块人力资源优化项目。2019年11月,为支持表面公司人力资源管理转型升级,启动了表面公司人力资源综合服务项目。

【团队建设】 为适应集团人力资源管控新要求,结合人力资源服务中心功能新定位,扎实开展“不忘初心,牢记使命”主题教育,加强基层党建,强化政治引领,积极加强业务培训和能力建设。选派人员参加各类论坛、年会、讲座,开展了4期学习培训分享会,挑选业务骨干走上每月大讲堂、流动大讲堂,组织了两次团队拓展训练,开展季度“服务之星”评选。加强与外部专业机构合作交流,先后与中国炼铁网、马鞍山红海、南京麦斯顿、徐州泽汇等建立了良好的战略合作、业务交流关系,进一步锤炼才干,提升素质。同时,创造有利条件,积极组织人员参加人力资源管理师、薪税师等任职资格考试,有4人通过国家薪税师资格考试,1名获得人力资源管理师资格。在2019年中国劳动学会大钢学组年会上,中心撰写的论文《让员工满意 让企业增值——马钢人力资源共享服务中心建设的实践与探索》被评为二等奖。同时,中心还取得了《人力资源服务许可证》,聘任了9名集团人力资源专业人士为人力资源服务咨询顾问,为今后市场化运营奠定了基础。

(孙 歆)

财务共享中心

【概况】 马钢集团财务共享中心成立于2018年4月,下设费用核算组、采购核算组、销售核算组、资金结算组、资产总账组、行政人事组、运营维护组、机关工作站、南区工作站、太白工作站、佳山工作站等11个专业组(站)。2019年末员工总数111人。

主要业务范围:70余家分子公司、二级单位的会计核算业务;监理公司、资产公司、招标公司、新闻中心、教培中心、迈特冶金、保卫部以及养老、年金手工代账业务;承担马钢股份销售公司、采购中心业务财务职能;归口管理安徽马钢创享财务咨询有限公司。

【业务运营】 1. 共享平台搭建推进。2019年1月费用共享上线;4月应收应付共享上线;6月资产总账共享上线;7月资金管理平台、财务公司电票直联上线;8月共享各专业模块3期上线单位基本完成,标志着马钢集团财务共享系统主体框架搭建完成,集团信息高速公路基本贯通,信息中心、数据中心职能初步具备。

2. 系统集成完成情况。SAPHR系统与共享平台集成,实现人员信息、审批流程、薪酬集中核算的系统直联;OA办公系统与共享平台集成,实现跨地域全天候移动办公与审批;SAP系统收货与发货数据与协同平台集成,实现销售自动开票及采购入库三单匹配等功能;财务公司九恒星系统与共享平台财企、电票直联,实现电子银行承兑汇票收付信息与应收应付单据自动匹配。

3. 统一公司会计制度。与集团公司各职能部门配合,在集团层面统一会计制度,在费用报销、资金支付、主数据管理方面逐步形成一系列制度文件,完成应付款项支付、应收款项、预付款项、财务主数据管理、财务用户权限管理、客商主数据管理、费用报销、差旅费报销等相关制度文件。

4. 前端业务系统建设。人力资源系统在一期上线的基础上完成社保、培训及核心人才管理等二期上线;销售物流结算系统CJK信息系统改造升级4月份正式上线;采购业务SAP、MRO合同端刚性支付条款改造2月份正式上线;客商主数据管理平台作为应收应付共享重要的基础系统,4月份正式上线;增值税发票管理系统升级,全集团70余家单位实现各类发票的智能化管理等;工程集团、矿业集团以及长江钢铁等分子公司陆续推进前端业务系统建设。

(金 花)

离退休职工中心

【老干部工作】 截至2019年12月31日,马钢离休干部170人,其中副厅级以上的有9人(含享受);退休干部610人。2019年,按照党的十九大报告中提出的“认真做好离退休干部工作”的总要求,认真贯彻中组部[2016]3号文件和省委[2016]51号文件精神,提升政治站位,把精益理念贯穿于离退休干部工作全过程,以“等不起、慢不得、坐不住”的责任感和紧迫感,精益服务老干部,全面落实离休干部的政治、生活待遇,做到生活上照顾、思想上沟通、精神上关怀,取得了公司党委放心、老干部满意的较好成效。全年提供老干部出车服务1100人次,行程5.2万千米,慰问异地老干部13人,看望住院离退休干部233人,精心安排老干部健康体检工作,组织开展新中国成立70周年“我和我的祖国”主题党日、参观工农业建设、外出考察等活动,召开“我看新中国成立70周年新成就”座谈会及马钢生产经营形势通报会,国庆节前为新中国成立前参加工作的老干部老同志送上中共中央、国务院、中央军委联合颁发的纪念章。

【退休(内退)职工服务管理】　截至2019年12月31日,马钢离退休职工共计38641人。离退休中心紧紧围绕离退休职工的“生老病死”,坚持以“情、礼、细、实”四字要求,认真做好服务管理工作,赢得了广大离退休职工的认可和信赖。2019年共接收新退休职工1647人,协助处理丧事739件;按时发放企业补充养老金及企业物补1.2亿元;大病救助3127人,200多万元;慰问特殊困难退休职工3315人,送去慰问金113万元;对272名劳模进行困难摸底,慰问困难劳模33人;办理发放住院补助1.4万人次;审核报销退休人员家属非职工居民医疗参保费3294人,36万余元;代办代发3.8万张二代医保卡;各活动室接待退休人员2万余人次;完成退休职工信息系统维护工作;协同市人社局对1018名身份及待遇有异议的退休职工进行信息核实;接待查档调阅资料3000余人次,协助配合退伍军人事务局调阅档案247件,解决退休人员的户籍迁移、身份信息核实、公证办理等提档需求。处理日常服务咨询以及涉及工伤待遇、养老金发放、困难补助、工龄、医保、廉租房办理等各类个性化问题的来电、来访、来信5万余人次,办理市长电话信访件20件,切实维护节日和“两会”期间的信访稳定工作。尤其是针对幼教退休人员的不同诉求问题,积极协助各级信访部门,多次分组上门入户,耐心细致地做群体信访的政策解答、思想疏导和稳控工作,及时协调化解矛盾,维护了公司大局稳定。

【基础管理】　建章立制推进体系建设。根据形势变化,对服务管理工作标准重新修订编印,制定发布了《老干部专用车辆管理办法》等9个综合体系文件,有力地推进了体系建设。针对巡察中发现的问题,从完善制度,加强管理入手,制定措施,立行立改;培训竞赛提升业务水平。根据日常服务内容,举办了PPT制作、应用文写作、档案管理、安全综治消防工作、片组长业务知识等17项技能培训,接受培训200余人次。开展车队“战高温、保安全,大干一百天”劳动竞赛,员工岗位技能进一步增强;综合整治助推现场管理。加强档案室、配电房、车库等重点部位及老年大学、各服务站活动室等人群密集场所的隐患排查和整改,安全火灾事故为零。大力开展环境专项整治行动,环境面貌得到了整体提升;民主管理突显工作实效。完善以职代会为基本形式的民主管理制度,推动了厂务公开各项制度落到实处。抓典型培育,选树表彰了季度“服务之星”和“学习之星”。抓提案落实,广泛征求在职职工、离退休职工意见和建议,安装了净水、监控设备,做到职工代表提案件件有着落,事事有回音。

【工作调研】　进一步学习贯彻落实习近平新时代中国特色社会主义思想和党的十九大精神,紧密联系中国宝武深化重组融合的整体安排部署以及马钢生产经营实际,扎实有效开展职工思想政治研究工作,撰写政研论文30余篇。持续开展“大走访、大调研”活动,了解掌握离退休职工困难情况及帮困诉求,加大走访慰问频次和帮扶救助力度。以创建王家山站“精神帮扶”创新工作室为抓手,以点带面,积极探索重病、高龄、失能、失独、空巢、独居、家庭困难等弱势群体在精神方面的帮扶需求。按时完成省委、市委老干部局开展的全省老干部调研、信息上报工作,信息采用96篇。广泛开展宣传报道工作,《马钢日报》、马钢电视台、马钢宣网发稿180余条,离退休中心网站推送发布各类稿件320余篇,同时,稳步推进社会化管理工作。宝武集团傅连春主席一行到马钢,在业务对接中针对退休人员社会化管理工作提出了指导意见。宝武集团退管委员会先后两次对马钢退休人员社会化管理工作进行了业务指导。离退休中心结合当前马钢退休人员服务管理现状,集中力量对退休人员和退休党员信息进一步核准,对各项管理政策进行了系统梳理,并赴多家单位进行专项调研,认真思考、积极谋划党组织关系对接、人事档案整理等前期准备工作,为按期完成公司退休职工的顺利移交,实现平稳过渡迈出坚实的步伐。

【老年文化生活】　“夕阳”文化尽展老年风采。针对离退休职工精神文化需求,重大节日组织大型活动,日常开展形式多样的小型文体活动。大力弘扬尊老、敬老、爱老中华传统美德,评选表彰了30名马钢“健康之星”和110名“优秀片组长”。老年大学坚持“正规办学,规范管理”的方针,开展老年教育工作,学员突破8000人次,充分展现了“老有所为”“老有所乐”的夕阳风采;“双庆”活动提振职工士气。围绕新中国成立70周年和离退休中心成立20周年,举办了“我和我的祖国”大合唱比赛、书画摄影集邮展、“双庆”活动成果发布暨文艺汇演以及“辉煌70年筑梦新时代”主题征文等系列活动,回顾光辉历程,展望美好未来。中心合唱团在庆祝新中国成立70周年“江南之花”全市老干部系统合唱比赛中以高规格、高水平、高质量的唱功,荣获“优秀演唱奖”。在公司羽毛球、乒乓球联赛中,离退休中心代表队同样取得优异成绩,获得道德风尚奖,男子羽毛球队冲甲成功,女子乒乓球蝉联团体冠军。关工委、新研会充分发挥出各自优势和作用,积极开展法制、禁毒、禁赌宣传教育和扶贫攻坚、济困助学等活动,办好《资讯动态》,编印《新四军诗词文选》,推出研究精品,加强对外宣传,为马钢的建设与发展,构建和谐社会做出了积极贡献。

【荣誉】 2019年,离退休中心荣获“全省老干部信息工作先进单位”“全市老干部工作优秀单位”“马钢治安综合治理工作先进单位”“马钢维护稳定工作先进单位”“公司保密工作先进单位”“公司档案管理优秀单位”“公司先进职工之家”等荣誉。

(彭新华)

教育培训中心

【概况】 马钢教育培训中心成立于2009年8月,以安徽冶金科技职业学院、安徽马钢技师学院的人员及资产为基础,保留原“安徽冶金科技职业学院”“安徽马钢技师学院”“马钢党校”“马钢高级技校”“马钢卫校”的牌子。中心的三大任务是:员工培训,高等、中等学历教育,管理研究和科研开发。马钢教育培训中心已成为冶金行业中高职学历教育基地、马钢工程技术人员继续教育基地、国家高技能人才培训基地、安徽省中高职教师企业实践基地(国家级)、安徽省创新方法推广应用基地。马钢教育培训中心荣获2019年第十五届中国企业培训创新成果金奖,被命名为“马鞍山市专利产品推广应用优秀企业”。

【培训工作】 2019年,共完成公司各类人员培训580个班次、27000人次,其中涵盖了经济管理类、技术业务类、安全培训及技能鉴定类等相关培训。完成马钢2019年第一期、第二期TRIZ创新方法理论与实践应用培训。成功举办马钢第三届创新方法大赛,共有21支代表队,56个创新项目,2017名选手参赛;并代表安徽省参加中国创新方法大赛,获2个二等奖、4个三等奖,彰显了马钢品牌的影响力。中心有经省人社厅批准的国家职业技能鉴定所,具有电、钳、车等92个通用工种的初、中、高级职业资格鉴定资质;还有冶金行业职业技能鉴定指导中心下属的冶金行业特有工种马钢职业技能鉴定站,具有高低压电工、轧钢、炼钢、炼铁等158个行业工种初、中、高级鉴定资质。

【产教融合】 2019年,中心依托马钢,深化产教融合,积极申报马钢集团产教融合型企业。4月,教育部向社会正式公布全国先期重点建设培育的24家产教融合型企业名单,马钢公司位列其中,为安徽省唯一入选企业,同时也是全国唯一入选的钢铁企业。

【党建工作】 深入学习贯彻习近平新时代中国特色社会主义思想、党的十九届四中全会精神,扎实开展“不忘初心,牢记使命”主题教育,深化巩固主题教育成果。组织开展党的十九届四中全会精神宣讲活动,推动中心学习宣传党的十九届四中全会精神。贯彻落实《中国共产党支部工作条例(试行)》,深化党支部标准化建设,对部分党支部进行了调整和重组,任期届满的党支部按期换届。开展“机制强化工程”“能力提升工程”和“先锋带动工程”,提升基层党组织建设质量。开展党支部品牌创建活动,推动党支部工作创新。持续开展“创先争优”活动,通过开展“党员示范岗”创建、党员承诺践诺、主题党日等活动,达到“四讲四有”标准,实现“四个合格”。1名科级管理人员经公司考核任命为主任助理,提拔科级管理人员5名,交流转岗7人次,科级管理人员改非5名,选拔建立一支后备干部队伍。全年共发展预备党员25名,6名预备党员按期转正。

【举办“马钢杯”第六届全国大学生物流大赛】 2019年4月19日至4月22日,“马钢杯”第六届全国大学生物流设计大赛决赛在安徽冶金科技职业学院成功举行。大赛为国家一类赛事,由马钢冠名,安徽冶金科技职业学院承办。90支代表队共600余名选手参加比赛,27名专家担任评委。本届大赛共评选出一等奖18名、二等奖33名、三等奖39名,最佳组织奖9名。安徽冶金科技职业学院荣获大赛特殊贡献奖。

【学历教育】 安徽冶金科技职业学院、安徽马钢技师学院、马钢卫校截至2019年12月底共有各类在校生3393人。学院设有33个专业,其中省级特色专业3个(冶金技术、材料成型与控制技术、数控技术),校级特色专业6个(电气自动化技术、冶金技术、材料成型与控制技术、旅游管理、数控技术和汽车检测与维修技术专业)。完善安徽冶金科技职业学院内部质量保证体系,持续推进“质量工程”建设,创新技能人才培养模式;以推进新型学徒制改革为契机,启动“企校双制、工学一体”的高级工、预备技师和技师班的招生及培养工作;以马钢技能大师工作室为基地,科学制定人才培养方案,打造具有现代气息和马钢特色的高技能人才。2019年完成安徽马钢技师学院首次办学水平评估。

【师资队伍】 截至2019年12月底,共有教职工(含领导)276人,校内专任教师152人,科干38人,高级职称103个,双师型教师中职101人、高职26人,博士1人、硕士学位的教师45人,“百骏”工程骨干教师75人,“双十”计划教学名师、主任培训师11人,享受技术技能津贴人员11人。根据中心“百骏”工程“双十”计划遴选和评选办法,2019年共评选出37名“百骏”工程骨干教师和8名“双十”计划教师。2019年中心技术技能津贴共评选三等4人,四等7人。2019年教师节学院为市级陈瑶技能大师工作室和毕兵技能大师工作室颁发铭牌。

【招生就业】 学院充分利用内外部两种资源,传统媒体与新媒体有机结合,增强招生宣传的实际效果。加强校际间的合作与交流,积极开展校企合作、订单办学,用就业来拉动招生。认真做好向矿区周边农村贫困家庭开展定向招生工作。深入贵州雷山县开展招生,推进技能扶贫工作深入开展。积极落实面向社会人员扩招,全力以赴做好招生工作。2019年累计招收各类学生2028人,比上年增加893人。就业指导中心为2019届毕业生提供了3151个就业岗位信息,举办了校园专场招聘19场次,本市企业小型双选会1场,有32家企业来校招聘,提供807个岗位信息。2019年共有26名学生申请了求职创业补贴。

【科研管理】 2019年安徽冶金科技职业学院申报并获批第十批安徽省博士后科研工作站,博士后科研工作站的设立,将为学院引进培养高层次人才、提高学院核心竞争力和科研教学能力起到积极作用。安徽冶金科技职业学院被命名安徽省“第二批校企合作示范基地”,安徽马钢技师学院申报并获批以轨道交通装备制造为主要建设方向的国家高技能人才培训建设项目,获500万元中央财政支持。

【校园文化】 坚持立德树人,推进精神文明创建活动。2019年教师节,学院发布了校徽、校训。

(王 丽)

新闻中心

【机构改革】 根据集团公司党委部署安排,新闻中心于2019年10月8日启动了新闻业务及机构改革和人力资源优化工作,经过方案设计、摸底调研、人员安置三个阶段,至11月30日,机构、人员全部调整到位,人员有序转岗安置,各项工作运转正常。业务调整方面:将马钢有线电视所有自办节目全部停播,《马钢》杂志(季刊)停刊,《马钢日报》从原每周5期调整为每周3期;马钢外网、马钢宣网、马钢家园微信公众号保留,同时进一步强化创新,加快媒体融合步伐,加强宣传阵地建设。通过业务调整,进一步明确新闻中心职能定位,专注于新闻宣传核心业务,打造多层次、立体化的马钢融媒体平台。

【主要指标】 《马钢日报》2019年1—9月为周五刊,因机构改革,10—12月份为周三刊,全年出版期数224期。2019年,马钢有线电视共发稿188期。冶金报记者站2019年省级以上报刊见报142篇,其中头版头条8篇,各版头条45篇,荣获全国冶金行业优秀记者站,自1995年以来连续25年保持这一殊荣。通讯《打赢了一场漂亮的“洋官司”》获安徽新闻奖一等奖,微信《致敬!马钢功勋炉“光荣退休”》获安徽新闻奖一等奖、冶金记协好新闻一等奖,通讯《马钢三年化解过剩产能系列报道》获冶金记协好新闻一等奖,消息《马钢高速车轮率先驶出国门进德铁》获安徽新闻奖二等奖、冶金记协好新闻一等奖、中国企业新闻奖二等奖,消息《马钢材精彩亮相港珠澳大桥》获中国企业新闻奖一等奖。

【新闻宣传】 一是平台建设亮点频现。报纸改版焕然一新,从1月2日、新年第一张报纸开始,按照“报纸板块化,板块栏目化,栏目精品化”的新思路,对报纸进行全面改版。随后,在公司党委的支持下,版面实现了全部彩印。根据公司要求,协同党委工作部、飞马智科公司对标宝武网站,对马钢内外网站重新梳理,调整栏目内容,优化网站页面,得到公司上下的好评。二是重点宣传浓墨重彩。聚焦变革突破、聚力价值创造,推出的《2019,奋力奔跑 再创辉煌》《责任书就是军令状 抢市场更要精气神》等重点报道,在公司上下引起强烈反响。围绕新中国成立70周年,在报纸头版开设"壮丽70年 奋斗新时代"专栏,刊发六十多篇重点报道,展现马钢人产业报国、钢铁强国的初心和使命,生动反映马钢成立以来,特别是近年来取得的历史性变革和成就。配合做好中国宝武与马钢集团整合融合的宣传工作,在重组协议签署消息刊发的当天,推出《携手打造"全球钢铁业引领者"》社论,发挥了良好的舆论引导作用。随后,加强中国宝武企业文化理念的宣传,助推整合融合化合。认真做好"不忘初心,牢记使命"主题教育宣传,刊发社论、动态消息、理论文章,强化典型经验和先进人物宣传,确保了主题教育宣传的针对性、实效性,增强了亲和力、感染力。三是媒体融合步伐加快。整合宣传平台和内部资源,促进报纸、视频、网站、微信公众号联手联动。构建具有马钢特色的"报电网端微"高度融合的全媒体舆论传播矩阵,探索出"一次采集、多元生成、综合报道"的运作模式。微信公众号依托《马钢日报》、马钢电视等媒体资源,加快观念转变,深化媒介融合理念。在网页设计、图文制作、内容安排等方面做足文章,彰显马钢气质,增强竞争力。

【企业管理】 一是新闻创优成果丰硕。围绕融入中国宝武、机关机构改革、品牌建设、打造本质安全环保型企业、精益工厂建设等公司重点工作,推出了一批有思想、有温度、有品质的新闻作品,有20多件作品获得省部级及以上新闻奖,传递了马钢好声音,凝聚了发展正能量。其中,在安徽新闻奖评选中,斩获两个一等奖、两个二等奖;消息、通信、微信、版面、言论等各种体裁作品在中国企业新闻奖、冶金记协好新闻奖等各类奖项中全面开花,部分优秀作品还获得中国新闻奖提名。二是人才培养有序推进。一对一帮助新入职大学生尽快适应本职工作,抓好传帮带,定期组织新入职员工赴一线采写拍摄新闻作品。采取请进来、走出去,每周对基层宣传骨干、中心宣传工作者进行专题培训,选派优秀职工赴外地参加专项培训,提高业务素养。完善考核机制,向一线倾斜,鼓励原创,进一步提升从业人员的积极性和创造性。三是专业管理迈上了新平台。以做好巡视、巡察反馈问题整改为契机,全面强化中心各项管理。对中心采编人员考核制度进行了重新修订完善,激发了采编人员多写稿、写好稿的积极性、主动性、创造性;出台外宣管理办法,从源头上把好新闻宣传审核关;对报纸、电视、新媒采编流程进行梳理完善,层层把关堵漏洞,防止差错铸精品;对中心各类管理制度逐条进行修订,制定下发管理汇编,切实做好执行落实,确保制度管理、流程管事。

(江 霞)

保卫部(武装部)

【基本情况】 2019年,保卫部坚持以习近平新时代中国特色社会主义思想为指导,全面贯彻落实中国宝武与马钢联合重组战略部署,以新担当新作为推动保卫工作高质量发展,为公司稳产顺行和大局稳定提供了有力保障。保卫部荣获马钢集团"先进基层纪检组织""管理创新先进单位""模范职工之家"荣誉称号,两名职工分获中国宝武"优秀员工"和"银牛奖"。

【扫黑除恶专项斗争】 坚持高站位、早行动、严部署,将扫黑除恶专项斗争作为一项重大政治任务,摆到工作全局突出位置,全面压实政治责任。公司成立了扫黑除恶领导小组,魏书记担任组长,制定了《马钢集团公司扫黑除恶专项斗争工作实施方案》。广泛宣传,深入开展涉黑涉恶线索摸排。共设立线索举报箱6个、张贴公告500张、印发宣传单1500份、张贴宣传海报300张。移送涉黑涉恶线索4条,配合公安机关破获相关案件2起。

【维稳工作】 加强形势研判和风险监控,开展公司内部矛盾纠纷集中排查化解工作,加大重点关注群体的动态管控力度,积极化解不安定因素,稳妥处理各类涉稳事件。完成了省委巡视马钢、公司重组以及国庆70周年活动期间的维稳安保工作任务,确保了马钢政治治安大局稳定。全年共收集各类情况信息22条,上报市委政法委重要信息2条;协助相关部门处置上访事件189起(其中群访16起)、涉稳事件15起。

【反恐工作】 以实现"三个确保",坚守"五零"目标为工作主线,突出整体谋划,坚持源头治理,加强反恐重要部位管理和检查监督,进一步夯实公司反恐工作基础。召开了马钢2019年反恐怖工作专题会,先后开展了"全民反恐,共筑平安"为主题的反恐普法宣传月活动、"2019年马钢突发事件暨反恐实战演练"。全年共对公司3家市级反恐重点目标单位、16家治安保卫重要部位开展专项检查、抽查共5次,日常巡查2000余次,共查出问题11起,均得到整改,确保了反恐重点目标及重要部位的治安稳定。

【综治工作】　召开了综治全委会会议,与17家综治委成员单位、49家二级单位签订了《2019年度综治工作(平安建设)目标管理责任书》,下发了综治、普法、禁毒三个工作要点。加强综治督查考核,对影响厂区稳定和治安安定的各类治安问题和治安隐患进行督查,指导发案单位加强群防群治网络建设,督促落实整改。全年共下发《治安隐患整改通知书》3份,提出整改建议10条;《职工(外协)违规违法通报》2份,涉及用工单位2家;考核单位1家;对5名违纪违法职工督促相关单位作出处理。

【普法禁毒工作】　做好"七五"普法的法治宣传教育工作,开展"法律进企业"活动,把"送法到基层"活动落到实处,累计为基层单位授课10余场次。强化禁种铲毒工作。巩固扩大"零种植"、确保"零产量"的工作目标,深入开展"天目-19"铲毒行动。会同楚江禁毒大队铲除罂粟33株。做好公司易制毒化学品管控工作。对18家生产、销售、运输、使用易制毒化学品的单位进行规范管理检查。

【治安巡防工作】　加大动态防控力度,以"抓现行、控发案、护稳定、塑形象"为目标,发挥专业巡防优势,利用携犬徒步、机动车定点、警灯闪烁三种巡逻模式,高密度、多频次、广点位开展巡防工作,以"大巡防"保障"大平安"。全年共受理各类报警电话52起;开展治安巡防3万余趟次。抓获违法违规人员3505人次,移交公安机关960人次(其中75人被采取刑事强制措施、136人行政拘留、3人行政罚款、746人教育放行),缴获各类物资143.56吨。

【重点工程安保工作】　持续推进重点工程治安打防管控一体化模式,强化治安要素管控,狠抓现场治安管理,落实巡防、守卫以及交通管制等工作措施,为重点工程项目建设提供优质服务保障。全年共参加各类工程例会及协调会87次;开展重点工程专项检查24次,查处各类治安隐患25起,现场均进行整改;审核外来劳务人员2850人次。完成南北区氧气联通管道改造及相关系统检修等煤气作业封道管控64起。全年重点工程、大中修现场以及关停产线未发生一起影响到工程建设的重大案件。

【案件侦破工作】　以深挖隐案积案,快侦快破大案要案为主线,通过加强案件经营和可诉证据的收集固定,构建最小作战单元,持续深化公保联动、专案攻坚等有效机制,提升侦办质量,形成破案合力。先后破获"1·22"团伙盗窃废钢公司废钢案、"6·11"利用合同侵占公司物资案、"6·12"团伙盗窃长材事业部H型钢分厂废钢案、"8·25"铁运公司江口村铁道维修备件哄抢案、等系列案件,打掉10个犯罪团伙,有力震慑了各类违法犯罪。

【门禁管理工作】　持续推进门禁规范化建设,不断提升门禁执勤标准和管理水平,有效遏制资源流失。加强门禁疏导,保障职工出行和物流畅通。先后完成天门大道、新三台路、钢轧东路沿线近5000米围墙的改造,成功封闭了余坳通道,配合相关部门组织实施了门禁监控系统的升级改造。全年门禁查验车辆800余万辆次,收取物资"三单"81.82万张,查获违法违规人员2962人次、违规车辆2365车次。

【交通安全管理工作】　加强路面疏导,积极开展厂区道路夜间"警灯闪烁"巡逻工作,确保了重点工程周边道路以及施工改道期间厂区交通顺畅。常态化开展整治行动,着力解决影响交通安全的突出问题,减少了厂区道路事故隐患。全年,在厂区各路段共查验各类交通违章车辆9000余辆次;办理占道施工证500起、"超长、超宽"运输许可证987起;担任临时交通管控勤务52次,共出动警力287人次。厂区共发生简易事故586起、伤人1起,无死亡事故,与上年相比,主要指标显著下降。

【武装工作】　积极开展拥军优属工作,春节前夕共走访慰问生活困难军人、伤残军人、烈军属家庭100余户,送去慰问品和慰问款共10余万元。完成马钢民兵整组工作任务,组建基干民兵556人,其中应急力量160人、专业力量396人。完成民兵潜力数据录入、预编人员体检和政治考核以及连、排预建党支部、党小组工作。与军分区、公安机关协调,完成了高射机枪移交以及武器库遗留弹药的销毁工作。

【防汛工作】　周密部署防汛工作,做好矿山尾矿库安全检查、排涝设备检查、市级防汛物资购储、防汛任务调整认领等汛前准备。汛期开展了24小时昼夜值班,组织巡堤查险,完成防汛Ⅳ级应急响应,有力保证了马钢防汛工作的落实。

【人民防空工作】　加强人防工程开发利用和日常管理,对5家有人防工程的单位和12家租赁户实施有效管控。关注人防工程进度和质量,按期完成人防工程的维护和改造。开展马钢易受军事打击目标调研工作,及时上报信息。完成了马钢人防三个专业队伍160人的整组工作。做好马钢24台防空救灾警报器的更新维护工作,圆满完成了防空警报试鸣任务。

【党群工作】　深入开展"不忘初心,牢记使命"主题教育,不断巩固深化主题教育成果。做好省委巡视马钢、公司党委巡察保卫部相关工作,落实巡视巡察反馈问题整改。以基层党组织标准化建设为支撑,以提升组织力为重点,全面实施党支部建设提升行动。落实党风建设和反腐倡廉工作,扎实开展“严规矩 强监督 转作风”集中整治形式主义官僚主义专项行动以及“三个以案”警示教育。深入推进企业民主管理,切实维护员工合法权益,积极开展全员岗位技能竞赛、合理化建议和职工微创新活动。

(吴 雄)

资产经营公司

【主要经营指标】 2019 年,实现营业收入 1.50 亿元,其中:土地转让收入 6511 万元,房产租金收入 5621 万元,土地租金收入 2647 万元,外转供水、供电收入 183 万元;实现考核利润 7038 万元,超考核目标 513 万元。全年重大安全伤亡、设备、火灾事故为零,治安综合治理、人口与计生工作达到集团考核目标。

【资产经营】 1. 完成深圳湖贝路房产安置补偿。原马钢驻深圳办事处房产位于深圳市罗湖区湖贝路 1075 号人民大厦共三套,总建筑面积 358.5 平方米。2018 年年底被深圳市政府列为城市更新项目,由深圳华润置地负责拆除改造。经与华润沟通,认真筹划并报经集团公司批准,选择了就地回迁方案进行处置。具体内容:按拆迁面积 1∶1,以原址、就近回迁为原则补偿永久性办公物业;申请获得签约奖励金和交房奖励金共计 5 万元,拆迁过渡期每月收取安置金 2.804 万元。全年累计获得征迁单位支付的交楼奖励金和临时安置补助费 27.14 万元。

2. 处置股份公司关停产线等资产。指导股份公司在完成关停产线的资产评估及内审公示后,委托招标公司将关停产线资产分 9 个标段在省产权交易中心挂牌交易,已有 4 个标段总挂牌价约 5000 万元资产被摘牌。此外,指导完成了工程技术集团转让股份公司部分地块,废钢公司六台闲置设备对外转让,耐火公司、和菱包装公司报废资产处置等资产处置项目。

3. 处置股份公司常州润和抵债房产。按照《资产转让管理办法》规定,配合股份公司做好常州润和房产处置工作,已形成调研报告并已提交集团公司领导碰头会、总经理办公会讨论通过。

4. 做好土地、房产租赁经营。2019 年,全年收缴土地租金 2253 万元;新签房产租赁合同 11 份、续签租赁合同 48 份,收缴房屋租金 4703 万元,其中本地资产 4047 万元,外地资产 656 万元;通过法律仲裁、三方抹账等形式,积极做好超信用应收账款统计和催款工作,超信用应收账款 550.88 万元已全部收回;加强经营性资产用电管理,全年收缴外转供电费用 180 万元,外转供电盈利 112 万元。

5. 推动改制企业税费返还工作。提请市政府请求返还马钢企业改制所涉土地与房产有关税费,完成马建集团、力生公司、康泰公司、钢晨实业改制企业税费返还 3756.72 万元。

【资产管理】 1. 强化安全和消防管理工作。做好经营性、非经营性和托管资产的日常安全和消防管理工作;全面承接马钢办公楼消防安全管理。

2. 加强托管资产管理。与康泰公司、力生公司每年签订《资产委托管理协议》,制定《康泰公司托管资产经营和管理考核办法》,定期跟踪检查和评价考核。改善马钢人才公寓内外部环境,组织单身大学生职工开展文体活动,为新进职工提供良好生活条件。

3. 加强土地权属管理。完成马建公司改制土地、江边防汛指挥部征迁土地、工程技术集团西村基地等多种地块的账务核减核销工作;办理钢构公司、CCPP 项目用地、重型 H 型钢、重机公司、矿业集团、马钢党校及一厂区剩余地块等多宗土地的评估、分割、转让和权证重新登记工作;完成马钢幼教系统的 11 所幼儿园区资产移交工作;积极配合市区政府做好土地征迁安置工作,完成雨山区 D 级危房除险搬迁安置、马钢路桥公司大院、马钢 217 号、218 号中转楼拆迁安置工作;分别收回湖北西路“平改立”项目土地补偿款 44.63 万元,马钢江边防汛指挥部征迁补偿款 111.95 万元以及恒兴路土地征迁补偿款 19.29 万元。

【工程管理】 加强工程建设确保资产安全使用。2019 年共实施 105 项工程项目,包含人防工程 5 项,维修工程 83 项,固定资产投资工程 5 项,结转工程 12 项。各项工程进展顺利,都已完工并交付使用;负责组织实施集团公司下达的重点维修改造项目,包括马钢技校 2 号楼维修改造及区域配套工程、马钢人才公寓 5 号、6 号楼维修改造,上海裕安大厦马钢办公用房维修改造,马钢档案馆(南区)维修改造、公司纪委纪律审查标准化谈话室建设工程等。

【处理历史遗留问题】 清理出账实不符土地资产 38 项;盘点核查 102 个家属小区未出售职工住房并核销长期挂账,为公司增加效益或降本合计约 7000 万元。

【"三供一业"专项工作】 "三供一业"分离移交涉及服务对象110735户,改造总费用约8亿元,马钢承担3.7亿元。2019年年底已经完成"三供一业"分离移交和改造工作,马钢职工家属区供电、供水、供气分别移交给国网电力公司、首创水务和港华燃气进行专业运营管理,物业管理移交给属地政府。三供一业移交后,集团公司每年可节约相关费用约9000万元。

【党建工作】 1. 不断强化党员队伍素质。结合庆祝中华人民共和国成立70周年系列活动,举办各类党建理论、廉政教育,学习观摩活动11场次,培训人员近160人次,年度全员培训率达到100%;组织党员赴西梁山革命烈士陵园红色革命教育基地重温入党誓词;积极开展送温暖活动,全年为16人次职工发放困难补助7500余元。

2. 高度重视整改工作,根据马钢集团公司党委主题教育工作要求,向全体党员干部传达问题清单,要求全体党员干部聚焦11个方面和专项整治查摆自身存在的问题,已立行立改问题12个,正在推进整改2个。同时对存在的问题分成长期、短期两类,真正让问题见底清零,建立长效机制,确保问题不反弹、不回潮。

(张　宣)

集团公司分子公司

马鞍山钢铁股份有限公司

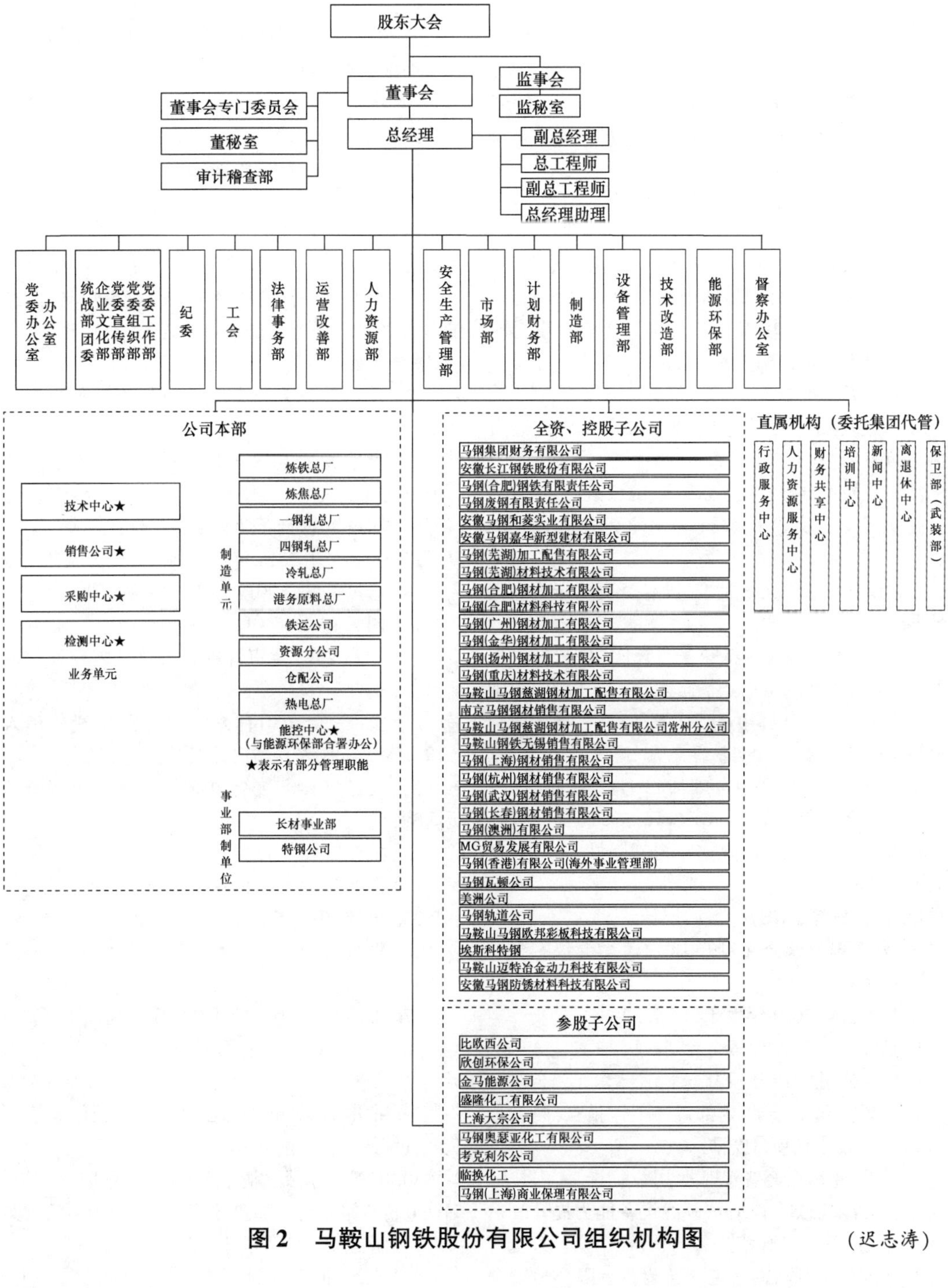

图2 马鞍山钢铁股份有限公司组织机构图

(迟志涛)

董事会

【股东大会】 2019年,公司召开一次股东大会,即2018年度股东周年大会。会议于2019年6月12日,在安徽省马鞍山市九华西路8号马钢办公楼以现场方式召开。会议议题是:

1. 审议及批准董事会2018年度工作报告;
2. 审议及批准监事会2018年度工作报告;
3. 审议及批准2018年度经审计财务报告;
4. 审议及批准聘任安永华明会计师事务所(特殊普通合伙)为公司2019年度审计师并授权董事会在2018年基础上决定其酬金的方案;
5. 审议及批准2018年度利润分配方案;
6. 审议及批准公司董事、监事及高级管理人员2018年度薪酬;
7. 审议及批准修订《公司章程》的议案。

此外,会议还听取了公司独立董事2018年度述职报告。

上述议题均获得大会批准,没有否决或修改提案的情况。

大华会计师事务所(特殊普通合伙)沈骏俊先生被委任为该次股东大会的点票监察员。公司境内律师北京市中伦(上海)律师事务所王凡律师、王贝宁律师出席该次股东大会,并出具法律意见书。

上述内容刊登在2019年6月13日《上海证券报》及上海证券交易所网站(http://www.sse.com.cn)、香港联合交易所有限公司网站(http://www.hkex.com.hk)上。

【董事会日常工作】

一、2019年董事会共召开10次董事会议。会议的主要内容是:

1. 批准公司2019年生产经营计划;
2. 批准公司2019年资金计划;
3. 批准公司2019年投资方案;
4. 批准公司2018年内部审计工作报告,同意公司2019年内部审计项目安排;
5. 批准《董事会经费管理办法》;
6. 批准冷轧总厂1720酸轧线设备能力提升改造工程项目立项及投资概算;
7. 批准公司对马钢轨道交通装备有限公司增资4000万元,用于新建轮对解体清洗项目,授权董事长处理轨交公司章程的修订及其他相关工作;
8. 批准轨交公司新建轮对解体清洗项目立项及投资概算;
9. 关于马鞍山马钢废钢有限责任公司等三家子公司委派董事、监事人员的议案;
10. 批准马钢集团财务有限公司2019年度理财产品投资业务经营计划;
11. 听取钱海帆总经理关于公司2018年生产经营情况的汇报;
12. 听取安管部关于公司2018年安全生产工作情况及2019年主要工作计划的汇报;
13. 学习《公司章程》及董事会议事规则、总经理工作细则,以及香港联交所新修订的《企业管治守则》《董事会及董事指引》;
14. 批准关于公司组织机构及相关职能调整的议案;
15. 批准关于2018年四季度存货跌价准备及坏账准备变动的议案;
16. 通过2018年经审计财务报告;
17. 同意关于2018年末期利润分配方案的建议;
18. 通过董事会2018年工作报告;
19. 同意2018年关联交易;
20. 同意2018年审计师酬金及续聘会计师事务所事项;
21. 批准关于公司有关执行董事、高级管理人员2018年经营业绩考核情况的议案;
22. 通过2018年度公司董事、监事及高级管理人员薪酬;
23. 批准2018年度报告及摘要;
24. 批准2018年度内控评价报告;
25. 批准2018年度社会责任报告;
26. 批准2018年运营改善情况及2019年工作方案;
27. 批准2019年精准扶贫工作计划;
28. 批准2019年公司领导班子经营业绩评价标准;
29. 批准2019年公司各单位组织绩效及经营团队经营绩效考核分配方案;
30. 批准关于成立清华大学(材料学院)—马鞍山钢铁股份有限公司铁基新材料联合研究中心的议案;
31. 通过公司章程修改方案;
32. 批准2018年期货套保工作总结与2019年

计划；

33. 批准关于钢渣公司相关资产及租赁费用的处置建议；

34. 通过瓦顿公司2018年情况汇报及改善计划；

35. 批准关于调整化工能源公司委派董事、监事人员的议案；

36. 批准关于马钢（广州）钢材加工中心股权重组的议案；

37. 学习安徽证监局叶锦伟局长在安徽上市公司协会第五届二次会员大会上的讲话；

38. 听取审核委员会对会计师年度审计工作的总结报告；

39. 听取总经理钱海帆关于2018年生产经营报告及2019年计划的汇报；

40. 听取运营改善部关于2018年内控情况的汇报、2018年战略执行情况评估报告；

41. 听取监察审计部关于2018年度反舞弊工作情况的汇报、2018年风险监督评价报告；

42. 听取战略发展委员会、审核委员会、提名委员会、薪酬委员会2018年履职情况报告；

43. 听取计财部关于公司2018年金融衍生品套期保值业务风险管理的报告；

44. 听取财务公司关于与集团公司2018年信贷资产风险评估的报告；

45. 批准2019年一季度未经审计财务报告；

46. 批准公司2019年一季度报告；

47. 批准公司2018年年度股东大会议程；

48. 批准关于调整马钢集团财务有限公司2019年度理财产品投资业务经营计划的议案；

49. 批准公司按现持股比例对参股子公司马钢（上海）商业保理有限公司进行现金增资；

50. 批准成立独立董事委员会，对公司相关关联交易进行审核，并根据独立财务顾问的意见，就相关关联交易协议是否符合本公司及其股东的整体利益，向独立股东在股东大会上的投票提出建议；

51. 聘请中信证券股份有限公司为财务顾问，聘请香港新百利有限公司为独立财务顾问，聘请上海德勤税务师事务所为专项顾问，聘请北京市中伦（上海）律师事务所为境内法律顾问，聘请赵凯珊律师行为境外法律顾问，协助公司完成相关关联交易工作；

52. 批准冷轧总厂1号镀锌线设备能力提升改造工程项目立项及投资概算；

53. 批准港务原料总厂供二铁原料通廊安全和环保综合治理技术改造工程项目立项及投资概算；

54. 批准一钢轧总厂转炉三次除尘系统工程项目投资概算及工期调整的议案；

55. 批准重型H型钢轧钢生产线项目投资概算及工期调整的议案；

56. 批准关于马钢（武汉）材料技术有限公司工程建设的议案；

57. 批准安徽长江钢铁股份有限公司产能减量置换技改项目140吨电炉工程项目立项及投资概算；

58. 批准安徽长江钢铁股份有限公司综合料场环保提升改造项目立项及投资概算；

59. 批准对马鞍山马钢慈湖加工配售有限公司等十三家子公司委派人员进行调整的议案；

60. 听取计财部关于公司2018年重点项目执行情况、2019年一季度关联交易情况的汇报；

61. 听取运改部关于公司2019年一季度内控情况、2019年一季度运营情况的汇报；

62. 听取瓦顿公司2019年一季度情况汇报；

63. 批准公司与马钢（集团）控股有限公司以现金的方式，按现有持股比例对马鞍山马钢废钢有限责任公司增资；

64. 批准公司与安徽宏飞新能源科技有限公司、马钢集团控股子公司飞马智科信息技术股份有限公司共同投资设立马钢宏飞电力能源有限公司；

65. 批准关于调整子公司部分委派人员的议案；

66. 听取人力资源部关于公司人力资源优化情况的汇报；

67. 听取计财部关于公司1—5月份生产经营成果的汇报；

68. 听取技改部关于公司“十三五”重点基建技改工程实施进展情况的汇报；

69. 听取安管部关于公司安全生产工作情况的汇报；

70. 批准关于购买CCPP项目建设用地及相关资产的议案；

71. 批准关于购买重型H型钢工程用地的议案；

72. 批准关于马鞍山马钢欧邦彩板科技有限公司解散清算的议案；

73. 批准公司与宝钢香港投资有限公司发布联合公告；

74. 批准成立由独立非执行董事张春霞、朱少芳、王先柱及非执行董事任天宝组成的董事会独立委员会，以就本次H股要约是否公平合理及是否接纳要约向相关股东提供意见并处理任何其他《守则》下应由独立委员会处理之一切事宜；

75. 授权公司董事长丁毅先生批准、制定、修改与本次H股要约收购相关的文件，包括(但不限于)公告、综合文件，及聘任相关中介机构并签署相关协议；

76. 学习中国证监会主席易会满在中国上市公司协会2019年年会上的讲话；

77. 批准关于2019年中期存货跌价准备变动、坏账准备变动、长期股权投资减值计提的议案；

78. 批准关于会计政策变更的议案；

79. 批准公司2019年未经审计半年度财务报告、半年度报告全文及摘要；

80. 批准关于对中板生产线等已关停资产挂牌交易及后续相关事项的议案；

81. 批准炼铁总厂南区3号烧结机烟气脱硝及超低排放工程项目立项及投资概算；

82. 批准马钢南区新建CCPP公辅燃气、热力配套工程项目立项及投资概算；

83. 批准安徽长江钢铁股份有限公司60万吨/年钢渣处理项目立项及投资概算；

84. 批准长江钢铁1号6000立方米/小时制氧机组技术改造项目立项及投资概算；

85. 批准关于购买焦炉工程建设用地情况的议案；

86. 批准关于购买重型H型钢项目24.66亩建设用地的议案；

87. 批准关于购买高端汽车零部件棒线材深加工项目建设用地的议案；

88. 批准长钢股份投资参股马钢利华金属资源有限公司；

89. 批准放弃马钢(芜湖)材料技术有限公司股东方出让股权的优先购买权；

90. 批准关于马钢防锈材料科技有限公司解散清算的议案；

91. 听取钱海帆总经理关于公司2019年上半年生产经营情况的汇报；

92. 听取伏明副总经理关于公司2019年上半年安全生产工作情况的汇报；

93. 听取计财部关于公司2019年上半年关联交易情况的汇报；

94. 听取运改部关于公司2019年上半年内控情况的汇报；

95. 听取市场部关于公司2019年上半年期货套期保值工作情况的汇报；

96. 听取瓦顿公司关于其2019年上半年情况的汇报；

97. 学习上海证券交易所2019年上半年上市公司信息披露违规处理情况通报；

98. 批准公司与中国宝武钢铁集团有限公司签署《日常关联交易协议》；

99. 批准公司控股子公司马钢(合肥)钢铁有限责任公司投资不超过2亿元，公开摘牌认购飞马智科信息技术股份有限公司在安徽省产权交易中心公开挂牌的部分增发股票；

100. 批准公司2019年三季度未经审计财务报告；

101. 批准公司2019年三季度报告；

102. 批准公司以分公司马鞍山钢铁股份有限公司车轮公司资产对全资子公司马钢轨道交通装备有限公司(下称轨交公司)进行增资；

103. 批准公司将与马钢车轮、箍环相关商标权与部分检测设备出售给轨交公司，交易价格以评估价值为准；

104. 批准终止公司与公司控股股东马钢(集团)控股有限公司控股子公司飞马智科信息技术股份有限公司关于马鞍山马钢考克利尔国际培训中心有限公司股权的交易；

105. 批准马钢考克利尔解散清算；

106. 批准马钢220KV输变电工程-CCPP公辅电力配套工程项目立项及投资概算；

107. 批准长材系列升级改造工程公辅配套项目调整投资控制和工期目标；

108. 批准炼焦总厂南区新增干熄焦环境除尘设施工程项目立项及投资概算；

109. 批准安徽长江钢铁股份有限公司生产指挥中心迁建工程项目立项及投资概算；

110. 批准安徽长江钢铁股份有限公司烧结机脱硫脱硝系统工程项目立项及投资概算；

111. 批准安徽长江钢铁股份有限公司新建220KV电炉变电所项目立项及投资概算；

112. 批准轨道交通装备公司箍环系统改造项目立项及投资概算；

113. 批准轨道交通装备公司新增2台数控机床项目立项及投资概算；

114. 批准关于调整子公司部分委派人员的议案；

115. 听取计财部关于公司2019年三季度关联交易情况的汇报；

116. 听取运改部关于公司2019年三季度内控情况的汇报；

117. 听取瓦顿公司关于其2019年三季度情况的汇报；

118. 批准公司与中国宝武钢铁集团有限公司签署2020年《日常关联交易协议》；

119. 批准关于2019年度资产报废处置的议案；

120. 批准关于马钢轨道交通装备有限公司章程修订的议案，该公司名称变更为宝武集团马钢轨道交通材料科技有限公司；

121. 批准关于增加宝武集团马钢轨道交通材料科技有限公司委派董事的议案；

122. 同意公司董事、总经理钱海帆先生因工作变动辞去公司总经理职务，钱先生辞去总经理职务以后，继续担任公司董事；

123. 聘任王强民先生为公司总经理；

124. 增选并提名王强民先生为公司第九届董事会董事候选人，并提交公司股东大会审议；

125. 同意公司副总经理陆克从先生因工作变动辞去公司副总经理职务；

126. 批准公司2020年第一次临时股东大会议程。

二、2019年董事会专门委员会工作情况

（一）战略发展委员会

战略发展委员会共召开4次会议，会议主要内容是：

1. 同意2018年度战略执行情况评估报告，并同意提交董事会审议；

2. 同意2018年运营改善情况及2019年工作方案，并同意提交董事会审议；

3. 批准董事会战略发展委员会2018年履职情况报告；

4. 听取钱海帆总经理关于2019年生产经营工作的思路；

5. 听取技改部关于2019年公司重点工程情况的汇报；

6. 听取人力资源部关于公司人力资源优化工作的汇报；

7. 同意关于马钢（武汉）材料技术有限公司工程建设的议案，并同意提交董事会审议；

8. 同意冷轧总厂1号镀锌线设备能力提升改造工程立项及投资概算，并同意提交董事会审议；

9. 同意港务原料总厂供二铁原料通廊安全和环保综合治理技术改造工程立项及投资概算，并同意提交董事会审议；

10. 同意关于一钢轧总厂转炉三次除尘系统工程增补费用事项的议案，并同意提交董事会审议；

11. 同意长江钢铁产能减量置换技改项目140吨电炉工程项目立项及投资概算，并同意提交董事会审议；

12. 同意长江钢铁综合料场环保提升改造项目立项及投资概算，并同意提交董事会审议；

13. 同意关于重型H型钢轧钢生产线项目调整建设工期和投资费用的议案，并同意提交董事会审议；

14. 听取并讨论计财部关于2018年重点项目执行情况汇报；

15. 同意关于炼铁南区3号烧结机烟气脱硝及超低排放工程项目立项及投资概算的议案，并同意提交董事会审议；

16. 同意关于马钢南区新建CCPP公辅燃气、热力配套工程项目立项及投资概算的议案，并同意提交董事会审议；

17. 同意关于长江钢铁股份有限公司60万吨/年钢渣处理项目立项及投资概算的议案，并同意提交董事会审议；

18. 同意关于长江钢铁股份有限公司1号6000立方米/小时制氧机组技术改造项目立项及投资概算的议案，并同意提交董事会审议；

19. 同意关于“马钢220KV输变电工程-CCPP公辅电力配套工程”项目申请立项及审批概算的议案，并同意提交董事会审议；

20. 同意关于调整“长材系列升级改造工程公辅配套项目”项目投资控制和工期目标的议案，并同意提交董事会审议；

21. 同意关于炼焦总厂南区新增干熄焦环境除尘设施工程项目申请立项及审批概算的议案，并同意提交董事会审议；

22. 同意关于长钢生产指挥中心迁建工程项目申请立项及审批概算的议案，并同意提交董事会审议；

23. 同意关于长钢烧结机脱硫脱硝系统工程申请立项及审批概算的议案，并同意提交董事会审议；

24. 同意关于长钢新建220千伏电炉变电所项目的议案，并同意提交董事会审议；

25. 同意关于轨道交通装备公司箍环系统改造项目的议案，并同意提交董事会审议；

26. 同意关于轨道交通装备公司新增2台数控机床项目的议案，并同意提交董事会审议。

(二)审核(审计)委员会

审核(审计)委员会共召开6次会议,会议主要内容是:

1. 同意公司2018年内部审计工作报告,并提交董事会审议;

2. 公司2018年度未经审计财务报表在所有重大方面均遵循了《企业会计准则》及相关规定的要求,不存在重大疏漏,可以提交公司外聘会计师事务所审计;

3. 根据对公司2018年经审计财务报告的审阅,及与公司审计部门、外聘会计师事务所就财务报告和有关问题的讨论和沟通,认为公司在所有重大方面均遵循了《企业会计准则》的要求,并进行了充分的披露,不存在重大疏漏;

4. 同意公司2018年度末期利润分配预案;

5. 经审议,2019年公司所有关联交易均根据相关协议进行,符合本公司及股东的整体利益,交易总金额均未超过相关协议上限;

6. 2018年12月31日,公司为全资子公司马钢瓦顿股份有限公司提供担保4200万欧元,折合人民币约3.3亿元;为全资子公司马钢(香港)有限公司提供贸易融资授信担保人民币30亿元;公司的控股子公司安徽长江钢铁股份有限公司为其全资子公司提供担保合计人民币1.5亿元;

7. 通过公司2018年度内部控制评价报告;

8. 通过外聘会计师事务所2018年度公司审计工作总结;

9. 同意支付安永华明会计师事务所(特殊普通合伙)2018年度报酬共计人民币538.5万元(不含税),包括年度审计费人民币480万元(包括内部控制审计费人民币60万元)和中期财务报告执行商定程序费人民币58.5万元;按照惯例,审计人员在公司工作期间的食宿费全部由公司承担;

10. 同意续聘安永华明会计师事务所(特殊普通合伙)为本公司2019年度审计师;

11. 通过董事会审核(审计)委员会2018年履职情况报告;

12. 听取运营改善部关于公司2018年内部控制情况的汇报;

13. 审阅安永华明会计师事务所(特殊普通合伙)出具的2018年内部控制审计报告;

14. 对公司2019年一季度未经审计的财务报告进行审核后认为,公司在所有重大方面均遵循了《企业会计准则》的要求,并进行了充分的披露,不存在重大疏漏;

15. 听取运营改善部关于公司2019年一季度内控情况的汇报;

16. 审阅公司2019年半年度未经审计的财务报告,认为公司在所有重大方面均遵循了《企业会计准则》的要求,并进行了充分的披露,不存在重大疏漏;

17. 听取运营改善部关于2019年上半年内控工作的汇报;

18. 审阅公司2019年第三季度未经审计的财务报告,认为公司在所有重大方面均遵循了《企业会计准则》的要求,并进行了充分的披露,不存在重大疏漏;

19. 批准公司2019年度审计计划。

(三)提名委员会

提名委员会共召开2次会议,会议主要内容是:

1. 讨论公司董事会适宜人数和构成;

2. 批准董事会提名委员会2018年履职情况报告;

3. 建议增选并提名王强民先生为公司第九届董事会董事候选人;

4. 建议董事会聘任王强民先生为公司总经理。

(四)薪酬委员会

薪酬委员会共召开1次会议,会议主要内容是:

1. 同意关于公司有关执行董事、高级管理人员2018年经营业绩考核情况的议案,并提交董事会审议;

2. 同意2018年度公司董事、监事及高级管理人员薪酬,并提交董事会审议;

3. 同意2019年公司领导班子经营业绩评价标准,并提交董事会审议;

4. 批准薪酬委员会2018年履职情况报告。

三、董事会对股东大会决议的执行情况

1. 根据股东大会授权,决定了安永华明会计师事务所(特殊普通合伙)进行2018年度财务报告审计、财务报告相关内部控制审计及执行中期商定程序的酬金。

2. 按照股东大会决议,完成了2018年末期利润分配工作。

3. 根据股东大会决议,完成并发布了新修订的《公司章程》。

公司运作遵守相关国家法律、法规、规章及规范性文件,决策规范、合理,生产经营正常运营。

【董事会秘书室工作】 2019年,董事会秘书室在公司领导下,为公司规范运作做了大量工作,并通过加强与证券监管机构、证券中介机构的沟通，以及对投资者的服务，努力维护公司在资本市场的形象。具体工作：

1. 股东大会及董事会工作。共筹备或承办1次股东大会及10次董事会会议、4次董事会战略发展委员会会议、6次董事会审核（审计）委员会会议、2次董事会提名委员会会议、1次董事会薪酬委员会会议，准备相关会议文件，做好与会务有关的组织、记录等各项工作，及时对董事会所决定的事项拟文、行文，并且按规定作必要的公告。在相关部门的配合下，向独立董事提供公司生产经营情况，汇报监管机构最新监管要求，为其履职提供便利。

2. 信息披露工作。就公司重大事项在境内外共起草或发布通函1份（分别包括简体中文版、繁体中文版、英文版，下述公告、报告同）、公告48份，信息披露工作做到了及时、准确和完整。编制及披露2018年年度报告、2018年度社会责任报告、2019年半年度报告及2019年第一季度、第三季度报告，圆满完成了公司定期报告的相关披露工作。经上海证交所综合考评，公司2018—2019年度信息披露工作评价结果为A，系公司信息披露工作首次获评A级。

3. 规范运作工作。加强董事会建设。根据公司领导的部署，在管理创新部、办公室、法务部等的支持下，为进一步提升公司治理水平，保障企业高质量发展，根据《公司法》《上市公司治理准则》及公司章程等相关要求，对标先进企业，在征求公司董事、监事、高级管理人员等方方面面意见的基础上，起草《关于加强马鞍山钢铁股份有限公司董事会建设的若干意见》，对发挥董事会在公司治理和经营决策中的核心作用，规范决策程序，提高决策效率，强化董事会决议的落实，实现董事会决议闭环管理，充分发挥董事会专门委员会作用等提出意见。该等意见在董事长批准后予以实施。

修改《公司章程》相关工作。根据《公司法》、中国证监会《上市公司治理准则》《上市公司股权激励管理办法》及香港联交所《证券上市规则》等有关规定或要求，结合公司情况，起草了公司章程修改方案，主要修改内容包括：扩大可购回公司在外股份的情况范围、增加购回股份的方式；调整董事会组成范围；优化董事会专门委员会人员构成或职责。方案于2019年3月21日获董事会审议通过，于2019年6月12日获股东大会审议批准。

4. 马钢与中国宝武联合重组工作。（1）根据重组进程，就内幕信息管理、信息披露、要约收购及其他相关事项，提供合规意见并进行披露，单独发布公告11份，与宝钢香港投资公司发布联合公告11份。

（2）为帮助香港证监会理解马钢集团与中国宝武的联合重组，尽力消除香港证监会对重组的疑虑，推进重组工作，组织公司相关方与中国宝武相关方赴香港，参加香港证监会聆讯，并与香港联交所就重组后的关联交易、规范运作等事项进行预沟通，争取香港证券监管机构对重组的支持与理解。

（3）就中国宝武申请豁免要约收购公司A股及要约收购公司H股事项，董秘室一是配合中国宝武并协助马钢集团，针对申请豁免过程中遇到的问题特别是涉及省证监局和香港联交所的事项上，积极配合、主动跟进，为问题的有效解决做出自己的贡献；二是协助公司董事独立委员会，根据香港证监会及其公司收购、合并及股份回购守则的规定，组织财务顾问、独立财务顾问、香港律师进行尽职调查，校审通函、独立财务顾问报告等提报香港证监会、香港联交所的全部文件；三是积极配合省国资委、中国宝武（包括其聘请的境内财务顾问、境外财务顾问、境内律师、境外律师）、马钢集团（包括其聘请的财务顾问、律师）做好其他相关工作。

（4）为尽力消除海外投资者对重组的疑问和顾虑，增强其对马钢未来的信心，帮助中国宝武顺利推进要约收购和联合重组工作，根据公司部署，组织中国宝武、省国资委及相关方在香港举办中国宝武收购本公司投资者/分析师说明会，并拜访贝莱德信托、阿多斯资本、汇丰环球、友邦集团、道富环球等重要投资者，积极争取投资者对中国宝武收购的支持和理解。

5. 关联交易工作。（1）与中国宝武日常关联交易。根据中国宝武与马钢联合重组进程，与上海证交所、香港联交所沟通，起草《关于马钢股份及三家新三板公司与中国宝武日常关联交易事项的建议》，提出日常关联交易工作思路，在计财部、法务部、销售公司等相关部门或单位的配合下，适时启动并于9月19日安徽省国资委向中国宝武转让集团公司51%股权的当天，圆满完成公司与中国宝武2019年《日常关联交易协议》的审批及披露工作。同时，征得上海证交所和香港联交所的理解，妥善处理马钢财务公司与华宝信托之间信托合同的披露问题。

（2）其他关联交易工作。会同计财部妥善处理马钢保理公司、马钢废钢公司、飞马智科增资，合资设立马钢宏飞电力能源公司，以及为CCPP综合利用发电项目、重型H型钢生产线项目、焦炉系统工程项目购买土地并支付搬迁补偿费用涉及的一次性关联交易;根据保理公司的业务需要,在计财部的配合下,与香港联交所沟通,争取到香港联交所对保理公司相关业务的理解;配合计财部做好公司关联交易的日常管理。

6. 投资者关系管理工作。组织业绩发布会、业绩推介会及中国宝武收购本公司之投资者分析师说明会各一次,组织香港路演两次、新加坡路演一次,参会及拜访的投资者包括美林证券、摩根大通、摩根士丹利、星展银行,与其及其客户惠灵顿投资、贝莱德资产、TT国际等,超过200人次。参加中信里昂、摩根大通、高盛、华泰证券、长江证券及美林证券等策略会7次,举行1对1或1对多的投资者会议超过30次。接待来访的投资机构逾11次,电话会议数十场,通过E互动回答投资者问题超过50人次,并认真负责地回复了一些中小股东来电。该等沟通与交流,有效地增进投资者对公司的了解。

协助公司领导做好与中介机构的协调工作,使投资者和市场有关人士对公司有较为客观、公正、全面的认识。

7. 其他工作。与计财部等一起,做好对外投资及对相关子公司的规范管理工作;与运改部、监察审计部等一起,做好内部控制和风险管理相关的工作。

(徐亚彦)

监事会

【监事会工作】 2019年,监事会在相关方的大力支持下,以维护股东的合法权益为己任,认真履行《公司法》和《公司章程》所赋予的监督职能,为公司的规范运作和健康发展发挥了应有的推动作用。

一、监事会工作情况

1. 关注公司经营运作。报告期内,公司监事会共召开了9次会议,列席了1次股东大会、10次董事会议,参与了财务报告、投资方案、资产处置、关联交易等25项重大议案审议的过程与监督;参加与公司营运相关的专项会议、党委常委(扩大)会等,关注公司治理的有效运转,了解公司重大生产经营决策的执行情况,及时提示公司在生产经营、财务管理及内部控制中可能出现的风险与问题,增强对公司依法经营的监督;对公司董事和经理层执行职务时的合法合规情况予以重点关注、检查,促进公司经营管理的规范化。

2. 检查公司财务及资金运作。一是根据中国宝武的相关要求,结合本公司实际,通过听取公司计财部、运改部、市场部等相关部门的专项汇报,了解公司重大投资方案、生产经营计划;二是关注公司内控情况,保持与公司内部审计、法律、投资和风险管理部门及外聘会计师事务所的协调与沟通;三是定期审阅公司财务报告,了解公司的财务及资金运作情况,重点关注资产的安全完整、重大经营风险揭示以及损益的真实性等情况,督促公司整改报告中反映的重大问题。

3. 督查公司重大事项。报告期内,监事会对公司重大投资、出售资产、关联交易等10项事项进行了监督核查,及时发现、披露危及公司资产安全的重大问题及隐患,并提出可操作性的建议,增强公司管控的执行力。

二、监事会对2019年度公司运作的意见

1. 公司依法运营情况。2019年,公司认真贯彻落实安徽省委省政府、中国宝武的战略部署,严格按照国家有关法律、法规的要求依法运作、规范经营;公司决策程序合法有效,董事会运作规范、决策合理,认真执行了股东大会的各项决议;公司董事、总经理及其他高级管理人员恪尽职守、勤勉尽责,未发现有违反法律、法规、《公司章程》或损害公司及股东利益的行为。

2. 检查公司财务情况。本年度公司财务制度健全,资产处置合理,财务运作规范,未发现有违规违纪问题。安永华明会计师事务所(特殊普通合伙)出具的标准无保留意见审计报告真实、客观地反映了公司的财务状况和经营成果。公司定期报告的编制和审议程序合法、合规,不存在虚假记载、误导性陈述或者重大遗漏。

3. 公司投资情况。报告期内,公司对马钢(上海)商业保理有限公司、马钢废钢有限责任公司、马钢轨道交通装备有限公司进行了增资;公司与安徽宏飞新能源科技有限公司、飞马智科信息技术股份有限公司合资设立马钢宏飞电力能源有限公司。监事会认为:公司相关投资决策科学,审议程序合法合规。

4. 收购、出售资产情况。报告期内,公司购买了重型H型钢项目16440平方米建设用地、安徽马钢化工能源科技有限公司焦炉工程建设用地以及CCPP项目建设用地。此外,公司无其他重大收购、资产出售、资产置换、抵押行为。监事会认为:公司出售资产符合公司生产经营发展的需要,不存在损害股东权益或造成公司资产流失的情况。

5. 关联交易情况。本年度发生的关联交易严格按照关联交易协议进行，交易公平合理，符合公司发展的实际需要，决策程序合法合规，不存在违规资金往来的情形，不存在内幕交易和损害公司及股东利益的行为。

6. 内部控制评价报告。报告期内，公司按照企业内部控制规范体系和相关规定的要求，建立了较为完善的内控制度，在所有重大方面保持了有效的财务报告内部控制，并能得到有效执行。公司的内部控制评价报告真实、客观地反映了公司内部控制制度的建设和运行情况，不存在虚假记载或误导性陈述。

7. 风险监督评价报告。报告期内，公司从教育、预防、监督、控制、惩处等方面入手，加强公司治理和内部控制，规范经营行为，降低舞弊风险，维护企业利益和股东、员工合法权益，确保公司经营目标的实现和持续、稳定、健康发展。

8. 反舞弊情况报告。报告期内，公司风险管理工作做了大量富有成效的工作，共筛选了 418 个风险点，其中重要风险 165 个、一般风险 253 个；针对战略风险、财务风险、市场风险和运营风险、法律风险、环保风险等采取控制措施得当，各项风险处于受控状态，为公司取得较好收益起到了一定的保障作用。

9. 信息披露情况。报告期内，公司能够按照相关法律法规的要求做好内幕信息登记和管理工作，公司董事、监事及高级管理人员及其他相关知情人严格遵守了内幕信息知情人管理制度，未发现有内幕信息知情人利用内幕信息进行股票交易的情况，未发生监管部门要求查处、整改的情况。

2020 年，在中国宝武的战略指引下，公司监事会将根据公司的发展需求，继续以维护股东的合法权益为己任，加强对重大投资、资产处置、关联交易等重大事项的监督和信息披露的关注，加强对公司董事和高级管理人员勤勉尽责的监督，树立公司良好的诚信形象，努力为打造大而强的新马钢，为中国宝武共建高质量钢铁生态圈贡献应有力量。

【监事会秘书室工作】 2019 年，监室会秘书室根据公司的相关要求，为公司规范运作和公司监事更好地履职尽责做好相关的服务工作。

1. 监事会会务工作。共筹备召开 9 次监事会议，准备相关会议资料，做好与会务相关的组织、记录等工作，及时对会议决议事项拟文并按规定作必要的公告。

2. 协助做好信息披露和股东大会、董事会及监事会各项决议执行情况的督办工作，做到及时、准确、完整。

3. 为方便监事更好的履职尽责，在相关部门的配合下，及时向独立监事提供公司生产经营情况，汇报监管机构最新监管要求，为其履职提供便利。

4. 组织协调工作。一是做好监事会与证监会、国资委、上交所、联交所和公司内部审计、法律、投资、风险管理部门及外聘会计师事务所的沟通协调工作，建立信息渠道，发挥桥梁纽带作用；二是受理公司股东的来信来访，及时向监事会汇报。

5. 调查研究工作。根据需要，调查监事会决议的执行情况，对监事会提出的相关事项进行调研，并供监事会和公司领导决策参考。

6. 关注和了解公司治理的有效运转，及时向监事会反馈情况，协助监事会加强监督。

（沐韵琴）

·股份公司机关部门·

运营改善部

【战略规划】 一是实施了股份公司战略发展规划编制工作。宝武与马钢集团联合重组之后，按照宝武集团要求，完成了马钢股份（2020—2022）战略规划的编制。从充分贯彻、有效实施和全力支持公司整体战略和经营单元战略的视角出发，编制了股份公司规划纲要、职能/业务规划和子公司规划编制总体原则、主要内容，使公司战略、经营单元战略和职能战略三个层次相互配合、协调一致，提高公司资源的利用效率。二是马钢股份与宝武设计院开展了“马钢股份产品、产线规划”工作。按照“做强、做优、做大”高质量发展的要求，在符合国家产业政策的前提下，适度扩大马钢的产能规模，更加注重优化产品结构和提升产品质量，更加注重建设绿色、智慧的城市钢厂，更加注重提升马钢在未来中国钢铁业的地位，更加注重马钢在节能环保、智能制造等领域的开拓和发展，更加注重强化马钢在安徽省经济社会中的战略地位和引领作用；确定了铁前系统“填平补齐”规划方案，为突破铁区瓶颈，实现铁钢平衡，新、老区内铁、钢寻求自平衡，降低物流成本提供了科学的规划方案；确定了特钢电炉系统规划方案，为提升特钢竞争力，构建华东地区精品优特钢基地打下坚实基础。

【组织管理】　对标宝钢,按照业务流程+专业管理模式,实施组织管理和业务流程再造。围绕基建与技术改造、炼铁工序、客户服务体系等管理过程和流程优化,分别成立技术改造部、设备管理部、能源环保部、炼铁总厂、硅钢产品一贯制管理委员会、客户服务中心。此外按照精简、优化的原则,整合原马钢车轮公司与马钢轨道交通装备有限公司,设立新马钢轨道交通装备有限公司,将瓦顿公司委托马钢轨道交通装备有限公司进行管理。

【绩效管理】　全面贯彻落实集团公司关于母子公司分层分类管理的改革要求,实行以目标与计划值管理(MBO)定计划目标、以平衡计分卡(BSC)测经营业绩、以关键绩效指标(KPI)做重点导向、以合规性评价(KBI)控关键行为、以经济增加值(EVA)评价增值性、以 OKR 项目攻关促进创新发展的生产经营绩效管理体系;实施工资总额管控,按照"整体预算、月度监控、季度盘点、年度清算"方式进行动态管理。首次将"包保核"纳入 KPI 指标管理,赋予指标承担单位评价权,由指标承担单位和牵头单位"面对面"评价,加强"包保核"双方互动,实现精准服务。

【体系管理】　一是继续推进体系运行从"符合性"向"有效性"的转变。借鉴"多标"整合成一体化的思路,按照"统一管理,共同实施"要求,持续完善公司体系审核管理,采用"滚动+联合"的方式开展综合管理体系内部审核,避免多头管理和重复评价,维护公司体系管理的规范性、统一性和权威性,提升体系运行效率。二是切实发挥"领导"作用。继续在公司级审核中采用"领导挂帅"形式,由公司中层或高级技术主管审核小组组长。三是强化体系内审员队伍建设与评价。完成了新一轮内审员的评聘,聘用公司中层管理人员、高级技术主管以及 249 名专业管理/技术人员为公司管理体系内审员/自评师。

2019 年共组织开展、接受体系认证、产品认证、顾客二方审核、创奖创优等外部、内部审核共计 73 次,较上年增加 12 次,增加 19.67%;各类外部审核均通过,保持了公司现有 96 项体系认证、产品认证和创奖创优证书有效。实施供应商二方审核 24 次,其中潜在供应商准入审核 11 家。

【认证管理】　实行认证项目管理,提高产品认证效能。在保持钢材产品市场准入资质的基础上,通过增项认证突破国际贸易技术壁垒,支撑产品市场开拓提供支撑。型钢产品通过中冶检测认证有限公司(MC)冶金绿色产品认证,获评二星级绿色产品;铁道车辆用高耐蚀热连轧钢板 S350AW、S450AW、S550AW 产品通过中铁检验认证中心有限公司(CRCC)产品认证,车轮钢坯、车轴钢坯等 5 个牌号通过了铁路货车行业协约审核;热轧型钢、热轧板卷和特钢等产品顺利通过了欧盟 ISO 9001 质量管理体系认证以及欧盟 CE、韩国 KS、新加坡 BC1、泰国 TISI、马来西亚 SIRIM、法国船级社 BV、中国船级社 CCS 等多项产品质量认证。在助力维持海外市场(东南亚、欧盟市场)的同时,在支撑开拓"一带一路"沿线国家(如中东市场)及海洋石油平台领域方面发挥了促进作用。准确识别顾客认证规则,开展汽车板、家电板、硅钢、特钢等顾客的零件认证、材料认证以及准入资格等认证。通过东风本田、重庆长安、吉利汽车、神龙汽车、江铃汽车等汽车主机厂以及日本索尼、三菱电机、合肥格力、芜湖美芝等制造厂商的二方审核。系统开展对产业链上游多元供应商的二方审核,规范供应商准入,培育优质供应商。2019 年,除了加大对已纳入合板供应商目录的 A 类供应商现场二方审核外,将 A 类以外的对安全、环保产生直接影响的设备/备件供应商也纳入审核范围;此外,严格把好潜在供应商准入关,实现管理前置,将企业诚信经营情况纳入准入条件;按照现行管理标准,进一步规范供应商二方审核的实施,在传递公司采购要求的同时,促进供应商质量管理水平的提升。

【全面风险与内部控制】　将风险管理各项要求融入管理和业务流程中,构筑以业务单元为第一道防线、以风险管理职能部门为第二道防线、以内部审计部门和专门委员会为第三道防线的三道风险管理防线,并持续优化改进三道风险管控防线体系;同时,从经营风险、财务风险、信息化风险、质量风险、环保风险、合规性等 11 个方面加强风险管控,提高风险防范能力。编制、修订发布《相关方及人员安全、消防管理办法》《安全生产责任制》《澳洲公司内控手册》等近 90 份管理标准文件,从内部环境、风险评估、控制活动、信息与沟通、内部监督等五个方面对公司内部控制建立与实施情况进行监督检查,评价内部控制的有效性,及时改进内部控制缺陷,提高内部控制有效性。

【品牌建设】　一是多方面推进经验共享。遵循"品牌共建、方法共享"的原则,持续开展了股份公司品牌建设系列研讨活动,通过研讨,展示各单位各自的亮点和特色工作,对存在的困惑和难点进行了交流和探讨,促进了股份公司基层品牌建设水平的进一步提升;各基层单位务求实效,结合实际,细化制定了本单位年度品牌建设推进工作分解计划,并将其中重要措施纳入本单位月度重点工作,通过月度管理绩效点评会、目标评价分析会等形式进行检查,保证各项分解目标的实际,取得了较为满意的效果。二是多领域推进品牌培育。2019 年,股份公司除在钢铁产品方面获得安徽省新产品、安徽省工业精品等称号外,其他方面同样硕果累累,股份公司通过"AAAAA"级标准化良好行为确认,成为全省首批和马鞍山市首家通过标准化良好行为5A 级水平确认的企业。在 2018 年度"全国重点大型耗能钢铁生产设备节能降耗对标竞赛"中,股份公司参赛的四座大型钢铁生产设备全部获奖,其中,炼铁总厂北区 380 平方米 A 烧结机蝉联 300—400 平方米级别"冠军炉",四钢轧总厂 2 号转炉问鼎 200 吨以上级别"冠军炉";炼铁总厂北区 B 高炉获 4000 立方米及以上级别"优胜炉"、南区 4 号高炉获"3000—4000 立方米"级别"创先炉"荣誉称号。三是多途径进行品牌传播。组织参加了第七届全国品牌故事大赛,在三大类作品中股份公司 4 个演讲类,8 个征文类,2 个微电影类分别获得一、二、三等奖及优秀奖,其中《用心(锌)制造的外衣》荣获全国总决赛演讲类一等奖,这是公司参加全国品牌故事大赛以来获得的最好成绩。此外,先后参展"第十九届中国国际冶金工业展览会""第五届国际先进汽车制造技术大会暨展览会";成功举办"马钢(合肥)板材产品推介交流会""马钢彩涂京津冀推介及应用技术交流会""马钢彩涂板产品市场应用暨彩涂板在装配式建筑运用研讨会""2019 年热轧 H 型钢和热轧结构钢产品技术服务年会",广泛而有针对性地宣传公司产品,扩大公司企业和产品的知名度及影响力。

【精益管理】　一是"以为了用户的一切"为关注焦点,全面落实集团公司提出的精益工厂创建要求。发布了《股份公司 2019 年精益工厂创建工作行动方案》,确定 13 项股份公司精益工厂创建重点任务,聚焦问题、锁定目标、以项目管理的方式将每项重点任务划分了阶段性完成目标并明确负责部门;建立了精益工厂创建月度交流例会机制,按月组织召开股份公司精益工厂创建月度交流例会,根据绩效短板指标及其他单位需求与主办单位共同确定当月学习交流主题及内容,推动精益制造过程管控和知识分享。二是导入六西格玛精益管理,着力培养公司黑带大师、黑带等骨干团队。编制发布《马钢股份 2019 年精益六西格玛实施方案》,从高炉、炼钢连铸、热轧、冷轧等工序导入六西格玛精益管理方法,实施了"高炉实现高水平的长周期稳定顺行""降低四钢轧热轧机组烧损率""提高合肥板材冷轧产品综合成材率"等 8 个精益六西格玛辅导项目,推进先进管理理念、技术和方法在生产制造、质量控制等方面有效应用。组织基层管理和技术业务人员共计 82 人参加四期绿带培训,依据培训情况,结合辅导老师以及单位意见,遴选 40 名绿带学员参加黑带班培训,并组织参培人员参加绿带、黑带取证考试。两类考试总体通过率 83.87%,其中取得黑带人员 38 人,通过率 88.37%(近三年全国通过率 37%);取得绿带人员 40 人,通过率 80.00%(近三年全国通过率 46%)。

【技术创新体系建设】　一是依托"政产学研用"开放协同的技术创新体系,以"研究中心"建设为载体,推进"省院"对接。2019 年,"轨道交通关键零部件先进制造技术国家地方联合工程研究中心"获国家发改委批准建设,并正式启动建设;"轨道交通关键零部件安徽省技术创新中心"通过专家技术评审;"安徽省轨道交通轮轴工程研究中心"通过省发改委评审,并获评"优秀";"高性能轨道交通新材料及安全控制安徽省重点实验室"召开 2019 年度学术委员会。二是认真研究国家"双创"、供给侧改革以及科技创新政策,争取政府政策资源支持。2019 年股份公司共获得政府科技政策支持的到账资金 4933.725 万元(国家和省级科技项目财政支持 3259.455 万元,支持制造强省建设若干政策资金 580.94 万元,支持企业自主创新若干政策 275.33 万元,外贸资金争取 818 万元)。近五年技术开发费减免税在 2019 年全部兑现,已抵扣所得税 12600 万元。

【科研攻关】　以增强自主创新能力为核心,围绕制约市场和现场的技术难题,组织实施科研与技术攻关项目 167 项(其中国家项目 8 项、省项目 5 项,1 项省国际科技合作计划项目完成结题,并通过省科技厅验收)。强化项目过程与后评价管理,组织对重点项目如韩方技术支持的镀锌 DP980 产品开发、对标先进钢铁企业规范和优化 H420LA 及 H420LAD(ZZF)设计流程、降低汽车板冶金缺陷项目、提升热卷一次合格率、新型热成形钢用 Al-Si 镀层产品开发、热轧产品品质提升等 6 个项目进行后评价;同时参与申报国家类项目 4 项(国家新材料生产应用示范平台建设项目"高速铁路装备材料生产应用示范平台"、国家重点研发计划"多参数危险气体在线分析关键技术及其综合智慧监控平台的建设与示范应用"、国家重点研发计划项目"钢铁冶炼难处理渣尘泥过程协同控制与生态链接技术"、国家重点研发计划"固废资源化"2019 年度重点专项“冶金行业固废源头减量清洁工艺新技术”项目和“钢铁冶炼难处理渣尘泥过程协同控制与生态链接技术”项目),策划申报省科技重大专项7项,其中2项获得省科技厅立项。

【新产品开发】 2019年研发投入总额8.5亿元,研发投入率1.08%。开发新产品51.83万吨,创造销售利润约8700万元,新产品销售率4.81%。“微合金化4137H钻杆接头用圆钢”“经济型微铬Nb-V复合微合金化600MPa级抗震钢筋”“时速350公里动车组用DZ2车轴钢”“高性能取向硅钢热轧卷MCGO-2产品”“城市轨道交通用阻尼环车轮”5个产品被认定为省级新产品。“免退火冷镦钢热轧盘条SWRCH35K-M”获得“2019年安徽省工业精品”称号。

【EVI和APQP项目管理】 进一步深入推进EVI技术服务工作,围绕汽车、热轧结构钢、地铁车轮、新能源电机等领域开展EVI服务,2019年共开展18项EVI项目(2018年结转7个、2019年立项11个),通过EVI项目新增订单10万余吨、销售利润1000余万元。其中“深圳地铁3号线车轮降噪及性能优化服务”和“东风神龙、商用车、股份、柳汽新车型设计及材料认证技术服务”项目成果显著。

【技术标准管理】 由公司参与制修订并获批发布国家行业标准11项、国家职业技能标准2项,其中牵头起草《热轧H型钢单位产品能源消耗限额》《热轧带筋钢筋单位产品能源消耗限额》《热轧钢带单位产品能源消耗限额》《热轧盘条单位产品能源消耗限额》四项行业标准通过审定;首次承担两项国家职业技能标准《金属轧制工》和《金属材热处理工》修订工作,并获批准发布。此外,通过标准走出去战略,积极策划申报国际标准,2019年提出一项ISO1005-6修订国际标准提案,进一步带动技术、品牌的发展。

【知识产权管理】 提高专利代理质量,将代理服务费由固定收费模式改为风险代理收费模式,发明专利申请时先支付小部分代理服务费,待发明专利获得授权后再支付大部分代理服务费。对于不符合新颖性和创造性的申请,代理机构应提交检索报告。截至12月,累计申请专利385件,其中发明269件。累计有效专利授权专利1411件,其中发明648件。

【科技成果管理】 强化科技成果培育与管理,进一步完善“科研攻关-知识产权-科技成果”的培育孵化机制。2019年申报冶金科技奖4项,获奖3项,其中“高速重载车轴钢冶金技术研发创新及产品开发”和“基于铸轧全流程的轧机振动协同控制技术及推广应用”获一等奖;申报省科学技术奖4项,获奖3项,其中2项推荐答辩冲击一等奖;作为主要完成单位参与申报的“高性能热成形马氏体钢开发及其在汽车安全件上的应用”获得中国汽车工业科学技术进步奖一等奖。

【两化融合】 加强信息化项目建设,各类信息系统陆续上线投运。炼铁总厂北区生产巡检管理系统、生产数据历史曲线查询系统、铁运公司机车安全监督系统、资源分公司工业电视监控系统、新建5座MAERZ石灰窑L2系统、能控中心物资平台、检测中心检验信息系统、炼铁总厂高炉工艺体检APP系统投入运行。公司两化融合成熟度得分78.33分,在全国企业中高于95.47%的企业,在同行业中高于97.80%的企业。公司两化融合总体处于创新突破阶段。

【智能制造】 通过库区无人化改造、工业机器人应用、智能工厂等项目的策划、实施,逐步实现“少人化”“集控化”“无人化”,能控中心持续进行房所一次、二次设备及系统的无人值守改造,三加压无人改造、二气柜无人值守、9加压无人值守、301循环泵站及水处理无人值守已投入运行。冷轧总厂连退、酸洗、2号镀锌、3号镀锌、4号镀锌表检仪数据库不断完善,运行状态良好,综合分类准确率在75%~95%;1号镀锌、2130酸轧增设表面质量检查仪项目已完成验收工作,设备性能达到功能考核指标,综合分类准确率达到85%;其他区域增设表面质量检查仪(南区1720酸轧、硅钢常化酸洗机组、南区硅钢1—3号连退机组)均已完成设备安装、处于调试或试运行阶段。冷轧总厂北区轧后库无人行车智能库区将于2020年2月建成投运。

【网络安全】 编制股份公司《网络与信息安全管理办法》《网络与信息安全事件应急预案》;根据公司网络与信息安全专项工作中检测出的共性安全问题,首次发布系列网络安全加固规范;加强网络与信息安全管理,防范信息技术风险,对公司重点产线及重要信息系统进行风险评估、渗透测试、等保测评及攻防演练;发布《网络安全知识宣传手册》(共两辑),开展全员网络安全意识和安全知识普及教育。

【海外事业管理】 根据国际化经营发展战略需要,进一步拓宽海外市场营销布局,防范托管运营风险。完善海外营销布局,推进设立中东公司。协助马钢中东公司办理董事变更的公证认证,注资、开业宣传,银行开户审批等具体事项。6月马钢中东公司在阿联酋迪拜杰贝阿里自贸区正式挂牌运营。强化澳洲公司管理,保障托管运营顺利有序,修订了澳洲公司托管运营内控手册,完善内部风险控制;定期参加合营企业战略伙伴季度会议,确保与 BHP 及合营各方的联络机制;此外,利用滚动定存手段,对账面资金实现保值增值。2019 年实现利润总额 1538 万澳元,超额完成年度目标 129%。

(姚　辉)

人力资源部

【规划配置】 1. 开展人事效率提升工作。梳理公司各单位业务,界定主营和非主营业务,分析科级机构、作业区设置以及具体岗位人员配置,结合 2018 年产线对标和《工序劳动生产率分析》,参照《马钢集团智能制造发展规划纲要》,从专业化整合、业务外包、机构精简、技改及智慧制造、提高配置水平等维度挖掘各单位未来三年人力资源优化潜力。根据人力资源优化潜力分析,制订 106 项优化行动计划,经公司经营层评审后,明确责任部门(单位)和实施时间,每季度做好项目进度的过程跟踪,向公司经营层汇报。组织开展人力资源对标工作,依据"对标为主、评估为辅、目标先进、逐步达成"的原则,拟定了实现人均 1000 吨钢的目标定员。对 18 家二级单位开展了 4 个轮次的调研工作,系统筹划人效工作。做好关键岗位余缺统计和缺员预案,跟踪和指导各单位人力资源优化情况。2019 年股份公司超额完成了公司职代会提出的 8% 优化任务,达到 9.4%。

2. 提出公司新建项目人员机构设置和人员配置意见。新建项目主要有:炼焦总厂集装箱和脱硫脱硝项目、轮轴事业部南区精品线项目、特钢公司大方坯项目、长材事业部重型 H 型钢项目。

3. 加强劳务管理工作。根据公司预算编制纲要,下发股份公司 2019 年生产性劳务费用计划,审核各单位上报的劳务费用分解计划,完成了合同签订工作。规范劳务用工管理,全面规范劳务派遣用工,切分正式工和劳务工的工作界面,将劳务工承担的业务整体转换成业务外包(承揽)。此次规范劳务用工,解决了马钢历史上存在多年的混岗问题。

【员工管理】 1. 全面提升作业长素质。修订发布《作业长管理办法》,结合股份公司作业长队伍现状,制定了《2019 年作业长素质提升工作方案》,从作业长管理能力提升培训、学历提升、后备作业长任职资格培训、作业长研修会管理、作业长任免审批管理、作业长绩效考核及编制定员管理七个方面,全方位推进作业长素质提升工作。全年共组织 10 期 691 人次作业长素质提升培训,121 人次报名参加学历提升入学考试,332 人次参加后备作业长任职资格培训,266 人通过取证培训,取得后备作业长任职资格证书。

2. 加强高层次人才培养。编制 2019 年股份公司高级技术主管岗位规划。依据股份公司人力资源规划提出的高技能人才队伍建设目标及人才培养需求,通过培训、竞赛、考评等渠道,引导职工提升技能等级。按照集团完成"1+2+4"人才培养工程精神,完成型钢、轮轴、特钢、工业线材 4 个领域团队的筹备搭建工作。成熟人才和后备人才共计 123 人,共实施 12 期人才培养工程专业研修班。在各领域团队框架下开展相关项目团队搭建工作,推进团队建设,完善股份公司专业技术人才队伍建设。

3. 提高培训实效性。立足于公司战略目标,聚焦公司年度重点工作,精准识别培训需求,制订 2019 年度培训工作计划。培训计划分类分层实施,从师资、课程设计、实施过程、效果评价等多维度进行项目跟踪,实施各类人员岗位能力提升培训,加强培训过程监控和培训有效性评价管理,切实提升员工技能。目前已实施完成公司级培训计划 112 项,在岗员工培训覆盖率 100%,全年公司级计划完成率 90.3%。

4. 开展青年才俊交流工作。选择公司生产、研发、销售、客服等单元关键岗位,遴选入职 2—5 年、全日制本科及以上学历的 63 名优秀青年技术人员,以先试点、后推广的方式,开展公司层面的岗位交流,为广大优秀青年技术人员提供更广阔的职业发展平台,使他们熟悉和掌握多岗位技术要求、作业流程,最大限度发掘潜能,拓宽职业宽度,为有效培养复合型人才奠定基础。

5. 开展员工满意度调查。根据《员工满意度管理办法》相关要求,2019 年 10 月,公司人力资源部组织 26 家单位,共 9049 人参加 2019 年度员工满意度测评。经统计,2019 年股份公司员工满意度为 89.39%,较 2018 年员工满意度下降约 0.45 个百分点,但较前四年仍有较大提高。调查结果表明公司在 2019 年持续强化精益管理,培育品牌意识,构建宝武与马钢一体化战略,打造智慧工厂,营造智能生产概念,实现凝心聚力等各项工作和努力得到了全体员工的肯定,职工队伍及思想保持稳定。

【薪酬福利】　1. 实施工资总额包干。制定了2019年工资总额包干方案,将本部工资总额与绩效考核及年度重点工作结合,鼓励各单位通过提升人事效率与绩效水平,提高职工收入。根据财务并表口径,将子公司等独立核算单位纳入股份公司工资总额管理范围,按“整体预算、月度监控、季度盘点、年度清算”方式进行动态管理。

2. 规范薪酬管理流程。为适应集团薪酬管控流程的变化,以及SAPHR系统上线后部分薪酬管理流程变化,下发了《规范股份公司薪酬管理流程的通知》,梳理并调整因人员调动或其他原因发生的转移支付流程。薪酬发放由事后审核改为事前、事后全过程监控,发现问题及时叫停,杜绝了超计划发放。同时规范历史结余使用流程,要求各单位年度内结余不超过月平均计划的4%,减少新增结余,改变各单位月度发放与计划脱节的现象。为满足各单位实际需求,规范公司转移支付流程,要求各单位及时上报转移支付表,对因人员调动或其他原因发生的转移支付过程进行了梳理,建立转移支付流程。

(孙皖峰)

安全生产管理部

【基本情况】　2019年,公司认真贯彻落实国家、省、市有关安全生产工作精神和部署,全面对标宝武,制定完善各项安全管理制度,制定全员岗位安全责任清单;深入开展全员隐患排查治理专项行动、“1+2+N”隐患集中排查治理专项行动以及反习惯性违章专项行动,重点加强检修、建设工程安全管理;以“安全教育培训年”为契机,加强安全教育培训和宣贯工作;规范做好消防、特种设备、职业卫生管理。2019年未发生职工工亡事故;发生重伤事故1起,重伤1人;发生轻伤事故6起,轻伤7人;发生属地工亡事故2起,工亡2人。

【隐患排查治理】　一是开展全员隐患排查治理工作。持续实施2018年开展的《重大生产安全事故隐患排查治理专项行动》,3月22日制定下发《关于开展全员隐患排查治理专项行动实施方案》的通知,分“动员部署、全面实施、巩固提高”三个阶段专项行动,明确要求该行动贯穿全年、全员参与,共计96530人次参与隐患排查,有效查报隐患74410条,当期完成整改57872条,实施奖励金额共计78.77万元。

二是开展“1+2+N”隐患集中排查治理工作。认真汲取江苏响水重特大化学品爆炸事故教训,根据《安徽省开展“1+6+N”安全生产隐患集中排查治理专项行动的指导意见》具体要求,结合公司生产实际,制定下发《马钢股份公司“1+2+N”安全生产隐患集中排查治理专项行动实施方案》,分四个阶段、覆盖八大重点领域的专项整治,共计排查隐患144项,均已完成整改。

三是反习惯性违章专项行动。为进一步规范现场作业行为,防止事故发生,结合“1+2+N”隐患集中排查治理和全员隐患排查治理工作,制定《马钢股份公司安全生产反习惯性违章专项行动实施方案》,加大对习惯性违章行为的查处力度,有效扭转了被动的安全生产局面。

四是强化安全风险分级管控和隐患排查治理双重预防机制。为进一步完善双重预防机制,强化风险防控意识,加大隐患排查治理力度,杜绝重大安全生产事故发生,严控一般事故发生,制定下发《强化安全风险分级管控和隐患排查治理双重预防机制实施方案》,各单位按《方案》全面开展各项工作。

【安全管理制度体系建设】　一是发布股份公司《安全生产责任制》。为更好的承接集团管控体系的要求,根据国家相关法律法规的要求,股份公司分管领导分别组织召开专题评审会,多次对《安全生产责任制》进行讨论和评审。9月3日正式发布,各部门、各单位分别制定或修订本单位《安全生产责任制》,并按照中国宝武安全管控模式,制定覆盖全员的岗位安全责任清单。

二是发布股份公司《消防安全责任制》。为贯彻落实《消防安全责任制实施办法》,进一步明确公司各部门的消防安全责任,健全完善消防安全责任体系,辨识出25项消防法律法规及规范,制定下发公司《消防安全责任制》。并对公司《消防管理办法》《建筑消防设施完好过程控制管理办法》等管理制度进行了修订和完善。

【安全标准化建设】　一是开展安全标准化二级企业复审。组织公司安全标准化到期的9家单位开展复评和换证工作,全部顺利通过。二是开展安全标准化一级企业模拟评审。委托武汉安环院对特钢公司、冷轧总厂、轮轴事业部开展一级安全标准化模拟评审,并安排相关单位现场观摩。三是推进安全标准化示范班组建设。制定安全标准化示范班组建设工作方案,各单位积极开展示范班组建设工作,6个成绩突出的班组荣获国家安全标准化示范班组称号。

【安全教育培训】 公司确定2019年为“安全培训年”。制定下发《股份公司2019年安全宣传教育培训工作计划》推进、落实各项安全宣传教育培训工作。一是煤气安全管理六项标准培训。为认真落实公司新制定的煤气安全管理六项标准,举办两期煤气安全管理培训暨六项标准宣贯,166人参加培训,组织闭卷考试,并对考试不合格以及未参加考试人员进行补考。二是安全管理人员教育培训班。为进一步提高安全管理专业队伍的综合素质和能力,5月举办三期脱产一周的培训班,培训355人,统一集中考试,极大提高了安全管理人员专业水平。三是安全总监教育培训。11月18—22日,组织各单位中层安全管理人员全脱产进行安全管理业务研修培训5天。四是三项岗位人员教育培训。对1755名特种作业人员进行复审换证,举办起重机指挥、叉车司机等特种作业人员取证培训。举办金属冶炼、危化品和一般生产经营单位负责人及安全管理人员培训,317人参加培训。五是消防安全教育培训。组织消防安全责任人、管理人培训班,24家单位71名消防安全责任人、管理人参加培训,提高了消防管理人员的法律意识和消防安全管理水平。安排43人参加了国家消防设施操作员取证培训,提高了消防安全管理人员及自动消防设施值班人员的专业技能。进一步加强相关方单位、人员的管理,举办两期相关方单位消防安全负责人、管理人培训班,共71家相关方单位214人参加培训。

【强化全过程管理】 一是开展危险化学品安全专项治理。年初,组织开展危险化学品、重大危险源专项检查工作,共查出各类问题共计14项,全部完成整改。吸取“3·21”江苏响水重特大化学品爆炸事故教训,组织对危化单位开展了专项检查,防范事故发生。

二是开展煤气安全专项治理工作。为迎接国家应急管理部煤气安全专项治理监督检查工作,从严要求,补充市应急管理局煤气安全专项检查表内容。各单位全面自查,共排查整改179项隐患问题。组织对涉及煤气的13家单位开展全覆盖专项检查,共排查各类问题82项,均已整改。

三是开展金属冶炼单位安全专项检查。对金属冶炼单位开展安全专项检查,共发现金属冶炼区域及周边积水、煤气氧气等动力介质管理不规范等各类问题21项,各单位接到通报后都及时完成整改。

四是开展“防风险　保平安　迎大庆”消防安全专项行动工作。为新中国成立70周年创造良好的消防安全环境,制定下发《股份公司“防风险　保平安迎大庆”消防安全专项行动工作实施方案》,对九大重点问题开展专项整治。

【相关方安全管理】 一是制定发布《相关方及人员安全、消防管理办法》。根据问题导向,修订发布《相关方及人员安全、消防管理办法》,明确相关管理部门及单位的管理界面和责任,完善管理流程,强化相关方准入、资质审查、过程管控、考核评价、离场清算等环节的管控。二是强化建设工程及检修项目安全管控。从1号高炉大修开始,加强重大建设、检修全过程的安全管控,派驻专人在项目现场进行跟班蹲点。4月17—18日,组织在建工程及检修项目安全专项检查,共查出整改各类问题69项。

【应急管理】 2019年6月26日,举办了2019年马钢股份公司高炉炉缸烧穿、爆炸、煤气中毒、火灾事故应急演练暨应急救援技能展示。增配高喷消防车,提高应急处置能力。10月,公司消防大队代表马鞍山市参加安徽省第三届危险化学品救援技术竞赛,团体总分排名第三,获得团体优秀奖。

【职业卫生管理】 职业健康体检,按计划组织开展职业健康体检工作。按计划开展职业危害因素检测,完成炼铁总厂、长材事业部等19个单位的粉尘、噪声、高温以及有毒有害因素的检测工作。认真做好职业健康安全技术措施项目立项实施工作,投入安全项目费用6500万元,注重推广煤气联网报警系统等新技术,提高现场本质化安全水平。

【其他安全管理工作】 做好季节性安全生产工作,根据季节性特点,提前做好针对性预防措施,保证安全生产。认真开展“安全生产月”“119”消防宣传月等宣教活动,采取知识讲座、网络、微信等宣教形式,广泛开展职工喜闻乐见、寓教于乐的宣教活动,提高了职工的安全意识和技能。

(孙宏强)

市场部

【营销管理】 1. 积极开展市场分析研判工作,为公司经营决策提供支撑。在公司加强两头市场研判,支持经营决策的思路下,通过进一步完善市场信息搜集渠道,初步建立了分品种的市场价格监测体系,从每月价格分析逐步转为每周价格监测分析,在公司月度资源分配和定价基础上,更贴近市场进行跟踪和预警,支撑公司经营稳定顺行。2019 年,坚持每月定期召开市场分析会,不断提高市场研判水平,取得了较好结果,钢材市场方向月度预测准确率达到 80% 以上水平,为公司经营决策提供了有力的支撑。根据市场分析得出的结论,支撑公司"以效益为主、兼顾渠道和产线经济性"的排产原则,长材满产、热系列增产、冷系列减产,主动向热卷、建材等高效益产品倾斜。市场研判积极有效,经营决策体系不断完善,分品种的市场分析及价格监测体系建立运行,市场趋势研判准确性进一步提升。

2. 推行建材信息化平台建设,完成可利用材全部线上销售。销售模式从传统手段转到"互联网+钢铁";服务模式也转变为多元化和个性化,提升了产品的市场影响力,进一步扩展了产品的市场营销渠道。公司自 2015 年对建筑钢材采用"日定价+大厅销售"模式以来,建材销售价格处于行业领先水平。考虑到市场上涨周期资源分配不均、市场下跌周期成交萎靡、部分业务流程繁琐等弊端,公司决定建材构建网络销售平台。通过网络销售平台规范销售流程、使得销售过程公平公正。简化流程和计算机辅助操作的同时,减少人为操作因素、提高工作效率。将管理人员的精力充分释放到市场开发和布局、渠道分析和优化、营销策略设计等方面,有利于提高建材信息交互能力,目前持续跟踪维护和优化完善信息化平台。改变可利用材销售模式,由线下转线上销售。可利用材的保产销售工作长期由销售公司分子公司代管理,一直以线下经销商模式销售。借鉴先进钢厂(宝钢股份)可利用材线上销售成功案例,借助欧冶电商平台优势,将公司可利用材分为热轧切头类可利用板、热轧毛边板(中间坯)、冷轧轧硬类可利用材、硅钢轧硬类可利用材等 11 类,通过欧冶电商平台进行网上竞价销售,实现可利用材公正、公平、公开销售,打破小圈子垄断格局,为公司实现更大效益。在持续推进电商销售工作的过程中,还充分发挥互联网平台优势,扩宽商家和用户的交流信道,实现了传统行业向信息化要效益的有效转型。

3. 优化客户服务体系,从供应商向整体服务商转变。随着直供终端用户的不断增加以及客户群的高端化和客户需求的个性化发展,为改善目前客服工作的运行状况,公司组织成立客服中心,改善客服运行过程中"客户需求识别不充分"、客户抱怨"响应快、处理慢"等问题,强化客户服务,更好地促进公司从供应商向服务商的转变。在不同行业、不同领域,为满足客户需要,公司提出实现汽车整车、家电整机、铁路整车重点工程材料总包等营销体系再造,主动与国内外各工程对接,从国内外的物流、信息流、资金流统筹整合,提供钢材"一揽子"供货服务,提高直供比例,提升公司品牌影响力。实现国内外前十家电客户基本全覆盖;具备整车轻量化设计、结构、成本优化、整车性能分析等 EVI 技术服务能力;车轮、轮对、紧固件、大梁钢、车厢用钢等实现整车服务;推动板材、型材、线螺等高端产品再升级,实现工程材料整体服务。在实现以上四个整体服务模式过程中,推进供应链生态圈协同发展。

4. 加强客户满意度监测,不断提升公司顾客满意度和忠诚度。公司结合卓越绩效管理要求,加强客户满意度监测,围绕客户关心的问题持续改善。加强客户分级管理,梳理现有客户,结合销量、品种和价格对客户贡献和忠诚度进行全面深入分析,不断优化客户结构。探索客户管理经验,加强客户资源、准入、分类和退出管理,逐步建立科学合理的客户分级评价体系。同时,马钢钢材产品顾客满意度调查问卷内容覆盖顾客对公司形象及产品总体预期、产品质量及服务质量的感知等,综合顾客对企业的预期、感知质量、感知价值多方因素,对各明细项及品种销量加权计算。为更全面、公正了解客户对公司产品及服务的满意度,2019 年客户满意度委托中质协进行评价的,统计方法、统计口径较前期均有所变化,最终综合得分 87.8,较 2018 年有所提高,同时获得了客户的认可和肯定,不断提升公司顾客满意度和忠诚度。

【采购管理】 1. 积极开展市场研究,为公司采购策略的制定提供决策依据。开展原燃材料市场分析,通过与外部网站、资讯平台以及相关生产企业的交流,不定期的市场调研活动,密切跟踪主要品种市场价格走势,完成周、月和年度以及不定期的市场分析研究报告,通过研究原燃料采购市场,预判价格走势,主动调整采购计划,协助采购中心做好经营库存、避峰就谷等采购措施,降低公司采购成本。做好每月采购成本预测及原燃料指导价的发布。在市场分析的基础上,结合采购部门信息,做好原燃料采购成本预测工作,完善采购指导价制度。按月发布原燃辅料市场指导价,发布自产矿、废钢等相关物料结算价格及其他相关方物料品种结算价。

2. 做好采购计划的编制和下达。每年根据年度生产需求及检修情况,下达原燃料年度采购计划。结合公司生产需求,实际库存资源情况、物流运输保障能力以及预判后期市场动态,合理平衡资源,每月及时编订并下达公司的采购计划,同时与生产单元和采购中心积极沟通,结合实际需求与采购情况,动态调整采购计划。每月跟踪计划执行情况,做好月度评价及时提出考核意见。

3. 采购价格管理定期化,标准化。组织召开每月的采购价格会,并对采购价格执行情况持续跟踪,按月考核。每月对行业数据进行采购对标工作并形成报告,包括含铁原料、燃料和合金废钢等主要品种。根据行业数据分析比较,对标行业标杆钢厂数据以及公司考核要求等多方面,分析并提出相应的评价和采购建议。

4. 管理规定的健全和优化。按照公司汽车板外审、能源体系审核、两化融合等要求,结合公司为深化精益采购制定的战略行动计划方案,对《采购管理程序》《供应商管理程序》和《招标管理实施细则》等程序文件进行了全面修订和制定,并发布实行。积极参与公司体系审核,对发现的问题及时整改。按照公司制定的深化精益采购的战略行动计划,持续打造安全、稳定、高效、可持续、有竞争力的供应链,建立完善适应环保新要求和季节性特点的应急保产预案,推行最优价采购策略,巩固完善供应链各环节有效联动的运行机制,持续对战略供方开展有效评价,对关键供方推行EVI服务,健全供应商准入和退出机制,协调各采购部门按月推进工作任务,努力完成行动计划。

【经营管理】 1. 加强目标计划值管理,实现体系精益运行。公司经营计划全面推进计划值管理,全年经营计划准确率达到92%,有效支撑公司的生产经营,全年股份(集团)利润总额22.98亿元,合并报表归母净利润约11.28亿元。全年铁、钢、成品材分别完成1405万吨、1530万吨、1424万吨,完成计划的98.1%、98.8%、98.6%。

2. 盘库管理。按时完成了公司产成品、中间品、在产品及大宗原燃辅料的季度盘库和对各加工中心的半年度盘库。公司各类钢材库存账物相符,无盈亏,且库存均在公司控制标准以内。大宗原燃料盘盈5.51万吨,各类库存总量均在公司控制标准以内。

3. 资源综合管理。通过优化销售渠道提高直供比、加强销售计划过程管控、拓宽第三方指数定价应用范围等方式,确保可利用资源正常出库,提高了为生产主线保产的能力。可利用资源销售量250万吨,营业收入4.16亿元(不含水渣),创历史最好水平。3月,按公司要求,水渣销售业务划至资源分公司,并对合同签订、信息化系统创建、资金、结算等事宜进行了具体安排,顺利完成了水渣销售业务整体划拨工作。全年水渣销售量500万吨,销售额达8.42亿元,比上年增收1.36亿元;销售均价164.22元/吨,较2018年均价上涨27.09元/吨。坚持固废资源以招投标为主,如钢渣(KR渣)、转底炉球团、汽运渣、工业回收物、热焖渣(南区)等,2019年招标比例达到61.46%。稳步推进自用材的工作,协调自用材的资源分配,审核、发布公司自用材的计划,全年审核采购中心计划总量约4.7万吨,为股份公司节省外购资金累计约1.66亿元。

4. 全面推进品牌建设工作,持续完善品牌管理体系。紧扣"提升创新竞争力"的品牌定位,紧跟集团公司品牌建设总体思路,制订发布了《马钢股份有限公司2019年品牌建设工作计划》,部署了20项品牌建设的重点任务,有计划、有步骤、科学系统地全面推进品牌建设工作;同时依据股份公司《品牌培育管理手册》,编制发布了《品牌设计、更新及延伸管理程序》《品牌保护管理程序》《品牌监视、测量、改进管理程序》《品牌自我评价和管理评审管理程序》4项体系文件,在股份公司层面系统建立了品牌培育管理体系;统筹利用公司内外部资源,组织人员参加了一系列品牌专项培训。

【期货管理】 1. 开展期货业务,规避市场风险。为了控制风险,董事会授权期货工作组套保资金额度为5000万元,较2017年、2018年缩减近60%—70%,市场部坚持套期保值原则,有序开展期货业务。根据采购和销售业务的需求,2019年开展了钢材的卖出和原燃料的买入共5个项目套保交易,套保项目合计22.2万吨,其中,铁矿石15.5万吨,焦炭2.8万吨,螺纹钢3.7万吨,锰硅合金0.2万吨;截至年末,期货账户平仓亏损72万元,期现合并盈513万元;年末持仓浮盈119万元,期货账户合计,全年总盈亏为盈利47万元,有效降低了经营过程中的风险敞口,达到锁定订单成本、保护订单利润的套期保值目标。

2. 期货业务获得公司内部的支持和上期所的表彰。2019年是螺纹钢期货上市10周年,公司为螺纹钢期货上市做出重要贡献,公司相关领导参与螺纹钢期货上市10周年庆典并接受专访;上期所将马钢确定为钢铁产业培训基地,并颁发相关证书和匾额。4月24—26日,在马鞍山成功开展2019年第一期产业培训基地活动。

(王 倩)

计划财务管理

【成本管理】 2019年,成本管理重点围绕强化成本管理,提升企业效益,开展了一系列工作。一是通过对标科学设计降本增效指标,打造成本精益管控能力。采取工序产线对标,从铁前到钢后所有主要产线,选取行业先进单位作为标杆,按月撰写对标分析报告,通过和行业平均对标、行业先进对标,助力公司各单位工序成本比上年实现降本7.6亿元。二是完善和深化月度生产经营计划的效益评审工作。对于开展效益评估工作,每月计财部根据采购部门提供的对下月的原料预测采购价格以及销售部门提供的下月钢材销售价格,准确评估物料成本、钢材边际利润,及时提供给市场部,为公司的销售接单、排产、资源平衡以及优化品种结构提供依据。其次开展效益预测工作。为了及时反映当月公司的经营状况,计财部每周进行周成本预测,每月根据两头市场价格变化、品种结构完成情况以及二级单位成本完成情况进行效益预测,编制经营快报,为公司经营提供依据。三是强化成本管理与考核工作。首先计财部每月按公司月结时间节点完成成本月结工作,撰写月结报告,并及时和制造单元沟通,梳理和优化流程,不断提高核算的准确性;其次加强绩效考核工作。计财部每月及时计算各单位制造成本、边际利润、模拟利润、资金占用等指标完成情况,并撰写部门绩效评价报告,为公司领导全方位、全流程整体了解各部门、各业务单元运行效果提供数据支撑。再次做好对标挖潜及降本增效工作,多种途径寻找降本增效空间,督促各制造单元开展经济技术对标。同时制定了新的降本增效目标,和二级单位一起落实降本增效措施,公司制造成本显著下降。为了促进二级单位进一步加大降本增效工作力度,计财部牵头会同各职能部门及制造单元,从高炉燃料比、焦炉洗精煤消耗,钢铁料消耗、成材率以及能源介质成本等各方挖掘降本空间,重新设定了各单位下半年降本增效目标。通过追加降本目标,预计下半年比2019年原计划多降本2.43亿元。四是商业计划书编制工作。计财部迅速启动该工作,梳理模板、下发通知、协调沟通、全面测算、制定指标、生成报表、整合汇总、撰写报告,加班加点按宝武要求按时安置完成了商业计划书的编制工作。五是对子公司的业务支持。计财部设计了股份公司回收废钢委托废钢公司加工的流程,牵头各相关单位多次会议落实实施方案、跟进实施进度、制定上线切换策略,协调解决上线初期问题,目前系统运行稳定,有效降低了关联交易发生额;同时对轮轴板块整合及销售区域公司和加工中心SAP上线也给予技术上大力支持。

【资金管理】 1. 严格资金控制,提高资金使用效率。按照“量入为出、以收定支”的原则,将采购资金的总额与销售收入挂钩,控制存货资金占用以保证生产经营现金流。

2. 采用多种融资手段,努力降低资金成本。一是紧跟市场,积极调整资本市场直接融资。2019年,公司完成了10亿元短期融资券到期兑付。下半年发行20亿元短期融资券;为提升境外资本市场利用,结合当前国际资本市场大环境以及股份公司当前生产经营形势,计财部撰写并向公司报《马钢股份公司拟在香港市场发行H股可转换公司债券的请示》,建议2019年下半年发行H股可转债30亿元,均因宝武重组原因被暂停发行,于是暂停资本市场直接融资,调整公司的融资成本和融资结构。2020年将根据公司的实际需求及资金市场行情,决定是否择期发行。二是密切关注汇率和利率市场行情,及时调整美元资产和负债的配比结构,有效规避汇率风险。为了应对汇率风险,采取以下策略:运用金融衍生品,控制汇率变动风险。通过选择时点办理远期购汇,锁定汇率套期保值,控制因汇率变动对进口采购的成本影响风险。合理调配美元资产负债结构,对冲汇率风险。三是密切关注资金市场变化,适时调整融资品种,通过增加银行端间接融资,改用大量的国内信用证福费廷业务,替代银行流动资金借款业务及资本市场被暂停的融资,完成了大量低于基准利率的间接融资,调整了公司的融资成本和融资结构的同时,使全年的利息支出比上年实际利息支出减少约1亿元。四是关注海外市场资金行情,积极找寻银行用信额度,开拓跨境融资手段和增加融资总额。2019年公司的跨境融资增长迅速,有力地替代了直接融资减少的部分融资需求。五是顺利完成公司银行承兑汇票管理工作。根据集团公司《应付账款支付管理办法》规定,自2019年1月1日起,各单位开具银行承兑汇票仅作为融资手段,不得背书转让,对外支付承兑汇票一律新开。2019年,计财部通过各家银行开具银行承兑汇票合计102亿元,全年完成银行承兑汇票到期托收147亿元,顺利完成了公司银行承兑汇票管理工作。六是利用财务公司平台,提高存量资金收益率。通过分期分批，将存量资金采取定期存款和多批次7天通知存款，取得了存量资金的增量效益，全年产生的利息收入比计划增加2000万元。

3. 配合公司内控管理，完善资金内控制度。对《马钢股份公司应收款项往来客户授信管理办法》进行了修订，并根据《应收款项往来客户授信管理办法》的规定，拟定了股份公司各销售单元2019年度授信限额及比例，经公司领导批准后，下发各相关单位执行。

【投资及资产管理】 1. 固定资产投资的管理。一是牵头组织重大投资项目的各项前期工作，完成各项审批、备案手续，为各项投资项目的开工建设奠定了基础。如马钢合肥公司环保搬迁项目——焦炉系统工程、CCPP项目的热力燃气及电力公辅项目、港务原料总厂供二铁原料通廊安全和环保综合治理、炼铁总厂南区3号烧结机烟气脱硝及超低排放等重大项目。二是根据环保要求和公司实际情况，对股份公司固定资产投资项目流程进行了梳理和调整，增加了专业评审环节，提高了项日决策的科学性。三是建立了固定该资产投资的检查和考核制度。为强化公司重点工程的实施过程管控，今年对部分重点在建项目进展和投资控制情况进行了检查，并对管控不合格和为完成转固工作的单位进行了考核。建立了进度月报制度，并完成了2019年度的固定资产后评价工作。四是严格执行股份子公司投资管理制度，根据省国资委、集团公司的要求，按照股份公司子公司的投资管理制度，对长钢公司、合肥公司、轨交公司等项目进行了审批。五是建立并落实了重大固定资产投资项目党委前置的讨论程序。根据公司要求，计财部落实了党委前置的审批流程。应报董事会审议的项目均按要求先报送了公司党委审议，共完成17个项目的前置审议。六是完成钢铁行业化解过剩产能的审计工作，完成第六笔去产能离岗安置人员专项资金补贴20035万元的申请，完成省政府财政厅布置的“安徽省工业企业结构调整转型奖补资金专项转移支付2018年度绩效自评报告”的编制。七落实国家行业规范要求，组织行业规范企业申报，全年完成股份公司钢铁行业规范企业数据更新；组织完成了工业和信息化部对股份公司炼焦总厂的“焦化准入企业动态调整现场核查”等工作。

2. 股份公司股权投资方面。2019年计财部在股份公司股权管理方面开展的工作：一是完成子公司新设与重组整合工作。按照投资决策程序完成了对马钢宏飞电力能源公司的投资工作；完成了对武汉材料公司、马钢轨道交通公司、马钢（上海）保理公司、废钢公司、中东公司、瓦顿公司的增资工作；完成了马钢（广州）钢材加工中心的股权重组工作；启动了对马钢欧邦公司、马钢防锈科技公司的清算工作，参与对一重马鞍山重工、考克利尔、上海大宗的清算工作；按照集团公司轮轴板块整合方案，完成了对轮轴板块的初步整合重组工作。二是完成对子公司的日常管理工作。2019年完成了对52家子公司的日常管理工作，包括对子公司股东会、董事会议案的审议、风险分析、财务数据的汇总，考核数据的上报等等。同时，配合完成了审计署、公司领导离任审计、宝武审计等等对子公司的审计检查与资料提供工作。

3. 资产管理。一是固定资产方面：按照公司的总体部署和各项目投产时间及时做好固定资产暂估入账转固工作。2019年全年预计新增固定资产约22亿元。其中公司重点项目约19亿元，厂管项目约3亿元；积极参与公司固定资产外销、报废工作，将公司内部没有利用价值的淘汰设备或因重组原因对外销售，至10月末处置销售原值约1280万元、净值82万元的固定资产，实现销售收入154万元；按国家规定强制报废汽车原值763万元，净值42万元。全年报废的资产原值约8亿元，净值约1.5亿元。配合相关部门做好年度固定资产盘点工作，及时发现处理固定资产使用和管理中存在的问题，使固定资产账实相符。二是加强无形资产（土地）的管理工作，督促权证办理，防范已支付征迁资金风险。三是积极争取财政补贴资金。全年争取焦炉脱硫脱硝等项目约1000万元各级政府财政资金补助。

【税务管理】 一是充分应用出口退税政策，2019年为公司获得免、抵、退税4.9亿元。二是展开了公司2018年度企业所得税汇算工作。为股份公司获得2018年度减免企业所得税14381万元。三是利用政策，抵减公司增值税240万元；四是就公司资产重组进行了税收筹划，减免12000万元税费；五是积极争取财政优惠政策。减免了环保税660万元、水利基金节税2293万元、享受土地使用税抵免金额485万元。六是积极办理公司预交税款的退税抵减业务。公司在2008—2010年合计超缴企业所得税2.71亿元，由于原市地税局征管分局认可该事项，股份公司预缴的企业所得税余额2.71亿元一直挂账处理，没有计入所得税费用。由于税务机构整合，国税、地税合并，新成立的市税务局提出重新梳理原市地税局征管分局认可的马钢股份公司超缴税款。为妥善解决这一历史遗留问题，2019年特向公司申请，聘税务师事务所对股份公司2008—2010年涉税情况提供税务咨询报告,股份公司与市税务局全程参加,并沟通协商最终处理结果。事务所开展涉税事项的各项核实工作,计财部积极配合,查找各类原始凭证等附件资料,提供详实的佐证材料;该项工作为公司争取最大金额的退抵税款。

【会计基础工作】 1. 牵头做好股份公司清理拖欠民营企业中小企业应付款项工作。审计署南京特派办2019年6月对马钢股份拖欠民营企业中小企业应付账款情况进行检查,计财部针对审计署提出的审计清单撰写股份公司《关于成立马钢股份公司清理拖欠民营企业中小企业企业账款工作领导小组及有关工作部署的通知》,多次牵头召开重点单位清欠工作推进会,除积极督促各单位完成应付款项支付工作外,先后向公司递交两批建议集中处理的应付款项清单并提出处理建议,努力按审计署以及省国资委的时间要求完成清理工作,在年底前按宝武集团要求实现"零拖欠"。

2. 完成关联交易的相关工作。一是针对废钢公司本年度关联交易额度严重超协议进度问题,计财部先后多次召开专题讨论会并向公司做情况汇报,并与有关单位及部门积极商讨解决方式,通过各种方式进行额度控制;二是随着宝武集团与马钢集团的正式重组,对马钢股份与宝武集团之间的交易进行了梳理,对重组日后直到2019年年底的关联交易项目以及金额进行了统计和预测,并协助法律事务部制订了马钢股份与宝武集团之间的2019年《持续关联交易协议》。

3. 加强会计基础工作。一是进一步规范会计基础工作,加强财务会计内部控制,有效控制财务风险,协助集团做好《马钢大学生职工购房首付款贷款基金管理办法》等多项管理办法的修订和意见征集。二是加强对外投资财务监管与风险防控。进一步加强对外投资的日常财务管理。按季度报送子公司财务风险分析报告,并对子公司财务风险管理提出建议;对子公司的内控执行情况进行检查,并提交相应报告供公司参考决策;参与子公司相关工作。协调子公司配合安永审计工作;牵头组织完成子公司的关联交易规范工作;对各子公司董事会、股东会议案提出表决意见等工作。

4. 协调相关审计工作。一是协助安永做好联交所、上交所2018年年报及2019年季度、半年度报告的披露及期后审核说明工作;二是根据安永会计师事务所出具给公司的《2018年度管理建议书》的内容,就相关的问题下发整改通知,配合各有关单位进行了认真整改,梳理、汇总反馈给安永审计。

5. 加强内部控制管理和风险评估工作。根据《关于开展马钢股份公司2018年风险管理与内部控制测试的通知》《关于开展2019年风险评估工作的通知》要求,对公司财务方面的内控制度进行了梳理,对梳理中发现的问题进行研究并加以修订,认真梳理开展风险评估工作,并按要求汇总上报风险评估结果及改进情况。

6. 积极配合财务共享中心的调研工作,梳理股份公司财务核算业务和管理职责。

7. 财务预算工作。计财部根据公司要求编制并下发《马钢股份公司2020年财务预算编制纲要》,编制2020年财务预算,实行预算管理。

【统计管理】 一是圆满完成全国第四次经济普查任务,形成一套完整的马钢股份经济普查资料,得到市统计局普查办的肯定。二是组织并开展股份公司对标管理活动。按照《马钢股份公司2019年对标工作实施方案》要求,每月对财务经营、制造成本、采购管理、钢材营销、人力资源、技术指标、设备管理、能源与环保、技术研发等90项对标指标的完成情况进行对标分析,查找公司存在的差距和问题,分析原因并提出改进措施,每月形成一期公司对标工作综述呈报相关领导与部门,以供管理决策参考。三是完成对国家统计局、中钢协会、国资委、省冶金协会、省统计局、市统计局等各级政府部门周报、月度、季报和年度报表上报任务。

(胡　芳)

制造部

【基本情况】 2019年,制造系统始终以客户为关注焦点,以客户需求为导向,强化"效率、效益"双引擎,大力推进技术创新和管理增效,淘汰落后产能之后的优势产能得到迅速恢复,不断提升制造能力。

【生产组织】 生产组织上紧紧围绕"1号高炉大修开炉达产""四钢轧3个转炉炉役检修""新氧管接入管网、三加压煤气混合系统改造"等重大节点,始终遵循效益最大化原则,提前谋划生产组织平衡方案,克服了1号高炉大修开炉推迟及A高炉控产护炉影响,在保证生产大局平稳的基础上,确保组产的灵活性、高效性,最大限度提升优势机组、关键产线的运行效率。B高炉4天检修焖炉3天快速达产和A机7天年修顺利恢复的成功经验,为今后高炉长时间检修闷炉及复风操作奠定了良好的实战经验。特钢公司电炉、长材事业部炼钢和大小棒材、四钢轧总厂1580热轧机组紧紧抓住市场阶段性机遇，真正让生产“潜能”转为创效“动能”，全年共7条产线刷新了月产记录。四钢轧总厂、特钢公司炼钢高效组产继续取得新的突破，全年产钢分别达到840万吨、86万吨，均创历史最好水平。新建一钢轧方坯铸机、长材事业部中型材轧机均快速达产，为公司继续拥有较强市场竞争力的品种结构夯实了基础。一钢轧方坯铸机最高月产突破9万吨，供特钢线材冷墩钢基本实现了原有品种的覆盖。中型材最高月产超过5万吨，规格由原来的角钢、槽钢、U型钢扩展到工字钢、H型钢，为巩固市场竞争领先地位加重了砝码。

成立物流系统联动推进组，全力推进物流系统优化，组织实施推进港务原料总厂辅助进料系统方案、新区集装箱卸车线方案，跟踪、落实“混匀料场1号B型棚”“块矿烘干系统”“炼焦总厂老区煤场筒仓建设项目”，大力推进内部物流运输“汽改铁”工作。

2019年累计产铁1809万吨，其中长江钢铁404万吨；产钢1984万吨，其中长江钢铁454万吨；成品材1875万吨，其中长江钢铁455万吨，铁钢材产量分别较上年增长0.51%、0.98%、0.32%。

【品种结构】 CSP薄规格生产量进一步保持稳定，四钢轧热轧机组耐候钢产品结构分工更加合理，组产经济性、合理性显著提升。热轧薄规格高强钢、冷轧高强钢/双相钢、汽车外板实现常态化生产且产品质量实现飞跃。硅钢产线经设备改造后，产量及质量实现突破。300级别以上牌号硅钢产品稳定放量组产，新能源系列生产取得了较大突破，W470产品同比增长24%。家电涂层板较2018年增量1.1万吨，产品质量达到浦项同一水平。高强钢、双相钢、汽车外板等品种分别较2018年增量8000吨、3000吨和2.2万吨。

【订单管理】 板带制造单元以制约订单兑现因素为抓手，围绕订单兑现的瓶颈工序，开展重难点产品技术攻关和排程优化，机组产能进一步释放，全年订单兑现实现较大突破。工序动态预排、订单动态管理、紧急插单应对模式等方式有效的改善了小订单“交不满”与“超量大”的矛盾。全年累计完成20家主机厂40款车型790个零件的试模认证工作，其中外板140件；累计完成各类试模认证订单0.43万吨的按时交货，支撑汽车板类新车型的开发。在下半年镀锌外板生产量突增的情况下，协同销售公司优化中间品和产成品安全库存管理，较好的完成长安等汽车直供厂的保供。覆盖长安整车等21款车型119个零件保供，并实现长安S311车型全部25个自制件的整车供货，同时支撑了全年镀锌外板1.8万吨的订单增量。

板带订单兑现率88.33%，较2018年增加1.61个百分点，上升1.88%。板带非计划材占比12.14%，较2018年降低0.84个百分点，下降6.47%。

【技术进步】 铁前围绕高炉经济技术指标提升，优化配煤配矿方案，有效控制有害元素入炉。开展自产焦降灰攻关，三系统焦炭灰分从12.5%降低至12.3%左右，为高炉顺行提供支撑。加强对炉役后期高炉炉缸的监控，积极采取有效措施，保证安全稳定生产。

炼钢和热轧重点推进QSTE系列酸洗产品性能改善、热轧边部翘皮改善、平整卷综合质量提升、冷轧基料起筋缺陷改善等科研和技术攻关项目。

冷轧继续推进2130酸轧高质高效生产及不切边，有效助推高质高效生产，提升机组作业效率，提高订单兑现水平和机组成材率。冷轧和镀锌产品开展工艺优化，稳定产品性能，提升客服的满意度。推进镀锌汽车外板攻关和双向钢镀层不良改进，产品质量和性能都得到有效改善。推进硅钢一贯制管理，提升硅钢产品生产过程控制稳定性，性能让改率由2018年5%下降到1%。

铁水制造成本与行业平均的差距较上年缩小2.58元/吨。综合成材率94.91%，较上年进步0.26个百分点。吨材质量总损失9.21元/吨，同品种结构比下降0.74元/吨；万吨材质量异议0.75起，与2018年累计比下降0.08起/万吨。

【质量控制】 继续贯彻产品“零缺陷出厂”理念，深入推进质量“三不”原则，强化制造过程质量管理。不断完善原燃辅料质量监督管理流程，强化厂际间质量仲裁与质量责任追溯，做好工序过程质量控制，持续开展三级质量督查。按期开展产品审核和制造过程审核。参与重点顾客的二方审核、认证审核和体系审核。

策划开展“检测年”活动，通过统筹布局，逐步推进，完善马钢检验体系，树立马钢检验品牌。其中在特钢、车轮及型材检验能力建设方面，通过检验需求的现状梳理和与先进钢企对标，新建、更新检验设备，优化管理流程和技术标准，在检验准确性、及时性以及可追溯性都有长足的进步。

【信息化工作】 IPS/QMS信息化项目持续推进。IPS系统正式上线投用，订单兑现水平显著提升，除受系统切换影响，订单兑现水平基本稳定在89%以上。

QMS 项目先后完成四钢轧、冷轧北区、合肥板带三个区域的系统上线工作,后续调优工作仍在不断细化。工序委托、生产现场、内部客户满意度管理等各专项管理工作,有序推进,不断优化。风险意识显著提升,制造过程及产品质量风险识别工作常态化。

(卢学蕾)

技术改造部

【重点项目进展情况】 2019 年,在建工程 81 项,投资总额 110 亿,其中已建成投产 9 项,全年完成项目转固 29 项,全年完成固定资产投资 33.9 亿元。2019 年以重型 H 型钢生产线系列工程、CCPP 系列工程和环保系列工程为"重中之重",紧紧围绕工程"四大目标"开展工作,全力推进公司各重点项目按期推进。

重型 H 型钢轧钢生产线项目:该项目是马钢"十三五"结构调整、转型升级的重大技改项目,项目总投资为 16.5 亿元,项目生产线主体工程于 2018 年 11 月 30 日动工,主厂房基本建成,全面进入设备安装、调试、试车阶段,2020 年 1 月 18 日,生产线已过红钢,2020 年 3 月转为试生产。

重型 H 型钢生产线异型坯连铸机工程:该项目为解决公司铸坯规格不能满足轧钢生产开发问题,项目总投资为 3.3 亿元,项目主体于 2018 年 11 月 9 日开始施工,2019 年 12 月 20 日成功进行了热负荷试车。

节能减排 CCPP 综合利用发电工程:项目计划投资 10.25 亿元,2019 年年底已完成桩基施工,项目处于土建基础施工阶段。

煤焦化公司新建筒仓项目:项目计划投资 4.2 亿元,2019 年 12 月 25 日已完成了筒仓一期工程"进煤"的目标。

特钢公司新建大方坯连铸机及配套改造工程:项目总投资 4.2 亿元,2019 年年底项目进入设备安装和单体调试阶段。

冷轧总厂 1720 酸轧线设备能力提升改造工程:项目投资 4.29 亿元,2019 年完成引进和国内设备采购并进入设备制造进度,预计 2020 年 7 月建成投产。

炼焦总厂集装箱运输智能化环保改造工程:项目计划投资 6900 万元,2019 年年底已基本建成投入使用。

其他重点工程:长材系列升级改造工程公辅配套项目、马钢合肥公司环保搬迁项目-焦炉系统工程、马钢高端汽车和轨道交通零部件线棒材深加工项目(线材二期棒材一期工程)、港务原料总厂供二铁原料通廊安全和环保综合治理技术改造工程等项目按公司要求进度计划推进。

【项目管理工作】 1. 加强制度化建设、规范工作程序。2019 年对公司基建技改涉及的 20 项管理制度全部进行了修订。一是根据公司管理需要,重点对甲供材供应流程进行了全面梳理,整合《建设工程材料价格管理办法》和《基建技改工程甲供材供应与结算管理办法》,制订发布《基建技改工程用材管理办法》。二是从项目投资的源头抓起,以统一归口管理、统一标准规范为目标,建立"严肃初步设计管理,严格控制超范围和超标准内容,设计变更一律审批"的"二严一律"控制原则,梳理设计管理流程,修订完善《基建技改工程设计管理办法》。三是完善总图和土地管理制度。根据集团和股份公司管理特点,修改了集团公司总图、土地总图信息管理制度,建立了总图跟踪测量制度和竣工测量制度,为下一步完善总图和即时管理打下了基础。

2. 规范工程设计,强化设计审查和管理。一是修订完善技术规定,从工程设计归口管理、初步设计编制深度、设计变更管理等方面着手,建立设计变更图台账,对设计单位的变更情况进行跟踪通报,逐步规范设计单位的变更行为;对 2004 年实施发布的《马鞍山钢铁股份有限公司工厂设计统一技术规定》启动修编工作,力争尽快建立统一的技术规范和设计管理平台。二是强化评审工作,组织部内评审,逐步深入工程项目前期工作,以实现项目前期与工程设计阶段的顺利衔接,2019 年组织完成 60 个项目的多轮次可研方案评审工作。

3. 强化施工检查,严格过程控制。一是开展"质量月"活动,树立高质量发展意识。积极响应冶金质量总站精神,对在建重点工程开展"质量月"活动。围绕"强化质量监管推动高质量发展"的活动主题,开展形式多样的质量专项活动,不断提高质量管理水平,确保冶金工程建设的质量不断提升。二是组织开展各类检查,强化过程管控。针对土建、钢结构、设备安装等方面存在的质量通病问题,全年共计开展了 11 次质量专项检查,发现各类质量隐患问题 63 项,督促责任单位及时整改;坚持周巡检督查。及时处理施工过程中发现的质量、安全隐患,针对马钢项目外来施工单位多、监理公司多的特点,督查各施工单位、监理单位、项目部在质量、安全管理工程中的规范性;坚持季度"全面体检",对工程建设各阶段档案资料的合规性、同步性及有效性,对建设工程各方质量主体责任落实情况、工程管理制度建设落实情况进行全面诊断并及时"诊治",2019 年季度检查共计发现各类问题 100 余项,督促整改完成率 98% 以上。

【主要业务工作】 1. 工程合同管理。2019 年重点对合同文本的规范性进行了梳理;根据公司支付流程的变化,自我加压,缩短工程资金支付业务流程,为工程施工资金及时性提供保障。2019 年新签订合同共计 321 项,合同额共计 28.26 亿元,办理工程款支付共计 26.31 亿元。

2. 造价管理工作。2019 年重点推进、推广工程量清单计价模式,加快了项目后期结算的进度,促进建安费用透明化,增加项目费用可控性。2019 年完成建安工程标底(控制价)编制 112 项,编制金额为 20219 万元;完成工程结算 59 项,结算金额为 16394 万元;完成工程项目建安费用估(概)算费用审核 56 项,审核金额 134367 万元;完成股份公司检修预算审核 728 份,审批金额 20256 万元。

3. 项目引进管理。2019 年重点根据工程项目周期短、节奏快的特点,积极参与公司技术引进和其他对外合作工作。主导项目涉外合同的商务谈判,在进口申报、缩短通关时间、降低物流运输成本等方面做"文章"。2019 年新签约进口项目合同 30 项,主要有 CCPP 项目、冷轧 1720 机组改造、1 号镀锌线改造,技术中心和检测中心检化验设备及科研设备、特钢精整等项目。

4. 其他费用管理。2019 年办理勘察、设计、监理等各类委托 77 项,完成其他费用的核定共 73 项(含总包其他费和招标控制价),合计约 3024 万元。

5. 工程图纸档案管理。2019 年共接收各类施工图共计 29570 份,发放建安施工、设备制造、安装各类图纸 1752 份;转发各类电子文件 106 份;发放设备、建安招标图纸 776 份;库存图纸 2335 份;规范销毁作废图纸、资料 7000 余份。整理、归档、移交公司档案馆归档文件资料共计 745 卷 A 包,39 张光盘。

6. 总图土地管理。一是提升土地总图管理"两化融合"工作。对标宝钢股份,完善总图管理制度、更新信息化管理系统。建立基建技改项目总图审查和确认制度、项目地下管线跟踪测量制度、项目竣工测量制度、规划协同报批制度等,保障总图信息更新的实时性,为项目管理和公司规划管理打下基础。二是重新划定厂界管理范围,落实属地管理责任。根据近几年公司机构改革,各单位管理总图范围不断调整的状况,组织了各单位总图状况摸底,根据现状制定了公司总图厂界管理范围平面图,明确各单位属地管理责任,为防止土地流失、加强土地利用、完善总图规划打下基础。三是积极配合市政工程建设,为市民顺畅通行和美化马鞍山环境做出贡献。积极配合宁芜铁路道口平改立工作,为广大市民顺畅通行贡献;积极协调三台路施工涉及马钢的相关事项,推动公司新 11 号门、铁水成品线的建设,为三台路施工让出场地;协调雨山区为江东工业园车辆通行开辟临时道路,为马钢重型 H 型钢等相关工程的施工提供条件;协助市、区政府的水系整治和环境整治工程,为马鞍山山清水绿工作做出贡献。四是及时办理土地转让出让工作,购买项目用地约 32.33 万平方米、交易金额 1.88 亿元,为公司项目建设保驾护航。五是积极推进基建技改项目的总图规划报批工作。

(黄远顺)

设备管理部

【主要绩效指标】 2019 年,股份公司主要产线故障停机率 1.86‰,优于目标值 2.5‰,其中 4 小时以上设备事故次数共计 0 起,优于 2018 年;设备综合效率 OEE 整体实绩 70.69%,比上年提高 0.77 个百分点;吨钢修理费目标值 100 元/吨,全年实绩 98.5 元/吨;备件库存目标值 5.2 亿元,实际完成 4.74 亿元。检修安全、质量、工期、费用全面受控,检修后 48 小时内故障 74 起,与上年持平。

【过程管理体系建设】 2019 年 4 月,设备部对标宝钢股份的设备管理组织模式,按照过程分工,成立以公司高级技术主管为主体的设备技术室,集中技术力量,补齐设备技术管理短板。按照绿色发展智慧制造的工作要求,构建面向全公司产线设备的状态集控智能运维和设备管理系统。结合马钢设备管理现状,策划马钢设备集控中心建设方案。在总结过去两年 OEE 活动的基础上,2019 年,创新工作方法,策划发动各厂部积极开展 OEE 评价改善活动,以活动推动指标提升。通过指标引领,过程支撑,引导各产线按照 PDCA 过程方法良性运行。以质量管理体系八项原则作为理论基础,强化事故全过程管理,开展设备事故整改措施落实情况验证,减少重复故障发生。

【检修管理】 一是应对长江大保护行动,提前谋划。调整原计划2020年实施的B号烧结机年修,同时对检修方案进行了颠覆性优化,把工期从12天缩短到7天,把环保限产损失降到最低,为保公司当期效益提供了有力支撑。二是检修组织策划周全有序,措施得当。新老区氧气连通管改造工程及同步检修工程施工组织难度大,系统物流、能流平衡难度大,在精心组织下,圆满完成了此次大规模系统检修。三是设备检修管理信息化系统(EMS)全面上线运行。实现了检修全过程管理,通过系统锁定检修人员,实名制进场,极大提升了现场施工安全和质量控制力度。四是协力管理工作不断深化。2019年在修订完善《设备维修协力管理与评价实施办法》的基础上,落实协力绩效考评,将维保考核评价支付权力下放到厂部。有效提升协力维检效能。

【备件材料管理】 一是全年备件材料实现了经济、高效保供。年末机电备件库存资金4.74亿元,较2018年年底降了8600万元,完成5.2亿元的控库目标;备件周转天数96天,比上年加快11天。二是在管理和技术上开展降本工作。通过优化修复流程,扩大修复品种,完善修复工艺,提升修复水平,监管修复质量,不断提高公司修复比例;开展备件材料国产化工作,完成车轮、四钢轧及干熄焦提升钢丝绳等国产化试用工作,降低采购成本。

【节能降耗】 2019年,成功实施长材北区棒材100号油膜轴承油国产化,该国产化项目为国内大钢首例。着力规范外转供管理,杜绝资源流失。通过远程计量等信息化手段的实施,对26家蒸汽外转供用户,11家外转供水用户进行科学管控。着力解决与力生公司蒸汽使用的历史遗留问题,股份公司“三供一业”供水、供电剥离移交工作基本结束,进入审计结算阶段,从根本上杜绝了能源资源的流失。完成了2019年年度双边合同签订,完成了2019年直供电交易总电量34.07亿千瓦时,实现直供电效益3.20亿元。有效控制了交易偏差,累计年度偏差-1.5%,未触发偏差考核(-3%—+5%),进一步提升了直供电效益。

【去产能资产处置工作】 遵循“安全、规范、创效”原则,积极调研搜集市场需求信息,精心策划处置方案。去产能关停产线整体通过省产权交易中心挂牌处置,实现销售收入5678万元,其他报废资产通过招标中心公开招标销售,销售收入800余万元。

【荣誉】 2019年,《检修总包实践与人力资源优化新模式探索》获集团公司管理创新成果二等奖;设备管理部获得集团公司管理创新先进单位;股份公司荣获中国设备管理协会《年度设备管理与技术创新标杆企业》称号;成果《H型钢专用量具溯源推动行业标准发展》获得中国计量协会冶金分会“冶金计量创新助力质量提升”优秀案例“一等奖”。

(郑治宇)

能源环保部

【主要绩效指标】 2019年,股份公司环境风险总体受控,环保合规性管理水平持续提升,厂区环境质量总体优良。颗粒物、SO_2、NO_x、工业废水、COD、氨氮等主要污染物吨钢排放量分别为:0.33千克、0.34千克、1千克、2.47吨、0.04千克、0.0025千克;与上年相比,除SO_2指标略有升高,其他指标均有所下降。固废危废100%安全处置,固废综合利用率99.98%。吨钢综合能耗完成572.88千克标煤/吨,与上年相比降低3.49千克标煤/吨。

【能源管理】 2019年,进一步加强过程管控和现场对接,实行主要能源指标预警机制,深入开展分析评价和对标活动。推进重点节能项目实施并取得明显成效,电炉、1580加热炉、2130连退炉等烟气余热回收以及热风炉智能燃烧、罩式炉尾气回收提纯再利用、压气零气损干燥工艺技术、分布式光伏发电、绿色照明等项目得到推进实施,全年节约标煤4.3万吨,年效益6420万元。组织参加由中钢协与中国机械冶金建材工会联合举办的全国大型钢铁设备节能对标竞赛,并取得历史最好成绩,炼铁总厂A号烧结机、四钢轧总厂2号转炉荣获“冠军炉”称号。《节能减排CCPP改进型煤气高效发电工程》《特钢公司新建大方坯连铸机及配套改造工程》等14个项目,全部完成能评并通过政府主管部门批复,能评执行率100%。组织对2015—2018年度取退水量和各制造单元生产生活水耗等调研、校验、取证,按要求编制了延续取水报告书,确保了股份公司延续取水许可证如期办理,为公司可持续发展提供支撑。

【环保管理】 制定发布《2019年环保工作计划》,逐级签订年度《环保目标责任书》,开展监督与评价。一是环评、排污许可及“三同时”管理。2019年开展建设项目环评32项,完成股份公司环境影响后评价工作;完成热电总厂1—3号煤粉炉脱硝超低排改造等9项环保自主验收,全面完成搬迁系统工程环保验收;强化排污许证后管理,组织对持证单位排污严格落实执行报告、监测及信息公开等管理。二是现场监督、绩效管理。严格落实重污染天气应急管控;完善在线监测设施和视频监视系统建设;实施排口长制度,明确监管责任;强化三级巡查、申报、通报制度等全过程管控,全年开展120余次现场环境检查和监理,下发22项整改(考核)通知单;开展废气无组织放散管控等多项环保达标升级劳动竞赛,成效明显;开展六汾河零排放攻关,实现阶段性突破。三是超低排放项目管理。2019年立项约3.6亿元,实施脱硫脱硝、物料通廊及转炉厂房封闭、除尘系统升级改造等超低排放项目以及一硅钢水处理等节水治水、固废综合利用等23个项目建设。四是固危废管理。立足内部处置,开展危废处置系列攻关,危废内部处置率提升至90.66%;对工业固体废物堆存场所"防扬散、防流失、防渗漏"设施情况开展整治。五是土壤及辐射管理。完成能控中心等四个单位《土壤及地下水监测实施方案》并组织实施;完成辐射安全许可证重新申领及Ⅱ类放射源报废回收工作。六是"长江大保护"系列专项工作。深入贯彻习近平总书记长江"共抓大保护、不搞大开发"的指示精神,履行社会责任、梳理自身问题。开展黑臭水体整治、环境综合整治、水系的美化、固废排查专项行动、突出环境问题整改、"央视长江大保护警示片反映问题"现场会迎检等各类专项工作。完成长江经济带突出环境问题中涉及马钢股份6个问题整改销号,通过省厅复核。七是品牌建设。依据《安徽省企业环境信用评价实施方案》,组织实施信用评级,马钢股份公司、冷轧总厂被评为"良好企业",热电总厂被评为"诚信企业"。

(王 琼 裴永红)

法律事务部

【合同管理】 一是规章制度及重大合同的审查起草。2019年,法律事务部审查各单位送审重大合同30余份,出具法律意见300余条。二是合同标准文本制定。以股份公司工程管理和原材料采购部门为重点,拟定《设备买卖合同》《承揽合同》《EPC总包合同》和《原燃料买卖合同》《货运代理协议》五类合同标准文本。三是授权委托和合同专用章管理。审查并办理临时授权81份,办理常年授权45份。2019年为运营改善部换刻合同专用章1枚:"马鞍山钢铁股份有限公司科技业务合同专用章"。四是合同管理检查。2019年12月,法务部对股份公司17家分公司、子公司及业务主管单位的合同管理工作进行了检查。检查的内容为2019年度各单位制度建设、签订履行情况以及合同管理的主要做法。五是合同管理资格(持证上岗)培训。2019年举办合同管理知识培训工作,共有250人参加培训。

【诉讼管理】 2019年,股份公司本部诉讼仲裁案件25件,主要涉及劳动争议、合同纠纷、损害赔偿、行政诉讼等,涉及标的额近3600万元,结案23件,挽回或减少直接经济损失达2000余万元。一是劳动争议案件。劳动争议共7件,涉案标的额96万元,均已结案,挽损率100%。二是合同纠纷案件。合同纠纷7件,涉案标的额600万元,结案6起,仅一起调解结案,其余5起均为胜诉。三是破产案件。办理破产案件2起,申报破产债权约2亿余元。四是非诉案件。办理非诉案件15起,涉及合同纠纷、人身损害赔偿、债权清收等。如通过协商追讨,避免了票面金额20万元的票据权利丧失。办理执行案件2起,申请执行172万元。妥善处理协助法院执行案件,维护企业和职工权益。五是协助执行案件。办理协助执行案件40起。六是其他工作。参加配合处理职工信访事宜3起。通过招标程序选聘北京大成(南京)律师事务所为常年法律顾问律所,下属子公司在法务部指导下纷纷选聘符合自身需求的常年法律顾问律所,初步实现专业律师团队为集团及各分子公司合法合规运营、决策保驾护航。

【子公司法务管控】 一是起草子公司章程管理办法。对照宝武集团《公司章程管理办法》,完善子公司法人治理结构,解决公司党委会、董事会、经理层权责边界不清晰,决策流程不优等问题,起草《子公司章程管理办法》。二是子公司解散清算工作。组织马钢欧邦、马钢防锈、马钢考克利尔等三家子公司解散清算工作。三是子公司章程审查。审查子公司章程修改方案4份。四是其他工作。根据各职能模块的管理要求,牵头开展检查、评价和监督工作,包括:对一级子公司的法务工作进行抽查,内容涉及公司章程的贯彻执行情况、合同签订履行情况、诉讼管理情况等。开展安全隐患排查工作,法务部从相关方管理角度随机抽取了设备部、技术改造部、制造部等三家职能部门以及资源分公司、能控中心两家二级单位,对安全协议的签订和履行环节排查安全隐患。开展境外法律风险排查工作,落实中国宝武与马钢集团管理对接的要求。

【合规管理】 合规管理系集团公司机构改革后基于优化管理需要,于2019年4月增加的职能,主要职责为:一是持续关注法律法规等规则变化,组织开展合规风险识别和预警,参与企业重大事项合规审查和风险应对;二是研究起草合规管理计划、基本制度和具体制度规定;三是组织开展合规检查,对制度和流程进行合规性评价,督促违规整改和持续改进;四是指导所属单位合规管理工作;五是组织或协助业务部门、人事部门开展合规培训等。2019年对股份公司相关办公会议审批的事项进行合规审查,主要涉及股权投资项目、重大资产处置、增资扩股及其他事项等方面内容,共计出具法律审核意见书6份;重大资产处置类2件,分别为股权转让及其他资产转让,即马钢股份公司向化工能源公司转让其持有的奥瑟亚化工有限公司全部股权事宜、马钢股份公司转让部分资产给马钢轨道交通公司事项。

(王庆宇)

督察办公室

【督察流程建立】 2019年3月,股份公司督察办公室组建,股份公司总经理兼任主任,主要负责组织实施综合管理体系(质量、职业健康安全、环境、能源、测量、两化融合)运行监控课题,对各单位写所需、做所写、记所做、做有效情况进行督察,完成体系运行督察报告,完成上级领导交办的督察事项和其他任务。督察办切实做到工作角色转变、做好知识储备,以熟悉股份公司的管理流程、各单位职责,建立督察工作流程。

【动力煤质量专项督察】 研究确定了督察的基本方式、方法、内容,工作的侧重点,接触了涉及动力煤采购、运输、到达、检验、卸车、存储、使用、生产指挥的各个单位,向主管领导或分管领导、涉事部门人员了解情况,到相关单位和现场查看有关情况,核实相关内容,拍照确认情况,搞清了动力煤运作的整个脉络,拿到了一些统计数据、工作表格、台账。撰写了督察报告,对五个事项进行了责任认定,提出了三项督察建议。

【备件材料采购管理专项督察】 "备件材料采购管理的专项督察"由多部门配合进行。召开座谈会听取相关生产厂一线人员对备件材料管理的意见和建议;接触了涉及备件材料管理的计划提报、审批、采购、招投标、合同执行、仓储配送、使用的各个环节,向部门、单位的分管领导、职能部门了解情况,实地查看了机旁库情况和MRO系统的全流程操作,了解材料管理的全过程,搞清了股份公司现行备件材料管理的整个脉络。在与宝钢股份、京唐公司对标后,提交了督察报告,对备件材料体系给出了中肯的评价,分析指出了存在的九项弊端及原因,提出了十项督察建议,受到公司领导的重视。

【废次材销售专项督察】 到相关单位和部门开展督察调研,搞清了废次材销售管理基本脉络、工作流程、定价机制等内容,重点调研了酸轧切边球情况,在提交的督察报告中,对废次材销售体系给出了中肯的评价,分析指出了存在的四项弊端及原因,提出了五项督察建议。

【检修工单制专项督察】 到相关单位和部门开展督察调研,摸清了推行检修工单制工作的开展情况,拿到了推行工作的具体数据,对公司检修信息化有了较为全面的了解,在提交的调查报告中,中肯地评价各单位为此付出的努力,指出推行检修工单制的七个方面问题,提出了五项督察建议。

【特种设备专项督察】 开展督察和调研,搞清了压力容器、特种设备使用、管理中的职责划分、工作程序及定期检验流程,重点对2017年、2018年公司特种设备专业检查进行了督察,查明了此次长材事业部涉事22台压力容器超期未检的具体原因,在督察报告中,指出了公司特种设备管理上的五个问题,提出了相应的督察建议。

【外购废钢专项督察】 接触了涉及废钢管理的计划提报、审核、下达、价格核定、合同签订、采购执行、外购废钢组织、质量控制、收货验证、质量异议判定及扣款、货款支付的各个环节,向相关单位的主要领导或分管领导、业务部门的主管人员了解情况;实地查看了负责向股份公司保供的诚兴公司基地、废钢公司一分厂基地的运行情况,搞清了废钢管理运作的整个脉络。督察报告从4个方面分析了废钢质量异议增多的原因,对钢厂、管理部门及机构进行了履职认定,提出了5项督察建议。

【主题教育巡回指导工作】 督察室的两位副主任参加了"不忘初心,牢记使命"主题教育的巡回指导工作,任两个工作组组长,负责16个单位党委的巡回指导工作,历时三个月。准确把握目标任务着重做好动员会的召开、参加各单位班子成员的学习交流研讨、审阅班子成员的调研报告、听取单位党委书记的专题党课、对班子每位成员的检视材料及生活会发言提纲提出修改意见、审阅各单位领导班子及成员的问题清单、对党委民主生活会进行点评、对各单位主题教育活动进行评价等九项重点工作，以保证各单位主题教育的实际效果。严格要求，对存在问题及时指出、叫停整改，坚持“回头看”，对缺失内容及时提出补课。

【备件材料管理流程再造】 2019 年 6 月 10 日，股份公司成立“备件材料采购流程再造工作组”，由股份公司总经理、分管副总经理领导，督查办一名副主任任组长，工作组由多部门和单位人员组成。开展了多种形式的学习交流活动，以加深对备件材料管理的认识，对马钢现行的备件材料采购的各个流程上各个环节开展了大量的调研、考察工作，召开了工作组内部的多场次意见论证会，形成了此次流程再造的初步意见，向公司提交了两个方案。在考察韶钢后，工作组向公司提交《关于备件材料采购流程再造的报告》。

经过三次集中讨论，形成了基本框架，进入正式的实施阶段。督察办做好项目立项，联系软件供应商，进行了技术交流、资质筛选，为下一阶段的项目招投标做好准备。做好二维码系统的选取工作，一旦确认，设备到位，即可启动股份公司各单位机旁库及编码的清理工作。此项目工作量巨大，涉及职责重新划分、业务调整、人员招聘划拨、电商引入、软件系统建设及与现有系统的衔接等方面。12 月初，由于宝武重组马钢，要对信息化全覆盖，该项目暂停实施。

（王　后）

·股份公司二级单位·

销售公司

【主要经济指标】 2019 年，销售钢材 1557.6 万吨（不含车轮），实现税前销售收入 557.9 亿元，其中销售板带材 933 万吨（不含供合肥热轧基料），出口 85.2 万吨（不含车轮），汽车板 267 万吨。通过现货中心线上销售钢材 69.3 万吨，销售收入 30.9 亿元。分（子）公司销售钢材 583.35 万吨，销售收入 228.7 亿元、通过剪切加工配送服务实现净利润 0.76 亿元。

【经营管理】 在经营发展方面，围绕“提高效率、创新发展”的工作主题，坚持新发展理念，尝试客户分级管理，打造专业的客户经理队伍，持续调整产品结构和客户结构，加快信息化平台建设，着力补短板，提高工作效率，提升关键指标，增强了销售综合竞争力。新开发终端用户 102 家，板带直供比达到 81.1%，品种比 55.5%，客户满意度 87.9%。

一是调整产品结构，提升公司经营能力。汽车板产品深耕细作，在全国汽车板产量比上年下降 10% 的背景下，全年销售 267 万吨，完成年度计划的 95.4%，比上年只下降了 4.6%，市场占有率 9%，居行业第四位。汽车板以提升重点客户的销售份额，推动销售渠道的高端化为目标，全年主机厂销售约 68 万吨，占比 26%，比上年提升 3%，合资品牌销售 26.4 万吨，占比 10%，比上年提升 5%；外板 11.5 万吨，比上年增加 7.5%，镀锌双相钢 4.5 万吨，比上年增长 181%。彩涂板销售 16.6 万吨，比上年增长了 2.5%，其中家电彩涂销售 2.1 万吨，比上年增长了 30%。热轧产品加强了与芜湖中集瑞江汽车有限公司、扬州中集通华专用车股份有限公司、徐州工程机械集团有限公司等工程机械重点客户的开拓力度，销售工程机械用钢 4.2 万吨，比上年增长了 27%，加大了利润较高的取向硅钢基料的销售力度，销售 5.3 万吨，比上年增长了 60%。家电涂层板持续增量，销售 2.7 万吨，比上年增长了 44%。冷轧搪瓷钢销售 9 万吨，比上年增长了 23%，酸洗产品大力推广冷成型用钢，销 9.3 万吨，比上年增长了 10%。发挥 H 型钢品牌效应，出口 H 型钢 37 万吨，比上年增长了 23%，获得了较好的经济效益。在特钢方面，全年销售轨道交通用钢 15.90 万吨，比上年增长 6%；风电能源行业 20.67 万吨，比上年增长 30.82%，其中 42CRMO4 系列用钢销售 8.82 万吨，比上年增长了 115.12%；汽车行业 3.13 万吨，比上年增长 4.3%；高端制造行业 11.23 万吨，比上年增长 2.83%。

二是调整销售渠道，向高质量目标挺进。汽车板产品陆续开启了美系、德系、日系等高端合资品牌汽车主机厂认证。2019 年新开发了吉利新能源商用车集团有限公司、一汽轿车股份有限公司、绿驰汽车（一汽轿车股份有限公司）、江铃福特（长安福特汽车有限公司）等 4 家主机厂，汽车板主机厂保有数达到 41 家。通过了长安福特汽车有限公司、一汽轿车股份有限公司、吉利新能源商用车集团有限公司等二方审核；完成了神龙汽车有限公司闭环审核和东风本田汽车有限公司产线能力评估。有序开展了长安福特汽车有限公司、东风商用车有限公司、上汽大众汽车有限公司、一汽解放汽车有限公司等 15 家核心主机厂 97 个牌号认证,全年完成40个牌号认证。热轧铁道货车用高耐蚀钢板通过了中铁CRCC(中铁检验认证中心)产品认证。硅钢通过了芜湖美芝(安徽美芝精密制造有限公司)、格力凌达(珠海格力凌达压缩机有限公司)二方审核,与压缩机行业顶尖企业三菱电机(广州)压缩机有限公司展开合作,每月供应500吨高牌号硅钢。彩涂产品不断开发新客户,拓展家电彩涂和个性化功能型彩涂用户,开发了畜牧业彩涂和抗双氧水专用彩涂板新产品,新增功能性彩涂0.3万吨。及时推进JIS认证,借助东京奥运会项目机会,向日本市场出口2万吨镀锌板。强化重点工程对接力度,供应青岛及滨海LNG项目4200吨低温钢筋,供应引江济淮工程3万吨螺纹钢筋。特钢风电能源通过多年的努力开拓,成功进入瓦轴的风电材料采购体系并在今年开花结果;轨道交通行业实现铁标、欧标、美标、俄表、印标,重载、高速全系列覆盖,铁路用弹簧钢顺利通过中车贵阳车辆有限公司、中车齐齐哈尔车辆有限公司、天津中车机辆装备有限公司的CRCC(中铁检验认证中心)认可;汽车悬架弹簧用钢在上海中国弹簧制造有限公司、宝钢集团南通线材制品有限公司等国内知名企业实现了批量的应用。围绕桥梁、厚度方向性能等方面开展型钢产品研发,开发了W14和W4极限规格型钢,供应深圳至中山跨江通道、孟加拉国帕德玛大桥等工程,开拓了国内外桥梁领域市场。

三是探索创新客户服务新模式,增强客户体验。打破原有松散型"五位一体"客户服务模式,实施APQP+EVI+客服小组+客户代表零距离贴身服务,抽调生产、技术、服务人员,组建公司级客户服务中心,实现全局化、系统化、集中化管理,主导产品"售前、售中、售后"全环节、全流程、全周期的客户服务。树立全面客户观,提升客户感知度和满意度。组建专职技术经理队伍,将客户需求正确有效导入公司内部,按"标准+α"进行技术分级,精准识别客户α需求,制定技术约定、行动计划等章程,形成外设计,再转化为内设计付诸实施。验证客户应用,形成服务闭环,实现"从客户端来到客户端去"的端到端工作流程。组建客户代表队伍,做强客户界面,进驻客户现场,主动联系客户贴身服务,发挥两端窗口和纽带作用,调动公司一切资源,满足客户需求。提高服务效率和质量,缩短客户抱怨或问题处理流程,做到及时响应、快捷响应。

四是推动信息化建设,提高工作效率。紧跟信息时代发展步伐,创新营销方式、营销载体,优化资源配置,提升内部工作效率,提高外部服务水平。契合传统产业与"互联网+"深度融合的时代潮流,借助欧冶电商平台,将热轧非计划材及可利用材进行网上销售,整合繁杂零碎的上下游供需服务链。至此,公司所有非计划产品全部实现网上销售,非计划材销售体系更加标准化和规范化,压缩冗长的业务流程,避免了经销商之间的纠纷和矛盾,同时也为公司带来新的利润增长点。完善销售公司板带下单系统,与股份公司一体化计划系统、板带质量管理信息系统(IPS & QMS)进行无缝对接。以基于产品家族的销售预测为突破口,满足客户产品交期应答。突出数字效应,以信息技术为依托,优化人机交互接口,实现部分特殊需要的自动识别,及时响应客户需求。建立建筑钢材信息化平台,建筑钢材实现从线下渠道转为线上零售,促进销售过程规范化、快速化、合理化,既简化了流程,提高工作效率。又提高公司建材品牌形象和顾客满意度。开通了线上审批流程,实现移动办公,克服纸质审批流程审批不及时、归档不及时的缺点,提高工作效率。紧跟公司定价模式变革,优化订单审批流程,对高于指导价的订单实施充分放权,避免重复审批,加快审批速度,提高审批效率。

【安全管理】 认真落实企业安全管理主体责任,完善安全管理体系,健全安全规章制度,夯实安全基础,强化安全管理,倾力编织覆盖全面保障到位的安全生产防护网,着力打造以人为本的本质安全型企业,夯实高质量发展基石。明确了安全工作目标,分解安全考核指标,层层签订安全生产目标责任书,确定全年安全工作方案。完善销售公司内部安全管理体系,9家加工中心全部通过安全标准化二级验收。落实安委会、安全员例会双重安全会议制度。加强过程管控,编制下发安全检查手册,进行安全知识测试,加强各级隐患排查、安全检查检查力度。2019年,9个加工中心、7个区域公司未发生轻伤以上事故及火灾爆炸事故。培育打造安全文化建设,各加工中心制作安全文化看板、进行可视化安全交底。组织各加工中心开展预案评审及演练工作,努力把安全工作向更高层次推进。

【分(子)公司经营情况】 加强分(子)公司经营管理、发挥分子公司作为围绕客户营销桥头堡的作用,本部客户不断前移至分子公司服务。提高运营能力,强化经营风险、安全风险、廉政风险等风险建设。有效管控仓储库存,优化库存结构,坚持低库存运营,全年月均库存39.63万吨,较上年月平均库存下降了4.33万吨,比上年下降了10%,提高了资金利用率,规避了市场波动的经营风险。

(荀　著)

采购中心

【主要经济指标】 2019年采购中心紧紧围绕公司“聚焦变革突破，聚力价值创造”工作主题，牢牢把握“对标行业标杆、提升创效能力”工作目标，有效应对市场变化，为马钢高质量发展提供了坚实资源保障。全年采购到货总量约4200万吨，其中矿石2250万吨，煤焦1150万吨，辅料480万吨，合金有色25.5万吨，废钢195万吨；全年采购结算总金额466.7亿元，与计划目标比全年实现采购降本8.06亿元；全年采购到货质量综合合格率92.7%，采购计划综合兑现率101%。

【资源保供】 2019年，采购以满足生产需要为前提，实现了安全、优质、高效保供目标。矿石资源方面，坚持低库存高效运行模式，克服了VALE矿山溃坝、澳洲连续飓风等给保供带来的资源组织及物流运输困难，通过年度长协保障安全供应、现货调节成本库存、定制满足特殊需求等方式，保证了铁前矿石用料的均衡稳定。煤焦资源方面，为保证高炉高负荷长周期稳定顺行，强化与炼焦煤重点供方的合同履行，保证到货数量、质量稳定，不断优化采购资源结构，改善现有资源质量，外购焦炭质量合格率大幅度提升，支撑了高炉高负荷长周期稳定顺行。合金资源方面，与洛阳栾川钼业、云南驰宏等战略供应商签订协议、锁定优质稳定资源，积极引进河南西保、吉林铁合金等有实力生产厂，不断提升保供能力。熔剂资源方面，坚持以矿山为主保供模式，实行以船代库克服季节性仓储能力的不足，实现稳定保产；耐材继续加大总包模式，在保障生产顺行前提下降低消耗。材料板块密切关注计划兑现、合同履约情况，加强材料到货进度管控，确保各类资源及时稳定的满足现场需求；润滑油采购实现与美孚、壳牌等公司直签。备件板块通过采购策略优化、战略合作、集中采购等多措施，提高了备件采购集中度和保供效率。

【降本增效】 坚持精益采购、降本创效要求，对标行业标杆，多措并举实施采购降本，全面提升采购竞争力。

1. 进口矿石。2019年采购成本在全国54家大中型钢铁企业中排名第19，比2018年前进5名；2019年进口铁矿采购成本749.23元，比行业平均价格757.71元低8.48元，低于市场价1.08美元。通过市场销售铁矿石18.06万吨，增加营收1.51亿元，实现销售利润120余万元；开展期现联合操作实现盈利1200余万元。

2. 煤焦板块。与战略供方及重点矿务局采取指数定价、价格联动、总包定价、协同谈判等方式，不断寻求价格谈判新突破，全年累计比计划目标多降本约2亿元；开通神华“准班轮”，争取相关优惠政策，提高煤炭直过比例，大幅减少滞期费；积极开展燃料销售贸易工作，从江港销售烟煤9800吨，实现盈利26万元。

3. 合金板块。把握定价节点，错峰采购，全年硅锰、硅铁较南钢、沙钢平均采购价低87元/吨，对标降本906万元；推进品种替代实现结构降本，使用中碳锰铁Ⅲ替代中碳锰铁Ⅱ、低碳锰铁Ⅳ替代低碳锰铁Ⅱ，实现月度降本65万元左右。

4. 耐辅板块。优化耐材定价机制，总包价格下调10%以上，比上年降本1.2亿元；熔剂采购在研判市场和天气状况基础上，缩短以船代库时间1个月，降本近200万元。

5. 材料板块。准确研判石墨电极市场，实施“按月议价、零库存”采购策略，2019年石墨电极采购与市场均价比降低采购成本约3000万元。

6. 备件板块。通过功能总包、年度聚量招标采购总量达3.76亿元，对公司内部机制供应商采取集中商谈统一降价模式。精心策划招标方案，成功组织实施空压机维修总包招标，每年可节约采购成本约40万元。

7. 远洋物流。实现差保+汇总征税担保放行模式，通过判断航运市场走势及选择合适时间段的运价指数作为租约价格，实现运费降本约278万美元。

【供应链合作】 加强供应链建设，努力打造安全、稳定、高效、可持续、有竞争力供应链，一是严格供应商准入。依托招标平台向社会公开征集供应商。2019年，召开供应商准入小组会64次，引进备用供应商139家(原燃料54家、材料类27家、备件51家、远洋物流7家)，拒绝148家。二是加强供应商动态评价，完善优胜劣汰机制。实行供应商“黑名单”和“警示目录”等禁入制度，完成2019年度供应商评价，根据评价结果发布供应商名录(合格供应商1659家，取消125家；黑名单供应商19家，警示目录供应商1家)。三是强化与战略供应商合作。经评价从合格供应商中产生63家战略供应商，通过商务、技术交流等方式加强合作。2019年，战略供应商采购资金比例达到72%

以上。四是继续推进取消独家采购工作。在2018年消除31家独家采购项目基础上,2019年又取消独家采购项目6个。

【基础管理】 一是坚持开展周市场分析和采购成本预测工作,全年共发布“价格预测与市场分析”材料50期,为采购决策提供依据。二是规范价格管理。在明确2019年定价策略和资金支付政策同时,分品种严格执行定价方式,专题会议讨论,并上报价格委员会确定发布。三是严格合同管理。实现耐材采购合同在SAP系统创建、审核、打印和管理,除进口长协矿合同、物流合同和服务类合同外,其他合同实现了信息化管理,进一步规范业务流程和提高效率;同时严把合同审核、变更关,优化合同条款,防范采购风险。四是强化质量管理。坚持开展公司原燃辅料督查和抽查,全年组织开展12次检查,发现问题及时反馈、整改,并将督查结果纳入供应商年度评价。积极协调处理质量异议,修订下发了《原燃料到货质量异议处理办法》,2019年原燃辅料到货质量综合合格率比2018年提高2.6个百分点。五是加强体系管理。组织识别《产品质量先期策划管理程序》等22份公司程序文件并进行了宣贯,修订下发《不合格项及风险控制管理办法》等5份作业文件,新增《安全责任制》《保密工作管理办法》。组织参与公司质量管理体系认证、二方审核、体系内外审等共计46次。2019年4月,采购中心被评为马钢2018年度先进集体。在管理创新方面,《炼焦煤供应链研发协同的创新与实践》《打造无船承运资质,创造买方供船收益》分获公司管理创新成果评比二、三等奖。

【党群工作】 扎实开展“不忘初心,牢记使命”主题教育,扎实开展调研、检视、回头看等各阶段活动。加强员工意识形态教育,进一步完善意识形态工作责任制,定期召开政工例会,及时了解员工思想动态。发挥舆论宣传引导作用,紧紧围绕采购经营、重点工作开展宣传工作,及时报道在保产供应、降本增效中涌现的典型事例,全年共计外发见报稿件135篇。党风廉政建设常抓不懈,在加强廉洁从业教育基础上,持续深化“严规矩、强监督、转作风”集中整治形式主义官僚主义专项行动,开展“三个以案”警示教育活动,节日期间下发加强廉洁自律有关通知,认真落实2018年巡察发现问题整改并上报。扎实开展群团工作,组织合理化建议活动,共征集建议61条;组织女职工开展读书征文活动,获得三等奖、优秀奖各1篇;组织开展采购案例劳动竞赛,参加公司乒乓球联赛获得甲级团体第三名;组建采购中心团支部,规范了团组织机构设置。

(唐　军)

检测中心

【机构改革】 2019年11月25日,马钢股份公司下发“马钢股〔2019〕79号”文件《关于成立马钢轨道交通装备有限公司的决定》,检测中心车轮检验站业务和人员整体划入新成立的马钢轨道交通装备有限公司,检测中心现有7室10站。检测中心积极做好业务交接,车轮检验保持平稳有序。

【智慧检测建设】 一是建成亚洲最大、全球一流的快分实验室。主要包含17条风动送样自动传输系统和3套SMS3500分析管理系统,日接受样品峰值1500件,总检验用时较过去减少30%,实现一钢轧总厂、长材事业部炼钢炉下钢水及铁预样品的全自动检测。二是建立原辅料检验信息条形码管理系统。在检验数据由LES系统转到QS系统录入的基础上,采用扫描原辅料条形码的方式,使检验信息与公司ERP系统直接关联,消除取制样和检化验数据传递中的人为因素,屏蔽供方信息,充分体现检验过程的公平公正。三是新建物理试样智能化加工系统。通过引进和改造数控设备,构建适合马钢“板、型、线、轮、特”以及各类试样粗加工的立体下料模式,完成板材开肩加工中心和低倍试样加工系统建设,新建全球唯一的3台套棒材、重型H型钢、硅钢物理自动化检测系统,大大提高了加工精度与效率。四是烧结矿取制样自动线如期投用,实现了炼铁总厂北区A、B机烧结矿自动取样、全自动制样、筛分、转鼓以及风动送样,主要指标达到国际一流水平。

【两化融合】 一是开发整合检测数据信息共享平台。在快分实验室建设的同时,开发一钢轧总厂和长材事业部、特钢公司和四钢轧总厂试样快分跟踪查询系统,并接入炉前分析;精度管理、坏样报警程序等炼钢调度平台统一上线,并将各化学试验室的数据查询也集中于一个平台,使检测数据管理更加高效便捷。二是设计编制新检验系统流程程序。梳理新的检化验系统,设计物理性能试样加工流程程序;开发LECO氧氮仪的接口程序,实现了检测数据的自动上传;编写硅钢自动线检验结果上传程序;配合条码程序运行,完善制样水分测定仪上传程序。积极做好检测设备智能化升级情况下计算机软硬件升级，满足了设备升级对计算机软硬件的需求。三是开发钢轧系统质量判定和质保书系统。通过信息化手段，将长材南北区、线棒综判整合集中综判，检验资源配置和人力资源得到进一步优化；实行质证书格式无差别化模板，省略了打印质证书选择模板的步骤；针对特钢钢种繁杂、质证书模板多等情况，将固定配置改为个性配置、手工配置改为自动配置，减少了模板数量，缩短了配置时间，提高了工作效率。现货市场质证书电子平台2019年10月初上线，实现系统自行生成打印质证书。

【生产检测】　一是原燃辅料检验方面。多举措把好原辅料检验进厂关。推进合金粒度目测抽检工作的实施，对标先进钢企制定粒度目测抽检的实施方案，形成马钢抽检模式；理顺炼钢辅料、合金抽查程序，按质保书组批并录入数据，提高了工作效率；开展烧结用无烟精煤取样、制样过程全程跟踪；针对精矿中混配有粉矿，及时调整制样工艺要求，避免了大颗粒粉矿造成样品成分粒度偏析的情况；做好合金弃料回收利用。开展异常数据预警和加急检验，共计发出预警54批，预警机制实施率100%，及时纠错20批，并对异常预警数据分析验证，做好预警分析跟踪调查和闭环管理；加急检验48批，检验效率平均提升166%，缓解了铁前、钢后生产用料紧张等问题，对生产急需品种及时提供数据指导生产，保证有成分入炉的要求。着力保障高炉稳定顺行，全面梳理铁前原料的检验时限，及时掌握高炉生产状况，保证检验时限满足要求；针对混匀矿水分数据、球团矿 SiO_2 数据波动情况，多次进行专项检查及联合检验；现场跟踪自产焦炭检验，提高自产焦炭的检验工作质量。全面强化原燃辅料监督管理，持续跟踪重点品种，外购物料质量工艺检查工作前移；根据自产矿检验标准、物流方式的改变，及时制定取样标准，保证检验的可追溯性；关注进口矿新品种品质波动变化，及时反馈港务原料总厂，指导造堆生产；国内采购铁矿采用卸船中抽取样品、盲样送检、过程跟踪、记录检查等多种方式监督检查；针对铝铁收得率低的问题，采取喷漆标识进行取样，提高追溯性和一致性；针对熔剂采取预检样预判到货质量情况，将不合格品拦截在卸船之前。2019年外购原燃辅料检验1746万吨，质量扣减款1874万元，比上年增加411万元，降低了公司采购成本。二是理化检验方面。对标先进改善实验室运行管理，积极落实“包保核”行动计划、提升检化验系统效率行动计划、对标先进改善运行行动计划、公司精益运行要求等，保质保量地完成理化检验任务；通过技术创新、流程优化改善实验室运行管理；针对火花光谱质控工作效率问题，组织技术攻关，提升光谱质控技术运行稳定；对标宝山基地采取多项措施，彩板检验的可靠性和规范性有了很大改善；对标宝钢股份、首钢京唐“有成分入炉”，原辅料检验的及时性有了明显提高；对标兴澄特钢，特钢、车轮等产品检验的及时性大幅改善。开展运行改善活动，提升炉前检测速度，8月起小于3分钟检验时限达100%，满足了长材检验要求。2019年新增南区汽车板粗糙度、镀锌板钝化膜增量检验、北区高炉渣增量检验以及硅钢中包碳硫检验等，为生产提供保障。对硅钢吊桶样全自动检验模式、含铁料特别是氧化亚铁全自动压片检测模式、冷轧辅料的新检验项目、冶金工业痕量分析等新检验技术开展调研、方案设计，并在此基础上立项实施。2019年共完成保产检验、计划外检验、科研检验产值合计2.24亿元，达到年初概算，与上年持平。全年内部理化检验抽查合格率99.99%、检验及时率抽查合格率100%。三是钢轧产品检验和综判方面，1—11月持续深入推进车轮质量安全风险防控体系，制定《标准动车组车轮质保体系》，保证了“零缺陷”高速车轮发往用户装车使用；12月，车轮站整体划入新成立的轨交公司。严把新产品出厂质量关，落实好新产品、换版产品主数据的核查、判定功能的维护及质量证明书的设计和维护等工作，确保各类新产品判定准确及时。利用网络远程控制的技术，把公司非板带类产品集中在长材事业部南区实行大综判，实现钢轧产品跨区域、跨钢种的集中管理。2019年检验非板带类产品508万吨，综合判定准确率100%，及时率100%。四是物资计量方面，持续加强水尺计量管理，着重进行水转汽比对、水转皮带比对以及船舶规范管理情况的监管；开展水尺三级复检情况跟踪；对49艘偏差率亏吨大于1%的船舶进行原因分析，提出整改建议，跟踪整改结果。规范开展商贸秤强检和计量异议处理，建立健全设备管理台账，按计划对商贸秤开展强检工作，现场检定按期进行，未出现漏检和超期检定情况，汽车衡全部一次性通过马鞍山市计量测试研究所的强检。及时关注公司销售客服系统平台计量异议情况，对计量异议开展内查外调、及时处理，赢得了用户的赞誉。2019年，物资计量过磅量总量为11971.59万吨，全年计量板块核算股份内部收入5754万元，外部创收301万元；总收入6055万元。

【企业管理】　一是体系管理持续有效运行。实验室认可体系2项技术能力的变更获得了CNAS认定;14项能力验证活动均为“满意”;完成40项新标准技术验证,修订46项检测作业指导书及2个管理文件;持续推进质量体系运行评价和自我评价;广泛开展“质量大讨论”和“质量月”活动,征集37条“我为质量献一策”建言,463名职工参加“全面质量管理知识竞赛”;接受体系认证、产品认证、二方审核等35次。修订《重要测量过程管理办法》,分析测量系统变差,完善测量系统配置,保证测量系统处于受控状态。加强能环体系建设,建立了废弃物的处置渠道,低倍酸洗废水、废乳化液、含铬废液、废旧电池等合规有效处置;完成雨污分流工程,达成污水零排放的目标。二是本质安全建设稳步推进。新进厂三级安全教育率100%,特种作业持证人员持证率100%;组织193名接害职工进行职业健康体检;实施制样岗位粉尘监测,开展煤气泄漏疏散和危化品泄漏应急处置演练,提高了职工安全防护、防灾避灾能力。举办了多期职业健康安全管理体系、煤气安全管理标准等培训班;深入开展隐患排查,共排查治理安全隐患67起。加强外来单位和外来人员的安全管理,做好协力维保和项目施工单位安全监管。三是设备管理助力智慧检测。加强设备四级维保模式运作,持续推进岗位“操检合一”,开展各类大型仪器维修144台次;通过导师带徒、名师讲堂活动,提升基层智能化设备操维人员业务技能。重新修订完善各类设备记录,细化维护内容,明确维护职责,降低了设备故障率。设备开动率98%以上,重点设备及五条自动线的设备开动率均保持在99%以上。四是技术创新管理蓬勃开展。2019年在研公司级科研项目5个,中心级技术攻关5个,开展QC活动28项;加强技术创新活动过程管理,定期评价进展状况,向公司申请1项技术创新成果鉴定,发布攻关成果22项,评审奖励岗位技术创新成果100项,数量较2018年增加12%;公开发表、发布论文报告18篇,较2018年翻了两番;全年申请专利18项、授权1项。标准制修订有了长足进步,共发布1项、申请制定4项马钢企业标准,申请1项、主持3项、参与8项行业标准的制定。五是精益工厂创建常态化推进。深入开展6S问题点查找和整改活动,完善评价管理。大力整治“四室”及周边环境,开展优秀改善提案、微创新征集活动;加强定置管理,做好作业现场可视化改善;大力推进精益“八要素”提升,推进7项“技术改进及运行改善”项目,建立管理运行点评机制,解决现实问题,提高检验工作质量。六是人力资源优化成效明显。按照公司的离岗安置政策做好职工离岗安置工作,2019年共协商解除劳动合同180人,其中在岗人员协商解除劳动合同149人,不在岗人员协商解除劳动合同31人。同时做好人力资源系统中组织数据的维护更新,强化技术业务和技能人才队伍建设;开展物理性能检测、化学分析质量、称量效率三大劳动竞赛,以及“不确定培训”、作业长、个性化、大工种等多项培训,在人员大量减少的情况下全面完成了生产检验任务。

【党群工作】 一是深入开展“不忘初心,牢记使命”主题教育。通过讲党课、集中学习、专题研讨等形式,使主题教育活动贴近党员、贴近工作;认真开好民主生活会,开展“两书一章”的征文评比;以问题为导向,采用“四不二直”方式深入基层调研,查找党建薄弱环节,开展基层党建交流和“一支部一品牌”活动,征集党员群众的意见和建议,梳理制定整改措施。二是积极做好形势任务宣教。运用QQ群和微信群信息媒体平台、设立基层宣传栏,灵活开展形势任务政策教育,做好中国宝武重组后文化理念等宣传;开好“五一”先进等各类表彰会,宣传先进典型的事迹;发布《检测中心党支部文化宣传阵地使用示例》,引导文化宣传建设。三是关爱职工落到实处。关心困难职工和党员的生活,走访慰问6户大病重症职工和困难职工,慰问困难党员,发放帮困资金和慰问金。夏季开展为一线职工送清凉活动。丰富职工精神文化生活,组织羽毛球、乒乓球、书画等各项文体活动,举办庆祝新中国成立70周年“歌颂伟大祖国,讲述检测故事”展演活动,增加了职工的团队意识和凝聚力。

(杨 彬)

技术中心(新产品开发中心)

【科研工作】 2019年,组织实施科研项目155项,比上年增长20%,其中包括7项国家项目在内的政府项目10项,公司项目75项。申报专利213项,完成指标213%;组织申报3项科技进步奖,其中冶金科学技术奖1项,省科学技术奖2项。4项新产品被认定为省级新产品,3项新产品被认定省高新技术产品,“重载车轴钢冶金技术研发创新及产品开发”获冶金科学技术奖一等奖;“高低温韧性热轧H型钢关键制造技术研究”获安徽省科学技术一等奖;参与的“高性能热成形马氏体钢开发及其在汽车安全件上的应用”

项目，获中国汽车工业科学技术进步一等奖。

【新产品开发】 2019年开发新产品51.48万吨，完成计划的129%，实现销售利润8400余万元。

车轮：G2货车轮大批量出口俄罗斯；地铁用高硬度CG10车轮批量销售；国标、德铁、法铁及韩国车轴批量供货，其中地铁用LZ50车轴通过四方认证；300千米/小时高速车轴用EA1N和EA4T通过法铁认证；和谐机车用18CrNiMo7-6齿轮坯已装车考核。

线棒材：2000兆帕级汽车悬架弹簧钢通过蒂森克虏伯认证并在沃尔沃项目上应用；汽车悬架簧及稳定杆用钢通过索格菲、芜湖中瑞、中国弹簧认证；免退火冷镦钢在东风纳德车桥通过认证并稳定供货；一钢坯工业线材稳定批量供货。

特钢：高铁齿轮钢实现装车考核超120万千米；连铸工艺机车齿轮钢装车考核；风电齿轮、轴承用钢开展了西门子、南高齿、瓦轴等高端主机厂验证，部分产品实现批量；高强度页岩气开采套管用钢填补国内空白。

型钢：开拓国内外桥梁领域市场，应用于孟加拉国帕德玛大桥、秘鲁市政桥梁、辽宁市政桥梁等工程；厚度方向性能H型钢为蓬莱巨涛国外油气工程首次批量供货；小H型钢和中型线新开发W14和W4极限规格并出口，打开新的效益增长点。

热轧结构钢：CSP铁素体轧制关键技术和应用国内率先突破，连轧炉数和总轧制量国内领先；热轧超高强钢M950JJ在轻量化混凝土搅拌车、自卸车等批量示范应用；S350AW/450AW/550AW通过CRCC认证，S450AW批量销售，实现铁标产品全覆盖；高强耐候钢MQ550W全规格应用于铁道集装箱；耐海水腐蚀钢A690M首次应用于菲律宾天然气海上开采平台。

硅钢：实现M50W250产品小批量生产；新能源汽车用硅钢M35V1900通过联合电子有限公司认证；35-MKD、M50W470H产品在三菱和美芝获得认证并持续供货；无铬环保涂层硅钢满足用户要求。

家电板：铝硅涂层家电板表面质量大幅提升，高端应用领域不断扩大；冷轧耐候钢Q310NQL2稳定应用于唐车160千米/小时动车车体制造；0.30毫米厚度规格冷轧电池壳钢稳定批量供货，部分替代进口；耐低温燃气仪表用热镀锌产品通过罗德仪表认证，小批量供货。

彩涂板：成功开发畜牧养殖行业、医疗净化行业等专用彩涂板，领先国内市场；家电领域室外电器用彩涂板得到格力电器、A.O史密斯等认可，成为其PCM化首选技术方案。

汽车板：开发了无镀层免抛丸、新型高韧性铝硅镀层、1800兆帕级、高冷弯等热成形钢产品，使马钢成为国内热成形钢领域产品种类最丰富、技术实力领先企业；开发了汽车底盘用高扩孔酸洗板产品和空心稳定杆用钢等高附加值产品，正开展客户认证和市场推广。

【EVI推进】 坚持"融入市场、服务用户"的EVI技术服务理念，制定"EVI应用技术能力提升行动计划"并加以落实。新增标杆车拆解分析等3项应用技术服务能力，搪瓷钢等3个应用技术实验室建设稳步推进。持续推进与重要、高端用户的EVI合作。共承担EVI项目26项，实现新增订单21.5万吨，销售利润5400万元。成功举办2019年产品技术服务年会，增强了马钢产品和服务的影响力，增进了客户信任，进一步提升了马钢EVI品牌形象。

【技术服务】 炼铁工艺方面，持续加强铁前系统有害元素监控，拓宽原燃料新矿种，优化配煤配矿降本；创新的高炉炉型测绘法，结束了依靠外援测绘的历史，并高效服务高炉炉况调整；鱼雷罐铁水液面测量技术攻关效果显著。炼钢工艺方面，强化机理研究助推产品质量提升，实现含硫美标车轮报警率和异常炉次降幅达50%；明晰板坯角部裂纹成因，采用新工艺降低角部裂纹发生率。轧钢工艺方面，针对四钢轧总厂热轧带钢边部线状缺陷攻关，提出"褶皱+侧翻"形成机理，优化工艺改进方案，有效降低质量缺陷率；为3号镀锌线退火炉气密性等调整提供支撑，攻克镀锌双相钢表面缺陷难题。综合利用和节能环保方面，深入开展"酸碱污泥"等8个固危废内部处置难题攻关，支撑公司内部处置3.3万吨，节约外委费用1.2亿元；自主研发炉顶取气方式的加热炉分段燃烧监测控制系统，在公司得到应用并有望在行业推广。情报调研方面，持续开展前沿技术跟踪、工艺及产品研发调研以及专利技术分析，并拓展信息产业项目等新方向调研，圆满完成国家科技部项目子课题研究。完成数字图书馆、仿真实验室共享平台以及科研数字化档案等信息化项目。对外经营方面，技术咨询服务完成销售收入577.12万元，完成年度计划的112%。江南公司/省一站营业收入452.49万元，完成年度计划的133%，均超额完成目标。

【科研检验】 深化科研检验和设备维修内部市场化，实现科研检验产值1713万元。检验抽查合格率≥98.5%，及时率97.2%，客户满意度97分。支撑APQP项目组和EVI临时任务20项，各类质量异议和失效分析8起，疑难杂样检测65项。承担国家项目子课题、公司项目3项;完成9项检测方法研究;牵头起草国家、行业标准各1项,企业标准9项,参与标样定值和标准共同精密度实验14项。完成公司特种设备检测2667台、压力管道16万米,保障了公司特种设备安全顺行。

【创新平台】 加强对科技创新平台的规范运作和管理,完成年度评估、绩效评价等工作。积极申报国家、省级创新平台,"轨道交通关键零部件先进制造技术国家地方联合工程研究中心""轨道交通关键零部件安徽省技术创新中心"分获国家发改委、安徽省批准建设;"轨道交通轮轴工程研究中心"在安徽省年度评价中获优秀;组织开展了2019—2020年度安徽省中央引导地方科技发展专项资金项目申报工作。

【品牌建设】 积极落实公司"身边工程"和品牌技术工作研讨分享,大力支撑公司"国际先进汽车制造技术展览会""中国西部国际投资贸易洽谈会",精心组织参加"第七届全国品牌故事大赛",吴浩荣获二等奖、童乐等4人获省三等奖3项。

【企业管理】 在体系管理上,加大重点工作督办力度,确保各项工作有效落实。认真组织自我评价,开展管理文件适宜性辨识及制修订,确保体系有效运行。筹划部署精益现场管理,全面开展精益工厂创建。在绩效评价上,适时调整科研、EVI项目评价指标,增设KPI、OKR、KBI管理指标,坚持评价制度,严格过程管理,强化责任落实。在队伍建设上,落实人力资源优化,加强人才队伍培养,举办高级研修班,组建"1+2+4"人才培养领域团队,开展青年才俊岗位交流。认真组织技术技能津贴评聘工作。在安全环保上,坚持安全检查和绩效评价制度,组织全员隐患排查治理。深化重大危险源监控、煤气、在建工程等安全管理。强化节能降耗和环境风险防控,确保危险废弃物安全处置率100%。实现全年安全无事故,荣获公司"安全生产金牌"单位。在设备管理上,强化设备运行维护和评价,以精益工厂创建为抓手,深入推进TnPM活动,提升设备管理水平。加强科研物资采购和实验室建设,推进马钢轮轴系统创新能力建设项目,完善检试验手段,为研发工作顺行提供坚实保障。

【党群工作】 扎实开展"不忘初心,牢记使命"主题教育。开展革命传统教育、理论集中学习、专题研讨、领导下基层讲党课活动;开展调查研究,制定整改措施;开展"五个一"活动。启动支部品牌创建工作。完善党建工作制度,出台创建评价制度,推出涵盖项目党建、用户党建、党员活动日等内容的支部品牌创建计划11项。强化"两个责任"落实,夯实党风建设和反腐倡廉工作。坚持群众性经济技术创新,完成EVI项目劳动竞赛20项、征集合理化建议107项、开展青年"五小"攻关31项。开展"讲理想、比贡献""创新十佳"表彰、庆祝建国70周年等文化活动。2019年,技术中心党委荣获公司"先进基层党委";杨龙获全国女职工读书活动二等奖;郭锐获钢铁行业"优秀团员标兵";彭欢获马钢"十大杰出青年岗位能手";汽车板所、型钢所还分别荣获"安徽省2018—2019年度青年文明号""马鞍山市青年文明号"等荣誉。

(金良军)

铁路运输公司

【主要技术经济指标】 2019年,完成铁路运输总运量3892万吨,劳动生产率2.49万吨/(人·年);局车返厂率0.33%;厂车周转0.69天。主要设备检修:完成内燃机车大中修10台,完成普通车辆大修85辆,混铁水车年修54辆。全年实现降本增效899万元,超计划359万元;安全生产实现工亡、重大行车事故、重大设备事故、重大火灾爆炸事故为零,一般行车事故得到有效控制,万吨事故率0.0023,实现连续安全运行8351天。

【运输保产】 以高效优质运输保产为抓手,不断优化运输方案,理顺保产秩序。外部加强与路方的协调与沟通,克服厂内局车装卸点较为分散(装卸点各14处),二次解编作业较多,以及原燃料和产成品库存能力不高,无集中钢材集散库,对均衡到达和及时出库要求较高等困难,以路企《战略合作协议》为基础,加强与上海铁路总公司沟通,强化与芜湖东站、南京货运中心等路方单位的协调,组织好外部运输工作。在定制焦炭集装箱运输、至合肥卷钢运输增量的同时,配合做好新开辟的姑山自产精矿集装箱回运项目,确保了外部铁路运输量的稳步提升。内部做好自产矿、铁水和自产焦等倒运工作,积极参与股份公司物流优化推进工作,在实施好"厂内焦炭箱式运输"等项目的基础上,新承担了150方坯每月10万吨的跨区调运、冷轧北区彩涂基料卷钢的交叉物流运输。同时,围绕公司基建技改项目和主体生产厂系统检修,出台较大临时保产方案18个,调整运力配置,较好地满足了公司生产要求。

【安全管理】 贯彻落实股份公司打造本质安全型企业要求,围绕二十四字方针,以铁运特色安全文化为引领,持续改善体系运行质量,杜绝人身伤害事故,确保运输生产安全、稳定、高效。通过开展学“禁令”“安全生产责任制”等专项培训、制作典型事故案例、安全宣传片、安全微视频等学习材料,强化安全培训教育实效,提升全员安全意识。积极开展好反习惯性违章专项行动,贯彻宝武集团安全管控模式和“安全1000”的管理理念,落实“党政同责、一岗双责”“管业务必须管安全,管生产经营必须管安全”的管理职责;按照“四不两直”的要求,对活动开展情况进行督查。持续推进安全标准化体系建设,按照安全标准化一级标准要求,不断完善安全制度建设,持续开展安全标准化示范班组创建活动;稳步推进隐患排查治理体系建设,开展危险源辨识与风险评价工作;严格按照《股份公司开展全员隐患排查治理工作实施方案》,开展“1+2+N”安全生产隐患集中排查整治专项行动活动;深入推进职业健康体系建设,组织开展了职业危害检测、职业危害现状调查和职业健康体检工作。完善安全绩效考核机制,强化责任落实;提升安全员队伍业务水平,做好评价考核,促进安全绩效提升。

【设备保障】 依托信息化平台,构建规范高效的设备管理体系,提升设备维检修水平,提高系统保障能力。在继续开展维护保养评级工作的基础上,通过对典型检修质量问题的分析整改,机车运用总体质量平稳;针对混铁车热轴故障进行深入分析,增设了辅修工作流程,大大减少了热轴故障的发生。开展了设备设施隐患排查治理工作,共列出6大类18项重点排查内容;先后完成三钢站异形坯走行线16道、二厂站铁水站等重点线路隐患整治,完成马南线霍里山、二厂站孟塘路等道口隐患整治;完成交接口信号改造和跃进桥(铁路桥)检测、立项整改工作。根据铁路运输需要,自行改造了150方坯运输、焦炭集装箱运输和75吨彩涂基料简包装运输等三种新型平板车;开展机车遥控探索,利用数字平调手持机遥控液力传动机车上线试验成功;完成机车安控升级改造,平面无线调车模拟机全部升级数字机。同时组织完成了1号高炉大修铁路设施恢复、重型H型钢工程铁水运输线拨接改造等重点项目铁路施工。

【环保工作】 认真执行《马钢股份蓝天碧水净土保卫战三年行动方案》;马南线铁路运输机车鸣笛和扬尘进行常态化管控并取得良好成效,年度环保有效投诉为零;配合市水利局做好长江干堤环境整治和生态修复工程,完成堤防防汛通道建设,解决了防汛通道与铁路平交的问题;在公司召开长江大保护生态整治专题会后,针对存在问题积极落实整改,组织多方力量集中开展雨山河河堤沿线的材料清理工作,按时完成了物料回收处置工作;在央视长江大保护警示片马钢任务分解清单下发后迅速响应,高质量完成各项任务。

【综合管理】 根据马钢统一部署并结合自身实际,大力推进精益工厂创建工作。对标炼铁总厂先进经验,制定并严格落实整治计划、措施,实施了道口专项改善和机车操检合一实施方案,确定了各阶段推进工作目标;开展与武钢、南钢、梅钢等同行的对标交流,紧盯关键数据、关键环节,找出自身存在的不足,采取针对性措施,并有效落实;围绕铁运公司重点工作任务和“把本职工作做到极致就是品牌”的思路,持续推进品牌建设工作。通过内部挖潜以及大力开展岗位培训,做好人力资源优化工作。调整部分车间机构,原江边站、向山站整合为原料站,设立2个作业区;原机务段、检修段整合为机务段,设立6个作业区;全年减员180人,达到11.02%。实施了机车检修、遥控机车、调度智能系统外委培训项目;充分发挥机考中心作用,开展了职工岗位应知应会、安全知识、技能网络竞赛和调度人员理论考试等;组织开展了作业长管理能力提升、内燃机车司机技能等级晋升、调度等岗位人员业务技能系列培训。稳步推进管理体系建设工作。全年新编制、修订体系文件13份,9月通过股份公司环境、测量、能源,质量、职业健康安全管理体系联合内审;2019年,铁运公司有5名员工被聘为股份公司6个专业管理体系内审员。

【技术创新】 下发《铁运公司2019年度技术创新工作计划》,列出重点课题9项;加强过程跟踪和进度管控,确保各项课题按年度节点计划推进实施;与北京交通大学盛阳公司合作研发铁水区“铁路信号综合智能系统”,实现了调车作业计划和进路的智能编制,开创了冶金铁路运输先河。自行设计利用旧车改造专用集装箱平板车和小方坯车,实现铁路运输的定制。持续推进创新工作,与制造部、飞马智科公司合作实施的公司铁水智能调度系统升级改造也按计划完成,相关模块已投入试运行。全年申报专利10项,其中发明专利2项。评选表彰技术创新成果23项。

【党群工作】 扎实开展“不忘初心,牢记使命”主题教育。认真贯彻《中国共产党支部工作条例(试行)》,加强基层党组织标准化规范化建设。开展“严强转”集中整治形式主义官僚主义专项行动,落实党风廉政建设监督责任;开展了廉洁风险防控测试工作。组织参加马钢“奋斗新时代”职工文艺汇演;组织职工拍摄了《我和我的祖国》快闪;开展了三次技术比武和两次群众性体育竞赛活动。做好合理化建议工作,全年共收到合理化建议307条;做好困难职工帮扶,共发放两节送温暖慰问金32.5万元。2019年,铁运公司先后荣获中钢协“全国钢铁行业铁路运输优秀论文征集”优秀组织奖(4篇论文荣获一等奖)、全国第二届创新方法大赛二等奖、“全省关工委法治教育工作先进集体”、安徽省质量技术QC成果二等奖、“马鞍山市健康单位”等荣誉。

(阮　健)

炼铁总厂

【主要技术经济指标】 2019年,生产铁水1405.1万吨、烧结矿1796.9万吨、球团矿476.3万吨、水渣214.28万吨;自发电:北区20725.56万千瓦时,南区32607.33万千瓦时;铁水质量合格率100%;燃料比:南区528千克/吨,北区512千克/吨;煤比:南区135千克/吨,北区141千克/吨;降本兑现率:南区107.12%、北区104.92%,全年降低成本14.6亿元。

【总厂整合】 2019年2月,原二铁总厂与三铁总厂合并成立炼铁总厂。整合后,炼铁总厂认真落实“稳定、顺行、效率、效益”八字方针,激发整合效应,发挥协同优势,全面优化资源配置。整合优化组织机构,开展管理流程再造,分厂由原来的13个合并为11个,机关部门由10个整合为8个。整合规范制度体系。全面梳理、整合、修订原两厂制度体系文件。持续推进总厂管理人员交流。全年交流中层管理人员35人次。创新人才体系建设。构建总厂技能、技术、综合三支人才队伍层级管理。

【生产组织】 充分发挥总厂整合协同优势,提前应对,进退有序。一是高炉生产实现稳定均衡。A、B高炉炉役后期特护有效生产保持稳定,1号高炉大修改造实现高效生产,2号高炉开展操作调整建立合理炉型产能稳步回升,3号高炉控制炉内边缘气流冷板破损得到初步扼制生产运行稳定,4号高炉持续攻关产量再攀新高。二是烧结生产实现新跨越。坚持厚料层烧结,强化生产过程管控,推进工艺设备优化,作业率大幅提升,烧结矿产量超公司计划4.5万吨,南区粉烧比降低3.33千克/吨、北区烧结矿合格率提高了1.30%。三是球团生产实现新调整。坚持以“服务高炉”为目标,积极优化组产方式,圆满完成了链窑大修、竖炉中修前的备矿任务;尤其是针对南区球团产能不足,充分释放北区链窑产能优势,每月向南区高炉供球3万吨,有效缓解了三座竖炉生产压力,同时也建立了总厂新的生产经营保供模式。

【设备保障】 全面推进设备检修标准化,强化设备检修动态管理责任落实,设备检修速度与检修质量进一步提升。积极开展设备管理创新,建立设备“全员生产维修”新模式,设备运行水平与保驾能力显著提升。以精益工厂创建为抓手,全面开展TnPM小组活动,全方位维护,持续改善,设备运行稳定性不断提升。完善设备管理体系,对南北两区设备四大标准进行整合完善,设备管理不断向标准化、规范化迈进。2019年“铁烧球”作业率(扣除大中修)分别达到99.24%、97.52%、97.97%。

【技改攻关】 抢抓公司高质量发展机遇,坚持技术改造与创新。圆满完成了1号高炉大修技术改造。克服了众多困难,经过4个多月的艰苦奋战,一次点火投产成功,3天达产,创造了马钢大型高炉开炉达产新纪录。成功组织了球团链窑大修。针对299个检修项目,以及环冷回转体及台车更换难度大,精心筹划、科学组织,提前4天完成了检修任务。快速完成了3号竖炉中修。提前准备,周密部署,仅用14天时间完成中修,为竖炉高效生产提供了强力支撑。系统改造稳步推进。高炉返矿系统管状皮带机应用,1号烧结机刮料板、链窑高压供电、C网DCS控制系统升级、A炉西水渣行车无人抓渣等技术改造按计划全部完成,总厂工艺装备水平与生产经营实力全面提升。

【降本增效】 紧紧围绕公司吨铁成本南区再降103元、北区再降91元任务,强化专业模块降本责任落实,深入开展对标挖潜。高炉以增煤节焦攻关为重点,强化煤粉制备,优化高炉操作,燃料比与上年相比下降了3千克/吨。烧结适当提高磁精粉配用比例,加大无烟煤监管,固体燃耗与上年相比,南区下降了1.32千克/吨、北区下降了3.66千克/吨。深挖原料降本潜力,持续开展配料攻关,烧结配用固废65万多吨,尤其是紧盯市场打好原料价格差,全年原料降本5.27亿元。开展设备修旧利废,严格备件审批,强化外委项目管控,全面降低设备费用。落实成本控制责任主体,杜绝一切浪费,控制非生产性支出,保证了成本始终处于受控状态。2019年,B号烧结机在全国重点大型耗能钢铁生产设备节能降耗对标竞赛中荣获冠军炉，B号高炉、4号高炉分别荣获优胜炉和领先炉。

【技术创新】 坚持以技术进步为引领，不断提升高炉、烧结、球团技术经济指标、积极打造操作技术品牌。积极搭建创新创效管理平台，开展技术攻关和技术创新活动，抓住生产建设的重点难点问题，积极开展科研及技术创新攻关活动。全年共4项发明专利和20项实用新型专利获得授权，《在线再造特大型高炉冷却壁》获中国创新方法大赛三等奖，《大型烧结机高效、环保、节能绿色集成综合技术》获2018年冶金科学技术三等奖，《降低链篦机料层厚度差》获安徽省冶金行业QC成果三等奖，《吹尽狂沙始至金》获安徽省品牌故事大赛征文类优秀奖。

【节能减排】 坚持绿色发展理念，以完善能源管理体系和测量管理体系为工作中心，不断强化动力介质管理及能源计量完善等工作，通过提高二次能源回收指标，强化节能意识；严格实施环保管控PDCA闭环管理和强化岗位环保责任落实到位，实现了清洁生产和“节能减排、达标排放”工作目标。成立特殊时期(限产)管控领导机构，制定现场环境质量保障工作方案，针对环保设施存在问题对托管运营单位欣创环保公司进行了约谈，厂区环境空气质量大幅改善，各污染物排放达到或优于国家标准。日常管理过程中，不断加大跟踪监测和现场巡查力度，通过强化环保设备隐患排查和技术攻关改造，确保了所有环保设施与主线100%同步运行。按照公司确定的污染治理项目时间节点，完成了链窑主抽风机变频改造、1号高炉炉顶均压煤气回收、2号高炉热风炉智能燃烧、A高炉热风炉智能燃烧项目。科学运作2号高炉热风炉系统智能化烧炉技术改造项目，实现高炉热风炉系统的智能化控制水平热风炉风温提高，实现了低碳低耗和节能减排的工作目标。

【企业管理】 稳步推进人力资源优化。广泛开展公司人力资源优化政策宣传，耐心进行文件解读；全年离岗516人，离岗幅度达20%，超额完成公司8%目标任务。强力推进精益工厂创建。成立推进领导小组，制定创建管理制度，以“八要素”提升为抓手，运用“6S”、焦点课题、改善提案、TnPM活动等精益方法与工具，全员参与，持续改善，有力助推了总厂各项工作向更高目标迈进。安全生产责任制进一步落实。坚持周、月、季度及专项安全大检查，严格隐患排查整改，强化安全互保管理，落实安全责任，总厂全年安全生产取得了良好效果，顺利通过了安全生产标准化二级企业达标评审。

【党群工作】 紧紧围绕总厂整合“两个稳定”，开展“不忘初心、牢记使命”主题教育、“严规矩、强监督、转作风”集中整治形式主义官僚主义专项行动。坚持党建目标值管理，提升基层组织力，确立培育17个“一支部一品牌”项目。积极配合公司党委巡察组巡察工作，发现问题，即知即改，举一反三，建章立制，努力做到标本兼治。深入推进职工创新创效，征集合理化建议1472条、岗位创新创效成果63项、先进操作法17项。承办了公司第九届炉体管理和烧结两个工种职业技能竞赛，开展了总厂首届六工种职业技能竞赛。组建QQ、微信、厂内腾讯通等自媒体平台交流学习。坚持为职工办实事、办好事。改造了球团区食堂，对困难家庭进行了帮困，为退休职工发放纪念品，坚持为每一位职工“过生日”。2019年，总厂先后荣获公司先进基层党组织、先进基层纪检监察组织、对外宣传先进单位等荣誉。

(赵　明　石天顺)

第一钢轧总厂

【主要技术经济指标】 2019年，产钢234万吨，钢材138万吨。钢铁料消耗1072.03千克/吨，钢坯合格率100%，热轧薄板合格率99.99%，热轧薄板成材率98.18%。

【生产组织】 摸索优化三炉对三机组产模式，CSP线紧盯计划执行率、计划兑现率指标，方坯铸机以品种开发、产能释放为中心，克服各种内外部困难，采取有效措施确保了生产安全平稳有序。全年CSP计划执行率98.42%，较2018年上升0.65%；CSP计划兑现率96.91%，较2018年上升1%。深入推进精益生产的理念，以细化生产标准化过程管理、提升产品质量为工作重点，强化生产过程监控和结果评价。以生产稳定性为核心开展技术攻关和劳动竞赛活动，狠抓各项事故纠正预防措施的落实与完善，各类事故大幅减少。全年CSP生产线铸机开浇漏钢、轧机堆钢次数分别比上年下降53%、29%，实现连续5个月铸机无漏钢事故。方坯连铸机于2018年12月21日热试成功后，自2019年3月起放量生产，3月即超过设计产能，全年生产94万吨，超年度计划17万吨。

【品种质量】　动态监控质量管理体系的运行状态,重点关注薄弱部位和薄弱环节的运行效果,及时整改、验证,持续改进质量管理体系运行效果。进一步规范岗位标准化作业,组织完成了关键岗位操作指导书考试,确保技术文件核心内容得到操作人员的理解和贯彻,提升了制造过程中质量控制的有效性。紧紧围绕"把工作做到极致就是品牌"的理念开展品牌工作,以三个代表性钢种 MGW800、SPA-H、Q235B 为载体,梳理出来"问题点"进行评审、统一,实现精益操作,让品牌落地生根。围绕生产稳定、工艺优化、质量提升、降本增效和设备保障等方面,开展 39 项技术攻关工作和 32 个 QC 小组课题。CSP 生产线 30 号钢已批量应用于终端客户刹车蹄的制造,MGW800G 新品种钢具备批量接单的能力。方坯生产线品种钢已开发新钢种 25 个,累计完成产量 10.6 万吨,最高月产已达 2.29 万吨。硅钢基料质量显著改善,无铝硅钢 MGW800W、MGW1300W 生产稳定,新品种钢 MGW800G 成品质量及磁性能均满足要求。有铝硅钢成品的线状夹杂缺陷已稳定控制在 3% 以下,同时进行了四轮次的 MGW600 钢的试制,MGW600 成品瓦楞纹、夹杂等表面缺陷得到有效控制,磁性能指标基本满足要求。全年冷轧表面质量追溯比 2018 年下降 9324 吨,其中线状夹杂月均下降 346 吨,短条夹杂月均下降 194 吨,横折印、压氧、中浪、起筋全年基本没有追溯。全年吨材损失 4.02 元,比 2018 年下降 0.12 元,其中冷轧追溯吨材损失 0.76 元,比 2018 年下降 0.7 元。

【设备管理】　坚持工艺主导、设备主动,按照"运行有效、保障有力、系统优化、节能降耗"的基本要求,通过深化设备综合效率评价(OEE)体系建设,提高 CSP 生产线功能精度,保障方坯连铸机生产。以建立健全设备履历、设备档案管理为基础,通过状态监测和故障诊断技术,提高设备状态的把控和故障诊断能力。做好设备故障、事故的闭环管理工作,坚决避免重复性故障的发生。3 号转炉连续获公司设备零故障管理竞赛优胜生产线,CSP 生产线先后获公司设备精度管理竞赛二等奖和三等奖。高度关注影响产品质量的设备问题,强化设备与生产、技术的交流,强调设备功能投用和设备精度控制对提升品种质量的支撑作用;完善设备管理标准、技术标准和工作标准,建立关键生产线维检精度模型,及时解决影响产品质量的设备问题,保障设备应有的精度,实现设备稳定、经济、高效运行。高度重视生态环境保护工作,炼钢厂房顶无组织排放次数与去年相比下降 20%,烟尘无组织排放总量得到有效控制。根据超低排放改造的要求,对转炉一次、二次烟气治理和厂房封闭等工作进行技术论证,完成了相关改造项目的立项工作。按照公司放射源(射线)使用管理规定,严格管理现有的 37 枚放射源和 2 套射线。转炉三次除尘提标改造项目于 2018 年 12 月开工建设,新 3 号转炉二次除尘于 2019 年 5 月 23 日投用,转炉三次除尘于 10 月 30 日投用。KR 脱硫改造项目于 2019 年 4 月开工,11 月 12 日投入试生产。重异形坯连铸机工程于 12 月 20 日热负荷试车圆满成功。

【降本增效】　通过提高生产稳定性、优化转炉操作、提高钢水收得率等措施,全年金属料消耗降本 49.87 元/吨,完成了降本任务的 142.49%。通过采用合金替代、转炉少渣冶炼、成分设计降本等措施,全年合金辅料降本 52.88 元/吨,完成了降本任务的 188.85%。以合理用能和节约用能为宗旨,通过技术攻关和系统优化,探索并落实了一系列低产能条件下节能降耗措施。在某些钢种出炉钢温要求提高 20℃ 的情况下,CSP 加热炉通过优化燃烧控制、加强煤气阀的检修清洗、控制停轧炉温、优化调整空煤比等措施,煤气能耗 0.756 吉焦/吨,低于上年控制水平。积极推进降低备件库存资金措施,提高备件上机率,减少新产生的库存,全年备件上机率 100%。加大回收备件自修和修旧利废工作力度,进一步扩大备件修复品种,规范备件修旧的管理,全年备件自修节约费用 1467.54 万元,外委修复备件 2103.43 万元,超额完成公司下达的任务。全年以稳定生产、提升质量、调整结构、控制消耗、降低成本为核心,进一步对标挖潜,累计降本 2.1 亿元。

【企业管理】　强化安全生产风险管控管理,将职业健康安全管理 GB28001 标准和冶金企业较大危险因素辨识与防范指南手册相结合,使厂级危险源种类、数量与冶金行业风险指南保持一致。采取了岗位、分厂、总厂三级查找和两级研判的方法,辨识了较大危险因素,制定了防范和处置措施,明确了责任人。完善隐患排查治理体系建设,加大隐患排查治理力度,在市隐患排查治理系统绩效考评中保持着 A 级企业管理水平。针对工程建设,在每天现场安全巡查的基础上,采取"定点、定人、定时"进行施工现场安全职守,全过程监护施工作业安全。认真梳理火灾防控区域,按照火灾防控等级划分一般火灾防控区域和重点火灾防控区域,落实消防安全责任,重点加强地下电缆隧道、地下润滑油液压站、34 号变电所、连铸大包回转台等区域的消防安全监管力度。全年工亡、重伤、重大生产事故、重大火灾事故、重大爆炸事故、重大设备事故均为“零”,轻伤1人,年千人负伤率0.73‰。根据公司总体部署,稳步推进精益工厂创建工作。牢固树立“各单位责任人是第一负责人”的理念,把精益管理工作与生产经营同计划、同部署、同安排、同检查、同考核。持续推进“6S”基础管理,5月开展样板区验收工作,6月开始以验收通过的样板区为典范,开展全区域“6S”验收工作。在持续推进现场“6S”改善工作的基础上,将精益工厂创建工作重点过渡到全员生产维护(即TnPM),积极开展TnPM初期清扫工作。全年自查问题8512件,收到职工改善提案8753条,改善亮点810项。

【党建工作】 认真开展支部“一支部一品牌”创建活动、“创先争优”活动、党员双“两无”活动和“创党员示范岗,建党员模范责任区”活动。扎实开展“不忘初心、牢记使命”主题教育。以党支部为单位,开展“五个一”活动。将巡查工作作为集团党委巡察工作的延伸和补充,制定了《一钢轧总厂党委巡查工作管理办法》,并于10月底启动了首次巡查工作。开展多种形式的廉政教育,不断增强党员干部拒腐防变、廉洁从业的意识。贯彻落实中央八项规定的有关要求,组织开展专项作风建设检查,采用不打招呼的检查方式五次进入现场作业区向职工了解身边领导干部、党员、重点岗位人员的作风问题。开展“严规矩、强监督、转作风”集中整治形式主义官僚主义专项行动,通过认真调研、剖析,共查摆出7个问题,制定整改措施,立行立改,已全部整改落实到位。聚焦“监督、执纪、问责”,全面落实“两个责任”,全年对薪酬发放、备品备件、物资出入、事故事件考核等重点工作进行了17次专项检查,指导、协助分厂完善4个制度,规范了管理、堵塞了漏洞。

【精神文明建设】 围绕两个文明建设,结合总厂二次创业的实际情况,开展宣传舆论工作,网站开办《精益现场在行动》《庆祝国庆70周年》等栏目网站,《与一钢轧同行》微信公共号正式运营。继续开展“最美一钢轧人”评选宣传活动,10名职工受到表彰。围绕总厂生产重点工序指标及关键点开展了12项劳动竞赛活动。继续开展合理化建议活动,收到建议484条。开展创新工作室建设活动,“陈爱民工作室”获公司命名授牌。组织参加公司第九届职业技能竞赛,3名职工获岗位技术状元、7名职工获岗位技术能手。建立送温暖活动长效机制,坚持开展日常困难职工家庭走访慰问活动,全年走访职工家庭69人次,送去3.75万元慰问金和慰问品。春节期间,为109名困难职工发放慰问款共计25.20万元。开展金秋助学活动,发放助学金和物质奖励5.29万元。组织开展拔河、羽毛球、游泳等群众性职工文体活动,总厂羽毛球队在公司俱乐部等级联赛中晋级甲级队,总厂拔河队代表公司参加世界拔河俱乐部锦标赛荣获世界拔河男子640公斤级冠军,并多次在国内赛事上荣获冠军。

(张　荣)

第四钢轧总厂

【主要技术经济指标】 2019年,总厂累计产钢840.55万吨,较上年增加29.07万吨,增长3.58%;热轧材822.44万吨,较上年增加30.06万吨,增长3.79%;钢、材产量再创历史新高;累计降本6.39亿元。

【生产组织】 2019年,总厂全面实现钢区“三炉三机”、热轧区域“六炉两机”满负荷生产的组产模式。炼钢日产量稳定在81炉以上,最高日产89炉;热轧1580线8月份产量达36.31万吨,再创月产新记录。强化计划执行兑现首要地位,在炼钢区域通过强化过程控制和开展高效组产攻关,全年非计划停浇率1.18%,比上年降低0.27%;三级坯比例6.07%,比上年降低0.23%,促进计划执行率、兑现率指标提升。重点品种持续提升。加大了薄规格,以及低合金高强系列、热轧高强钢等品种的生产组织和质量攻关力度。全年热轧汽车板产量达46.23万吨,管线钢、耐候钢等重点品种累计生产25万吨。供应冷轧及硅钢基料561.45万吨,其中硅钢基料55万吨,W470牌号以上25万吨,取向硅钢5万吨,高效生产再上新台阶。

【安全环保】 一是全面导入宝武集团安全生产“1000”理念,开展安全生产专项行动。先后组织开展了“煤气安全专项治理行动”“全员隐患排查治理专项行动”“安全生产隐患排查治理专项行动”和“反习惯性违章专项治理行动”,提高了安全生产本质化保障水平。大力开展危险源的更新辨识,组织“危险气体泄漏(煤气泄漏)事故”等专项应急预案演练,提高了员工安全应急处置能力。二是完善环保管理长效机制。坚决响应国家“打好污染防治攻坚战”的号召,积极加强现场环境绩效管控,全面梳理可能造成环保污染的风险点源,逐条制定切实可行的控制措施和干预措施,有效推动了各项管控措施的落实执行。大力推动炼钢厂房封闭、转炉二除、三除优化提标改造等超低排放改造项目的立项、实施,以硬件升级的方式实现总厂污染源防治水平的提升。2019 年,总厂被公司授予“环境保护先进单位”。

【技术质量】 一是强化质量监督意识,完善质量责任体系。围绕缺陷“三不”理念,以工作“零失误”、产品“零缺陷”为目标,健全总厂质量责任追溯制度,提升质量管理水平。通过分工序细化的质量控制点,进一步明确了各岗位的质量职责;通过加快工艺纪律检查频次加大范围,加强质量检查;通过强化质量监控,落实质量预警和质量叫停制度。二是完善技术创新机制,精心培育创新成果。健全技术创新决策模式,建立技术资源共享协同机制,完善激励手段,引导骨干队伍积极自主学习与开拓创新,激发队伍创新潜力与活力。以问题为导向、跟踪行业动态,多维度、全系统策划各类技术创新项目,积极组织开展各类技术攻关,着力解决现场实际问题。全年总厂总计开展各类技术攻关 87 项,累计提交专利申请 29 项。《热轧板带表面氧化机理研究与新一代控制技术开发及应用》获冶金科学技术一等奖;铁路用高强耐候钢板被中钢协认定为“金杯优质产品”。

【降本增效】 系统梳理影响成本的主要因素,扎实推进钢铁料消耗攻关和钢轧区域降本攻关。通过减少转炉喷溅率、降低转炉渣料消耗、加大渣钢的回收使用、优化硅钢切头尾工艺、打通铸坯切头外卖渠道、开展中间包内腔优化、提高连铸钢水收得率等措施,在低铁钢比运行条件下,钢铁料消耗控制在 1076 千克/吨左右;通过加大转炉煤气、炼钢、热轧蒸汽回收、优化错峰用电和检修用电、优化加热炉加热工艺等,显著降低能耗指标。2019 年比 2018 年多降本 1.79 亿元,年度吨钢降本比降本目标 71 元/吨多降 6.68 个百分点。

【设备保障】 继续推进钢轧检修联动模式,推进检修效率最大化,全年检修项目完成率、检修时间兑现率均 100%。深入推进设备工艺精度的量化评价及维护,引入专业检测队伍,有效提高各工序设备工艺精度的准确性、稳定性,全面提升设备精度。进一步完善 OEE 管理,健全 OEE 活动组织机构,明确职责分工,坚持例会制度,推进指标进步。与 2018 年相比,1580 产线从 73.3% 提升到 77.48%;2250 产线从 72.1% 提升到 76.39%。强化设备故障管控,加大设备故障发生频率、设备故障处理时间的评价力度,做好设备预警预防工作。与 2018 年相比,MTTR(平均故障处理时间)1580 产线由 73.3 分钟降低到 71.35 分钟,2250 产线由 86.35 分钟降低到 73.83 分钟;MTBF(故障间隙天数)1580 产线由 5.22 天延长到 6.48 天,2250 产线由 4 天延长到 4.66 天。有效运行能源管理网络平台,加强能源数据分析管理,每日完成能源成本、累计成本、吨钢成本等计算功能,形成包括工序能耗计算和各单位超标工序分析功能的日报。2 号转炉在全国性节能降耗对标竞赛中,荣获“冠军炉”称号。

【企业管理】 一是坚持开展人力资源优化。围绕产线实际,通过外包、技改、大工种等项目优化了 32 个岗位。办理各类离岗 142 人,完成公司 2019 年人力资源优化目标,炼钢、热轧人均劳动生产率比上年分别提升 6.46% 和 6.44%。二是积极推进智能制造。根据中国宝武智慧智造“四个一律”的要求,提前谋划,积极推进炼钢集控中心、热轧集控中心建设,具体项目有转炉二级系统改进,转炉烟气分析系统升级,连铸自动下渣、智能板坯库、加热炉智能控制、粗精卷智能化、热轧能介远程集控、轧线设备远程运维以及热轧数据中心平台等。

【人才队伍建设】 着力提升干部队伍建设水平。认真落实《党委(党组)讨论决定干部任免事项守则》,严格执行干部选拔任用工作程序,不断增强干部履职尽责的能力。2019 年,共提拔科级管理人员 4 人,交流科级人员 5 人次。建立了四钢轧总厂科级管理人员网上评价机制,持续提高干部管理的规范性。高度重视人才队伍建设,强调人、岗匹配。建立了总厂员工岗位能力矩阵,以岗位为单元,细化专业能力知识。重新修订《厂内高级主管选聘细则》,评聘厂内高管 43 人。新竞聘作业长 7 人,70 人获技能等级晋升,5 人晋升中、高级工程师,邬琼工作室由“市级技能大师工作室”晋升为“省级邬琼技能大师工作室”。

【党建工作】 深入开展“不忘初心,牢记使命”主题教育。持续推进“两学一做”常态化制度化。系统开展“四个教育”,500 多名党员接受革命传统教育,重温了入党誓词。认真推进基层党建标准化建设。认真落实“三会一课”、民主生活会、组织生活会等基本制度。2019 年共有 8 个党支部完成了支部换届工作,555 名党员参加民主评议,130 人被评为优秀。积极发挥宣传工作外塑形象、内聚人心的作用。2019 年,共在各类媒体发表稿件 646 篇,总厂内网刊登 1803 篇,“马钢第四钢轧总厂”微信公众号共推送各类文章 779 篇。开展形势任务教育,组织全厂员工开展“思想大讨论”。举办“致敬 70 年——奋斗新时代”职工征文、

“庆祝新中国成立70周年”主题摄影作品展、十大“杰出工匠”评选、“我和我的祖国”红歌快闪等活动。深化群众性经济技术活动和职工创新创效工作，2019年共征集15项先进操作法，其中3项先进操作法通过总厂命名；收集合理化建议964条；在“全员微创新”活动中，累计收集微创新案例共115件。团委深推青字“号、手、岗、队”活动，激励广大团员青年立足岗位建功立业。大力推进综治平安工作，构建平安和谐厂区。加强工程现场管理，加大治安综合治理工作力度，最大程度遏制偷盗资源犯罪活动，为总厂高质量发展提供有力支持。

（郭元友）

冷轧总厂

【主要技术经济指标】 2019年，生产成品板带产量422.5万吨。其中汽车板180.53万吨，家电板66.39万吨，建筑板73.29万吨，硅钢43.08万吨，其他用板材64.03万吨。MGW300及以上高牌号硅钢共6.51万吨。全年多条机组、产线产量创历史新高，全年降本20857万元。

【生产组织】 以计划执行率、计划兑现率指标为中心，优化资源配置，科学组织生产，做好生产前各项准备工作。针对汽车板、高端家电板等成材率低的产品成立技术攻关小组，采取有效措施确保生产平稳有序。对标先进钢企成功经验，及时掌握各类生产、质量信息，为高效、高质生产提供有效支撑。

【品牌建设】 一是以品牌创建为抓手，强化技术创新，深化精益制造。围绕公司方针目标和总厂重点工作中的关键问题，开展系列技术创新、技术攻关、QC小组活动。总厂承接公司级技术攻关项目7项，申报专利29件，其中实用新型专利9件，发明专利20件。2019年，总厂共申报44项QC课题，其中硅钢二分厂连退QC小组荣获QC成果“冶金行业优秀质量管理小组”先进奖称号、奋进QC小组发布的《降低硅钢斑迹封闭率》课题在马钢股份公司2019年度QC成果发布会上荣获一等奖。二是将品牌文化建设始终贯穿于生产线和职工岗位之中，大力营造“人人创品牌、处处树品牌”的良好氛围。总厂、分厂分层开展职工质量意识和品牌意识的培训教育，提升全员品牌意识。总厂选送的作品《用心（锌）制造的外衣》在第七届全国品牌故事大赛（全国赛）中荣获一等奖，微电影作品《幸福的门》和征文《信任521》在第七届全国品牌故事大赛（合肥赛区）暨安徽第三届质量品牌故事大赛中双双荣获优秀奖。

【精益工厂】 以打造特色精益文化为目标，不断推进精益工厂创建工作。以“微创新”评价激励机制为导向，引导和激励员工围绕PQCDSMEI（效率、品质、成本、交期、安全、士气、环境、智能）八要素，查找发现身边现场存在的问题，积极进行自主改善和专项改善。同时，将“微创新”从员工自主改善中独立出来进行申报和评审，形成了较完善的微创新申报、评价和积分激励机制，大大激发员工参与“微创新”的热情和积极性，让全员参与持续改善现场问题成为精益活动的良好风尚。在公司的精益工厂评比中，总厂荣获马钢2018年度精益工厂创建“金牛奖”。

【降本增效】 以稳定生产、提升质量、控制消耗为核心，从生产管理、设备运行、备件管理、能源管理、节能改造等方面进行全面梳理，对比指标，拟出问题清单，制定对策措施，层层分解落实，实现降本增效。合理安排计划停机和检修时间，充分采用避峰就谷组产，实现能源效益最大化。总厂围绕“设备降本、合理优化库存、备件材料经济保供”的目标，严格执行备件材料三级评审制度，在备件保供、外委项目完成的前提下，强化费用精细化管理，全年费用做到基本可控，提高备件保供能力。全年能源降本2830万元。

【设备管理】 始终坚持“运行有效、保障有力、系统优化、节能降耗”的管理思路，持续开展设备精益管理，提升设备综合运行能力。不断完善设备管理制度，优化设备信息化平台功能，强化设备管理基础建设，设备运行指标稳中有升，设备故障停机率2.1‰，完成公司指标2.5‰。为实现总厂全年生产经营目标夯实了基础，提供了保障。以质量和产量为出发点，对关键产线实施重点关注、重点改进、重点突破。扎实推进总厂设备技术标准体系建设，完善指标数据分析评价，提升设备综合管理水平。开展设备各类劳动竞赛，减少设备故障次数和停机时间，推进全员“设备精度”管理，实现设备高效运行。技改项目与大中修相结合，全年完成30次产线年修，为设备性能和精度提升、为产线提质增效奠定了基础。

【技术改造】 总厂技改项目的有序推进，为总厂高质高效生产、智能制造、节能降耗工作提供了有力的支撑。总厂全年技术改造共150项，其中公司工程项目9项，分别为1720酸轧机组提质增效改造、1号镀锌线设备能力提升改造、北区轧后库无人行车智能库区、北区半自动包装线改造、3 号镀锌线传动系统后续升级改造、硅钢 3 号轧机厚度控制能力提升改造、2130 酸再生环保升级改造、南区 1 号镀锌线后库新增全自动包装线、3 号、4 号镀锌线余热回收项目。尤其是通过对 1720 酸再生机组的环保升级改造,极大的改善了厂区周围的生态环境。此外还同步完成了 2130 酸轧增设日立 IOT 项目、2130 连退和 3 号镀锌一期传动改造、1 号镀锌线二级系统服务器升级、平整机组传动系统升级改造、3 号镀锌线新增微量氧分析仪改造等。2130 连退余热回收项目、北区成品库光伏发电项目均已完工并投入运行。北区 2130 轧后库进行智能化改造项目已进入调试阶段,计划 2020 年 2 月完工。

【企业管理】 一是严格按照岗位绩效考核评价标准对各单位进行考核、测评,对每月各单位绩效分、人均绩效奖、实际人均奖等项目进行趋势分析,为提升工作效率起到了推动作用。持续做好薪酬发放工作,检查监督各单位薪酬发放过程。做好人力资源管理信息系统(SAP)数据的收集与维护。2019 年,总厂 2113 人参加公司薪酬增资方案调整,人均增资 393 元。二是以把好产品质量关为准则,不断健全各类管理体系标准。接受、通过包括 PED 再认证审核、东风神龙工厂验证及扩线审核、东风本田潜在供应商考察审核、重庆长安二方审核、江铃汽车供应商准入二方审核等在内的 16 次技术性考察或二方审核;通过杭州汉德质量认证服务有限公司(TUV-NORD)对汽车用钢产品 IATF 16949:2016 质量管理体系的监督审核及 ISO 10012:2003 测量管理体系年度监督审核。三是全年编发《冷轧责任追溯》58 期,对各类事故事件、质量异议、标准化体系检查等实行追责、考核,做到奖罚分明,汲取经验教训。四是冷轧工匠团队充分利用工匠基地这一平台,围绕解决生产经营中的重难点问题开展形式多样的技能培训、技术攻关,发挥工匠团队带头人的技术技能引领作用,提升职工整体技能素质、激发全员创新创造活力。总厂全年编制《冷轧工匠》简报 6 期。五是深入优化人力资源、提升人事效率。通过开展与先进钢企整体对标、产线对标、局部对标、工序对标等方式,结合总厂实际情况制定出人力资源优化目标。本年度办理协商解除劳动合同 299 人,辞职 6 人。总厂持续推进全员培训工作,按照培训计划节点进行完成率考核,将教育经费“用好、用足、用实”。以需求培训为主线,根据新项目、新流程需要,以职业技能鉴定和取证培训为抓手,坚持一专多能、一人多岗方向,开展提升员工技能培训。全年共 1454 人参加了公司相关部门组织的管理、技术、业务类培训 172 期。强化作业长基层管理,完善作业长组织机构和工作机制。对《作业长管理办法》进行修订,梳理并上报作业长研修分会组织机构信息。对到期作业长续聘的 13 名作业长进行了考核认定,新聘作业长 5 名,解聘 17 名。

【环境治理】 一是持续打好“蓝天、碧水、净土”保卫战,全面落实“绿水青山就是金山银山”的绿色发展理念。完善环保排口长制体系,将总厂 75 个环保排口分级,责任到人,齐抓共管。从建立管理制度(冷轧排口长月报的建立)、源头控制、过程监管、末端治理、培训宣传五个方面进行排口长体系管理,各级排口长签订目标责任书,确保排口达标排放。总厂荣获环保良好企业称号。二是持续实施环保能力提升,践行本质环保理念,不断实施环保项目升级改造。1720 酸再生酸雾净化“灭白”于 7 月调试安装完成,检测指标得到设计要求,超低排放指标 HCL<10mg/m,颗粒物<10mg/m。此项目也是国内第一家实现超低排放灭白项目,得到了国内同行的高度关注。总厂对环保设备设施改造,先后完成北区水处理提标、彩涂厂界噪声整治、1720 酸洗和二硅钢常化酸洗酸雾等改造项目,从源头控制新污染,有效改善现场环境。

【安全管理】 总厂始终贯彻“安全第一,预防为主,综合治理”的方针,落实安全生产责任制和安全生产主体责任,持续推进安全生产标准化体系有效运行。建立安全事故预警机制,及时通报各类重大事故并开展类似情况的安全检查,有效地吸取事故教训,杜绝同类事故的发生。2019 年,总厂顺利通过安全生产标准化二级企业达标创建的评审。强化项目安全管理和相关方安全管理,全力推进落实安全主体责任,保障总厂生产经营的良性发展。先后组织开展了“安全生产攻坚专项行动”“全员隐患排查治理行动”“安全生产隐患集中排查治理 1+2+N 专项行动”“煤气安全专项治理行动”“强化安全风险分级管控和隐患排查治理双重预防机制”等安全管理专项行动。

【党群工作】 深入开展“不忘初心,牢记使命”主题教育活动。举办以“弘扬红船精神,传承初心使命”为主题的征文、摄影比赛、主题教育网上答题、“学习强国”积分竞赛及“庆祝建国七十周年冷轧总厂党建知识竞赛”等活动。开展了“严规矩、强监督、转作风”集中整治形式主义官僚主义专项行动。16 个党支部结合本单位实际,制定出切实可行的品牌创建计划。努力打造具有冷轧特色的党建品牌。通过专家讲课、参观监狱等形式开展党纪国法、廉洁从业教育。强化“一岗双责”，落实廉洁谈话制度。工会组织开展形式多样的文体活动，丰富职工文化生活。组织各类技能大赛，提升员工技能素质。坚持完善厂务公开制度，全力做好职工生活保障工作。

（孙 琦）

港务原料总厂

【主要技术经济指标】 2019年，自备码头卸船1025万吨，陆运175万吨，混匀矿1516万吨，外供总量5072万吨，分别比上年提升15万吨、16万吨、33万吨和90万吨。烘干筛分块矿外供256万吨，比上年增加8万吨。固废综合利用产量24万吨，比上年增加15万吨。混匀矿一级品率100%。全年设备可开动率99.34%，设备事故故障停机率0.11‰。

【安全生产】 以高效、低耗、灵活、准时为目标，强化生产管控，为铁前提供满意服务。克服料场智能化改造工程建设和台风等因素对生产的影响，积极应对生产与建设交叉面广点多、现场作业错综复杂的局面，并按照“长江大保护”环境管控要求，优化生产组织，确保精确操作和最优流程，突破取料机流量不足等瓶颈，实现系统提效，多项指标创历史新高。狠抓安全责任制的落实，完善各类管理人员安全生产责任制和责任追究制。推进安全标准化工作，通过了国家二级标准化企业资质复审。将2019年作为总厂“安全培训年”，实行安全暨教育培训例会制度，由总厂安全总监主持对阶段性工作重点做详细布置的同时开展专题教育，全员安全意识进一步提高。

【工程建设】 马钢原料场环保升级及智能化改造工程于2019年3月16日正式开工，总投资15亿元，时间跨度3年，料场项目部锁定“工期、质量、安全、投资、廉政”五大目标，精心设计、精心组织，全力打造优质、环保、精品、安全、廉洁工程。综合、生产工艺、设备、土建结构及供辅、安全消防保卫五个组工作齐头并进，积极推进工程四个标段的EPC招投标、监理招投标、初步设计审查、技术协议审查、设备技术交流、入围设备制造厂家考察、现场施工等工作。为保工期，优化细化工程网络节点，明确各标段的工期目标，加强进度管理，按照主节点完成情况对总包单位进行考核，保证了工程建设进度。加强施工协调与安全监管，督促施工单位对重大高危作业制定专项安全施工方案，组织分厂、监理、项目部全过程监护，同时协调处理好生产与工程建设的关系，跟踪项目施工作业节点，及时调整生产组织满足施工节点要求，确保了工程按节点顺利推进。

【环保工作】 制定《2019年港务原料总厂蓝天碧水净土保卫战实施计划》《港口码头突出环境污染事件专项应急预案》等工作计划和措施，在抓好现场环境绩效和无组织放散控制的前提下，重点按照股份公司长江大保护专题会议要求和《股份公司央视长江大保护警示片问题整改现场会任务清单》，对涉及总厂的长江大保护任务进行分解，层层落实。强化除尘设施托管运营跟踪检查，确保除尘设备安全、稳定、高效和经济运行。完成C26、C27、3号高炉矿槽槽上除尘等多项除尘设备的更新、改造和电除尘超低排放改造初步设计方案，总厂火车、汽车受料槽干雾抑尘技术方案报公司立项。除尘设施同步运行率99.96%，废气、废水排放达标率100%。

【企业管理】 总厂将打造精益工厂与日常各项管理相结合，与企业改革重组相结合，进一步推动总厂的改革与发展。修订了总厂《精益现场管理推进工作计划》以及《精益现场“6S”管理评价考核办法》，自主查找问题3000余项，整改率达95%，改善亮点200余项，微创新案例60项。对照中国宝武“四化”的环保工作方法，逐步整治现场环境，对照中国宝武“四个一律”的原则，投入精力做好铁前集中控制的前期工作。积极打造精益现场，落实“长江大保护”环境要求，对码头平台及各单位现场进行整改，落实重污染天气管控措施，对厂区道路建设、建筑施工等扬尘场所实施标准化管理。落实全面规范化生产维护体系（TnPM），全面提升设备管理、运行管控、系统功能保障三大能力。积极开展设备维护及工作检修，全年计划检修12976项，现场维护4934项，故障及非计划检修123项。加快铁前生产系统的对接融合和智能化工作，对中央控制室装修改造，并开展流程决策系统、远程自动作业系统的开发，实现中控操作端和5号BRC移动机本机控制程序通讯，实现高清监控画面回传。根据宝武绿色发展、智慧制造的要求，积极探索5G在工业生产中的运用，为进一步推进智能化工厂建设奠定基础。落实公司人力资源优化的方案，稳步推进人力资源优化工作，政策性离岗175人，根据总厂工作实际，修改了班次时间，变动岗位58人。结合公司培训指标，对处级干部、科级管理人员、作业长、点检、特殊工种、安全资格取证等多范围学习培训,开展了移动机等专业的技术比武和研讨会,调动了员工学习岗位技能的积极性。不断提高员工的综合素质和操作能力,结合新建项目改造,举办了44期适应性培训班,受训人数890人次。

【技术进步】 2019年,混匀一系统外供混匀矿44堆,混匀二系统外供混匀矿34堆,合格率均达100%,居于行业领先水平。完成了《进一步提升块矿烘干生产能力技术攻关》项目结题,推进实施《胶带机火灾预防技术攻关》《料场环保智能化改造2C建设期间的混匀矿保质保产技术攻关》《冶金尘泥生产工艺改进技术攻关》三项技术攻关项目;积极开展专利的收集和申报工作,授权专利3项,新申报专利7项。量身打造品牌,重点打造外供槽位无差错优质保供、提升冶金尘泥生产规模及稳定性,满足公司环保需求、稳定混匀矿生产及质量管理三项具有总厂特色的品牌。

【党群工作】 开展"不忘初心、牢记使命"专题活动,加大党员培训力度,确保党员教育全覆盖。深入实施"互联网+党建"工程。打造"智慧党建"。加强意识形态管理,健全网上舆情监测预警、分析研判和应急处置机制。开展党员"一带一""党建+(生产、安全、环保)"特色活动。加大对干部的培训与考核,提拔副科级管理人员5人,副科转正科3人。全年对外投稿458篇。在工程建设、职工薪酬管理等环节切实履行监督监察职能。工会组织全面落实马钢推进新时代产业工人队伍建设改革行动方案,积极开展群众性经济技术创新、合理化建议、技术比武等活动,被评为2018年度公司先进单位。

(胡静波)

能源管控中心

【主要技术经济指标】 2019年主要产品产量:完成供电量84.9亿千瓦时,自发电869.48万千瓦时;供应工业原水1.636亿吨、工业净水1.002亿吨、循环水1.16亿吨、生活水0.23亿吨、软化水1381.6千吨;年产冷风155.01亿立方米、压缩空气28.09亿立方米、蒸汽869.66万吉焦;加工输送高炉、焦炉、转炉煤气1.24亿吉焦,氢气0.15亿立方米;供应氧气13.5亿立方米,氮气18.35亿立方米,氩气0.41亿立方米。吨钢综合能耗572.88千克标煤/吨。

【安全保供】 2019年,能控中心抓住改革发展机遇,不断优化能源管控体系,发挥与气体分公司整合优势,不断增强系统管控能力。迅速平稳完成对气体分公司生产经营整合,顺利实现制氧系统的高效管控。加强与公司制造部、设备部信息对接,推进能源流随物质流的动态、及时、最优调控。加强对公司各介质用能特点的分析,跟踪并满足用户用能变更需求。实施南区EMS调度可视化管理,有效提高调度系统的管控能力。自主开发煤气系统自动平衡模型,每日预测各类煤气放散情况,指导能源调控。构建中心统一的停复役管理平台,增强停复役及运方管理的可追溯性,提高一贯制管理水平。全年能源介质保供不仅实现安全稳定,而且转炉煤气吨钢回收、北送焦炉煤气等多项指标创历史最好水平。3200立方米高炉风机房汽动鼓风机组稳定顺行超1000天,创造了国内同类型机组的新纪录。开具调度操作命令票6596张,调度指令正确率100%。安全堵抽盲板1299块,及时封堵公司煤气设施突发泄漏117次。供电系统实现安全运行无事故。制氧机运行机组稳定运行,备用机组14次顺利应急启运。

【降本增效】 强化能源指标控制。坚持开展月度变动成本和经济技术指标测算及分析,定期分析主线异动及检修对指标的影响,跟踪南北区调度调控执行效果,加强主辅联动,强化动态运行管控,焦煤放散、蒸汽损耗比上年下降0.25%、0.56%,压气电耗、三铁冷风电耗比上年下降1.24千瓦时/千立方米、1.1千瓦时/千立方米。深化44条降本降耗措施,推进北区冷轧空压站2号、3号干燥机无损化改造,实施水系电机改造,将马钢南区低温水系统正式退出运行等;充分利用政策红利,加强直购电管理;推进备件、物料国产化。全年完成降本额6252.95万元,超年度降本增效目标指标564.95万元。发挥马钢气体品牌和能源专业优势,拓展外部市场经营增效空间。在液体产品市场低迷、可供外销资源减少的情况下,积极开拓液体产品销售市场,实施灵活营销战略,医用氧销售实现1万吨的新突破,高纯气项目实现市场开发。全年气体外销实现税后销售收入9211万元。另外签订各类技术输出合同9项,合同总费用272万元。

【设备保障】 加强设备基础管理,完善设备综合效率评价,开展重点设备的生命周期管理,北区风机房、一集控、三万制氧机组等14个重点房所OEE指标稳中有升。全面推进EEMS设备管理系统,日常检修计划工单发起1148条,检修写实1043条,闭环率90.9%。开发中心物资库存动态管理平台,推进备件材料信息、资源、使用共享，实现备件储备科学合理。加强中心点检站及点检员队伍建设，修订编制了相关工作流程及工作职责等文件，60名点检员取证培训，为深化点检定修制工作奠定基础。大力开展系统优化与隐患消缺。成功实施公司重大风险项目——南北区氧气连通管道改造工程，消除了老区重大氧气管道设备隐患，提升氧气的保供能力，探索并实证了压力管道建设项目标准管理模式。一、三厂区压气连通管验收及投运，增强铁前、钢轧区域互保能力；3000立方米氧槽建成投运、1500立方米氧槽改氩槽及液氩汽化改造，提升贮槽存贮能力，满足了外销需求；三加压新增混合系统，实现混合站自动配比，提升转煤高效利用；成功实施北区原水替代工程，解决了18号制水站后续水源问题；完成高炉区、焦化南区供水管网更新改造，减少管网漏损约300立方米/小时；完成110千伏线路隐患整治，阶段性实现六汾河污水处理站中水全回用等，全年完成检修消缺4870项，计划兑现率96.8%。全年设备可开动率100%、主要生产设备功能精度100分。三万、四万制氧机组，新区风机机组、3200立方米高炉风机获公司优秀生产线表彰。

【安全管理】 坚持日巡查制度，加强现场风险管控。严格属地安全监管，加大违章管控考核。规范危险作业管理，依法落实重大危险源和危险化学品安全管理。扎实开展煤气专项治理、危险化学品专项治理行动，加强高危作业管理。认真落实煤气安全六项制度宣贯，培训6期360余人。试行分厂危险作业许可在“安全系统危险平台”日报告制度，组织开展“保绿牌，争金牌”安全生产竞赛工作，激励班组安全生产自主管理。坚持防患于未然，积极开展全员隐患排查治理专项行动、“1+2+N”隐患排查专项行动等，1号、2号高炉DN3000管道腐蚀，北区2号转炉气柜皮膜更换、南区氮气管道整改等重大安全隐患得到解决。全年排查出180项“硬件”隐患基本做到整改销案。市局挂牌的12条压力管道整改完成检验与合规性评价。全年工亡、重伤、属地事故为零，实现安全生产八连冠。荣获市政府“安全生产先进单位”荣誉称号。

【动力运行管理】 全面梳理动力管网计量，全面推进一二级计量完善工作，坚持开展1673个点位的能源介质计量管理。完成外转供水、电、气多套计量安装。推进蒸汽外供效能监察专项整治工作，对外供用户费用追溯追缴55万元，缓解了用汽高峰系统平衡的压力。发挥专业指导作用，通过加强主辅联动、动力运行管理检查，促进公司各单位动力运行水平的提高。建立和完善各单位动力运行管理沟通机制，加强对用能单位煤气停送方案审核与指导，强化煤气六项制度的执行，开展对各类检修及异动情况下平衡方案事故预案组织，强化停复役及动力监察整改项目监督，完善系统管控应急管理体系。制定动力监察标准，大力开展动力监察。全年动力监察检查整改近500项，其中考核近90项。

【工程与信息化建设】 2019年，中心立项8大基建工程，实施项目负责人制度，坚持项目例会制，实行层层把关，强化过程控制，确保项目质量和安全。长材系列公辅配套项目，异型坯连铸机、重型H型钢生产线综合水处理工程，北区鼓风机站2号、3号风机新增鼓风脱湿系统工程，一硅钢废水处理站提标改造工程，1号制氢更新改造工程，31号泵站直供33号、35号制水站水源工程，南区新建CCPP公辅燃气、热力及电力配套工程等项目建设按计划节点扎实推进。中心大力推进信息化建设。实施北区EMS系统升级改造项目，搭建EMS系统模拟环境、系统离线测试已完成。建成氧气危险化学品监控系统，实现中心氧罐危化品生产运输贮存进行在线实时监管。建设焦化沿线水槽CO远程监控系统，通过区域监测点设置，信号实时监视并设定报警功能，弥补人工定期巡检的时间差，提高安全预警能力。推进电量自动采集，对部分站所90块外转供电度表进行改造，实现自动抄表代替人工抄表。2019年，完成25号变电所、13号水泵站、二钢转炉气柜退役工作；完成南区氢站净化系统、三空、二气柜加压站的无人值守；完成301集控改造。中心共有房所77座，其中39座有人值守、38座无人值守。

【改革管理】 为汇合整合优势，中心成立整合工作组，开展生产经营绩效、管理制度、工作职责、管理标准等梳理、对接与融合，根据整合新情况修订了《能环中心2018—2020年发展规划》，修订中心标准体系文件200多件、技术标准500余个。中心以整合为契机，优化管理职能、管理流程、资源配置，构建科学规范、管控高效的能源环保管理体系。对标宝武先进企业积极开展人力资源优化工作，积极宣贯公司政策性离岗文件，依照公司文件精神认真负责办理员工各类离岗手续。全年办理在岗员工离岗335人，优化比例约20%。强化教育培训工作，扎实开展以提高技能为目标的防护、抢险技能竞赛和百日劳动竞赛；创新导师带徒工作方法，推进“1+X”导师带徒活动，做好技术传承，培养人才梯队，51对师徒达成意向。深入开展精益工厂创建。全面推进“八要素”管理，发挥部门协同作用，深入推进 TnPM 自主保全清扫实践活动,开展 OPL、工具开发及焦点课题等专项活动,在公司精益工厂建设评比表彰中被评为“四室”建设先进单位。

【技术进步】 强化与专业院校的“产学研用”深度合作,加大自主创新力度,积极开展 QC、难题征集、技术讲座等活动。2019 年中心确立 135 项技术进步项目,注册 QC 小组课题 58 项。全年组织申报专利 18 项,其中发明 5 项,通过审查 12 项、部分已受理。本年度获得 2018 年度专利授权奖酬 18 项,其中发明 1 项,软著授权奖酬 2 项。制氧二万作业区 QC 小组评为冶金行业优秀 QC 小组、生产技术部 QC 小组获省优秀质量管理小组称号。

【党群工作】 扎实开展“不忘初心、牢记使命”主题教育,全面完成学习教育、调查研究、检视问题、落实整改等各项任务。党委深入开展党员安全“两无”、支部达标创先、党支部建设提升行动、基层党组织标准化建设以及“一支部一品牌”创建活动。开展岗位调整科级管理人员签订廉洁从业公开承诺书活动,29 人签订承诺书。认真落实公司纪检监察信访举报工作目标管理要求,中心纪委被评为 2017—2019 年公司纪检监察信访举报工作目标管理“标杆单位”。征集合理化建议 975 条。推进岗位创新创效,以袁军芳“职工创新工作室”为样板,完成中心大师创新工作室的基础建设和制度建设。积极组织参加公司第九届职业技能竞赛工作,中心 28 名女变配电工全员参赛,取得一、二、三等奖的好成绩。积极开展劳动保护理论研讨,1 篇论文获全国钢劳联年会理论研讨论文优秀奖。丰富职工文化生活,男子乒乓球队首次获得公司甲级队第一名的好成绩,中心被评为公司模范职工之家。

（马咏梅）

热电总厂

【主要技术经济指标】 2019 年,发电 41.01 亿千瓦时,供热 484.5 万吉焦;实现内部利润 1.69 亿元,超公司内部利润计划 600 万元;实现安全生产“六为零”,圆满完成了五届一次职代会制定的各项目标。南区和北区 11 号、12 号、13 号机组发电标煤耗分别为 392.16 克/千瓦时、290.26 克/千瓦时、312.30 克/千瓦时、370.22 克/千瓦时。南区、北区厂用电率分别为 9.74%、6.01%。

【安全管理】 提升本质安全管理。一是强化属地安全监管。加强检修及工程现场安全评审监督,外来单位安全管理零偏差,实现新 CCPP 项目工程安全“三同时”。二是开展安全隐患专项治理。落实反习惯性违章督查和煤气、消防安全专项检查,开展“1+2+N”安全隐患排查治理专项行动,共上报一般隐患 206 项,整改率 100%。三是安全培训全面覆盖。落实中高层安全管理培训,举办有限空间作业安全、相关方及煤气专项培训考试。四是夯实安全管理体系。安全风险分级管控,消防安全实现“网格化”管理。开展安全体系自我评价,在公司率先通过“安全生产标准化二级企业”复审。

【设备保障】 夯实设备基础管理。一是完善设备管理体系。完成《备件管理办法》《设备标准检查管理办法》等 14 篇体系文件修订发布。率先通过公司设备“四大标准”复查。二是深化设备隐患排查。全年下达设备专业检查整改项 23 项,考核项 4 项,全部整改。三是加强设备检修管理。完成 6 号炉水冷壁变形、2 号发电机定子线圈漏水抢修,精心组织完成 1 号机、2 号机、11 号机组、12 号机组小修和 1 号炉、11 号机组大修,11 号机组完成投产以来全轴系深度优质大修。同上年相比,设备可开动率、设备作业率提升明显。13 号机组荣获公司设备系统“先进生产线”。

【生产管理】 加强生产基础保障。一是实行“弹性组产”模式,提升调度管理能力,优化资源分配使用。针对外部产能调控、煤气资源少、煤质不稳定、环保技改等复杂情况,加强能源管理、细化能源指标、优化运行方式,完成了全年既定目标。二是提升生产基础管理水平。稳步推进“包、保、核”行动计划,重点加强燃煤质量监控,确保生产平稳、有序、可控;强化“两票三制”管理,定期开展工艺纪律检查,严格落实整改,进一步提高基础管理水平。三是技术创新成果水平提高。2019 年,总厂深挖技术潜力,完成技改技措评审 24 项,有力支撑生产经营目标实现。发布专业技术秘密 20 项,申报技术专利 4 项全部通过审核,荣获“马钢优秀科技论文”8 篇,“五省汽轮机专业研讨会”优秀论文 1 篇。

【精益现场】 扎实推进精益现场建设。强化顶层设计,制定“6S”管理和精益现场工作计划。开展定期巡查工作,统计各样板区基础设施状况,共排查重点问题 53 项,全部落实整改。深度融入生产检修。结合 11 号机组大修工作,对标学习三菱优秀现场检修管理经验,同步开展精益检修现场管理。参加公司“最佳四室”评选，获得 1 项最佳四室的荣誉称号，1 人被评为“四室”先进个人。厂区亮化成效显著。融入长江经济生态圈建设，完成南区厂房、烟囱、办公楼的美化亮化。

【环保工作】 严格本质环保管控。加强污染源源头治理，加大厂区周边环保情况排查，严格监督检修现场、相关方运营及环保建设项目施工，完成新 CCPP 项目环评。落实“现场检查”和“三级巡查”，督查环保问题整改，全年下发各单位整改单 17 份，整改完成率 100%。加强排口管理，规范排放申报，各类污染物排放有效控制，全厂 9 个环保监测排口，6 个实现达标率上升。完成北区 12 号炉超低排、南区煤粉锅炉脱硝超低排改造，实现全厂所有煤粉炉超低排。新建污泥掺烧项目中间储仓投运，处置六汾河污泥和钢轧酸碱污泥 1.2 万吨，减少公司外委处置费用达 1054 万元。2019 年，参与省重点污染源单位环境信用评价，被安徽省生态环境厅列为年度“环保诚信企业”。

【新机组建设】 2019 年，总厂节能减排 CCPP 综合利用发电工程顺利完成主设备招标、项目优化设计、招标施工等一系列推进工作。机组建设统筹协调，内外加强协作，克服主辅线场地拆迁等难点，实行建安总包招标模式，有序落实施工建设单位入场。新 CCPP 项目以争创“国优工程”为目标，严把监理单位资质，督促施工单位安全、环保、文明施工，全年签订安全协议 7 份、下发隐患整改通知单 20 份，实现建设施工安全“三同时”。新机组建成后，将成为国内首台 180 兆瓦等级高炉煤气 CCPP 机组，大幅提高公司自发电比例发挥显著经济、社会效益。

【党建工作】 发挥党建精神引领。重点开展“不忘初心、牢记使命”主题教育活动、“严强转”集中整治形式主义官僚主义专项工作，落实主题教育“回头看”和整改工作。深化廉洁从业机制。完善“一岗双责”机制保障，推进“三个以案”示警教育，抓好干部廉洁从业，签订党风廉政责任书。不断提升支部品牌建设，形成“一个支部一个品牌”格局，完成 6 个支部换届选举。党务工作扎实开展，党员组织关系排查、转接有序，全年共发展 8 名党员。加强多层次职工帮扶。组织职工参加公司及总厂两级互助基金，探望职工及家属达 67 人次，发放慰问金 3.59 万元。丰富职工文体活动，开展“巾帼悦读悦享”读书交流暨“精益故事”微视频征集活动。积极开展“党员活动日”义务植树、“敬老慰贫”主题党日活动，开展迎接七一、庆祝建国 70 周年徒步活动。

（邹 超）

炼焦总厂

【主要技术经济指标】 2019 年，生产焦炭 456 万吨，完成率 100.88%，比上年增产 4.8 万吨；发电 5.2 亿千瓦时，完成率 104.78%；降本 2.9 亿元，完成率 102.5%。全年围绕“精益运营稳保供、变革突破谋发展”工作主题，完成了以“焦炭保供”为主的各项目标任务。

【生产组织】 以保供高炉稳定顺行为中心，克服了 6 号焦炉超期服役等困难，主抓生产过程控制，稳定焦炭质量，实现了生产秩序均衡、稳定的目标，超额完成了公司下达的生产任务。针对筒仓建设期间卸车组织和煤炭保供困难，加强与公司制造、物流部门协调沟通，落实煤场动态管理，全年接卸洗煤 665 万吨。开展煤焦质量全流程管控，加强配煤精准管理、焦炉热工优化、干熄焦高效组产，三个系统焦炭质量合格率分别达到 98.53%、99.32%、99.53%。

【设备保障】 强化设备状态把控，设备故障率同比降低。2019 年检修计划执行率 99.6%，增强了重点产线设备保供能力。积极组织重点检修项目的实施，顺利完成 2 号、4 号、6 号干熄焦年修，1 号、2 号、3 号干熄炉炉内耐材在线检测，1 号、2 号、3 号、4 号焦炉棒条振动筛更换等数十项大中修和改造任务。推进能源管理平台、检修工程管理信息化系统（EMS）等陆续上线，加强设备智能化管理，为稳定高效生产保驾护航。

【安全管理】 以建立健全制度和提升安全理念为重点，修订了《安全生产责任制》《相关方及人员安全管理办法》，制定了《安全责任清单》。系统梳理 13 个安全要素，顺利通过了安全标准化二级企业评估。深入开展“1+2+N”安全生产隐患集中排查治理专项行动和煤气专项治理工作。加大全员安全教育培训力度，通过培训、考核、再培训、再考核的方式，提高全员安全技能和意识，杜绝反习惯性违章现象发生，全年千人负伤率为零。建立一人一档培训档案，在岗职工接受安全教育率 100%，特种作业人员持证上岗率 100%。消防大队全年接处警 20 起，现场动火监护 122 天台次，出色完成各项任务；在安徽省第三届危险化学品救援技术竞赛中，荣获团体第三名的好成绩。

【节能环保】 经受住了长江大保护现场会及省、市各类督察期间环境质量管控大考。全年排污申报率、工业固废综合利用率、危险废弃物安全处置率和基建技改项目环评执行率均为100%,未发生环境污染事故。提高资源的循环利用率,回收利用焦油渣5859吨,实现生化污泥处理1.67万吨,收集处置除尘灰6.98万吨。除尘设施污染因子在线达标率99.99%,通过加强熄焦水零外排和煤场水零外溢红线管理,国控水排口污染因子超标率较去年降低80%。环保提标改造项目有序开展,为主工序产线生产提供保障。

【降本增效】 按照股份公司下达的降本指标,积极与行业先进企业进行工序、产线对标,每月将责任成本下达到职能部室,考核成本落实到各分厂,构建全员参与的对标降本管理体系。采取配煤结构优化攻关、提高吨焦发电量、降低动力介质消耗等关键措施,合理管控备件、材料、检修等费用,着力推进系统经济运行工作,较计划降本任务多完成725万元。

【基建技改】 深入贯彻绿色发展,智慧制造理念,南区筒仓一期工程进入带负荷生产阶段;7号焦炉烟气脱硫脱硝工程正在开展功能考核和验收工作;集装箱运输智能化环保改造工程在全线自动联调;焦炉系统工程已于11月21日正式开工,工程建成后,可年产全焦110万吨,提升了高炉保供能力。其他焦炉烟气脱硫脱硝工程、在线除尘设备改造等项目正在有序推进中。

【技术创新】 2019年,总厂承担安徽省级科研项目2项,股份公司级科研及攻关项目3项。由总厂主持的省重大专项《焦炉机车的无人化及智能化改造》通过省科技厅验收。全年受理专利25项,授权专利17项,其中发明专利4项。《降低7.63米焦炉倒焦攻关》获得安徽省QC发布二等奖,《延长干熄炉运行周期》获得第二届中国创新方法大赛总决赛三等奖。此外,充分发挥国产化干熄焦示范引领作用,组织技术骨干先后为唐山宝利源、越南和发榕橘钢铁股份有限公司等单位的干熄焦项目提供技术支持。

【人力资源优化】 与宝钢、武钢、沙钢等单位进行工序、产线的全面对标,细致查找岗位用人方面存在的差距,进一步优化岗位定员。通过岗位劳动组合优化、政策和服务配套、产线整合和工序委托三个重点环节,积极宣传和引导职工选择离岗政策,稳妥、有序、高效实施人力资源优化。2019年在岗职工人数减少243人,全面完成公司下达的减员任务。此外,在公司的统一领导下,圆满完成了劳务用工规范工作,切实做到劳务用工依法合规。

【人才队伍建设】 以精干高效、服务、服从生产为原则,进行人员适应性调整。总厂2名科级管理人员进入公司中层管理人员岗位,2名技术业务岗人员进入科级管理人员岗位,交流调整科级管理人员岗位10多人次,优化了基层班子结构,提高了基层管理能力。新聘作业长7名,充实了作业长队伍。完成16名优秀科技人员、19名技术能手津贴评审工作。张增兰被列入安徽省538拔尖人才计划,李强被评为安徽省第七批学术和技术带头人,并获得“江淮杰出工匠”称号。

【强化全员培训】 总厂所有在职作业长完成了公司作业长研修培训,并取得优异成绩。针对技术业务序列,注重加强实践培训,安排到关键岗位进行锻炼,一位多职,促进快速成长,以适应总厂发展需要;针对操作维护序列,充分利用工匠基地平台,积极构建大工种培训模式,推动一专多能,提高技能水平。持续开展安全、职业卫生健康体系,环保法律法规及专业管理等培训。全年举办、参加各类培训106项,培训2058人次,培训项目兑现率100%。

【党群工作】 深入开展“不忘初心、牢记使命”主题教育,南区筒仓项目临时党支部开展党建共建活动,促进项目廉洁高效推进。挖掘并广泛宣传总厂各类先进典型;深化宣传报道力度,改版总厂宣传网站,开通总厂微信公众号,全年有近700篇稿件在各类主流媒体刊登。深入开展“严规矩、强监督、转作风”集中整治形式主义官僚主义专项行动、“三个以案”警示教育和“8+2”专项整治等工作。开展“南区筒仓项目建设”效能监察和“应收账款”即时性效能监察,并对“分厂备件、材料管理”进行专项督查。工会组织深入推进民主管理,落实职代会提案和建议,加强厂务公开常态化管理。评审认定214条合理化建议,申报岗位创新创效成果12项,4个创新工作室完成技术攻关13项。围绕新中国成立70周年开展主题活动,举办职工书画摄影展,展览展出70幅作品。开展“送温暖”“送清凉”工作,发放慰问金、慰问品共计42.3万元。团员青年围绕总厂中心工作,认真开展青年“双五小”“青安杯”竞赛等活动。

(张增贵)

资源分公司

【主要技术经济指标】 2019年,生产石灰106万吨,回收、处理和销售各类固废521万吨;实现销售收入9.9亿元、利润6997万元。全年设备开动率大于98%;重大人身伤害事故、重大生产事故、重大火灾事故、爆炸事故、重大交通事故、重大设备事故为零。

【固废回收保产】 横向建立与相关单位信息互通机制,对定期定品种产出物料进行定时定点回收;纵向完善内部分厂、作业区跟踪协调机制,结合安全环保要求,系统规划回收保产方案,采取"白+黑""5+2"工作模式,顺利完成公司日常回收保产、检修改造及各类紧急性回收保产任务。5月,对港口集团库存地脚矿、铁运清理料进行筛分,为公司降本192万元;8月,高效完成特钢公司2400吨合金废钢倒运工作。全年回收各类物料108.7万吨,实现回收增值1200万元。

【钢渣加工处理】 健全调度信息传递和管控处理流程,大力推进规范化和标准化作业。加强与各产渣单位的密切沟通和管控协同,重点组织好钢厂放量生产和分厂设备检修时的生产有效管控。南区热闷产线快节奏安全保产,热闷作业率100%;北区大中包铸余块氧割产线稳定顺行高效,快切割、多返供。加强渣罐消缺、渗水处理、防高温等安全管理,并规范来料要求。全年处理钢渣超过170万吨,切割大中包铸余废钢5000多个,加工返供各类重废约13万吨。

【石灰生产保供】 围绕石灰均衡保供,以用户需求为导向,结合煤气保障、库存条件及石灰窑情况,科学组织生产,优化资源配置,有效协调管控;持续推行石灰窑体检制度和预警机制,合理安排石灰窑大中修,实施经济组产模式。围绕石灰质量提升,制定专项行动方案,成立行动领导小组和推进工作组,建立窑长负责制和周例会制度,强化原料跟踪把关,狠抓过程分析管控,每周走访用户,根据用户评价意见及时改进。优化工艺结构,在保供前提下,根据安全质量成本及石灰窑情况,对部分工艺落后的焦炭窑实施保护性停产。全年长材区、四钢轧区、三铁区石灰质量比上年均有较大提升。

【危废处置】 严格执行国家危废规范化管理达标要求,依法合规抓好公司危废收储、暂存、转移过程管理,会同能环部和相关单位全力推进危废内部规范化处置利用,积极推进危废库达标整改,妥善组织和监管危废外委处置。全年公司固危废内部合规处置率超过90%;委托9家具备合法资质的企业处置电炉灰、酸碱污泥、滤饼等21个品种共计22776吨。

【物料销售】 克服环保要求日益严苛、库存场地不断收缩、客户群体大幅萎缩等困难,以满足环保要求为前提,以竞价招标销售为主线,以开拓新增业务为依托,千方百计发掘合格客户端,并建立战略合作关系,灵活调整销售策略,推动销售收入大幅增长。全年销售量650万吨、销售单价207元/吨,分别比上年增长215%和27.3%。

【新增业务】 积极承接和整合高炉水渣、酸洗切边球、废次材销售和自循环废钢加工配送等业务,形成马钢钢铁生产链上固废资源集中管理的"1+1+N"多元业务格局(固废+石灰+废钢、废次材、危废、承揽劳务等)。4月1日起承接高炉水渣销售业务,5月承接酸洗切边球销售业务,新建废钢加工基地一期工程于11月20日成功投产运行。

【安全生产】 以抓好安全"五个一"为主线,修订安全生产责任制,每月开展安全专项培训,推进安全生产"六项机制"和双重风险防控机制建设,扎实开展"2+N"、煤气安全、全员查隐患、反习惯性违章等专项行动,狠抓有限空间管理和外来单位安全监管,安全生产、消防管理平稳可控,全年未发生人身伤害事故,连续两年荣获马钢安全生产金牌。

【环保工作】 建立全员环保工作责任制,持续开展环境风险隐患排查整治,共排查整改100多项问题。推进三级环保巡查,全覆盖、高频度、大密度严控严管,重点抓好大气污染防治和废水、废气等污染物零排放。加强国务院长江大保护现场会等特殊时段环境管控和客户端环保巡查管控。加快实施环境整治改造项目,新建2座20000平方米大型物料封闭大棚,建成西山2000米雨污分流工程,南区污水处理系统正式立项,料场和道路全部实现硬化,绿化美化亮化展示良好形象。全年共接待近百场次外部各类环保巡查检查,广受好评。

【设备和能介运行】 强化设备点检定修,提高周修计划命中率,合理安排大中修和技改项目,扎实开展设备隐患消缺,设备总体运行平稳,4号套筒窑和4号麦尔兹窑大修顺利完成。加强设备修理费有效控制,完善备件、材料使用管理,坚持月度评审,全年修理费和消耗件目标受控。推进能源经济运行,在低产能情况下,长材南、四钢轧、三铁区域吨石灰能耗分别为

130千克、116.6千克和126.2千克标煤。推进能源动力系统技改,完成石灰一分厂煤气排水器自动化改造和风机冷却水循环改造,完成石灰二分厂煤气加压站安全改造、环境除尘风机变频改造和石灰窑远程监控系统改造。

【工程建设】 南北区钢渣处理综合利用工程完成资料归档和转固工作,北区工程顺利投产达产,南区工程完成建设审计。加快推进14项重点工程建设,废钢基地(一期)工程完成安全、质量、投资、工期预期目标;两个料场封闭大棚和雨污分流工程建成投用,南区热闷厂房气楼改造、地下通廊强排工程顺利完工,南区增建9号热闷坑、增设4套井点降水设施、新建污水处理系统、石灰KR制粉改造等项目有序推进。

【精益工厂创建】 以提升效率、消除浪费、现场改善为目标,及时导入精益管理理念,合理运用各种精益工具,积极推进精益工厂创建,全面开展现场环境整治,全年发现和整改问题3800余个。深入开展全员微创新和优秀改善提案活动,微创新项目获公司二等奖1项、三等奖2项,优秀改善提案获公司三等奖1项。

【体系和品牌建设】 对质量、环境、职业健康安全、能源五大体系的管理和技术标准进行了全面梳理优化,新增和修订管理标准28项、技术标准6项。组织开展了管理体系运行自我评价,举办了管理体系基础及审核知识培训,完成股份公司内部审核。完成品牌专员岗位工作标准编制,制定了年度品牌建设工作计划并切实落地,分公司固废处理、危废处置、循环水等业务品牌受到行业内高度评价。

【技术和管理创新】 整合技术创新和管理创新体系,形成一体化管理优势。深化技术创新,钢渣深加工技术研究及产品试制通过公司评审,马鞍山大宗固废综合利用基地获得国家发改委和工信部批准,完成国家行业标准《栅格法铸余渣分隔技术规范》评审修订。深化管理创新,层级授权机制和首问负责制持续完善并深入落实,生产经营绩效管理办法和KPI指标不断优化,《以环境经营为导向的南区钢渣全量封闭处置与运营管理》获马钢管理创新成果三等奖。

【人力资源优化】 开展产线人力资源对标,编制了人力资源定员优化方案,在新增多项业务的情况下,提前完成公司下达的年度优化目标,全年协商一致解除劳动合同49人、退休12人。加强人才队伍建设,新聘内部高级技术业务主管5名,新聘专业技术职务5名,评选优秀科技人员和技术能手7名。优化岗位配置,岗位从139个整合至123个。加强员工培训,全年参加公司培训100项,组织内部培训50多场次。优化劳务管理,全年劳务费用同比下降10%。

【党建工作】 强化理论武装,坚持中心组理论学习和每周末党课相结合的学习制度。扎实开展"不忘初心、牢记使命"主题教育及其成果巩固深化工作,顺利完成专项整治任务和问题整改落实工作。规范党总支委会和党政联席会,并制定会议议事规则,坚持重大事项集体决策。积极推进党支部品牌创建,党建深度融入安全、环保等各项工作。

【企业凝聚力建设】 加强民主管理,深化厂务公开,积极开展全员提合理化建议和微创新活动,扎实开展提升钢包铸余和中包铸余加工效率、石灰质量等劳动和技能竞赛,成功举办"创业创新资源行暨绿色资源植树活动""防风险、除隐患、遏事故,共建平安资源"大型演讲比赛。持续提高职工收入,加强作业区环境整治,改善职工工作条件,大力开展帮困活动,职工获得感进一步增强。

(周功烈)

仓配公司

【主要技术经济指标】 2019年,完成各类炉料出入库总量2057.57万吨,物资出入库总金额83.1亿元,废旧物资回收销售总额1.23亿元,外部经营收入102万元。实现全年炉料、物资保供安全运行无事故。

【机构改革】 根据《关于成立马鞍山钢铁股份有限公司仓储配送公司的决定》(马钢股〔2018〕66号)文,2019年初成立了仓储配送公司,其作为股份公司下属公辅单元的二级单位,主要承担马钢股份公司原辅材料与备品备件等物资的收货、仓储、发货、配送、废旧物资回收销售、闲置库房出租等业务。

【生产保供】 贯彻精益运营思想,紧跟生产经营策略变化,为生产提供精准、高效、优质的服务。在铁前炉料供应中,以高炉长周期稳定顺行工作为重点,持续加强对焦炭、块矿等原料的仓储加工以及配送工作。针对澳块库存告急以及来料潮、含粉率高的不利因素,会同相关单位启用精筛澳块、加紧卸船、及时打堆,有效确保应急保产需求;对接物流公司,协调解决姑山矿公转铁运输项目在仓配公司运作中存在的车辆到达信息、铁牛兑车数量、作业时间等问题,9月实现全铁路运输,月接精矿4万余吨;认真做好1号高炉检修时湿焦接卸、保供,以及检修完成后3号炉用焦切换的保供工作。自11月开始对原炉料一站新料场地表以下的沉降料进行开挖,开挖无烟煤9172吨、氧化铁皮9005吨,共计回收增值1055万元,除去相关费用(约82万元),最终增值973万元。在钢后炉料供应中,为满足采购中心和制造部对钢厂需求计划兑现率要求,经过调研,与飞马智科合作开发钢后发货计划控制系统,有效控制了需求计划的兑现,切实解决供料品种多、钢厂用料变化大而难以控制的难题,实现供料过程标准化。按公司要求,腾空场地,顺利完成优质碳化稻壳直供改库供工作。按铁道部认证要求,进一步完善了硅铁接卸工作应急预案。在材料供应中,持续优化材料仓储配送流程,加强到货信息及时准确传递,形成有效的快速反应机制,确保物资全时段、全天候供应。采取进口润滑油集中到达、集中仓储、分散配送的模式,有效化解了进口润滑油采购整改过渡期的供需矛盾。会同监察审计部、技术改造部、采购中心共同修订《建设工程甲供材退料管理办法》并实施。按公司要求,完成与汽运公司的汽柴油结算交接工作。在备件供应中,严格执行公司各项备件出入库管理规定,优化业务流程和库区设置,持续做好无库存备件、协议制总包备件的入库验收管理,加强零库存及零库存转协议制备件的过程控制。主动作为,稳妥处理了原一铁总厂区域4座库房内的淘汰备件550万元,为该区域后期的整合工作创造有利条件。配合公司焦化工程、CCPP电站新建工程项目要求,完成该区域27号、28号、29号库的备件搬迁工作。在综合回收工作中,坚持服务生产经营理念,扎实做好股份公司废旧物资回收,共回收股份公司废旧物资向招标公司推标130多次,签订并执行股份公司销售合同400余份。重点完成了炼铁总厂北区竖炉拆除和3号竖炉中修的物资供应以及废旧物资的回收工作。

【企业管理】 强化薪酬激励效应。重新修订2019年奖金分配办法,根据岗位工作量、工作难度和工作强度等因素在岗位之间实行不同的奖金系数区间,运用激励奖对工作表现突出的单位及员工进行奖励;发布了《科级管理人员岗位绩效考核管理办法》,新增各类事故、事件考核项,加大对科级管理人员的硬性指标考核。积极参与公司业务流程再造课题项目,完成近、远期库房整合规划及设想,谋划智慧仓储。对标行业标杆促发展。积极做好仓配公司与宝钢物流仓储中心的对标工作,先后分2批由经理层带队,组织科级管理人员、作业长前去考察学习,在服务范围、库房、员工人数等方面进行比对,通过对标找差,着力补齐短板。开展精益工厂创建工作,挂牌9个精益工厂创建样板区,以点带面,切实做到全覆盖,人人参与。在安全管理方面,健全管理制度,制定发布各岗位安全责任清单84份,实现安全责任全员覆盖;修订《相关方及人员安全、消防管理办法》,切实加强对相关方及在建工程项目管理。组织各级管理人员签订2019年安全生产目标责任书,实行生产安全事故一票否决。开展全员隐患集中排查治理专项行动,共查出安全生产隐患1225项。抽调重点工程项目周边区域安全员参与现场监管,形成区域安全监管新模式,确保重点工程项目安全有序进行。采取"送教上门"的形式,为一线职工提供生产、交通、消防安全等专题知识宣讲,培训300多人次。在设备管理方面,修订设备管理文件规范操作标准,加强设备群检专检,合理安排大中修项目,为保产供料顺行提供良好的设备运行保障。5月备件中心17000平方米备件库竣工,交付使用;8月丁酮库项目竣工;9月备件中心7000平方米库主体施工阶段结束,并投入使用。按期完成了仓配公司高耗电机的识别和更换、丁酮库双向供电及监控网络工程、焦炭供应站1号、2号胶带机大修。按公司要求完成2019年度仓配公司固定资产盘点工作,重点做好原第一炉料站固定资产盘库工作,交付公司处置。在环保工作方面,2019年仓配公司环境污染事故为零,固危废规范处置率、环保协议签订率等环境目标指标均完成。积极推进焦炭供应站超低排放改造项目和备件中心外排水超标处置工作。认真落实"长江大保护"整改任务,完成了合金辅料站厂房房顶除锈出新以及205国道沿线所属房屋、外墙的粉刷出新。在管理体系运行方面,修订仓配公司管理体系作业文件42份,制定和发布了《生产经营绩效管理办法》《全员岗位绩效管理办法》等130项管理办法。对股份公司6家主线厂矿进行"用户满意度"走访,收集改进需求及建议,用户满意度调查得分94.25分,同比提高1.15分。在"两线四室"管理方面,继续推进"最美四室"创建活动,在马钢"四室"等级评定工作中,获评为优秀"四室"的有7个,板材供应站板材材料作业区装卸组获评为马钢"最佳休息室"和马钢"最佳更衣室",仓配公司荣获马钢"四室"建设先进单位。在综合治理方面,落实重大节日和"两会"期间的治安保卫、防盗和隐患排查工作,有效确保全年无综治案件。与辖区派出所联合举办"扫黑除恶"宣传动员会,开展对黑恶势力线索调查收集及"扫黑除恶"专项斗争工作。

【精神文明建设】 开展“不忘初心、牢记使命”主题教育活动。建立健全科学的党员干部选用标准和考核评价体系。采取领导班子成员下基层蹲点、上党课等形式,听取职工意见建议。开展党支部提升行动及品牌创建工作,强化党组织自身建设。举办“不忘初心、跟党走”歌咏比赛。组织党员参观“市科技党建VR馆”、观看爱国电影等活动丰富主题党日的内容。持续开展整治形式主义、官僚主义问题专项行动,对照问题立行整改。开展无“小金库”情况自查和公开承诺,推动实施《加强废旧物资回收销售管理》效能监察项目。针对内部改革发展及公司重组等重点工作进行广泛宣传,全年外发稿件近200篇,内发稿件近300篇。完善厂务公开等民主管理制度,保障职工民主权利和合法权益。深入开展合理化建议活动,共征集合理化建议46条。建立健全特困、困难职工档案,实施动态管理。参加马钢“精益故事”微视频征集活动,荣获二等奖;在《巾帼悦读悦享》女职工读书征文活动中,1篇征文荣获三等奖。

(许书萍)

长材事业部

【主要技术经济指标】 2019年,产钢368.6万吨、材414.8万吨,其中大棒98.6万吨、大H型钢93.1万吨、小H型钢54.3万吨、中型材37.1万吨,线材61.1万吨、小棒70.6万吨。全年钢铁料消耗1046.63千克/吨,铁钢比0.882。综合成材率:大棒100.75%,大H型钢96.60%,小H型钢96.63%,中型材96.14%,线材98.68%,小棒101.95%。全年完成吨钢降本97.1元,相比BOM降本3.58亿元。全年销售收入149.7亿元,净利润6.36亿元。

【人力资源优化】 用活人力资源优化政策,人均产钢指标大幅提升。认真落实公司《企业与员工协商一致解除劳动合同实施方案》,全年在岗员工办理协商一致解除劳动合同318人,自然退休和人员调动等渠道减员185人,全年共计减员503人,减员比13.44%。对于过程中部分岗位出现的人员集中离岗现象,事业部按照对标先进企业的方式,科学配置在岗人员,保证了生产经营的平稳有序。

【队伍建设】 一是完善体制机制,加强新时代产业工人队伍建设。“三支队伍”得到精干优化,科级管理人员由91人精简至77人,作业长由119人精简至92人。按照公司“1+2+4”专业人才团队建设要求,储备培养炼钢、轧钢等专业技术后备人才17人。赵滨技能大师工作室被评为2019年马鞍山市级技能大师工作室,汪昌平技能大师工作室被评为安徽省级技能大师工作室。事业部新晋产生2名高级技师、10名技师人才。二是加大岗位培训力度,为事业部高质量发展,提供优质人力资源。2019年完成各类培训2800余人次,包揽了“市机械冶金化工行业第二届职业技能竞赛”天车工前5名,5人分别获得“公司第九届职业技能竞赛”天车工一、二、三等奖。三是深化群众性经济技术创新活动。长材工匠基地累计完成各类课题16项,各类专利17项,技术攻关6项,微创新结题65项,征集合理化建议546条,3级以上75条,开展培训、实训90次,服务职工2186人次。

【技术攻关】 围绕补全产品规格、满足客户个性化需求的产品升级思路,全年开发H型钢、中型材、线棒材共计33个新品种规格。产品质量和过程质量管控能力增强,质量异议赔付同比下降40%。实现600兆帕级钢筋全规格范围批量生产,H型钢麻面控制技术实现突破,满足高端用户的特殊要求;攻克铁道车辆用H型钢圆角和翼缘外侧翘皮等质量问题。

【品牌建设】 发挥APQP小组功能,对产品质量进行先期策划,导入EVI服务,深度了解顾客关注焦点,主动介入下游用户早期研发;持续改进质量体系管理,通过产品认证、体系审核,改善事业部内部管理水平,提高客户满意度与产品知名度,增强客户对企业的信任度。热轧H型钢通过欧盟CE认证、新加坡BC1认证及马来西亚SIRIM认证监督审核,热轧H型钢和中型材产品通过欧盟质量体系认证首次审核,热轧H型钢、热轧带肋钢筋通过冶金产品(MC)认证年度监督审核,热轧H型钢SHN275\SHN355牌号产品通过KS扩证审核,热轧H型钢SS275牌号产品通过KS年度监督审核,热轧H型钢Q355B/C/D/SM490YB产品、热轧带肋钢筋HRB400(E)产品通过“金杯奖”复评,热轧H型钢SM490YB产品通过“特优质量奖”复评。品牌故事作品《决战造车材》荣获第七届全国品牌故事大赛(合肥赛区)暨第三届安徽质量品牌故事大赛总决赛三等奖,《青色的钢铁战衣》荣获征文优秀奖,同时获苏浙皖赣沪“质量月”征文优秀奖。

【营销服务】 建材销售在原政策基础上改革销售模式,将传统手工开单模式调整为全信息化结算,全年销售材228万吨,平均结算单价稳居行业第一的梯队。H型钢销售继续深化直供客户伙伴关系，在维护中铁造车材、中集车辆用钢、深中通道等原有直供渠道的基础上，拓展了蓬莱巨涛、北美太阳能支架美标用钢、孟加拉国帕德玛大桥、巴拿马机场项目等新兴客户，进一步提升了马钢H型钢产品市场影响力。中型材以5月达产为转折点，先抑后扬，全年销售35.1万吨，其中品种钢和直供量均突破5万吨，品种钢销量首次达到5.5万吨，占比提升4%。

【基建技改】 新建重型H型钢工程，项目总投资16.5亿元，设计年产80万吨，各参建单位分工协作，工程建设按公司要求的节点计划稳步推进。顺利完成各项年度大中修计划：元月完成3号转炉、4号连铸机及小H轧机大中修工作；6—8月完成AB跨4号115吨行车的更新改造工作；7月下旬至8月上旬完成2号转炉、2号连铸机及中型材大中修工作；9月底配合能控中心氧气隐患整改完成炼钢区域公辅系统32小时停产检修工作。

【智慧制造】 根据马钢“绿色发展·智慧制造”专项工作方案要求，全面梳理事业部各工序、产线的信息化、智能化现状，制订事业部“智慧制造”发展规划。以重型H型钢产线为龙头，目标把重型H型钢建设成为国内超一流、世界领先、走在智慧制造前列的数字化产线。其余产线做好顶层设计，提高现有产线基础自动化、信息化的稳定性，为后续的智慧制造升级打下坚实基础。

【基础管理】 一是牢固树立红线意识，持续打造本质安全型企业，全年累计排查治理各类隐患323项。开展反习惯性违章专项行动，共查消违章530余项。做好重型H型钢工程项目安全管理工作，对各类危险作业活动全程落实安全监督，累计排查、督促整改较大隐患301起，制止考核违章作业327起，考核110.9万元。2019年事业部获得公司“安全金牌”。二是打好“蓝天、碧水、净土”保卫战。全面实施环境监督，落实三级巡查制度。加强对重要环境因素有效控制，实现污染物达标排放。加强对转炉烟气无组织排放控制，转炉屋顶烟气无组织放散同比减少101次。固体废弃物、危险废弃物按规范流程回收处置。全年内、外污染有效投诉为零；无政府行政处罚。三是精益现场聚焦短板。以专项改善活动为突破口，打造了一批精益样板区；以宝武集团调研视察为契机，集中整治型钢区域环境卫生；全员参与精益工厂创建，全年实施各类精益改善4988条。

【党建工作】 贯彻“守初心、担使命、找差距、抓落实”总要求，扎实开展“不忘初心、牢记使命”主题教育活动。事业部党委开展集中学习专题研讨26次，成立事业部中层管理人员读书班。征集职工意见建议127条，并积极进行落实整改。开展服务职工办实事活动，为职工群众解决、改善民生问题43项。广泛开展宝武组合、整合、融合的形势任务的教育，加大宝武企业文化的宣传。圆满完成“网聚美好安徽，见证五大发展”媒体采访报道团采访报道及建国70周年系列庆祝活动，做好宝武集团对接中的调研接待工作。开展“严强转”集中整治形式主义官僚主义专项行动，查摆4个方面12个突出问题，确保16条整改措施落地。推进巡察整改和专项督查，持续深化薪酬分配、备品备件和工程项目、原辅料及材料管理三个专项巡查，自查自纠已形成常态化。深化基层党组织标准化建设，推进“一支部一品牌”创建。事业部荣获“全国钢铁工业先进集体”和马钢“2018年度先进基层党委”称号。

（薛　敏）

特钢公司

【主要技术经济指标】 2019年，钢产量87.5万吨，比上年增长4.7%；轧材（大棒）产量30万吨，比上年增长3.4%；线材产量43.5万吨，比上增加14.8%；优棒线产量2万吨。全年吨钢降本85.0元/吨，完成公司计划，全年钢铁料消耗1083公斤/吨钢。

【产品销售】 通过积极应对供销两头受压的不利因素，抓住了国内新造车增加、风电高速发展的两大市场机遇，积极调整产品销售结构，实现外销量和销售收入两位数的双增长。销售总量123.88万吨（其中外销92.93万吨，内销车轮供料30.95万吨）；全年销售收入50.5亿元，比上年销售收入增长4亿元；全年内部利润超公司计划20%。

【新产品开发】 开发新产品108个（累计722个）。成功开发GE、FMC、蒂森克虏伯、采埃弗、卡麦隆、瓦卢瑞克、韩国新罗、瓦轴、南高齿、南京迪威尔等高端优质客户。

轨道交通关键零部件用钢：国内首家通过法铁高速车轴大样疲劳及现场审核、高铁齿轮用钢实现批量供货安全运行80万千米、机车齿轮出口GE、转向架弹簧用钢批量供应中车四家专业供应商，继续保持国内市场领先地位。

能源核心装备用钢:风电齿轮、轴承用钢连铸坯材料启动了西门子弗兰德、远景能源、西门子等高端主机厂产品认证,率先开发出满足 API　SPEC 6A 新版标准石油采油树阀体用钢,成功开发了140V 级高强度页岩气开采套管热轧圆钢,填补了国内空白,继续稳定能源核心装备用钢国内先进地位。

汽车零部件用钢:汽车稳定杆用钢通过辽阳蒂森VDA6.3 审核,获得向沃尔沃和奥迪供货资质,变速箱用高性能渗碳齿轮钢稳定供货超过 5000 吨,汽车零部件用钢不断走向高端。

高端制造用特殊钢:开发减退火合金冷镦钢减少客户一道退火工序,成功开发低碳免退火环境友好型绿色产品,高端制造用特殊钢附加值不断提高。其中,"重载车轴钢冶金技术研发创新及产品开发"获得2019 年冶金科学技术一等奖;SWRCH35K-M 钢种获中国钢铁工业协会 2018 年冶金产品实物质量认定"特优质量产品"。

【技术攻关】 全年开展技术攻关共计 148 项,涉及生产工艺类项目 53 项,设备类项目 95 项。石油用钢 AISI 4130 等连铸坯产品全年整体探伤合格率达到99.31%,稳居行业第一,质量优于其他供应商。自主创新开坯工艺,实现了大规格轴坯以轧代锻,内部质量合格率由 74% 提高到 94% 以上;创新控冷控轧工艺实现了轴承钢中心网碳评级低于 2.0 级,达到行业先进水平。4145H 完成退火工艺优化实验,针对不同客户指定相应工艺路线,退火时间分别节省 10.5 小时和 5小时,退火效率提高 20%—30%,成本降低 20—40 元/吨;工业线材产品表面质量攻关成效显著,质量异议比2018 年下降 40% 以上,内控标准达到优等级别比例占85% 以上。

【体系建设】 完成了 26 个质量管理体系文件修订换版工作,覆盖炼钢、连铸、轧钢、高线全流程区域;强化"写所需",贴近用户现场,消除设计盲点、短板,深化设计深度,提升设计的准确性、合理性;贯彻"做所写",持续加大工艺执行的管控,提升执行力,自主开展"自查、互查、督查"结合方式工艺纪律检查,覆盖全工序全班组,累计检查 3824 项,总体符合率98.61%。积极引入六西格玛管理理念、方法,实施开展六西格玛管理项目,为科学、准确的分析解决问题,提高过程控制的稳定性提供了依据,支撑产品质量管理水平的全面提升。

【生产组织】 细化电炉和 RH 工艺和操作,炼钢月产 80434 吨,创历史新高;电炉平均冶炼周期再次突破,冶炼节奏由 42 分钟/炉缩短至 38 分钟/炉。电炉平均炉龄 676 炉,最大炉役创 725 炉新高;连铸实现连续稳定浇铸 84 炉钢的历史纪录,同比增长 38%;连铸平均综合开浇成功率到 99.69%。通过实施连铸提速、钢包台上吹氩、电炉炉后撒铝、RH 顶枪改造等技术攻关改造,生产效率提升 25% 以上。钢区和大棒线月均事故时间比 2018 年下降超过 50%,高线区域月均事故时间比 2018 年下降 35%;两化融合工作持续推进,优棒信息化不断完善,完成大方坯信息化项目和优棒精整线信息化项目的立项和初步设计;配合公司完成高线智能库项目的可行性研究。

【降本增效】 继续推进降低炼钢电炉电耗、控制电极消耗;优化高铁水比冶炼工艺,降低钢铁料消耗,炼钢区域吨钢降本达到 21.95 元/吨。持续优化工艺,有效降低能耗,单位能耗成本比年计划下降 14.91 元/吨;高线生产线蒸汽回收系统的优化,使单位能耗成本比年计划下降 6.18 元/吨。通过工艺技术攻关、工序替代、退火优化等技术手段,进一步稳定和提高车轮及轧材的探伤合格率,提高线棒材成材率,技术降本33.95 元/吨钢。

【安全和环保】 全年安全教育率达到 100%;特种设备检验合格率 100%,特种作业人员持证上岗率100%。无重大生产、设备、火灾、爆炸事故;工亡、重伤事故为零,千人负伤率为零,完成了年初制定的安全生产目标。完成 2 号、3 号除尘卸灰点增设仓顶除尘器、LF 炉除尘改造项目及炼钢 1 号除尘系统大修工作等;推进连铸圆坯火切机除尘项目及长江警示片突出环境问题的整改。重点做好固废和危废的规范化、减量化管理,持续开展电炉直接回用除尘灰自循环,全年节约处置费用约 600 万元。

【精益工厂】 围绕"八要素"和公司中长期计划,聚焦现场开展红牌作战行动、不要物清理、工具柜专项整治、可视化标识、四室打造、TnPM 活动、"改善之星"评选、"6S"回头看、知识竞赛等;学习韶钢"改善日"专项活动,鼓励职工暴露问题、解决问题,开展相关方精益工厂季度评比,为精益工厂推进补齐短板。通过开展电炉降本增效、连铸提升品质、棒材提质提效、线材表面质量改善、操作技能提升等专项改善,开展轧钢油脂润滑、设备三复原等专题攻关成效显著。将"6S"管理向办公区域延伸,通过加强外环境绿化整治,建立监督机制,进一步美化靓化厂区环境,创造职工美好生活。

【工程建设】 马钢"十三五"重点工程大方坯连

铸机及配套改造项目的电炉增加炉门氧枪、炉后加铝粒装置、LF 除尘改造、RH 顶枪、轧钢步进梁式加热炉、退火炉搬迁等项目,均已完成并投入使用。大方坯连铸机项目主体设备按进度稳步推进,正按工程节点进行热负荷试车;优棒精整线按工程进入收尾阶段,全线开始试生产,一级系统同步优化,二级系统开始调试;电炉余热回收工程主体施工基本完成。

【人力资源】 通过对工序外委、技术装备的改造、大工种作业等优化措施,整体规划正式员工向关键岗位逐步收缩集中,有效提升了人事效率。全年解除劳动合同及政策性离岗等减少员工 163 人,较好地完成了人力资源优化的目标。

【党群工作】 扎实开展"不忘初心、牢记使命"主题教育活动,并进行专项整治及巩固深化。严格落实党内政治生活,完善"三重一大"事项决策程序。持续做好"党员活动日"活动,指导党支部开展"一支部一品牌创建"和"五个一"工作。针对集团公司党委巡察反馈的问题,通过自查自纠,并制定 87 条整改措施已全部落实完成。举办党风廉政建设专题讲座,坚持对重点工程建设"大方坯连铸机及配套改造工程建设项目"的纪检监督。认真落实意识形态领域突出问题的整改,制定《意识形态领域分析研判常态化机制工作方案》。通过劳动竞赛、技术比武、网上练兵等手段深化群众性经济技术活动。积极争创"最佳四室";持续开展冬送温暖、夏送清凉、金秋助学活动;开展"六一"亲子、职工生日送祝福等活动。适时召开退休人员座谈会;举办青年交友联谊会。围绕工程项目开展打击偷盗施工现场人员,全员参与"扫黑除恶"工作。

（罗继胜）

·股份公司全资子公司·

马钢(香港)有限公司

【主要经营指标】 2019 年,完成营业收入 98.95 亿港元,原燃料贸易融资总额 9.16 亿美元,钢材销售 19.8 万吨,利润总额 5929 万港元。

【生产经营】 1. 做强原燃料贸易融资平台。一是增加银行授信,降低融资成本。2019 年新增银行授信 7000 万美元,增加了一家授信银行中银香港。全年香港公司直开证平均融资利率 3.15%,与 2018 年相比,降低 0.24 个百分点。三家外资银行的融资期限维持不变,中银香港给出 270 天融资期。二是协同进口原燃料保供,融资创新高。2019 年进口铁矿石及焦煤 65 船共计 931 万吨,占股份公司原燃料总进口量约 63%,其中,香港直开证执行 402 万吨,占总融资数量比 43%。进口原燃料采购融资总额 9.16 亿美元,其中香港直开证融资金额 3.5 亿美元,占比 38%。

2. 钢材出口销售情况。坚持效益为销售优先原则,兼顾开发新客户。2019 年,共签订 80 份钢材销售合同计 20.45 万吨,比上年增加 69.01%;出运量 19.80 万吨,比上年增加 56.42%,占马钢出口总量 23.5%;自营业务高牌号品种钢占比 73.35%,比上年增加 34%。全年自营钢材平均销售价格高出公司出口指导价 14.8 美元/吨,出口效益显著。

（张　勇）

马钢瓦顿有限公司

【主要经营指标】 2019 年,实现销售收入 7582 万欧元,比上年增加 1223 万欧元,全年销售本部轮轴产品与上年基本持平。在市场总体负面影响的情况下,全年经营性亏损 1036 万欧元,未完成股份公司下达的年度经营目标,较 2018 年实际经营减亏 330 万欧元。

【生产经营】 2019 年合同签约量为 10829.1 万欧元,比上年增长 31.19%,订单量有了大幅提升,但在生产与销售衔接上存在问题,订单准时交付率较上年有明显下降。2019 年,马钢特钢公司 ER7+钢坯通过法铁一级资质认证,自 9 月起瓦顿公司已经开始使用本部钢坯投轧法铁高速车轮。马钢轨道交通公司半光车轴也于 11 月通过法铁现场审核,计划于 2020 年获得正式许可。

2019 年,瓦顿公司继续开展组织机构调整和人力资源优化工作,通过整合敦刻和瓦朗生产计划、与公司供应链统一管理,将工程部与两边车间区工统一管理,8 月底到期的学生合同(半工半读)全部不再续签,加上解雇表现不好的员工、员工主动离职和退休等,等效完全工作时间人数从年初的 430 人减少到 12 月底的 385 人。

（李　翔）

德国 MG 贸易发展有限公司

【主要经营指标】 2019 年,MG 公司完成贸易额 801.09 万欧元(其中钢材贸易额 353 万欧元),实现税前利润 41.94 万欧元,税后净利润 24.75 万欧元。

【钢材销售】 2019 年,MG 公司紧密贴近本地市场,重点做好钢材销售渠道布局,继续大力开拓欧洲汽车板市场,并积极响应本部轨交业务询单。欧盟从 2 月 1 日开始对中国出口钢材实施国别配额措施,给 MG 公司的钢材销售工作带来了巨大的困难,MG 公司在努力维护好原有汽车板、硅钢客户的同时,积极参加专业展会、伺机开拓欧盟外市场。全年完成钢材销售合同签约量 6615 吨,品种为汽车板、低碳镀锌、彩涂板,签约金额为 476.53 万美元;实际完成发货 5275.92 吨,发货金额 388.36 万美元。

【备品备件采购】 在“保供降本、优质高效”的原则指引下,MG 公司将采购供应工作延伸至售前、售后服务领域,主动向最终用户了解备品备件使用情况、积极联络供货商提供现场技术服务,确保备品备件供销全过程高质量、高效率。2019 年签订销售合同 35 个,合同金额 310.63 万欧元;累计发货 52 批,完成采购保供及售后服务要求。

【党建工作】 认真学习新时期党和国家的各项路线、方针、政策,并按照组织要求努力提高政治站位,牢固树立“四个意识”,坚定“四个自信”。回国期间积极参加海外支部会议、海外党员座谈会,驻外期间除认真学习上级下发的党建材料,主动利用便利的网络资源,搜集相关党建资料,积极参加驻地使领馆组织的政治学习。

【其他】 全年接待公司出访团组 11 批,78 人次,其中公司领导团组 4 批 24 人次,保障了团组高效、顺利完成任务。

(王亨炎)

马钢(美洲)有限公司

【主要经营指标】 2019 年,实现营业收入 772.56 万美元,毛利润 42.46 万美元,净利润 13.12 万美元。2019 年开发新客户 2 家。协助轮轴事业部销售车轮 21161 片,车轴 8520 根,轮对 24 套。完成备件采购合同 10 笔,合同金额 200 万美元。

【生产经营】 一是积极开拓轮轴产品市场渠道,建立了重点客户定期互访机制。2019 年,协助公司高层团组拜访区域重点客户,提升客户对马钢的信心,并邀请加拿大 RONSCO 公司等公司高层参观轨道公司产线,深入交流。在稳定现有车轮业务的基础上,车轴业务有显著突破。重点联系 ALSTOM 美国公司和蒂森轨道交通公司,积极参与纽约地铁轨道交通项目认证工作。积极联系 GE 公司,共同探索规避中美贸易摩擦带来的负面影响的措施,维护好渠道的稳定。在拉丁美洲,继续开拓阿根廷市场,稳定墨西哥渠道,完成了 2 笔合同,并借助其在南美的影响力开拓智利、巴西等市场。积极协助本部参与了轮对、车轴 AAR　M1003 质量体系认证工作,代表轮轴事业部出席了北美 AAR 协会春季会议,协助公司团组参加 AAR 秋季会议,了解最新的行业动态及行业标准,协助推进公司正在参与的 AAR 新标准轮型的认证工作。2019 年及时处理了 3 起机车轮质量异议,妥善处理包括及时回运破裂车轮做检测等工作赢得了客户的认可,没有造成市场负面影响,有效维护了公司市场形象。

二是积极开展备品备件业务,探索打造综合商社平台。在公司的支持下,全年完成 10 笔备件采购任务,合同金额近 200 万美元。在备品备件业务领域理顺了工作流程,最大程度的消除从外方生产厂到马钢使用单位之间的中间环节,为后续业务的拓展打下了良好的基础。

(张卫明)

马钢(韩国)事务所

【主要经营指标】 2019 年,实现钢材销售佣金收入 15.3 万美元,折合人民币约 106.09 万元。全年总成本费用 195.59 万元。扣除应收马钢(中东)公司费用及替公司支付的 KS 认证相关费用,实际总成本费用为 180.47 万元。实际利润总额为-74.38 万元。

【生产经营】 2019 年共开发新客户 11 个,签订合同 38 个,签约总量 61313 吨,金额 3199 万美元。其中 H 型钢 11115 吨,冷卷 2470 吨,汽车板 880 吨,热卷 46360 吨,切板 488 吨。实际装运量为 69589 吨,装运金额为 3652 万美元,全部顺利安全及时结汇。业绩较上年度下降的主要原因是公司自二季度开始调整出口战略,大幅度削减出口资源;其次由于近1/3合同以公司规定的底价签约,没有佣金。

【其他】 一是协助公司与韩国认证机构,认证咨询机构间的认证工作,完成KS证书状态更新,新钢种认证。二是配合公司团组在3月与POSCO的会谈;6月赴阿联酋拜访客户并完成马钢(中东)公司交接遗留任务。三是充分发挥在海外的地缘优势,快速响应公司要求,及时处理韩国客户RS Steel的硅钢质量异议,赴泰国处理彩涂卷质量异议,赴日本处理ITEC质量异议,解决了售后问题,客户反馈满意。

(华 震)

马钢(澳大利亚)有限公司

【主要经营指标】 2019年,公司实现营业收入1566万澳元,净利润1077万澳元。

【经营管理】 2019年,由于公司机构调整,澳洲公司改由股份公司运营改善部托管,4月完成相关变动调整工作。修订了澳洲公司托管运营内控手册,完善内部风险控制。全年托管运营、远程管理维持正常。

(俞 斌)

马钢(中东)公司

【主要经营指标】 2019年,公司正式运营。完成钢材销售10780吨,实现营业收入1975.03万迪拉姆。全年开发1家新客户。由于公司处于筹建和市场开拓阶段,全年实现毛利润2.31万迪拉姆,但整体净利润处于亏损状态。

【经营管理】 一是迅速落实公司筹建。快速完成员工外派和派驻地手续,积极筹备落实办公设施和办公条件,确保于6月15日正式挂牌运营。二是积极进行市场开拓。通过广泛开展市场调研,明确市场拓展思路,积极抢抓市场订单,首个年度销售量即突破1万吨,热轧切板产品形成良好口碑,初步建立稳定的销售渠道;冷轧产品实现首接订单,积极瞄准布局油桶钢市场;同时,积极发掘终端客户市场,筹备热轧管线钢认证。三是规范风险防控。结合自然和人文环境复杂形势,通过规章制度建设和风险防控预案,做好应对战争、自然环境恶劣和文化环境差异的外部风险防控和内部经营及运营等方面的风险管理。通过加强与使领馆和商会交流,增进对各类环境的熟悉和了解。

(王红兵)

·股份公司合资公司·

马钢(合肥)钢铁有限公司(合肥板材公司)

【主要技术经济指标】 2019年,公司合并营业收入46.80亿元,利润总额1.17亿元,净利润1.15亿元。其中钢铁公司营业收入1072.17万元,利润总额1.06亿元;合肥板材公司营业收入46.35亿元,利润总额265.03万元;工业供水公司营业收入4370.74万元,比上年增长18.56%,利润总额1349.74万元,比上年增长30.85%。江北公司销售收入385.17万元,利润总额-2.09万元。

全年酸轧产量111.96万吨,比上年下降8.67%;连退产量82.41万吨,比上年下降5.72%;镀锌产量27.95万吨,比上年下降16.96%;供水公司工业水产量2119.754万吨,比上年增长17.46%。全年订单条目兑现率稳步提高,连退88.58%,比上年提高2.69%;镀锌89.55%,比上年提高0.66%。产品质量不断改善,酸轧、连退、镀锌合格率分别达到99.81%、99.92%、99.8%,比上年分别提高0.06%、0.02%和0.18%。产品让改率2.38%,优于2.91%的控制目标;万吨质量异议0.95起,比上年下降0.19起;吨材赔付0.79元,比上年减少0.08元。全年实现重伤及以上事故为零。

【生产经营】 开展技术攻关。全年设立了“镀锌1.2毫米以上带钢上表边部白线改善”等25项攻关项目,申请结题的19项攻关项目均通过了结题评审,6个课题根据生产实际需要,2020年上半年结题。全年有12个QC课题获得成果并上报。开发了M460GD+AS、M1500HS+AS热成型钢;DX51D-HY+AS、DX53D-HY+AS家电板,并形成了批量生产能力。顺利完成了5.47万吨出口材任务。

开展成本控制及对标工作。修订完善公司对标实施方案,把公司生产经营的全流程纳入对标体系,围绕重点工作,选定权重大、影响大、涉及面广的关键指标作为对标跟踪的重点,以点带面,实现指标的全面提升。其中包装成本、质量损失、财务费用、自主采购四项较目标值多降1204.87万元。

【企业管理】 实施体制机制改革,优化运营管理。年初根据工作需要,撤销经营管理部,设立运营企划部,调整完善部门职能职责,促进管理水平提升。加强人力资源管理,持续推进和完善层级管理,提高职工工作积极性。修订绩效考核管理办法;对2018年度员工成长积分进行审核汇总统计,完成3人岗位工资晋升。开展特种作业人员取证等培训班20期,培训员工1200人次。夯实设备基础管理和运行管理,强化点检、检修、事故管理工作,多措并举降低综合维修费用,积极推进技改技措和设备精度管理,实现了设备稳定运行,技经指标不断提高。全年设备可开动率99.73%,事故故障率0.6‰,设备综合费用48.68元/吨,完成了第二轮降本目标。深入开展安全及消防隐患排查治理和专项检查,加强外委及新建项目安全管理、危险源点监控管理及职业健康工作,开展多种形式安全培训和宣传教育工作,增强职工安全意识。全年共查出各类安全隐患112项,整改110项,整改率98.2%。加强与政府部门沟通协调,积极主动争取各项优惠政策,2019年退补电费合计10444342.87元;共成功申报各项政策奖补107142430元;争取减免土地税共9386300元。

【体系建设】 完善公司体系建设,提高企业整体管理的效率和效果。开展了公司运行的9个管理体系各项制度修订工作。接受并通过环境、职业健康安全、两化融合、能源、ATF16949质量管理体系外部审核3次。按期组织开展各体系管理评审、体系监督与内审工作;开展二方审核工作,组织迎接合肥格力电器公司、吉利控股集团有限公司二方审核2次;开展安徽力宇辊业发展有限公司等供应商二方审核3次。此外,还组织策划测量管理体系建设工作,年底公司测量管理体系通过了AAA首次认证审核。

【精益工厂创建】 扎实推进精益工厂创建工作,全面导入精益工厂八大要素,逐步形成精益运营永续改善的长效机制。公司各单位和外协单位共开展自查问题7707个、红牌作战1347次,提出合理化建议4312条,上报精益"6S"改善亮点744个。组织29个TnPM小组按照活动计划开展设备自主维护活动,开展"两源"治理工作,完成313个污染源点治理。申报微创新活动76个。开展焦点课题推进、润滑管理执行情况检查整改、OPL单点课评比、"四室"及工具柜打造等重点工作,提高精益管理水平。组织召开现场会,推广先进经验,促进精益工厂创建向更深层次推进。

【冶炼资产处置】 在合肥市政府和集团公司的领导和支持下,积极推进冶炼区域资产处置相关工作。成立冶炼区域资产拆除项目部,定期召开项目例会,协调推进相关工作。拆除过程中,积极协调合肥市土地储备中心、东部新中心建设管理办公室等解决地质调查数据扰动、放射源、地界坐标等相关问题。拆除工作自2018年8月开始至2019年9月施工单位撤场,基本完成安全拆除。因土地上部分建筑物没有拆除及历史遗留问题,土地未能移交,已请求集团公司协商合肥市政府解决土地收储余款等费用,争取早日落实到位。

【精神文明建设】 加强党建及宣传工作。完善修订各项规章制度,加强基层支部建设;做好历次党建工作内部自查及上级党委"双百"考核等检查相关工作。开展"不忘初心、牢记使命"主题教育活动,落实问题整改及巩固深化工作。组织召开季度政工例会、组织生活会和民主评议党员工作;加强理论学习,做好"学习强国"平台使用推广和建设工作;组织开展庆祝建党98周年系列活动;开展走访慰问党员、一支部一品牌活动。围绕生产经营形势及中心工作开展宣传工作,做好板材新闻中心、《马钢日报》、微信公众号等稿件的采编、投稿、编辑工作。做好意识形态工作及马钢、宝武企业文化宣传工作。加强纪检及效能督查。开展"严规矩、强监督、转作风"集中整治形式主义官僚主义专项行动、"三个以案"警示教育活动、党员干部赌博问题专项整治工作;配合集团公司党委第一巡视组开展专项巡视工作。牵头做好节假日期间综合督查工作。围绕重点项目、敏感领域、重点任务落实情况开展效能监察。完成二级库管理调研活动及废钢被盗案件调查等,参与公司机构调整后制度执行情况的专项督察工作。民主管理方面,组织召开职代会和工代会,开展职工代表视察食堂工作,按月做好职工收入公示。组织开展精益工厂创建专项劳动竞赛、"安康杯"竞赛活动。开展行车工等技能大赛及岗位技术比武活动及创先争优评比工作。开展文体活动,丰富职工文化生活。同时还开展大病救助、困难慰问、"送清凉"慰问、女工体检、慈善捐赠等工作。

【荣誉】 2019年,公司获得"安徽省劳动保障诚信示范单位""2019合肥企业50强""2019合肥制造业30强"、肥东县"扶贫济困爱心企业"、肥东县"2018年度经济工作先进单位"、合肥循环经济示范园2018

年度战兴产业发展鼓励奖等荣誉；公司水处理作业区QC小组课题《降低污泥含水率≥1500μm颗粒物残留故障率》获2019年合肥市质量管理小组技术成果经验交流会三等技术成果。

（刘丽红）

长江钢铁股份有限公司

【主要经营指标】 2019年，生产烧结矿635万吨，球团矿92万吨，铁产量首次突破400万吨，达到404万吨，钢产量454万吨，材产量455万吨。实现销售收入160.21亿元，利润总额15.40亿元，上缴税金14.98亿元。

【生产经营】 牢固树立以高炉为中心的思想，秉承“上道工序为下道工序”服务原则，协调工序间衔接，提前谋划、统筹安排，保障生产稳定顺行。铁前系统围绕高炉长周期稳定顺行，克服第二轮大中修、老区3号高炉拆除等因素影响，不断强化和完善基础管理，想方设法提高高炉产量。炼钢系统持续降低铁钢比，新、老区转炉铁钢比降至850千克/吨。轧钢系统以降低吨钢消耗、提升成材率为抓手，在保证质量的同时，提升钢材产量。各系统全面联动，积极做好能源介质平衡分配与优化调度，铁、钢、材产量连续刷新日产、月产纪录，铁产量首破400万吨。各产线积极对标同行业先进指标，全面开展指标对比工作，通过外部对标，深挖内部潜力，各项技经指标都有所提升。销售以保产销平衡为宗旨，遵循“效益市场，效益规格”的创效理念，深耕市场，培育客户，积极探索新的营销模式，合理运用价格杠杆，量价联动，全年销售钢材450万吨。五大主市场销量占全年销售总量的80%，远超75%的既定目标。紧盯基础建设和重点工程，一方面通过专业网站、电商平台等渠道，加大产品宣传力度；另一方面通过营销人员勤跑市场，寻求优质客户。经过各市场的辛勤耕耘，“荣恒”品牌又攻入沪通高铁、赣深高铁、南京、武汉和合肥地铁等一批有影响力的重点工程，全年重点工程销售量占销售总量的28.9%，产品深得终端用户青睐，在行业内拥有极好的口碑。深入推进精益采购，进一步提高降本空间。密切关注生产动态，适时调整采购策略，梳理物流运输，通过对采购节奏的管控调整库存，降低采购风险，确保全年生产供料稳定。创新工作机制，引进优质客户，战略布局，优化物流运输，强化精益采购、绿色采购。

【安全生产】 通过全员、全方位、全过程、全天候的监督和齐抓共管，扎实开展安全工作，确保安全形势平稳可控。夯实基础，落实责任，全面修订安全管理制度、岗位安全操作规程，认真落实安全生产责任制，逐级签订《安全管理目标责任书》，制定岗位安全责任清单，使得各级管理人员知责任、明指标。加强管控，排查隐患，完善安全风险管控和隐患排查治理双重预防体系，以风险管控“六项机制”建设为抓手，不断优化风险查找、研判和预警方法，明确风险防范、处置和责任，认真开展安全隐患排查与治理工作，形成闭路循环。强化培训，锤炼技能，紧抓安全教育培训不放松，“三项岗位”人员均经过培训持证上岗，全年开展培训156场次，接受培训人员18990人次。紧盯现场，严防死守，抓住生产、检修、施工现场管控，安全管理人员每天深入生产、检修（施工）现场，履行日常安全监督检查职责，对相关方实行“保姆式监管、旁站式监护”。刚性执行《现场违章作业惩处办法》《相关方安全管理办法》，通过“考核、约谈、黑名单”制，推动相关方落实安全生产主体责任。

【项目建设】 为促进企业转型升级，公司投资5.9亿元建设产能减量置换技改项目140吨电炉炼钢工程，并拆除1座450立方高炉及2座40吨转炉，项目于2019年9月开工，预计2021年建成投产。

【节能环保】 公司以解决突出环境问题为重点，强化能源环保目标责任制，能源环保绩效水平不断提升；以超低排放改造为抓手，稳步推进各类环保项目建设。综合料场环保提升改造项目已开工建设。以长江大保护现场会、蓝天保卫战等活动为契机，进一步强化环保责任落实。实行全过程管控，依法合规处置固危废，确保环境污染事故为零，建设项目环境影响评价、环保“三同时”执行率100%。按照年初下发《节能减排工作计划》，对工序能耗及重点能源单项指标实施计划值管理和节能目标责任评价考核制度，持续推进能源管理，全年吨钢综合能耗完成540.15千克标煤/吨，吨钢耗新水1.52立方米/吨，公司自发电比例46.61%。

【荣誉】 2019年，再次荣获“全国钢铁工业先进集体”称号。通过安徽省“绿色工厂”认证。

（韩　远）

和菱实业有限公司

【主要经营指标】 2019年,完成营业收入3.88亿元,累计实现利润总额3414万元。超额完成了股份公司下达的利润考核指标。

【生产经营】 1. 服务产业协同发展,推进与包装紧密关联业务向总包模式产业延伸。跟进股份公司生产实现协同发展,聚焦钢铁产品防护、防锈需求,推动包装材料、包装设备、包装工艺、包装技术研究,为客户提供一揽子解决方案,以专业化服务赢得信任;承揽包装关联业务,拓展服务范围,积极推进以总包为特点的服务模式,实现产业延伸和包装服务"走出去"。全年完成板卷包装1465万吨,对外开平7940吨。一是打造专业化服务公司。将"业务总包"从包装业务延伸到关联的包装设备维保、业务承揽,实现了半自动和人工离线包装业务总包、热轧打捆机一体化运维总包、热轧取样包装业务总包、热轧横切线操作线区域总包以及冷轧行车(117台)操作业务承揽等,并全面启动了厚重H型钢部分工序承揽等新"业务总包"的筹划。二是内部协同与"走出去"并重,扩大包装业务的辐射面和影响力。通过基于自身包装管理模式提炼而成的信息化解决方案在本溪钢铁三冷轧生产线上正式运行;常茂热轧预处理后钢卷包装的承揽业务推进,实现包装业务"走出去"目标。三是积极与设备厂家共同合作开发的包装现场捆带锁扣一体机和防锈纸、内芯纸自动裁剪机等业内首创的专用高效设备的相继投入使用,实现了包装现场辅助工序的全面自动化作业,极大提高了包装业务的劳动生产率,降低了生产成本,锻炼了现场维修人员的维修技能和水平,为公司后续实施的半自动包装线自动打捆和全自动包装线等项目的运维储备了人才资源。四是坚持"三个有利于"和"有接有弃"的原则,精耕细作,做优包装服务,实现保产型向经营型转变,持续低成本运行。落实职代会精简8%人员的目标,服从股份公司安置失地人员要求,先后移交冷轧出入口和轧后库取样修复等业务,实现减员108人;压缩四钢轧热轧包装和取样修复内控定员32人;全年减少140人,优化率达11.5%。

2. 围绕顾客导向拓展市场,推动合作共赢发展。一是始终关注顾客需求,贯彻产品APQP质量先期策划和EVI技术服务思想,通过产品介绍、使用指导、推荐性价比最优、引导客户需求和为客户提供一揽子解决方案等服务,深化"技术营销"服务;通过细分客户市场、提升自我能力、变革运营模式、引导顾客期望、增加客户价值、整合企业资源等营销主要措施,强化产销一体化、服务责任化、产品项目化建设和实施阶梯价格等营销管理,使"马钢和菱实业优质客户营销策略"全面落地。二是捆带业务实施技术改造,将原10根带捆带生产线升级改造为自动化程度高、技术装备先进、年产2万吨的国内一流的20根带产线,实现了产品高、中、低、宽、窄、厚、薄规格全覆盖。紧盯石油套管、玻璃、有色金属等一系列新销售领域,向系列化、品牌化、绿色化深度进军,与柳钢、本钢、梅钢、华菱安赛乐、铜陵有色金属等大型企业建立实质性战略合作关系。开发江海联运等运输方式,低成本辐射中部和西南新兴市场,持续提升市场占有率。全年生产捆带11460吨,外销捆带7043吨。三是车桥业务满足客户需求,与中汽院合作开发的第二代轻量化车桥进行了工业化试制,整体式冷胀成型驱动桥壳已完成样品试制。面对风险管控的新要求,实施了"桥轴并行"的销售政策,全年内销车轴车桥4051根,外销车轴7554根。

【安全管理】 打造本质安全环保能力,维护职工的安全健康。以安全"1000""零事故"为目标,以"建机制、强责任、抓重点、夯基础、重培训、组队伍、做评价、提绩效"为思路,认真落实安全生产主体责任和岗位责任,完善"安全生产标准化体系、隐患排查治理体系、应急救援体系"三大体系运行质量,以精益运营推进安全生产的标准化、规范化,全面夯实安全生产的各项基础;以改善整体运营能力为根本,全面提升安全生产管理水平和事故预防和控制能力,保护职工的安全健康。安全生产标准化二级企业通过复评并正常运行;利用各类培训班、会议、内部网、安全活动月、班组周安全活动开展安全、消防、法律法规培训,全年组织培训11次,参培人员563人次;编制和修改了7个体系文件,编制了《冷轧行车操作手册》并投入培训使用。先后在四个业务部门开展了包装工、半自动主操、叉车工、行车工、电焊工、电钳工等系列技能竞赛,提高了员工学技能的热情。加大作业现场的巡查力度和违章违纪考核力度,开展了月度和节假日"反三违"、特种设备、消防、"6S"、综治、劳动纪律联合检查17次,全年共排查各类隐患327次并全部进行了整改;开展安全文化建设、安全管理标准化示范班组创建工作和安全风险管控"六项机制"建设,通过精益工厂创建,确保了现场整体环境、物流、标识、职工素质、精神面貌全面提升。包装一、二部5个作业区在甲方精益工厂管理月度评比中荣获银奖、铜奖和铜牛奖。安排了752名员工职业健康体检,未发现有职业病病例;3级及3级以上风险因素控制率100%;氧气、乙炔、燃油等危险化学品控制率100%;特种设备和特殊工种工作人员100%持证上岗;未发生火灾;重大设备事故为零;工亡为零。

贯彻绿色发展理念,落实最新的环保相关法规的要求,继续保持环境管理体系运行的完整性和有效性。采用彩涂板制作内外角钢及使用塑料圆护板实现了对喷漆内外角钢和喷漆圆护板的全面替代,彻底取消喷漆工序,从而大幅降低了VOCs排放;打造"绿色"捆带生产线,针对废气、废水、噪声、固体废物等污染均采取了可靠的防治措施治理,实现达标排放;加强对各作业区的固废、危废管理,执行环保刚性要求,基本实现了各作业现场在生产中固体废物100%分类收集;公司本部地下管网的改造彻底解决了因旧管网漏水导致雨排口常年排水的问题,新鲜用水量较2018年减少了86.8%,生活废水外排也大大减少。加强"四室"环境整改,在年度集团公司"四室"建设评比中,公司被评为"四室"建设先进单位,获得"最佳四室"2个,先进个人1人。

【科技创新】 面向市场、现场开展技术创新,为智慧制造提供有力支撑。围绕"绿色发展、智能制造"开展"四新"科技创新工作,推动"包装、防锈和车桥"三个研发中心建设,奠定企业发展后劲。2019年13项四新课题,全部在11月结题;收到合理化建议63条,经过评审51条得到实施并进行了奖励。全年申报专利6项,其中发明专利3项,授权专利5项;作为主要起草单位参加了《钢质捆带锁扣及护角》国家标准的制定,提升了企业知名度和产品价值。自我策划,咨询公司审核,发布了包装服务、包材制作、车桥制造三个APQP模块,全面推广质量先期策划;全力落实马钢"绿色发展、智能制造"精神,探讨包材制作智能库区建设;积极组织提前学习考察,提前掌握设备操作和使用要点,深度参与冷轧总厂南区镀锌线全自动包装线、北区半自动包装线自动打捆机、运卷小车、四钢轧总厂热轧自动取样机、库区无人化改造建设等项目方案设计、评估、评审,为后续转型发展打下坚实基础。

【品牌创建】 以精细管理推进品牌建设,提升运营管理质量。结合企业发展特点,推进"六化一提升"管理,运用"七大计划"联动,保持公司有序运营;实施精细化管理,推动品牌建设,提升运营质量。参加了马鞍山市第八届市长质量奖获奖企业集中宣讲和质量月"实施卓越绩效,实现高质量发展"主题论坛活动,分享了公司质量管理经验,宣传了公司质量经验,扩大了公司的知名度。针对顾客要求策划L5H冷轧包装方式及H26热轧包装方式,积极配合马钢的二方审核,为马钢产品品牌创建工作提供支持;办理"山地桥"等三个国家注册商标10年到期的续展。体系建设不断完善,质量、环境体系顺利通过监督审核;按照IATF16949认证体系要求,公司"重型卡车支撑桥的设计与生产"管理体系持续运行正常;体系文件保持适宜性,提升产品实物质量。包材制作产品平均一次检验合格率99.98%,超计划目标0.18%;包装产品平均一次检验合格率99.77%,超计划目标0.12%;车桥产品平均一次检验合格率99.87%,超计划目标0.07%;捆带产品平均一次检验合格率99.91%,超计划目标0.91%;全年未发生重大质量事件,也未发生顾客投诉事件。

【企业管理】 优化组织结构,管理全覆盖得到有效落实。根据公司组织结构调整和未来的营销环境,对《和菱实业公司未来五年经营发展规划(2018—2022年)》中的组织架构、战略定位、战略举措及2019年的战略目标分解进行了更新修订;编制了《和菱实业公司2020年度商业计划书》。根据卓越绩效管理的要求,强化核心指标的管控,以流程管事,保证自由度和经营活动空间,激发活力,重新编制了《公司绩效管理方案》和《KPI绩效指标监测考核表》,通过月度经营绩效管理评审会,对各项经营指标的完成情况进行监测、督查和考核,持续改进。根据"扁平化、精减、高效"原则调整了四个职能部门职责,修订了《和菱实业公司组织机构设置及职责概述》;为适应员工管理和统计的需要,完成了K3系统人力资源数据库模块整体开发,并投入使用。本着"提效降本、减人增资"的原则,沟通、调研、编制并实施了行车、热轧横切操作、热轧包装、取样及辅助岗计件制,基本实现生产岗全员计件制考核。委托集团公司人力资源服务中心牵头组织公开选聘5名管理人员,做到了公开公平选拔管理人员。为满足员工职业发展的需要,遴选产生了10名基层管理后备队伍人员;重新评定73名员工为"工人技师、技术能手",激发了员工立足岗位成才的热情。

【精神文明建设】 全面加强党建,推进主题教育,促进和谐共赢发展。一是开展"不忘初心、牢记使命"主题教育活动。完善党建制度,开展党总支中心组学习工作,全年中心组集中学习15次,书记讲党课

5次。深化巩固主题教育,做好“五个一”工作,推动了党的新思想、新理论进区域、到班组;落实党支部各类会议和“三会一课”制度。二是“三个以案”专题警示教育取得实效。扎实开展“三个以案”专题警示教育,巩固拓展“三查三问”工作和“严强转”专项行动成果。扎实开展“8+2”“国有企业用人行政化、作风‘衙门化’、监管空洞化”、党员干部赌博问题和“指尖上的形式主义”等专项整治工作,组织进行“回头看”,对精准查找4个问题,实行项目化推进,逐条逐项整改落实。三是加强意识形态管控,落实精神文明建设目标。落实意识形态工作责任,加强宣传管控和舆论导向工作。持续开展精神文明创建,贯彻落实“绿色发展、智慧制造”,巩固精益工厂创建成效,坚决履行国有企业的社会责任。四是加强党组织自身建设,提高党建科学化水平。修订和建立了党总支会议、总经理办公会议议事规则等制度,坚持党建工作和生产经营工作同时谋划、同时部署、同时考核。五是加强党风廉政建设,落实党风建设两个责任。党总支书记签署严禁设立“小金库”承诺书;全体党员签署《严禁党员赌博承诺书》;公司与所有供应商和销售商签署了《业务廉洁协议》。六是抓好群团组织领导。召开了公司一届二次职代会。切实履行“包户结对帮扶”社会责任。

(杨　健)

马钢轨道交通材料科技有限公司

【主要技术经济指标】 2019年,车轮箍环实现销售20.2万吨,比上年增加9.49%。其中,车轮16.8万吨(含出口销售7万吨),箍环3.4万吨;销售收入20.3亿元,比上年增加24.9%,利润1.5亿元,超额完成公司下达的利润指标;销售轮对7044套、车轴13306根;主营业务收入达1.65亿元,年度经营实现略有盈利目标。

【市场开拓】 2019年,轮轴产品国内外市场布局更趋合理,国内大铁路车轮依赖性大大降低,抵御市场风险能力明显改善。海外传统市场不断巩固,亚洲、澳洲和美国等车轮传统市场增长迅猛,销售比上年提升60%,北美、韩国车轮销售量均突破了30万件;相继开发俄罗斯、哈萨克斯坦等国市场,及德国准高速、韩国高速车轮、澳洲45吨轴重等高端产品。全年累计出口创汇1.34亿美元,创历史最好水平。

【生产组织】 全年各生产线订单量饱满、交货期阶段性密集,技改任务繁重、人员缺口大给生产组织提出了更高要求。生产系统以提高品种兑现率为目标,以提升瓶颈工序产能为突破口,多措并举,优化排产,实时跟踪工序进度,及时做出微调。面对加工能力不足矛盾,积极引入外部加工资源,基本实现了生产进度与计划目标同步。全年热轧量20.86万吨,交库量21.06万吨,比上年提升5.31%。按时交付率89.09%,保持在高水平。

【产品研发】 坚持以优质产品、差异化战略服务市场。全年共申报专利25项,其中发明专利5项,授权10项;车轮新启动项目118个,箍环新规格111个,轮对新规格45个,车轴新规格61个,完成车轮有限元计算23项。其中,供中车四方股份400千米变轨距转向架项目车轮交付112件;供韩国KRH920高速车轮通过认证、首检;J3材质160千米客运机车用HXD3D机车轮已经装车;自主设计出口GE公司的GE36A车轮完成交货;ALSTOM出口印度的机车轮AT1250完成批量交货;辐板自主设计车轮E40B-VL完成交货;机车轮用975齿圈开发成功;“中国标准动车组复兴号车轮”荣获2019世界制造业大会创新产品金奖。

省重大科技专项《减震降噪车轮研究开发及产业化》完成阶段性验收,并通过了中车四方股份装车评审,即将上线运营;公司级科研项目《车轮多边形、踏面剥离形成机理研究与改进优化》取得阶段性成果;《车轮成形工艺集成化智能设计系统开发》取得突破性进展,轧制过程中辐板拉薄等问题得到有效控制;《ER9车轮屈服强度稳定性攻关》完成预期目标。

【体系建设】 IRIS体系建设持续完善。通过IRIS年度监督审核,南区成熟度为64%,北区成熟度为71%获历史最好成绩;拥有的53张体系和产品认证证书持续有效,其中新增车轮证书2张,车轴证书2张;接受产品体系二方、三方认证审核共35次,全部顺利通过;完成RU957车轮的欧亚经济联盟EAC认证,产品批量进入俄罗斯市场;CRCC动、机、客、货车轮通过年度监督审核;南区通过了英国RISAS质量管理体系认证,完成了德铁精轴认证、法铁半光轴认证,韩国车轴认证。

【质量管理】 质量指标稳中有进。质量安全防控体系制度建设持续推进,质量指标稳定在高位。车轮及箍环产品综合合格率99.32%,车轴产品综合合格率98.49%，轮对产品综合合格率99.66%，均完成了年度质量指标。积极开展群众性质量文化宣传教育活动，开展双质量月活动，组织召开“8·14”十周年大会，重新编辑反思十年来典型质量事故案例；QC活动有效开展，获得省级奖项3个，热处理分厂冰与火QC小组获得2019年度安徽省优秀QC课题二等奖，热轧分厂轧制作业区和精品分厂精加工作业区获得2019年度安徽省质量信得过班组二等奖。

【设备管理】 以满足IRIS体系新版标准为目标，以精益现场管理改进为契机，深入推进TnPM管理，设备综合效率显著提升。持续完善设备管理EAM信息系统，为设备长周期稳定运行提供信息和知识积累；按照公司统一部署，参照宝武集团的新模板要求，重新梳理修订设备四大标准；能源管理体系不断健全，累计工序能耗达到466元/吨，比上年下降11.82%，创历史最好水平。工装件及油品消耗得到有效控制，月平均累积油耗11.76元/吨，保持住了几年来的攻关效果。

设备技术改造方面：车轮轧制二线大修、液压站搬迁、热处理系统升级改造等一批重点项目圆满完成；新1号、3号检测线经过设备不断优化及开展检出率达标攻关，产能逐步释放，生产效率稳步提升；轮对清洗维修项目开工建设，计划2020年4月30日建成投用；市发改委专项引导资金项目“轮轴新造生产线项目”完成验收工作，获得政府支持资金1400余万元。

【党群工作】 深入开展“不忘初心，牢记使命”主题教育活动；开展“一支部一品牌”创建工作；开展“庆祝建党98周年”“新中国成立70周年”为主题的系列活动。轮轴事业部党委获得马钢公司“先进基层党委”称号。工会开展“变革突破我先行、价值创造我当先”主题教育活动，征集“我们的质量格言”384条、合理化建议551条。组织开展七大工种的技能竞赛，完成理论培训12场，实作培训24场，共参加316人次。全年实现重大治安案件、火灾、交通事故为零的目标。

（黄　海）

埃斯科特钢有限公司

【主要技术经济指标】 2019年产量共计18546吨。南区全年生产6179吨，比上年增加2827吨；北区全年生产12367吨，比上年增加7708吨。

【产品销售】 全年销售总量23500吨，比2018年增长9447.2吨，超额完成了23000吨的全年销售目标。全年销售收入1.15亿元，比2018年增长3090.03万元，较全年销售收入目标超331.13万元。全年利润总额-2200万元，较预算目标-2496.65万元减亏296.65万元。

【新品开发】 全年开发17个新钢种，涵盖174个规格。棒材产品8个钢种39个规格；线材产品9个钢种135个规格，高于年初开发9个新产品计划近2倍。其中，弹簧钢银亮材51CrMnV、51CrV4产品首次用于地铁领域；汽车稳定杆用55Cr3银亮材首次批量供货；汽车热绕弹簧用银亮棒材54SiCr6用于沃尔沃XC40；紧固件用钢C4C、6A精丝产品通过奥托立夫认证用于汽车安全带扭力杆产品；55SiCr、60Si2Mn、SAE9254等弹簧钢盘条的酸洗磷化工序，用于汽车冷卷簧产品；满足中国金属研究院后续拉拔使用，已稳定供货；GCr15精丝产品用于轴承钢滚子，供无锡明珠产品合格，并实现小批量供货。

【技术攻关】 全年开展了冷镦钢精丝产品工艺开发等4项技术攻关、9项QC活动，共计申报专利19项(发明专利4项)。其中，滚子用轴承精丝球化工艺技术攻关，球化等级满足2—3级，抗拉强度小于670兆帕，总脱碳<0.8%d，满足轴承滚子的使用要求；工具用冷镦钢精线产品生产工艺攻关，改善了磷化膜附着力问题。满足客户冷镦频次的要求，解决了叫模问题；“罩式炉生产效率提高”QC活动，为产能提升打下基础。线材产品合格率98.63%，棒材产品合格率99.94%；线材产品成材率97.78%，超额完成年初目标。

【体系建设】 通过强化流程梳理，以体系建设为重点，稳定提高工作质量和产品质量，完善“写所需”，严格“做所写”，规范“记所做”。根据过程属性完善程序文件37份，促进了工作流程优化、操作程序规范、工作效率提高。铁路弹簧银亮棒顺利通过贵阳、天津厂CRCC认证，年内顺利通过汉德机构线、棒材监督审核，南、北区均已获得IATF16949认证证书。全年通过7家客户的二方审核(含2家自审)，同时通过索格菲、辽阳蒂森等客户的外方审核，为精棒、精线产品顺利进入国内中高端汽车零部件企业及轨道交通行业提供了“通行证”。

【生产组织】 围绕订单交货期和设备产能，持续加强生产组织与销售的衔接、销售与产线品种规格对接。整体制定月度生产计划、修正周计划和日计划，优化组产模式，兼顾排产管控的计划性和灵活性；通过释放工序产能、强化生产拉练、操作技能练兵等措施,全年产量实现了历史性突破。其中,南区ICB、L35/50以及北区罩式炉、1号拉拔机等产线生产效率均达到产线设计产能;ICB线、L35/L50剥皮机生产效率提升20%;罩式炉月最高入炉51炉,月产量最高达1635吨,拉拔机从月产量1090吨提升至目前月生产2070吨,生产效率提升50%。

【降本增效】 加强内部精细化管理,通过对原料规格、生产工艺优化,有效提高成材率,缩短退火和酸洗磷化时间,提高生产效率,能源介质消耗降本明显。南区能耗吨钢成本从160元下降至145元,北区能耗吨钢成本从350元,下降至335元。通过进口备件国产化和物资采购成本比价招标,备件和辅料生产成本持续下降,南区消耗吨钢成本从393元,下降至353元,北区消耗吨钢成本从154元,下降至139元。

【安全环保】 以"安全1000"理念为指导,确保实现安全第一、违章为零、隐患为零、事故为零的目标,有效落实各级安全环保管理方针。发动全员参与隐患排查治理活动,完成了年初制定的安全生产目标。全年组织安全检查48次,查处各类问题160余项,安全违章考核单59份,全年安全处置率达100%。2019年9月通过了安全现状评价。全年环保设施正常投用;固废回收利用率100%;废气治理达标排放,各类污染事故为零、投诉为零。

【精益工厂】 以精益管理网络平台为基础,围绕"八要素"和公司中长期计划,以现场管理为抓手,定期对客户反馈的现场管理建议和对现场存在的问题及进行专项检查,加强督促、整改和落实。对照先进企业的现场管理办法,投入数万元费用制作和完善现场各类标识300多个,开展定置管理、看板作业、各工作功能区域划分及"四室"环境整治。全年开展各类现场管理检查47次,落实各类整改150余项,为生产稳定有序、产品质量控制、环境整洁美观提供了保证。

【工程建设】 按照"安全、质量、投资、进度"四大目标,通过精心策划、倒排工期,奋力攻克各类安装调试难关,南区配套项目新增一条砂带抛机组,4月顺利投用;北区配套项目新增完善1台打捆机和1台打包机,1月顺利投用。南区新建项目新增4台磨床机组和2条辊底炉,北区新建项目新增3台拉拔机和3台罩式炉,2020年1月份和4月份分期投产,解决南区工序不配套、北区产能不配套的矛盾。按工程节点,南区信息化项目建成试用;北区信息化已完成框架和基础设计,2019年年底完成现有全部产线信息化系统建设。

【人力资源】 及时调整招聘策略,侧重引入有成熟经验的人员,尤其是生产技术人员,有效缩短上岗时间,降低用工和培训成本。全年招聘43名新员工,签订43份《岗位师带徒合同》。根据年初员工培训计划,开展了管理类、技术业务类、操作维护类三类员工共计60余项、180人次的培训。同时,根据生产及项目建设的需要,组织生产技术人员到同类型企业进行现场培训40余人次,全年培训计划完成率达到100%。

【党群工作】 结合"不忘初心、牢记使命"主题教育,开展思想研讨,激发全员在"效益、效率"双提升上的责任感和使命感。注重联系生产经营和职工思想实际,强化"一岗双责",落实"两个责任",把管党治党责任落到实处,领导及机关管理人员深入生产一线跟班蹲点,与一线职工交流思想、解决问题,持之以恒改进干部作风。

(罗继胜)

欧邦彩板科技有限公司

【基本情况】 鉴于马钢欧邦公司的另一股东方"江苏欧邦塑胶有限公司"(以下简称江苏欧邦公司)注册资本金不到位,于2018年1月发函马钢欧邦公司提出撤资,动摇了马钢欧邦公司的合作基础;且江苏欧邦公司本身经营恶化,2019年年初生产经营全面停止,并涉及多起应付账款法律诉讼,2019年10月被张家港人民法院裁决破产。同时,马钢欧邦公司自2015年5月设立以来,内部经营管理不善,主营产品没有核心竞争力,导致持续亏损。

马钢欧邦公司经营层根据近三年公司经营状况及市场环境,对未来三年经营做出预测并形成方案,于2019年4月11日向马钢股份公司上报,建议尽快关停马钢欧邦公司,有效止损,走清算程序。4月25日,马钢股份公司决定关停马钢欧邦公司。7月25日,马钢股份公司董事会决议(马钢董〔2019〕6号),同意马钢欧邦公司解散清算。

【公司清算】 2019年8月2日,马钢欧邦公司召开临时股东会,马钢股份公司授权委托代表出席会议,江苏欧邦公司缺席本次会议。会议通过了关于马钢欧邦公司解散清算的议案,根据马钢股份公司的提议,通过了关于成立清算组及成员组成的议案。

至此,马钢欧邦公司由清算组开展清算工作。针对人员安置、资产处置、债权清收、资料归档、清算备案公告等工作,按清算程序有序进行。截至2019年10月底,马钢欧邦公司清算工作已完成阶段性目标,进入全面收尾阶段。收尾工作主要有设备资产处置和债权清收,将延至2020年完成。收尾工作完成后,马钢股份公司与张家港人民法院指定的江苏欧邦公司破产管理人江苏百年东吴律师事务所将就马钢欧邦公司清算及剩余财产分配等事项进行协商,实施财产分配,完成公司注销。

(刘　辉)

防锈材料科技有限公司

【主要经营指标】 2019年,实现销售收入790万元,1—6月盈利5.71万元。

【公司清算】 由于合资方武汉市洪福防锈包装化工有限公司不按合同提供防锈剂的配方和药剂,导致公司2019年7月起逐步进入停产状态,2019年8月3日经公司董事会、股东会批准,启动停产清算程序。

【市场开拓】 2019年,在艰难的环境下,公司在维护原有的客户的基础上,仍积极开拓外部市场,主要客户为攀钢、邯钢、首钢、合肥板材公司等。

【客户服务】 为了保供终端用户,采取了多项措施。一是改进生产工艺,不断提高产品质量,提高成材率,提高生产效率,降低生产成本;二是提升现场环境、提高包装标准、培训车间工人、全方位高标准提升公司的加工能力;三是建立完善的售后服务体系,全力保障交货期,满足用户的要求,打消客户的后顾之忧,提高售后服务的效应时间,48小时内帮助客户处理好质量异议。

【经营管理】 公司始终把安全生产和产品质量放在第一位,不断改进工艺、设备,提高生产效率,提升产品质量,在做好防锈纸的基础上,开发新产品,逐步延伸生产无纺布防护罩、覆膜编织布防护罩等。

(辛晓莉)

比欧西气体有限公司

【主要经营指标】 2019年,实现销售收入5.59亿元,实现税后利润1.77亿元;全年供气可靠性达到100%,设备可靠性达到99.93%,实现了为马钢股份公司生产保供的目标。全年无重大伤亡事故,无重大环境事故及重大产品质量事故。

【生产经营】 公司设备运行稳定,全年共生产管道氧气616790.28千立方米,管道氮气752108.90千立方米,管道氩气26059.97千立方米,液体氧气17982986立方米,液体氮气13131385立方米,液体氩气927691立方米。产品质量全部达到了合同要求。氧气放散率0.6%、液氧损失率均小于目标值,SPC=0.810千瓦时/立方米(液氧产品单位电耗)。各项指标完成较好,达到成本节约的目标。2019年,公司核心管理工作持续向以关注装置经济运行和强化执行力为主要管理目标的方向转变,继续以简单有效的工作原则,优化以信息化为主要管理手段的生产管理体系;继续建立和完善"过程执行监控体系",完成工作过程评审与绩效管理的有机结合,全面提升了各项工作的执行质量;继续贯彻以计划维修PM为主,以隐患管理为核心、以SAP PM为管理枢纽的设备管理理念,及时发现消除隐患,保证设备稳定和生产顺行;持续开展工艺过程研究,全年完成技术变更及工艺改进13项。这些项目实施后,弥补了管理和技术缺陷。

【安全管理】 2019年,继续全力推进安全生产精益管理,并依据集团安健环新政策内容强化了全员安全责任体系落实;推进了《危险化学品企业安全风险隐患排查治理导则》,通过自上而下的贯彻执行,全面落实,进一步深化了风险分级管控和隐患排查治理建设,完善了风险评估清单和安全风险隐患排查治理制度,并进行了有效实施。同时,通过对激励和处罚机制的优化及《检维修工作许可制度》和《承包商管理程序》执行过程的强化监督,使员工及承包商行为安全意识、检维修工作许可制度和"承包商管理程序"的过程执行等诸多方面得到有效提升,全年工作许可证执行评审的符合率99.5%以上,全年承包商现场作业安全管理符合率达99.5%。此外,通过专题培训、安全技术知识学习、安全小组会议、安全通告、安全宣传等形式继续加强员工安全、健康、环保和质量控制方面的能力和意识,开发和优化了各类应急预案,并扎实有效地开展了演练工作,推进安全生产工作。

【财务管理】 2019年,在接受投资双方的监督、及时准确地提供双方管理所需资料、满足投资各方的管理要求外,进一步完善各类财务分析报表,为生产经营提供财务分析及指导。2018年因马钢北区关停小高炉及两座转炉,给2019年管道氧气销售完成年度预算带来困难。公司利用马钢氮气及氩气需求大增的趋势,适时调整供气模式,多供氮气和氩气来弥补氧气负荷低带来的被动局面。按照董事会决议,完成2019年利润分配1.7亿元,按股东双方投资比例各分配50%,并于12月全部支付完毕。

(杨丽娟)

金马能源股份有限公司

【主要经营指标】 2019年,公司累计生产焦炭223.6万吨,加工焦油17.3万吨、粗苯16.3万吨、液化天然气5.1万吨,外供煤气4.8亿立方米;实现销售收入75.85亿元,利税10.16亿元,其中上缴税费4.22亿元,实现净利润5.94亿元。

【项目建设】 2019年,年产5亿立方米焦粒制气及空分项目于12月底建成。总投资2.23亿元。截至2019年12月,计划投资1.62亿元的干熄焦项目已完成投资8730万元,施工进度约达到总体工程量的70%,预计2020年5月前完工;计划投资1.6亿元的综合污水处理站项目,施工进度约达到总体工程量的20%,预计2020年12月前完工;子公司金源化工计划投资3800万元的年产20万吨苯加氢扩改项目已投资5150万元,施工进度约达到总体工程量的90%,预计2020年4月份完工;子公司金马中东计划投资24亿元的年产180万吨/年焦炉升级改造项目已投资8000万元,预计2020年年底完成1号焦炉大棚安装、进入筑炉阶段。

(胡　芳)

盛隆化工有限公司

【主要经营指标】 2019年,生产焦炭223万吨,焦油9.17万吨,苯3.22万吨,硫铵3.07万吨,甲醇24万吨;实现销售收入57.39亿元,实现利润6.58亿元。

【混合所有制改革】 2019年,公司混合所有制改革经验得到推介。盛隆化工作为国有企业混合所有制改革的典型,在"全省国企党建暨深化国企改革落实落地现场会"上作了发言,作为唯一一家在会上介绍混合所有制改革经验的企业进行推广。公司混合所有制管理模式已经申报到国家企业联合会、国务院国资委。2019年,盛隆化工获准首批省级化工重点监控点企业。

【降本增效】 进一步细化工作措施,继续坚持"日统计、周分析、月总结通报"制度,强化内部管控,狠抓关键环节,在重节约、算细账、控成本、深挖潜上下功夫,扎实开展降本增效。依托山东能源枣矿集团,与外部大型矿业集团如山西潞安集团、河南煤化集团、山西凯嘉集团等合作,坚持煤炭源头采购,压缩原料成本,保证质量稳定。落实生产工艺、设备管理、材料消耗、水电气计量等方面降本新举措,不断深化考核层次,重点围绕控本提产、减少消耗、节约利用等增效项目做了大量工作,对设备维修费和零星工程费用进行节支挖潜,深入开展技术改造、加工自制、内部管理创新等工作,加强了吊车、铲车和自卸车等工程车辆的使用监管,堵塞管理漏洞。通过多措并举开展降本增效,全年共计降本3000余万元。

【经营管理】 坚持"投入产出最优化",将经营例会升格为经营分析会,坚持月度定期召开,强化长周期经济运行质量,充分发挥部门协同效应,用投入产出数据分析推进精益生产。围绕效益最大化,通过价差管理、本利分析、市场研判进一步指导营销。科学运用"价格委员会"的快速调价机制,保持盛隆公司主产品、化产品价格引领区域市场,引领区域市场的经营思路。通过控库存、保增值、调流向,坚持价值思维、利润导向、预期管控、过程优化,进一步提高经营管控水平。加强财务管理和会计核算,月度坚持召开资金平衡会,建立完善了全面预算体系,通过全员共同努力,经济效益成果显著。实施差异化生产和销售策略,坚持"源头采购,终端销售"的原则,通过随市场波动控库存,不断提高焦炭主产品质量标准,减少质量扣罚。从"产、供、销、运、储、验、卫"全流程管控,重点加强了煤耗、途耗过程监管,有效提高了经济效益。

【安全管理】 认真落实安全生产责任制,层层签订《安全生产目标责任书》,确保安全网络全覆盖。修订印发了《安全生产管理制度汇编》,实现了安全管理制度化。抓好日常安全学习、特殊工种培训、外来人员安全培训等;坚持"每周一题",延伸"每周问答",利用灵活形式,加强安全意识。

【环保管控】 不断强化"环保是企业生命线"的理念,将环保工作纳入常态化、精细化管理,不间断开展环保检查,针对问题积极落实整改,进一步加强环保设施运行管控。重点抓好现场管理、在线监测监管等工作,杜绝环保事件。积极开展突发环境事件应急预案演练,完善修订了《环境风险评估报告》和《突发环境事件应急预案》,顺利通过了应急预案专家评审会专家评审。抓好5.5米捣固焦炉配套干熄焦建设和余热发电项目建设,稳步推进露天煤场大棚封闭项目、煤焦二脱硫脱硝除尘改造项目、甲醇车间气体收集治理改造项目、化产车间气味收集治理改造项目,实施投用了煤焦二焦炉烟尘治理改造装置,提高了焦炉清洁生产。

【企业发展】 盛隆公司积极研究政策,对接中科院,利用煤化工产业与轻型燃气轮机、分布式发电站进行产业结合,争取实施国家煤基燃料轻型燃气轮机试验及碳基新材料示范项目。立足国家在能源方面的多煤、少油、缺气的国情特点,探索煤炭资源的深加工与装备制造产业的耦合。联合中科院建设20兆瓦、30兆瓦、40兆瓦多种型号,多台(套)轻型燃气轮机试验示范基地。依托扩大焦化产能,利用规模化的化工原料实施化工产品精深加工。积极争取政策支持,已先后通过与省、市主管部门沟通协调,以中科院合作为前提,将《利用焦炉煤气实施轻型燃气轮机试验的报告》书面形式上报到省;1月,参与了在青岛气轮机装配基地召开现场讨论会议,根据会议要求,中科院进一步完善了项目建议书,委托第三方进行项目论证,将完善后的材料报省能源部门。

(胡 芳)

马钢奥瑟亚化工有限公司

【主要技术经济指标】 2019年,实现营业收入6.95亿元,利润总额1607万元,税后利润1274万元,比2018年下降约70%,主要由于市场需求不足,产品价格大幅下降。

【生产管理】 生产过程严格执行生产和销售计划,以市场需求为导向,以客户需要为改进目标,顺利完成各项生产任务,产品质量基本达到客户满意。全年处理焦油213391吨,月平均处理17782吨,日均处理量646吨。生产产品:沥青94755吨、炭黑油20073吨、蒽油57473吨,轻油2192吨,酚油4133吨,工业萘26196吨,洗油9851吨,粗酚1407吨。产品总收率97.75%,生产计划完成率100%,完成目标值。

【设备管理】 2019年,生产设备运行情况总体平稳,全年日常计划检修170余项;共组织为期两周的设备停产检修2次(4月、10月),大修检修项目共310项,其中较大规模的设备消缺、技术改造类项目共10项;对公司7800米压力管道进行了定期检验,对所有压力容器、安全附件进行了全面检验,为生产的平稳、经济运行保驾护航。

【安全管理】 2019年除正常运行ISO 18001职业健康安全体系外,公司还审核通过了化工生产企业三级安全标准化体系。全年共组织安全环保应急演练4次,参加人数60余人次(含公司级演习1次,专项演习3次)。通过应急演练,公司加强了消防器材使用和消防控制室操作的训练;增加了检查频次,及时补充应急器材;增强了信息传递准确性、及时性。

【OCI营销】 2019年,面对严峻的市场环境,公司实现了供、产、销平衡,资金如期回笼。全年采购煤焦油20.95万吨,内销化工产品15.3万吨,内销收入4.76亿元(不含税),出口沥青5.66万吨,外销收入2.19亿元(不含税)。外贸出口方面:全年完成沥青出口5.66万吨(共计12船);首批次进口总部的809吨工业萘产品顺利卸货连云港口岸,相关关务、物流调度、现场卸车等顺利对接实施;进出口实务操作能力得到较大提升。

【企业管理】 2019年,公司秉承"以员工为本,与社会和谐发展"的企业管理方针,将公司发展与人才培养相结合,进一步提升员工归属感与安全感,提升员工工作效率,完善公司制度与绩效考核,梳理岗位职责,真正做到岗适其人、人尽其才。强化公司规范化,科学化的管理模式,提升公司整体实力,质量、环境、职业健康安全管理体系实现了逐步完善和有效运行。

【荣誉】 2019年,公司荣获雨山区"2019年度经济发展突出贡献先进集体"称号,并经人社局评定为"马鞍山市劳动保障诚信A级企业"。

(钟小庆)

马钢矿业资源集团公司

【概述】 2019年,马钢矿业资源集团坚持以习近平新时代中国特色社会主义思想为指引,以"不忘初心、牢记使命"主题教育为契机,以38个战略行动计划项目为抓手,聚焦变革突破,聚力价值创造,深化改革创新,加快转型发展,圆满完成各项目标任务。

抓住难得市场机遇,强化内部运营管控,实现营业收入62.35亿元、利润总额9.03亿元、经济增加值7.03亿元的历史最好经营业绩。持续强化战略引领,明确打造国内一流冶金矿业资源集团的战略目标和"一体两翼"产业格局。深度融入重组整合,积极主动推进与宝武专业化整合融合工作,矿业资源集团高质量发展将迎来更广阔的空间和平台。全面推进改革创新,完善现代企业制度体系,推行分层分级管理和差异化绩效评价,一级集团管控模式基本构建。加强企业文化建设,提炼出矿业资源集团愿景、使命,形成比较完整的企业文化体系,为高质量发展注入新动力。

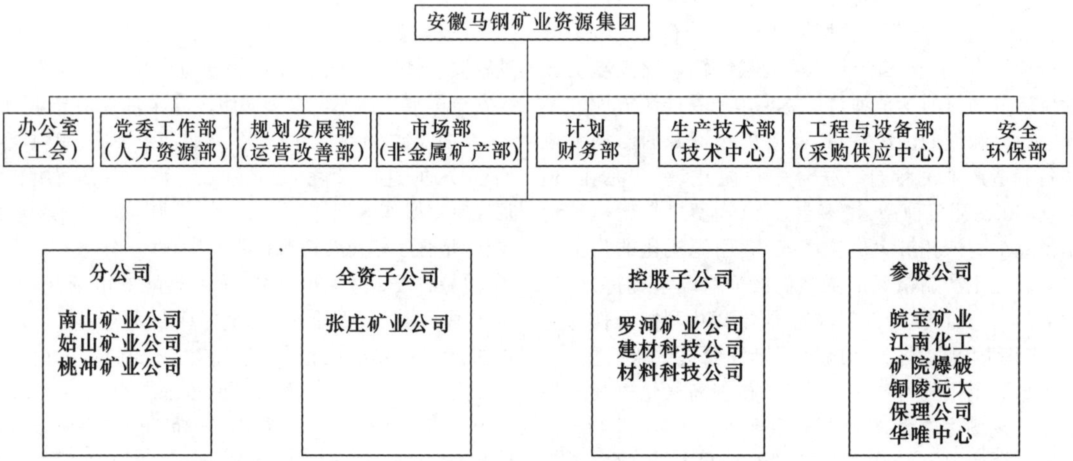

图3　安徽马钢矿业资源集团有限公司组织机构图

董事会

【董事会工作】 1.2019年1月28日,召开马钢集团矿业有限公司董事会二届第三十五次会议。会议审议通过以下决议:(1)审议并通过了《关于安徽马钢张庄矿业有限责任公司利润分配的议案》;(2)审议并通过了《关于2019年度财务决算报告的议案》;(3)听取了《关于投资参股安徽周集港口有限公司情况汇报》,同意矿业公司开展投资参股安徽周集港口有限公司前期工作;(4)审议并原则通过了《关于〈年产60万立方米尾砂加气混凝土板材(砌块)及2.4亿块尾砂灰砂砖〉项目设立合资公司的议案》;(5)审议并通过了《关于任命董事会秘书的议案》,任命开锐为董事会秘书,毕家华不再担任董事会秘书;(6)对近期重点工作作出具体部署。

2.2019年3月11日,召开马钢集团矿业有限公司董事会二届第三十六次会议。会议审议通过以下决议:(1)审议并通过了《关于变更公司名称的议案》,同意将公司名称变更为"安徽马钢矿业资源集团有限公司";(2)审议并通过了《关于修改公司章程的议案》,报集团公司董事会审议;(3)审议并通过了《关于修订〈马钢矿业公司合资企业委派人员管理办法〉的议案》;(4)审议并通过了《关于推荐安徽皖宝矿业股份有限公司第七届董、监事会成员的议案》,报集团公司审批,审议并通过了马鞍山江南化工有限责任公司监事人员调整事项;(5)审议并原则通过了《马钢矿业板块2019年各单位组织绩效差异化评价办法》。

3. 2019 年 4 月 24 日,召开马钢集团矿业有限公司董事会二届第三十七次会议。会议审议通过以下决议:(1)审议并通过了《关于张华同志兼任安徽马钢罗河矿业有限责任公司董事长的议案》,拟同意委派张华同志兼任安徽马钢罗河矿业有限责任公司董事长;(2)审议并通过了《关于对马钢(上海)商业保理有限公司增加注册资本的议案》,同意马钢集团矿业有限公司对马钢(上海)商业保理有限公司增加注册资本3000 万元,增资后马钢集团矿业有限公司对马钢(上海)商业保理有限公司的出资额为 6000 万元,持股比例仍为 10%。(3)审议并通过了《关于〈年产 60 万立方米尾砂加气混凝土板材(砌块)及 2.4 亿块尾砂灰砂砖〉项目设立合资公司参股单位的议案》,同意合资公司注册资本为 20000 万元,马钢集团矿业有限公司出资 10200 万元,占注册资本的 51%,合肥浦发建设集团有限公司出资 9800 万元,占注册资本的 49%,报集团公司董事会审议。

4. 2019 年 5 月 7 日,以书面形式召开马钢集团矿业有限公司董事会二届第三十八次会议。会议审议通过以下决议:审议并通过了《关于拟聘任许如亭为安徽马钢罗河矿业有限责任公司董事并提名董事长的议案》,要求罗河矿业公司按照《马钢(集团)控股有限公司章程》《马钢集团矿业有限公司章程》,进一步优化公司治理结构,规范公司《章程》。

5. 2019 年 5 月 13 日,召开马钢集团矿业有限公司董事会二届第三十九次会议。会议审议通过以下决议:(1)审议并通过了《关于拟推荐马钢矿业资源集团墙材科技有限公司董事会、监事会、财务总监人选的议案》,同意朱开桂任董事长,徐光荣任董事,范荣芝任董事、财务总监,钟伟任监事,胡冬林任职工监事;(2)审议并通过了《关于拟推荐马钢矿业资源集团建材科技有限公司董事会、监事会、财务总监人选的议案》,同意洪振川任董事长,周逢阳任董事,丁宗云任职工董事,魏娟任监事,吴同明任职工监事,李万春任财务总监;(3)审议并通过了《关于拟推荐华唯金属矿产资源高效循环利用国家工程研究中心有限公司第五届董事、监事人员的议案》,同意朱春喜为董事,赵雄江为监事;(4)审议并通过了《关于提前归还姑山铁矿矿业权价款的议案》;(5)审议并原则通过了《关于审议批准和睦山铁矿深部勘探的议案》,要求成立推进小组,进一步完善方案,报集团公司总经理办公会审批;(6)审议并通过了《关于安徽马钢矿业资源集团建材科技有限公司运营管理委托南山矿业公司管理的议案》。

6. 2019 年 7 月 22 日,召开安徽马钢矿业资源集团有限公司董事会二届第四十次会议。会议审议通过以下决议:(1)审议通过修改《马钢集团矿业有限公司董事会议事规则》议案;(2)审议并原则同意《关于姑山铁矿 70 万吨/年露天转地下建设工程二期工程启动的议案》,要求补充产品出路分析,一期、二期工程逻辑关系,投资分析,竣工时间四个方面内容后,报集团公司审议;(3)审议通过《关于桃冲矿"三供一业"供水分离移交项目应政策刚性要求项目内容变化需追加资金的议案》;(4)审议通过马钢矿业资源集团公司《安全生产责任制》《环境保护管理责任制》《全面预算管理办法》《生产经营计划管理办法》《消防安全责任制》《战略管理办法》。

7. 2019 年 9 月 7 日,召开安徽马钢矿业资源集团有限公司董事会二届第四十一次会议。会议审议通过以下决议:(1)审议并通过了《马钢南山矿业公司高村铁矿三期技改建设工程项目立项的议案》,要求南山矿业公司对高村铁矿矿权内及周边资源进行总体规划论证;(2)审议并通过了《马钢南山矿业公司凹山选矿厂辊磨系统改造项目立项的议案》,要求南山矿业公司对南山矿区选厂进行系统论证;(3)审议并通过了《马钢南山矿业公司凹山选矿厂尾矿回收综合利用项目立项的议案》;(4)审议并通过了《马钢南山矿业公司新建生产技术中心项目立项的议案》,要求南山矿业公司从功能定位、集中办公等方面进一步优化项目设计方案,报集团公司审议;(5)审议并通过了《设立马钢矿业资源集团设备工程科技有限公司的议案》;(6)审议并通过了《关于南山矿等分公司设立为子公司的议案》。

8. 2019 年 9 月 30 日,召开安徽马钢矿业资源集团有限公司董事会二届第四十二次会议。会议审议通过以下决议:(1)审议通过《关于落实省政府研究省地矿局与马钢集团合作工作专题会议精神实施方案的议案》;(2)审议通过《关于姑山矿业公司 220kV 章塘变电站至姑山矿 35kV 双回供电线路项目批准立项的议案》。

9. 2019 年 12 月 27 日,召开安徽马钢矿业资源集团有限公司董事会二届四十三次会议。会议审议通过以下决议:审议并通过了《关于姑山铁矿 70 万吨/年露天转地下建设项目增加投资费用的议案》和《关于收购马建钢构制作安装分公司资产的议案》。

监事会

【监事会工作】 安徽马钢矿业资源集团有限公司监事会成员列席董事会历次会议,并充分发表意见和建议。

·矿业资源集团机关·

矿业管理

【生产经营】 1. 强化生产过程管控。强化采选系统联动,着重在稳定质量、控制成本和产品创效上下功夫,推动老产线潜力发挥和新产线持续发力,全年生产矿产品 2587 万吨,创历史新高。其中含铁矿产品 768 万吨、冶金熔剂 369 万吨、非铁矿产品 1450 万吨。

2. 强化产品质量管理。铁精矿品位整体平稳增长,球团精综合品位达到 65.7% 以上,较去年提升 0.1%,其中,凹精品位较去年提高 0.13%,东精品位提高 0.87%,罗河精品位提升至 67.2% 以上,张庄精品位持续稳定在 66.5% 以上。南山矿高村铁精矿(露天开采)获国家级绿色产品称号。

3. 强化设备运行保障。深入开展设备综合管理星级晋等、红旗设备创建以及“六源消减”攻关活动,关键设备综合效率(OEE)明显提升,TnPM 管理体系运行进一步优化。

4. 强化营销体系建设。成功举办首届营销大会,发布《销售管理办法》《顾客管理办法》等体系制度。对接用户需求,开展“三合一”产品工业试验并获得好评。加强市场开拓,开发六安钢厂、飞创商贸、宁波金宸物资、辉隆集团等一批新客户。

5. 强化品牌建设。组织参加第七届全国品牌故事大赛暨第三届安徽质量品牌故事大赛并荣获三等奖。

【深化改革】 1. 推进治理结构。马钢集团矿业公司更名为安徽马钢矿业资源集团公司。完成本部及 5 家矿业公司机关机构设置、领导分工及人员调整。组建了建材科技、材料科技两家合资公司,成立设备工程科技公司、生态修复科技公司两个筹备处,托管嘉华混凝土公司。

2. 完善现代企业制度体系。推进依法依规治企,按照分层分级管理原则,有效承接马钢集团下放的各项管理职能,健全与管控模式相适应的管理流程、业务流程,重新修订发布以《安徽马钢矿业资源集团有限公司章程》为核心的 115 项管理制度。

3. 实施差异化绩效评价。坚持一矿一策,构建两级 KPI 指标体系。持续优化人力资源,开展两级机关及各产线岗位定岗定编工作;通过政策性离岗安置以及向新产业、新公司、新项目转岗等方式,人力资源优化率达到 9.07%。

4. 强化内部管理。导入卓越绩效管理模式,梳理确立 13 个关键过程并以专题会的形式推进专项管理。开展“精益工厂”创建工作。首次推行内部监察审计工作,完成 14 个项目的内部监察审计,查出问题 202 项,提出 81 条整改建议,促进企业管理进一步规范。

【转型发展】 贯彻新发展理念,围绕“01236”目标体系,全面推进平安、质量、科技、精益、人文、可持续的“六型矿山”建设。

1. 打造千万吨级铁精矿生产基地。姑山矿露转井、钟九铁矿、罗河矿一期 500 万吨/年扩能项目持续推进。《高村铁矿三期技改建设工程可行性研究》《500 万吨/年球团厂建设项目建议书》通过内部评审。姑山和睦山铁矿深部资源勘探及周边矿权整合前期工作顺利开展。实施了桃冲矿长龙山铁矿退出铁矿石生产序列,228 人实现平稳分流安置。

2. 打造千万吨级冶金辅料生产基地。完成青阳白云石矿 200 万吨/年扩能项目开发利用方案评审,地质环境治理与土地复垦方案报省自然资源厅,通过专家审查。

3. 打造千万吨级建材生产基地。南山矿 450 万吨/年围岩综合利用系统顺利实现当年建设、当年投产、当年见效。张庄尾砂制砖项目土地征迁、“三通一平”等前期工作有序推进。与博望区政府签订了尾矿库存量尾砂综合利用战略合作协议。完成马鞍山市大宗固体废弃物综合利用基地申报工作,成为全国50家大宗固体废弃物综合利用基地之一。

4. 发挥战略规划导向作用。编制完成矿业资源集团《2019—2023年总体发展规划》和《2020—2022年总体发展规划》并通过内部评审。

【技术创新】 完善管理体系,成功申报马鞍山市工程技术研究中心,公司被评为马鞍山市技术创新示范企业。强化技术研发攻关。实施89项技术研发项目,省交通厅科研项目《铁尾砂在公路路基和路面基层中的绿色应用》顺利通过专家评审。2019年获中国钢铁协会、中国金属学会冶金科学技术二等奖2项,冶金矿山协会科学技术奖三等奖1项;获授权专利49项,其中发明专利3项。智慧矿山建设初现成效。管理信息化建设加快推进,其中安全管理信息化系统、工程项目管理系统即将上线试运行。编制了智能矿山规划设计方案。罗河矿、张庄矿磨选智能化改造全面完成。张庄矿井下电机车无人驾驶、智能采矿地表遥控出矿、“一键充填”等项目完成验收。张庄矿选矿厂获安徽省“数字化车间”称号。

【安全环保】 强化安全标准化体系建设,国家安全生产标准化一级企业达标率90%。全面推广双重预防和六项机制建设。持续开展“1+6+N”安全生产隐患集中排查治理专项行动,建立尾矿库、炸药库等重大危险源安全旬报评估制度。大力实施超低排放改造,完成39项超低排放改造项目中的36项。建设项目环评和环保“三同时”执行率、污染物排放达标率、危险废弃物安全处置率全部达到100%,2019年各类污染事故率为零。公司获安徽省环境信用“良好”企业,罗河矿获安徽省环境信用“诚信”企业。绿色矿山成效显著。和尚桥铁矿、罗河铁矿、白象山铁矿、张庄铁矿入选国家绿色矿山名录,罗河矿被列为安徽省典型绿色示范矿山。

【党群工作】 全面打造国内一流冶金矿业资源集团,始终坚持党的领导,全面加强党的建设,为全年实现历史最好经营业绩和各项目标任务的完成提供坚强的政治、思想、组织和纪律保证。扎实开展“不忘初心、牢记使命”主题教育,守初心、担使命、找差距、抓落实,以高质量主题教育推动高质量发展。成功召开矿业资源集团第一次党代会,谋划了未来一个时期公司党建与发展战略任务。深入开展基层组织力提升大讨论、“一支部一品牌”等特色活动,推进基层党组织建设全面进步、全面过硬。接受马钢集团公司党委巡察,全面完成整改工作。

(张　伟)

·矿业资源集团分公司·

南山矿业公司

【主要技术经济指标】 2019年,完成采剥总量3033万吨,其中采矿量1310万吨,生产铁精矿271.02万吨。采出矿石平均品位19.41%,其中高村铁矿18.69%,和尚桥铁矿20.76%。原矿成本63.15元/吨,其中高村铁矿49.59元/吨,和尚桥铁矿91.39元/吨。铁精矿成本471.67元/吨,其中凹选469.32元/吨,东选594.05元/吨,和选457.40元/吨。铁精矿平均品位65.12%,其中凹和精64.94%,东精65.82%,且外运成品矿硅、铝等含量均不超标,满足股份公司铁厂质量要求。2019年,实现营业收入23.8亿元,利润总额2.07亿元,经济增加值(EVA)1.85亿元,取得较好效益。

【生产经营】 1. 生产组织持续优化,产量质量超额完成。通过抓住矿石市场价格处于相对高位的有利时机,以精益运营改善为抓手,努力提高铁精矿产量,稳定成品矿质量。高村铁矿优化采场生产布局,提升资源综合利用生产线产能,稳定了入选厂的原矿质量。和尚桥铁矿通过创新性实施采场内排和加大重点部位稻田泥的剥离力度,快速发挥“头顶库”工程效用,稳定了采场生产规模。凹山选矿厂顺利完成碎矿前移项目新老系统对接和修配改工作,通过实施“二段旋流器替代螺旋分级机”等改造工作,稳定凹精品位,2019年生产成品矿132.39万吨。和尚桥选矿厂通过加大原矿量的处理,强化配矿操作,提高磨矿效率,2019年生产成品矿104.38万吨,产量大幅度超计划。东山车间通过采取对2号中板、自磨机彻底大修等手段,提高设备运行水平,2019年生产成品矿14.7万吨。铁运车间成功实施自翻车扩容改造技术攻关,并积极发挥+87米铁路线作用,2019年完成运输量1423.44万吨,超额完成计划任务。尾矿车间通过优化全矿供水系统管网,提升水资源综合利用率,确保凹山坑和酸水库的稳定运行。

2. 设备物资保障有力,推动生产稳定顺行。TnPM管理持续推进。针对设备老化、故障多发等问题,公司深入开展设备维护等级竞赛,成立102个TnPM活动小组,开展活动342次,助推公司设备管理水平提升。2019年主要设备完好率96.39%,比上年提高1.97%,采掘、运输、磨选等关键设备作业率分别为85.7%、76.3%和93.5%,矿业资源集团考核的16项设备综合效率指标全部达标。通过修旧利废、关键备件国产化替代、扩大自主维保范围等手段,进一步完善公司运维成本的控制;通过对钢球、运输带等大宗物资实施年度清单式招标采购,对矿用汽车轮胎、润滑油、石灰等物资实施三年功能性总包采购,有效控制成本。积极做好危废和废旧物资的回收处置工作,2019年实现创收355万元,全年平均库存资金占用2018万元,优于矿业资源集团考核指标。

【安全体系建设】　牢固树立"安全第一、违章为零、隐患为零、事故为零"的安全"1000"文化理念,持续构建安全风险分级管控和隐患排查治理双重预防体系,深入开展"1+5+N"隐患集中排查治理专项行动,认真汲取"2.23"内蒙古银漫重大运输安全事故等各类事故教训,加强安全警示教育。通过青安岗安全知识竞赛、急救知识培训、职工技能竞赛等系列主题活动,强化全员安全意识。持续改进安全标准化工作,坚持做到全员参与。完善了排土场、尾矿库等相关安全管理和安全评估制度。修订了《相关方及人员安全管理办法》,加强了属地和检修过程中的管理。2019年,3个班组被中国安全生产协会评定为"全国安全管理标准化示范班组",1名班组长被评为全国"安全管理标准化优秀班组长"。

【能源环保】　全面贯彻"水清岸绿产业优的美丽长江经济带"战略部署,落实环境保护主体责任,加大环境项目投入。制定下发《南山矿业公司2018—2019年秋冬季大气污染治理攻坚行动方案》等文件,健全管控机制。排查出公司涉及水、气、声、渣等重点环境风险47项,制定管控措施,明确管控责任。以"推进建设绿色矿山"为契机,投资3000余万元,实施环保成果升级改造,以固化整改效果。公司4个排放口水质均达到排放标准,在线监控系统平稳运行,循环水重复利用率达92.4%。环保设施运行正常,无环境污染事件发生。和尚桥铁矿成功入选国家绿色矿山名录。

【可持续发展】　1. 着力后备矿山建设,提升可持续发展水平。推动矿产主业接续项目落地。通过开展可行性研究和专家评审,对接省、市发改委等政府部门,积极推进高村铁矿三期技改建设工程项目,并已通过了集团公司批准。和尚桥铁矿东矿段技改建设工程完成项目建议书编制,做好项目前期准备工作。积极推动矿权整合工作。公司组织专业团队,研究开展周边矿权整合,争取在政府的牵头下将零散矿权收归国有,并开展进一步实质性工作。

2. 着力非矿资源综合利用,大幅提升非矿营收。坚持市场招标定价原则,规范综合利用产品销售管理,加大资源综合利用力度,提升非矿产品销售收入。2019年实现非矿资源营销1000万吨,营销收入2.5亿元,创造历史最好成绩。凹选辊磨系统改造、凹选尾矿回收利用项目成立了专业项目部,实施专业化管理和项目建设。

3. 着力重点工程项目建设,打造多元发展新格局。高村铁矿450万吨/年围岩综合利用项目于2019年7月竣工并投入生产,实现当年建成、当年达产、当年见效。完成和尚桥工程、半连续工程、碎矿前移工程等已建成项目的验收工作。头顶库项目的效果和作用已逐步发挥。

4. 深入开展精益工厂创建,提升精益管理水平。以"零化目标、造物育人、永续改善、共建共享"为方向,紧扣"领导重视、明确责任、机制激励、全员参与"4个关键点,持续开展"精益改善在身边""精益大讲堂""精益工厂星级创建"等活动。获得优秀改善提案1990个,整改率98%。辅导培训次数959次,精益管理水平持续提升。

【科技创新】　遵循科技创新是高质量发展的"铺垫石"这一重要理念,不断完善创新发展体系,以技术进步推动转型发展。完成"和尚桥铁矿爆破减震攻关"等12项研发项目并结题验收。2019年公司共获得授权专利47项,3项成果获得矿业资源集团优秀技术攻关一、三等奖,2 项成果获得马钢第三届创新方法大赛二等奖。其中《大型露天低贫磁铁矿绿色智能开发关键技术与工程实践》获得中国钢铁工业协会、中国金属学会冶金科学技术二等奖,科技创新取得了重大突破。

【深化改革】 1. 优化组织机构。2019 年调整公司各机关部门职能,催生新的体制活力。公司设置“八部一室一会”,各职能模块合理归口布局;精简二级单位机构,撤销凹山车间和汽修车间,酸水车间和建安公司分别并入尾矿车间和利民公司,进一步厘清各单位管理体系;托管建材科技公司,并在矿业资源集团的指导下,持续推进分公司改子公司工作。

2. 持续推进人力资源优化。2019 年公司人力资源优化率达 10.3%,其中协商一致性解除劳动合同关系 136 人,退休 177 人,分流至建材科技公司 26 人,安置桃冲矿员工 60 人。深挖内部潜力,加强改非科干管理,制定《南山矿业公司改非科级管理人员管理办法》,继续发挥这一群体在公司生产经营各项管理上的积极作用。

【内部管理】 1. 推行差异化绩效考核评价。2019 年制定与完善各项管理制度 23 项,发布《南山矿 2019 年经营绩效考评办法》,督促指导各单位绩效评价结果的准确性和真实性,以考核和激励促进生产经营绩效的提升。

2. 加大辅助单位保障力度。动力车间切实加强电力、通讯保障,“三供一业”外转供电项目即将收尾,并完成主体变电站集控、凹山排土场绿化、车辆通勤等工作。检修车间加强设备大中修和检修保产工作,在保障生产的同时实现创收。生活服务公司认真做好工作餐管理、职工浴室改造、社区维护、防暑降温等工作,扎实做好文化宫、职工小区环境改善提升工作,持续推进“三供一业”分离移交。集体企业积极融入主体生产工序,拓展非矿资源综合利用,2019 年生产铁精矿 19.54 万吨。花山留守处强化苗圃生产经营,积极承揽绿化工程,2019 年完成绿化工程总量近千万元,实现花山的稳定和发展。

3. 规范集体企业管理。年初全面理顺与集体企业的经济往来关系,规范签订含铁围岩产品利用等合同,增强集体企业的可持续发展和竞争力。修订完善并发布《南山矿业公司集体企业管控办法》《南山矿业公司集体企业委派科级管理人员管理办法》《南山矿业公司关于加强集体企业“三重一大”决策工作的相关规定(试行)》等文件,加强集体企业制度管理的规范性,并开展规范集体企业薪酬发放专项整治,促进集体企业健康稳定发展。

4. 优化干部人才队伍。对 67 名科级管理人员进行岗位交流,交流覆盖面达 79%。通过实行公开竞聘,招聘 13 名副科级管理人员,平均年龄 35.6 岁,优化干部队伍结构,得到广大职工好评。组织聘用 36 名优秀科技人员和 58 名岗位技术能手,为公司的管理和技术队伍注入新鲜血液和活力。林震源同志荣获 2019 年“全国钢铁工业劳动模范”称号,袁英杰同志入选省国资委“538 英才工程”。

【党群工作】 深入开展“不忘初心、牢记使命”主题教育,召开专题民主生活会和组织生活会,结合 10 个方面检视查摆问题,制定 32 项工作任务,逐项整改完善。组织开展“解放思想再出发、对标找差新跨越”“提升组织力”等专题大讨论活动共 95 场次,征集各类大讨论文章 80 多篇。评选表彰“一部一品”成果 84 项,为职工解决“急难愁盼”问题 114 件。开展“三个以案”警示教育、党委专项巡查、薪酬管理专项检查工作,查找并整改了 221 个问题,围绕生产经营建设过程中的 342 个风险点,固化防控项目流程 57 个,完善防控措施 21 项。细化完善公司党委会和经理办公会议事规则,制定公司“三重一大”决策实施办法。开展形式多样地庆祝新中国成立 70 周年、南山矿建矿 65 周年系列活动。深入开展“建功新时代、最美南山人”评选,表彰 83 名优秀职工。

广泛开展困难职工帮扶和精准扶贫工作,2019 年发放慰问金 130 余万元。2019 年公司创新工作室共完成攻关项目 198 项,提交合理化建议 386 条,创造效益 800 余万元。全员“微创新”劳动竞赛共申报 155 项微创新成果。圆满承办矿业资源集团首届“矿业职工创新论坛”大会。深入开展“十一工种职业技能竞赛”和“青年工匠培养工程”,共有 51300 人次参加“马钢 e 工汇职工网上练兵”活动。1 名职工获得“马钢第九届职业技能竞赛”一等奖,1 名职工获得“马鞍山市第八届职业技能竞赛”三等奖。

(臧　明　杨　飞)

姑山矿业公司

【主要经济技术指标】 2019年实现营业收入13.17亿元,利润1.3亿元,上缴税费1.45亿元,经济增加值1.18亿元。职工年收入较上年提高21%。

【安全管理】 夯实安全管理基础,不断完善安全管理体系。坚持"三反"管理是底线、现场管理是基础、安全标准化是抓手的工作方式。成立防治水和通风管理专业委员会。试行井下"通风管家"专业化管理模式。年初与各单位签订"安全环保责任书",通过日常检查、月度督查、年度考评等措施,确保制度到边,责任到人。按照"查找、研判、预警、防范、处置、责任"等要素开展危险源辨识和风险评估工作,累计辨识各类危险源7542项,全面建立安全风险清单,严格落实危险源分级管控措施。将相关方安全管理纳入公司安全管理体系,以班组安全标准化建设为载体推动相关方健全安全管理制度,完善各类安全台账资料。进一步提升安全管理人员的管理水平和专业技能,开展"严肃劳动纪律、严肃工艺纪律、打造本质安全"为主题的"百日安全攻坚行动"。2019年轻伤以上人身伤害事故为零,3个班组荣获国家安全标准化示范班组称号。

【环保管理】 践行习近平生态文明思想,通过完善机制和整改问题,携手共建天蓝地绿水清的美丽家园,夯实了环保基础。白象山铁矿入选国家绿色矿山名录。审核通过《姑山矿业公司清洁生产审核报告》和《青山尾矿库污染防治方案》;完成《姑山铁矿露天采场生态环境治理与土地复垦项目环境影响评价》和《姑山露转井环境影响评价变更报告》工作。借助"环保管家"平台,诊断把脉环保、职业健康管理过程中存在的问题。启动矿区地面沉降监测系统和爆破振动监测系统建设工作。完成白象山铁矿污水综合治理设施和尾矿库回水池建设及白选、龙选磁矿除尘管道改造。加强对无组织排放的管理,厂区及周边环境大幅改善。推进绿色运输,制订《姑山矿业公司绿色运输三年规划》,完成17项改造项目,2019年铁路外运39.4万吨,较上年上升32.6万吨。

【生产管理】 强化控制,降低成本,采场各系统错峰用电,节约电费225万元;选厂采用集中生产、多抛废石等措施,提高了效率,降低了成本。通过加强出矿管理,努力提升原矿品位,减少潮矿比例;选矿系统通过工艺改造和加强过程管控,提高处理能力,稳定产品质量,其中白精品位65.54%,和精品位65.94%。通过优化通风、充填等系统,确保探矿、采矿、充填工序的衔接,有效发挥矿山的生产潜能。白象山斜坡道贯通、-270米回风巷、-500米井底车场等工程基本完成;和睦山-150米中段空区的治理取得阶段性成效。汽运队做好40万人次安全通勤工作。

【矿区建设】 2019年9月16日露转井项目安全设施设计获得批复,风井建设取得政府用地批复;完善露转井项目所有行政审批手续;工程建设稳步推进,完成16.4千米尾矿输送管线和充填系统建设;11月10日主、副井与充填井实现三井贯通;矿井突水治理按计划展开。完成钟九铁矿项目《安全设施设计》《职业病防护设施设计》行政审批手续及主、副井工业场地平整、生产道路清理、总降压变电所工程。完成生活区"三供一业"改造,并完成移交。

【技术创新】 借助各类学术交流平台开展42项技术研发项目。中国工程院咨询研究课题子课题—姑山矿区水资源的调查研究,为矿区水资源生态利用提供思路;姑山露天坑生态复垦研究,为坑底治理提供了支持;白象山分级支护优化研究,降低了采矿支护成本。APQP(EVI)项目积极推进。姑精、磁精混匀新产品获得用户认可;锚杆产品在白象山、和睦山铁矿推广运用;精矿"公转铁"绿色运输成效显著。2019年获授权专利8项,《磁矿系统提产提质工艺与装备技术研究》获冶金矿山科学技术奖三等奖,《提高电磁磁重选矿机选别效率》获全国创新大赛二等奖,《"六型矿山"熠熠生辉》获第七届全国品牌故事大赛(合肥赛区)征文类优秀奖。

【精益管理】 按照集团公司决策部署和《矿业板块管控方案》的要求,年初对机构和职能进行了调整,重新划分各部门职能和职责。

1. 精益工厂成效明显。制定姑山矿"精益工厂"实施方案。按照"一把手主抓、体系化运行、常态化推动"的原则,通过"样板先行、以点带面、梯次推进"的工作方式,以打造白象山一流精品生产线为突破口,

“精益工厂”创建取得阶段性成果。

2. 落实补短板工作。投入6000余万元，改造完善部分环保、消防、生活区等设施，解决遗留突出问题。

3. 精细化管理设备物资。规范TnPM文件体系的标准化工作，修旧利废、单点提案工作实现网络化管理。加强大宗物资的集中采购和招标力度，对常用物资实行清单式采购，对部分常用重要物资实行厂家直接采购。直购电退费1092万元。

4. 人力资源优化平稳推进。开展人力资源优化政策宣传、培训和服务，2019年优化在岗全民职工136人，超目标10%；规范劳务用工管理，启动有序分步解决协力工混岗问题方案，为2020年全面消除插入式混岗打下基础。

5. 实施员工素质提升工程。中国冶金矿山企业协会、中国矿业大学、武汉科技大学、安徽工业大学等10多家科研院所和行业协会实习培训基地落户姑山，开展“中南教授进姑山”专业技术大讲堂，启动“1+1”后备管理人才培养计划。挂牌成立“中国冶金矿山行业实训基地”和“中国冶金矿山企业协会全尾砂充填技术中心”。

【战略规划】 编制完成《姑山矿发展规划(2019—2026年)》《姑山矿生态矿区规划(2019—2025年)》《安徽省当涂县钟姑矿田铁矿资源调查报告》及《姑山矿土地信息调查报告》，摸清土地资源、铁矿资源现状，为发展提供依据。编制《姑山矿区及周边生态修复治理方案》《井下产学研基地及3A工业旅游景区方案》及《白象山铁矿绿色矿山建设规划(2019—2028年)》，探求资源开发与县域经济相融合、与生态建设相统一的途径。编制完成《和睦山铁矿深部及外围接替资源整合预可行性研究》，并启动和睦山深部勘探以及沿青山河矿产资源的整合工作。

【精神文明建设】 1. 全面加强党的建设。扎实开展“不忘初心、牢记使命”主题教育，重点抓好学习教育、调查研究、检视问题、整改落实。认真开展基层党组织标准化建设和“一支部、一品牌”建设。按照“活起来、升起来、亮起来”目标，积极发挥支部战斗堡垒和党员先锋模范作用。姑山矿党委被马钢集团公司党委授予“先进基层党委”。姑山矿基层党组织组织力建设和白象山选矿厂党总支支部品牌建设被评为马钢集团标杆。认真落实“严规矩、强监督、转作风”集中整治形式主义官僚主义专项行动和“三个以案”专题警示教育，加强监督检查。认真开展各级巡察(审计、监事)反馈意见落实整改工作。

2. 宣传思想工作凝聚人心。坚持党管宣传、党管意识形态工作原则，将意识形态工作列入党建工作责任制。围绕庆祝新中国成立70周年，精心做好专题宣传，讲好姑山故事，开展道德典型选树表彰。积极宣贯宝武企业文化理念，以积极培育时代新人为崇高使命，推动社会主义核心价值观落细落实。

3. 经济技术创新深入开展。马钢选矿工匠基地建成投入使用。持续开展“六位一体”群众性经济技术创新活动。组织开展钳工、电工等5个工种技能竞赛、组织职工积极参加马钢第二届职工网上练兵活动和承办马钢第九届职业技能竞赛选矿工比赛等。成立充填创新工作室。成功举办第七届职工运动会和“壮丽70年、奋斗新时代”职工大合唱比赛。

4. 综治维稳工作成效显著。进一步强化矿区禁毒、消防、门禁及重点部位的管理，妥善处置各类矛盾纠纷及突发事件，确保矿区和谐稳定。携手矿乡共建，妥善处置涉农类纠纷，营造良好的生产经营秩序。

(王雨彬)

桃冲矿业公司

【主要经济技术指标】 生产成品铁矿25.94万吨，石灰石244.17万吨，白云石132.78万吨，白云石产量创历史新高。实现营业收入4.04亿元，上缴各项税费6300万元。完成矿业资源集团公司下达的经营目标任务，盈利1.50万元(不含“三供一业”上缴的1768.80万元、协商一致解除劳动合同发生的费用4188.58万元、土地复垦费524.8万元、资产报废310.6万元及资产评估减值130万元)。

【生产经营】 主业生产：面对井下铁矿石进入开采末期，井下生产点散面广线长，边残矿回收占比大、原矿性质变化大的实际，采取“用好阵地资源，打好游击战”的方法，积极开展地质探矿、找矿，全面加强边矿回收、配矿，全年回收边残矿25.92万吨，占原矿总量的56.96%；成品矿生产25.94万吨，品质指标合格率达97.37%，与上年同期相比，提高0.94%。为稳妥实施铁矿石系统退出生产序列相关工作,编制铁矿石系统退出前后6项专项方案,全力保障"安全守好尾、资源收好尾",将老产线功能发挥好、利用好。科学合理制定实施铁矿石系统退出生产序列系列管理规定。

辅料生产:老虎垅矿和青阳矿生产与技改交织,为开展绿色矿山升级改造项目分别停产26天、10天,克服政策趋紧、管控愈严、市场波动、物流制约等不利因素,坚持科学安排,"柔性"组产,老虎垅矿、青阳矿主体设备综合效率分别达到100.64%、99.63%,比上年分别增加69.56%、31.44%;破碎机台时产量分别达到500吨/小时、360吨/小时;日产量和月产量分别创造建厂以来的8600吨/日和278324吨/月、4603吨/日和124238吨/月最好生产纪录。

聚焦市场:强化"效率在现场,效益在市场,一切围绕市场转"的理念,抓市场、强管理、促提升。开拓浙江、江苏及湖北等新客户14家,客户结构、市场布局进一步完善。白云石市场化销售61.12万吨,占销售总量的46%,石灰石及综合利用产品全部外销,市场化销售占销售总量的78.15%。抢抓市场机遇,提升经济效益。及时掌握市场信息,研判市场走势,以销售价格利我为导向,建立市场价格联动机制,适时调整营销策略和产品售价,抢抓生态保护政策刚性执行机遇,石灰石增利2622.39万元,白云石与保供价格比增利163.82万元,细尾砂销售突破12万吨。

【重点工程】 坚持"投资、进度、安全、质量、廉洁"目标,全力推动老虎垅矿、青阳矿绿色矿山升级改造项目建设。按照生产和市场给定的时间,兼顾项目建设与当期生产经营,优化施工组织网络。青阳矿绿色矿山升级改造项目由集中式停产技改优化为分步实施;老虎垅矿绿色矿山升级改造项目总工期由须停产48天优化到26天。适时将项目办调整到两个露天矿山进行管理,进一步强化技改项目办管理职能,提升工效,有效促进项目施工建设。克服政策影响项目"路条"获取的困难,坚持目标导向,在项目手续报批或待批过程中,推进绿色矿山升级改造项目,优先完成两条产线上的技改任务。

【安全工作】 以守住"三条线"、筑牢"两面墙"、幸福"一片地"为建设"平安矿山"工作方针,以"零化目标"为导向,树立"红线"意识、坚持"底线"思维,贯彻落实"教育、检查、整改、考核"八字方针,全面开展安全生产风险分级管控"六项机制"和双重预防机制建设,构筑隐患与事故之间"隔离墙";强化全员消防意识和提升消防能力,筑牢消防的"防火墙";有效运行安全生产标准化体系,致力于提升安全生产的"软实力"和"硬本领";持续打造绿色矿山建设升级版,做到环保"补欠账、零增量",坚守环境保护"生命线"。实现安全零事故、环境零事件、消防零火情。

【降本增效】 致力于变动成本有效发生,可控成本杜绝浪费,政策优惠积极争取,立体管控精细到位。

1. 结构调整、提质增效。提高附加值高的石灰石建材产量,累计销售建材121.05万吨,销率与计划比提高21%,增利450万元。

2. 盘活资源、政策降本。盘活资源,江边码头、原水泥厂创收7.53万元;利用非生产时间开展江边、铁路沿线等场所粉矿回收并重新加工2000余吨粉矿;2019年土地税减免48.62万元,直供电兑现84.28万元,"用电套餐"变更节约电费77.80万元。

3. 开源节流、降低能耗。加强设备和动力管理,坚持分时电价避峰用电考核制度,全年节约电费52.31万元;完成修旧利废142个项目,修复设备、备件价值159.70万元。

4. 减少外委、自营降本。完成江边防洪泵系统、两条高压线路改造等4项工程,节约外委维修成本30万元;自制备件加工14万元。

【精益工厂建设】 聚焦"八要素",精益工厂建设成效初显。组织开展相关培训60余人次;开展微创新劳动竞赛;按照三年100%达标要求,投入30余万元对部分"四室"进行升级改造,自评达标率95.24%,运输车间机车维修班荣获集团公司"最佳四室"称号;更新"四室"信息并借助马钢"四室"信息管理系统实现"四室"信息化、数字化管理。

【品牌建设】 扎实推进"2019年品牌就在身边"工程,紧紧围绕打造千万吨级辅料基地、打造绿色矿业品牌、打造转型发展创新团队三大品牌建设,制定计划,细化措施,推进落实。完成白云石产品获得集团注册商标的授权,促进白云石产品市场竞争力的提升。

【机构改革】 设置"一室七部一会"和5个厂矿车间,有效承接上级公司部门职能,构建明细的权责界面,确保职能部门和生产单位各司其职、各尽其责。

【企业管理】 1. 人力资源优化。集中精力开展人力资源优化工作,做好"协商一致解除劳动合同"等政策的宣传,强化基层人力资源调研,全年优化职工248人,清退劳务派遣人员88人。实施了铁矿石产线退出生产序列,96名职工分流到兄弟矿山。

2. 体系建设。完成3项体系整改和18项体系运行改进措施,不断提高"三标"管理体系的适宜性、充分性、有效性。对内部环境、风险评估、信息与沟通、内部监督4个公司层面的控制流程和资金管理、采购管理、存货管理、工程项目管理、资产管理(固定资产、无形资产)、业务外包、生产制造流程8个业务层面的控制流程进行评价。

3. 预算管理。秉承"算着干"的宗旨,围绕年度预算目标,有计划地组织实施生产经营活动。从生产、销售、成本和各项费用支出等方面进行管理和预控。坚持月预算与资金平衡会、季度专题生产经营分析会制度,总结经验,查找不足,制定对策,不断提升管理水平和经营能力。制定更加科学严谨的年度经营绩效评价办法,实行产线差异化评价,突出产量、质量及成本考核,进一步激发各层级人员的积极性和主动性。

【精神文明建设】 1. 党建工作。以"全面提升桃冲矿两级党组织凝聚力、战斗力,充分发挥共产党员先锋模范作用"为目标,认真开展"不忘初心,牢记使命"主题教育,持续巩固党组织标准化建设,开展提升基层党组织组织力大讨论。紧紧围绕"抓党建、提服务、保生产、促发展"任务目标,开展"一支部一品牌"创建工作,坚持党建创新探索,激发组织活力,着力于打造具有桃冲特色的学习型、服务型、创新型党建工作品牌。严格落实重大问题的党组织研究讨论前置程序,规范决策重大事项,切实发挥党组织的领导核心和政治核心作用,2019年召开党委扩大会议28次,研究重大事项49项,完成基层党支部委员换届,发展新党员5人,按期转正4人。坚持德才兼备、以德为先的用人导向和20字好干部标准,提拔副科级管理人员8名、正科级管理人员2名,到龄改非9人,管理人员交流7人次,全年科干交流面达47%。强化宣传工作,刊发《情况反映》《桃冲矿信息资讯》24期、编发《桃矿宣传》8期、对外新闻宣传发稿112篇,与马钢日报社联合开展"桃冲杯"现场短新闻大赛。强化党风廉政建设和作风建设,贯彻落实领导干部"一岗双责",严肃开展"三个以案"教育、"严、强、转"专项行动,认真落实党风廉政建设党委主体责任和纪委监督责任。

2. 群团工作。深入开展"抓商机、促效益""大干二季度、实现双过半""以质量树品牌、向质量要效益""稳质量、抓增量、强引擎"等劳动竞赛,制定落实《桃冲矿业公司推进新时代产业工人队伍建设改革行动方案》。在矿业资源集团首届职工创新论坛暨成果发布会上发布创新成果1项,收集合理化建议103条,组织参加岗位练兵和技术比武,职工技能得到强化。团委积极开展传唱红色经典,弘扬爱国精神"红歌会""青安岗""双五小"等活动,引导青工在转型发展中展现新作为。"三供一业"分离移交基本完成改造,矿区生活污水处理项目正式投入运行,青阳生活基地7月投入使用,完成职工第九批住房补贴申请,通过送温暖、金秋助学等形式,广泛开展困难职工帮扶和精准扶贫工作,全年发放慰问金87.94万元。

(赵士童　朱　冰)

·矿业资源集团全资子公司·

张庄矿业有限责任公司

【主要技术经济指标】 2019年,生产成品矿156.14万吨,其中铁精矿125.4万吨、块矿30.75万吨,建材179.18万吨;实现销售收入12.03亿元、利润3.64亿元,上缴税金1.88亿元。

【技术创新】 1. 着力打造智能制造示范基地。通过磨选系统智能化研究、井下电机车运输无人驾驶、智能采矿技术研究等重点项目打造张庄矿智能化示范基地。井下电机车无人驾驶试运行期间无人驾驶运矿量达60%,验收后无人驾驶产量稳定在90%以上;智能采矿地表遥控出矿项目完成阶段性验收;磨选系统智能化项目实现了磨选系统智能化调节,日产品位66%精矿5000吨以上;"一键充填"项目通过减少人工干预,实现充填减员提质增效。

2. 逐步增强技术储备。成功受理26项专利,获授权发明专利1项、实用新型2项。完成《高中段控制爆破技术研究》,开展《CTX快速磁翻转高场强磁滚筒干抛工业试验》,完成充填行业标准立项。

3. 有力承接国家重点研发项目。作为国家重点研发计划项目《金属非金属矿山重大灾害致灾机理及防控技术研究》课题六的重点依托矿山,充分利用资源、地质条件、装备水平等方面的独特优势,在科研院所的指导协助下,全力推进"产学研"一体化运作。

【安全环保】 1. 强化安全责任落实。对安全生产工作再认识再提高,加强全员安全教育培训,狠抓全员隐患排查治理,牢固树立以人为本的安全理念,全面落实"一岗双责",强化相关方安全管理,坚决遏制以包代管,规范相关方施工外包管理。

2. 深入推进"机械化换人、自动化减人"工作。加大机械化力度,配备凿岩台车、撬毛台车、锚杆台车等设备,提升安全生产基础保障。

3. 切实解决消防问题。修复完善消防给水系统、自动喷淋系统、自动报警系统,更新配齐消防器材,并委托专业机构对消防设施进行定期维保,保证消防设施的完好和有效运行。查缺补漏,对消防验收缺项重新进行消防设施设计施工备案。

4. 夯实环境保护基础。加大环保投入,规范环保管理,完善环保设施,先后完成大井事故池防渗、建材堆场皮带尾部仓棚内部及周边硬化积淋溶水收集、道路喷淋工程的建设、新危废库建设、主井周边环境整治等环保工程,生态环境保护能力进一步提高。

【企业管理】 1. 管控模式有效落地。落实矿业资源集团管控模式要求,完成"八部一室"机构设置和人员配置,重新修订完善管理制度,提高制度的规范性和可操作性。

2. 导入卓越绩效模式。以六安市政府质量奖申报为契机,提升管理精益化水平。按照卓越绩效评价准则要求,完成卓越绩效模式导入,对公司的生产经营管理进行一次系统的梳理和规划。成功导入并有效运行测量管理体系和能源管理体系。

3. 争取国家政策支持。紧密把握政策导向,推进了循环化改造、"三下开采"资源税减免、支持高新技术企业成长等17个项目申报,累计申报资金7313万元,到位资金5513万元,公司被授牌安徽省企业技术中心,选矿厂获评安徽省数字化车间。

4. 市场营销取得突破。变坐商销售为行商销售,积极开拓销售渠道,开发了六安钢铁、南阳汉冶等优质客户。制定《2019年张庄矿业公司产品销售定价机制》,全年精矿外销占比达38.3%,市场化销售稳步提升,实行差异化动态性的价格调整,全年通过外部销售市场增利5185万元,资金回笼及时,实现效益最大化。

5. 积极开展岗位创新创效。开展"抓商机　促效益""大干二季度　实现双过半"劳动竞赛和合理化建议及"双五小"等活动。以两个"创新工作室"、五个"示范班组"创建为平台,持续开展员工素质提升培训。鼓励员工立足岗位为公司生产经营献计献策,征集到合理化建议53条、双革成果75条,实施管理改善项目20个,有效推动降本增效。

【党群工作】 召开2019年党总支工作会议,加快推进党建标准化建设,完成支部品牌创建工作。继续加强中心组学习,组织中心组理论学习21次。深入推进党员示范岗、党员责任区等活动,确保公司各项决策部署落到实处。注重思想引领,扎实开展"不忘初心,牢记使命"主题教育。高度重视,统筹安排,印发《张庄矿党总支关于开展"不忘初心、牢记使命"主题教育的实施方案》进一步明确主题教育的重大意义和目标任务。公司领导分别就主管及分管工作开展主题教育集中研讨5次。通过党政主要负责人带头讲,其他班子成员到分管领域或基层单位讲。组织党员赴金寨县开展"不忘初心,牢记使命"主题党日活动。张庄矿基层各党支部精心部署,选好体现各自特点的"自选动作",扎实推进主题教育工作。坚持"四同步"原则,推进基层支部建设,优化组织设置,做到应建尽建、设置规范、调整及时,张庄铁矿和选矿厂配备专职书记。严格党员发展管理,2019年发展党员7名,接收预备党员转正5名。积极推进提升基层党组织组织力大讨论活动,强化思想引领、制度保障、活动创新。

【荣誉】 通过国家2019年度绿色矿山遴选,通过测量管理体系及能源管理体系认证,选矿厂获评安徽省"数字化车间",荣获2019年中国产学研合作创新成果一等奖。

(汪文良)

·矿业资源集团控股子公司·

罗河矿业有限责任公司

【主要经济技术指标】 2019年,在马钢集团公司、马钢矿业资源集团的正确领导下,罗河矿业公司紧扣"聚焦变革突破,聚力精益运营"工作主题,以市场为导向,以"六型矿山"建设为统领,以战略行动计划为抓手,经营绩效和发展质量不断提升。全年入磨原矿298.82万吨,超计划13.82万吨、超上年同期0.14万吨;生产成品矿137.54万吨,超计划7.54万吨、超上年同期5.78万吨。实现营业收入8.86亿元,超预算1.44亿元,超上年同期1.46亿元;利润总额2.50亿元,超预算0.82亿元、超上年同期0.98亿元;EVA值1.79亿元,超预算0.96亿元、超上年同期1.00亿元。

【平安矿山建设】 持续开展"三标"体系建设,深化双重预防机制建设成果应用,加强安全教育培训,严格安全检查考核,提升公司本质安全水平。2019年累计组织安全教育培训51场次,培训1689人次;开展安全检查24次,发现安全隐患682个,安全考核15.90

万元,发现隐患全部实现闭环处理。高度重视消防安全管理,组建兼职消防治安联防队,明确任务,落实责任,矿区消防、治安工作得到加强。先后通过国家应急管理部金属非金属地下矿山专项执法检查、安徽省应急厅尾矿库专项检查和合肥市经信委“节水型企业”创建验收,成功入选自然资源部绿色矿山名录、安徽省绿色示范矿山,罗河铁矿配电水泵班、罗河选矿厂电工班成为国家安全管理标准化示范班组。公司安全环保形势平稳,实现“安全零事故,环保零事件”目标。与此同时,公司认真履行社会责任,定点帮扶5户贫困户,捐赠20余万元支持地方村居整治和美丽乡村建设,获得地方政府和群众的高度评价,矿地关系和谐。

【质量矿山建设】 加强全面质量管控体系建设,强化生产组织,统筹采场和配矿管理,开展技术攻关,铁精矿提质降杂项目取得预期效果并通过验收,取样化验从生产勘探到产品销售,实现全流程、全时段、全覆盖,促进产品质量稳步提升。罗河铁精平均生产品位67.20%,超计划0.70个百分点,超上年0.38个百分点,杂质硫降至0.37%,为公司开拓市场、赢得客户奠定坚实基础。2019年未发生产品质量异议事件,累计实现销售质量加价2109.83万元。

【科技矿山建设】 加强与北京矿冶科技集团、中钢马矿院、长沙矿冶院、中国矿业大学等科研院校的战略合作,相继开展《电机车无人驾驶与远程放矿技术研究》《含水层下安全采矿技术研究》《共伴生复杂难选高硫铁矿铁、铜、硫高效回收关键技术研究》《提高红矿选别指标选矿试验研究》等科研攻关项目,其中《电机车无人驾驶与远程放矿技术研究》取得阶段性成果,实现一条运输巷的无人驾驶和远程放矿;《共伴生复杂难选高硫铁矿铁、铜、硫高效回收关键技术研究》取得重大进展,罗河铁精杂质硫含量经淘洗后可降至0.30%以下,硫精矿中超低品位铜已实现工业化选别,铜精矿品位稳定在16.00%以上。成功申报国家级高新技术企业、合肥市企业技术中心。2019年受理专利9项(其中发明1项、实用新型8项)。

【精益矿山建设】 1. 财务管理。秉持“现金为王”理念,推行全面预算管理,努力打造财务稳健型企业。公司资产负债率32.34%,销售利润率24.04%、净资产收益率17.43%,盈利能力和抵御风险能力处于国内冶金矿山一流水平。

2. 营销管理。从物流保供、赊销管理、客户评价等环节发力,稳定老客户、开发新客户、发展战略客户,增强服务客户能力。2019年新发展战略客户3家,其中:铁精矿2家(芜湖富鑫、铜陵富鑫),硫精矿1家(安徽司尔特);新开拓客户6家,其中:铁精矿3家(湘潭钢铁、宁波金宸、马鞍山润华),硫精矿客户3家(常州雄志、湖北鄂中、安徽辉隆)。

3. 采购管理。以打造安全高效稳定供应链为目标,出台《供应商管理办法》,建立完善准入和退出机制,加快培育战略供应商,淘汰劣质供应商,全力增强保供能力,提升服务水平。签订各类采购合同717份,合同金额1.61亿元。

4. 设备管理。持续推进TnPM管理,开展星级达标、六源消减、节能降耗等活动,2019年开展设备改造攻关3项,争取直购电政策返还724万元。

5. 工程管理。印发《承包方准入和退出管理办法》,加强源头管控,保障工程进度、质量和施工安全。工程建设有序推进,2019年累计开工项目311个,完成工程投资19740万元。

6. 现场管理。制订《精益现场管理实施计划》,修订《现场管理考核办法》,加大资金投入,加强检查考核。现场管理工作累计投入378万元,开展现场管理检查12次,查出问题622项,考核12.54万元;大力推进美丽工厂建设,道路白改黑、工业厂房出新、停车场建成、运动场改造、绿化升级,矿区“旧貌换新颜”。

【人文矿山建设】 加强党建引领,深入开展“不忘初心,牢记使命”主题教育活动,增强党员干事创业信心和动力。加大企业文化建设力度,与北京至善明德管理咨询公司合作构建企业文化体系,开展“红色在心中——庆祝新中国成立70周年”主题活动,进一步激发广大职工的爱国爱矿热情,鼓舞职工斗志和干劲。进行薪酬改革顶层设计,规范改非科干管理,开展技能津贴评选和技术业务骨干竞聘,调整住房公积金、社保缴存基数,全面开通生活水,职工收入较上年增长31.70%,职工群众获得感、归属感、幸福感进一步增强。

【可持续发展】 1. 一期扩能项目。一期扩能项目通过核准评审;辅助斜坡道工程开工建设,2019年完成井下掘进552.85米,进场道路及场地全部硬化。

2. 资源综合利用项目。铜硫分离项目取得实质性进展,铜精矿品位大于18%;利用100万吨尾砂生产125万吨抹灰石膏项目相关试验研究和可行性研究报告编制已经完成,正在与合作方进行项目建设前期准备工作;红矿回收利用项目正在进行选矿试验,确定最优选别工艺。

(张　政)

马钢工程技术集团公司

【概述】　安徽马钢工程技术集团有限公司是2014年2月组建的马钢集团全资子公司,注册资本16.96亿元,截至2019年年底在册员工4300人。公司管理体系通过“三标”一体化认证,业务包括设计咨询及工程总承包、工业技术服务、装备制造再制造、钢结构建筑四大专业板块,下属设计院、钢结构公司、设备检修公司、重机公司、表面技术公司、输送设备公司、监理公司等7家主要分、子公司,相对控股马建集团。公司拥有国家技术专利200余项、行业专有技术70余项,荣获优质工程奖、全国冶金行业优秀工程设计奖、省优秀工程勘察设计行业奖、两化融合示范单位、省“守合同重信用企业”等省级以上各类荣誉奖项近100项。公司集勘察设计、咨询监理、工程总承包、钢结构建筑、装备制造再制造、维检技术服务、设备设施安装等资源与综合能力于一身。公司通过优化资源配置,共享信息与市场,大力改革创新,实现精细化管理,专业化生产,协作化运营,个性化服务,努力打造国内一流的工程技术综合服务商。

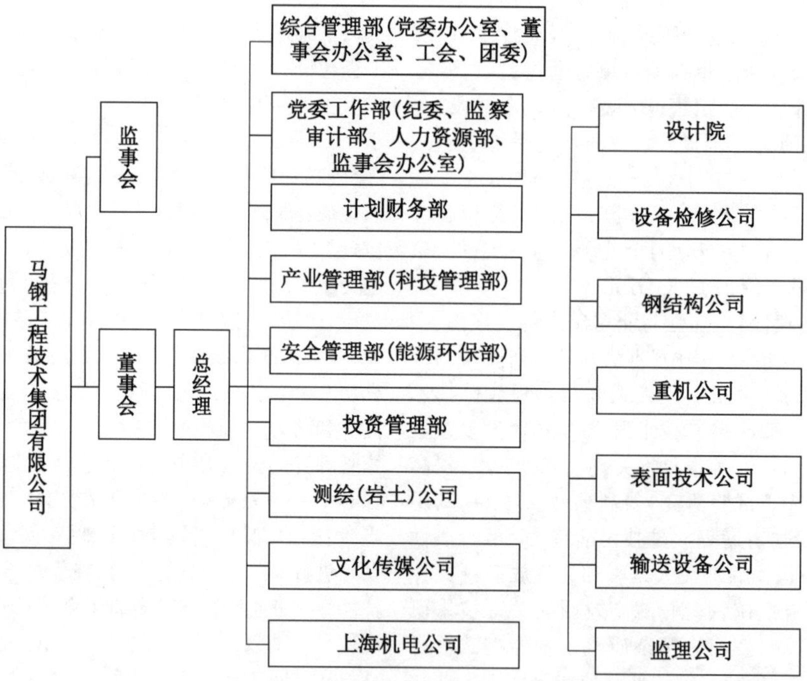

图4　马钢工程技术集团有限公司组织机构图

(赵家星)

董事会

【董事会工作】　2019年,工程技术集团董事会紧紧围绕生产经营、运营管理、改革发展等重点工作,主要通过召开公司董事会作出决议,注重依法决策和科学决策,不断提升决策效率和决策质量,促进了企业生产经营和改革发展。

1. 2019年2月2日,召开第二届董事会第三十四次会议。审议通过《工程技术集团2019年财务预算》。审议通过《关于申请财务公司授信的议案》。审议通过《关于申请财务公司贷款的议案》。审议通过《关于申请票据贴现的议案》。审议通过《关于工程技术集团对重机公司、输送设备公司土地增资的议案》。讨论了《关于设备检修公司、钢结构公司西村基地资产搬迁产能恢复立项的议案》。审议通过《关于工程技术集团吊装物流资源整合的议案》。审议通过《关于安徽马钢表面技术股份有限公司章程变更的议案》。

2. 2019 年 4 月 1 日，召开第二届董事会第三十五次会议。审议通过《关于工程技术集团计提 2018 年坏账准备、存货跌价准备的议案》。审议通过《关于审议工程技术集团 2018 年财务决算报告的议案》。审议通过《关于 CCPP 项目涉及检修公司、钢结构分公司西村基地资产搬迁及固定资产投资立项的议案》。审议通过《关于组建大连长兴岛环境公司的议案》。同意工程技术集团参与组建大连长兴岛环境公司，注意具体推进过程中规避风险，该事项报马钢集团董事会履行决策程序。审议通过《关于马鞍山经开区建投公司对马钢集团设计院 24% 股权转让的议案》。同意马鞍山经开区建投公司将马钢集团设计院 24% 股权转让至马鞍山经开区创投公司，该事项报马钢集团董事会履行决策程序。讨论了《关于工程技术集团对马钢保理公司增加注册资本的议案》。同意工程技术集团对马钢保理公司增加注册资本 3000 万元。审议通过《关于审议安徽马钢冶金工业技术有限公司章程和出资人协议的议案》。审议通过《关于推荐安徽马钢冶金工业技术有限公司董事、监事、总经理人选的议案》。审议通过《关于修改安徽马钢东力传动设备有限公司章程的议案》。审议通过《关于提名安徽马钢东力传动设备有限公司董事、监事人选的议案》。审议通过《关于工程技术集团机关机构改革的议案》。

3. 2019 年 4 月 29 日，以通信方式召开第二届董事会第三十六次会议。审议同意委派王德川为马建集团公司董事，并提名任董事长。崔代宝不再担任马建集团公司董事长、董事。任免手续按马建集团公司章程办理。

4. 2019 年 5 月 22 日，召开第二届董事会第三十七次会议。审议通过《关于无偿受让马钢集团公司持有马钢共昌轧辊公司 34% 股权的议案》。同意工程技术集团无偿受让马钢集团公司持有马钢共昌轧辊公司 34% 股权。审议通过《关于工程技术集团实施信息化二期建设项目立项的议案》。审议通过《关于工程技术集团利润分配的议案》。

5. 2019 年 6 月 11 日，召开第二届董事会第三十八次会议。审议通过《关于工程技术集团设计资质分立成立子公司的议案》。审议通过《集团公司以现金和土地使用权对工程技术集团增资的议案》。审议通过《关于比亚西公司实施分红及股权无偿划转的议案》。同意比亚西公司向工程技术集团分红 3000 万元，工程技术集团将持有的比亚西公司 50% 股权无偿划转至马钢物流公司。审议通过《关于马钢共昌联合轧辊有限公司章程修订的议案》。审议通过《关于重机公司转让股份公司部分地块的议案》。

6. 2019 年 7 月 11 日，以通信方式召开第二届董事会第三十九次会议。审议通过《关于大连长兴环境公司购买土地的议案》。同意大连长兴环境公司以各方股东注资款购买长兴岛西部工业园污水处理厂项目建设用地。审议通过《关于实施中日资源再生公司清算的议案》。同意工程技术集团对马鞍山中日资源再生工程技术有限公司实施清算，并报集团公司董事会履行决策程序。

7. 2019 年 8 月 8 日，以通信方式召开第二届董事会第四十次会议。审议通过《关于重机公司铸造生产线停产及资产处置的议案》。同意重机公司铸造生产线停产，以及对停产涉及的资产进行处置，并报集团公司董事会履行决策程序。审议通过《关于工程技术集团对设备检修公司土地增资的议案》。审议通过《关于修订设备检修公司章程的议案》。审议通过《关于修订设计院章程的议案》。审议通过《安徽马钢工程技术集团设计有限公司章程》。审议通过《关于设计公司委派人选的议案》。

8. 2019 年 9 月 5 日，召开第二届董事会第四十一次会议。审议通过《关于股份公司回购重机公司资产的议案》。审议通过《关于大连长兴岛西部工业园污水处理厂项目固定资产投资的议案》。同意大连长兴环境服务有限公司对大连长兴岛西部工业园污水处理厂项目 5939 万元的固定资产投资，并报集团公司履行决策程序。

9. 2019 年 9 月 9 日，召开第二届董事会第四十二次会议。审议通过《关于夏会明同志工作职务的议案》。审议通过《关于工程技术集团总经理（法定代表人）人选的议案》。同意聘任程建国为安徽马钢工程技术集团有限公司总经理（法定代表人）。审议通过《关于表面技术公司董事长人选的议案》。同意推荐程建国为安徽马钢表面技术股份有限公司董事，提名任董事长。审议通过《关于工程技术集团副总经理人选的议案》。审议通过《关于设备检修公司执行董事（法定代表人）人选的议案》。

10. 2019 年 12 月 18 日，以通信方式召开第二届董事会第四十三次会议。审议通过《关于欣创环保公司董事人选的议案》。同意推荐陈孝文为安徽欣创节能环保科技股份有限公司第三届董事会董事候选人。审议通过《关于张太平同志工作职务的议案》。

11. 2019 年 12 月 20 日,召开第二届董事会第四十四次会议。审议通过《关于撤销合肥分公司的议案》。审议通过《关于撤销博望分公司的议案》。审议通过《关于中日资源再生公司清算方案的议案》。审议通过《关于工程技术集团委托管理相关事项的议案》。同意将马钢集团设计研究院有限责任公司、马鞍山马钢矿山岩土工程勘察联合公司、马钢集团测绘有限责任公司、上海马钢机电科技有限责任公司委托宝钢工程技术集团有限公司管理;将安徽马钢设备检修有限公司、马鞍山马钢电气修造有限公司委托宝武装备智能科技有限公司管理;将大连长兴环境服务有限公司委托宝武水务科技有限公司管理。讨论了将马鞍山博力建设监理有限责任公司委托宝钢工程技术集团有限公司管理。

监事会

【监事会工作】 2019 年,工程技术集团监事会按照年初确立的工作思路与目标,不断加强队伍素质建设,改进工作方式、方法,通过强化日常监督,紧密结合公司实际工作,注重协调落实,正确行使监事会相关职能。

【主要经济指标】 2019 年,工程技术集团实现营业收入 39. 82 亿元(含监理公司),利润总额 5792 万元,净利润 4770 万元,超额完成年度预算目标。设计院实现营业收入 1. 32 亿元,同比增长 6674 万元,利润总额 457 万元,同比增长 190 万元。钢结构公司实现营业收入 7. 12 亿元,利润总额 794 万元,同比增长 308 万元。设备检修公司(含电气修造公司)实现营业收入 8. 06 亿元,同比增长 1648 万元,利润总额 2645 万元,同比增长 950 万元。重机公司实现营业收入 5. 55 亿元,利润总额 1077 万元,同比增长 666 万元。表面技术公司实现营业收入 2. 62 亿元,同比增长 306 万元,利润总额 2095 万元,同比增长 26 万元。输送设备公司实现营业收入 2. 11 亿元,同比增长 2310 万元,利润总额 245 万元,同比增长 105 万元。监理公司实现营业收入 1882 万元,同比增长 165 万元,利润总额 229 万元,同比增长 39 万元。

【体制机制改革】 资源整合释放新动能。发布《钢材集中采购管理办法》《电缆集中采购管理办法》,稳步推进集中管理工作,钢材、电缆集中采购量逐步提高,基本实现 100% 集中采购。表面技术公司优化机制、创新发展,2019 年 5 月新三板挂牌,实现资产证券化。完成股份公司 CCPP 项目涉及设备检修公司和钢结构公司西村基地资产搬迁,产线资源整合同步开展,通过盘活存量资产,流程再造,提高资源利用率。对标找差全面落实。主动对接宝钢工程,宝武装备,全面对标找差,在“超越自我、跑赢大盘、追求卓越”的价值导向下找差距、补短板。瞄准战略目标,落实战略行动计划,全面提升管理水平和竞争能力,做好各单位对标管理工作的评价总结。

【工程项目管理】 重点项目全力推进。重型 H 型钢轧钢生产线、重型 H 型钢异形坯、特钢大方坯连铸机、港料原料场 C 型料棚、长钢 140t 电炉炼钢等马钢重点项目全力推进。首矿大昌原料场、淮南废盐综合利用、泗县安置房等外部重点项目稳步实施。

【市场开拓】 市场开拓势头良好。全年签订外部合同额 12 亿元,实现外部收入 10 亿元。承揽阿尔及利亚 400 万吨选矿项目,与澳大利亚 ADY 公司签订智利 200 万吨铁矿采选建设总包合同。与山西安泰钢铁、芜湖新兴铸管、南京钢铁、上海史道勒博比等企业建立长效合作关系;与山东潍坊特钢、湖南泰富重装、六安钢铁、铜陵有色等单位建立联系。

【管理提升】 风险管控抓出实效。按计划对分子公司进行季度风控测试。钢材集中采购、超信用期账款清欠等效能监察项目抓出实效。安全管理常抓不懈。编制岗位安全责任清单,对岗位职责、工作标准、检查方法、考核标准四个方面进行细化,明确岗位职责和工作要求。开展安全标准化示范班组达标创建工作,将班组安全标准化达标创建工作作为安全生产的一项重要工作长抓不懈。开展全员安全隐患排查,违章考核 2. 8 万元。精益工厂创建全面开展。在总结精益工厂创建试点单位经验的基础上,建立跟进单位创建标准体系,完善评价机制,拓展创建范围,提升精益水平。将精益工厂创建与其他工作有机结合起来,提升当期经营绩效,提高工作效率。真正将精益工厂创建理念深入人心,支撑企业品牌形象的树立。人力资源优化持续推进。持续推进协商一致解除劳动合同,全年人力资源优化 756 人,年底在岗职工 4262 人。委托人力资源服务中心开展资质人员社会化招聘工作,录用 5 人。

【科技创新和能力建设】 智慧制造全面部署。积极贯彻落实“绿色发展·智慧制造”总体部署，编制专项工作方案，研究推进工程技术集团“绿色发展·智慧制造”专项工作。车轮生产线检测线用机器人、机械手、矿山智能皮带桥、移动运输设备、钢结构焊接机器人等一系列智能产品推广应用。能力建设不断加强。成功获得建筑工程施工总承包二级资质。全年申报专利167件，其中，发明专利54件；授权专利73件，其中，发明专利13件。研发项目立项12项；APQP/EVI项目立项12项；申报省级重大专项重点研究项目立项2项。协调中设咨询公司就产业发展战略、运营管控、体系建设改进、分子公司卓越绩效评价开展咨询，组织中设咨询公司发布运营管控、体系建设改进评价报告。组织实施信息化二期建设项目第一阶段建设，PU平台的供应链管理模块正式上线，合同录入量、物资出入库等方面管理规范有序。

【党建工作】 发挥党建引领，推进品牌创建。部署“一支部一品牌”创建工作的，围绕坚守本色，全面加强党的政治建设；筑牢底色，全面提升基层党组织组织力；在重点工程项目建设中，组建项目部临时党支部、成立党员突击队，充分发挥党支部战斗堡垒作用和党员先锋模范作用，确保了各重点工程项目建设的高效推进。坚持高站位、高起点，开展“不忘初心、牢记使命”主题教育，切实通过学习教育，筑牢忠诚根基；通过调查研究，补齐发展短板；通过检视问题，改进工作作风；通过整改落实，推动高质量发展，确保主题教育方向正确、任务落地。

（赵家星）

·工程技术集团机关·

工程技术管理

【体制机制改革】 1. 资源整合释放新动能。发布《钢材集中采购管理办法》《电缆集中采购管理办法》，稳步推进集中管理工作，钢材、电缆集中采购量逐步提高，基本实现100%集中采购。表面技术公司优化机制、创新发展，2019年5月，新三板挂牌，实现资产证券化。完成股份公司CCPP项目涉及设备检修公司和钢结构公司西村基地资产搬迁，产线资源整合同步开展，通过盘活存量资产，流程再造，提高资源利用率。

2. 对标找差全面落实。主动对接宝钢工程，宝武装备，全面对标找差，在“超越自我、跑赢大盘、追求卓越”的价值导向下找差距、补短板。瞄准战略目标，落实战略行动计划，全面提升管理水平和竞争能力，做好各单位对标管理工作的评价总结。

【工程项目管理】 重型H型钢轧钢生产线、重型H型钢异形坯、特钢大方坯连铸机、港料原料场C型料棚、长钢140吨电炉炼钢等马钢重点项目全力推进。首矿大昌原料场、淮南废盐综合利用、泗县安置房等外部重点项目稳步实施。

【市场开拓】 2019年签订外部合同额12亿元，实现外部收入10亿元。承揽阿尔及利亚400万吨选矿项目，与澳大利亚ADY公司签订智利200万吨铁矿采选建设总包合同。与山西安泰钢铁、芜湖新兴铸管、南京钢铁、上海史道勒博比等企业建立长效合作关系；与山东潍坊特钢、湖南泰富重装、六安钢铁、铜陵有色等单位建立联系。

【科技创新】 积极贯彻落实“绿色发展·智慧制造”总体部署，编制专项工作方案，研究推进工程技术集团“绿色发展·智慧制造”专项工作。车轮生产线检测线用机器人、机械手、矿山智能皮带桥、移动运输设备、钢结构焊接机器人等一系列智能产品推广应用。成功获得建筑工程施工总承包二级资质。2019年申报专利167件，其中发明专利54件；申报授权专利73件，其中发明专利13件；研发项目立项12项；APQP/EVI项目立项12项；申报省级重大专项重点研究项目立项2项。协调中设咨询公司就产业发展战略、运营管控、体系建设改进、分子公司卓越绩效评价开展咨询，组织中设咨询公司发布运营管控、体系建设改进评价报告。组织实施信息化二期建设项目第一阶段建设，PU平台的供应链管理模块正式上线，合同录入量、物资出入库等方面管理规范有序。

【企业管理】 1. 风险管控抓出实效。按计划对分子公司进行季度风控测试。钢材集中采购、超信用期账款清欠等效能监察项目抓出实效。安全管理常抓不懈。编制岗位安全责任清单，对岗位职责、工作标准、检查方法、考核标准四个方面进行细化，明确岗位职责和工作要求。开展安全标准化示范班组达标创建工作，将班组安全标准化达标创建工作作为安全生产的一项重要工作长抓不懈。开展全员安全隐患排查，违章考核2.8万元。

2. 精益工厂创建全面开展。在总结精益工厂创建试点单位经验的基础上，建立跟进单位创建标准体系,完善评价机制,拓展创建范围,提升精益水平。将精益工厂创建与其他工作有机结合起来,提升当期经营绩效,提高工作效率。真正将精益工厂创建理念深入人心,支撑企业品牌形象的树立。

3. 人力资源优化持续推进。持续推进协商一致解除劳动合同,全年人力资源优化756人,年底在岗职工4262人。委托人力资源服务中心开展资质人员社会化招聘工作,录用5人。

【党建工作】 发挥党建引领,推进品牌创建。部署"一支部一品牌"创建工作的,全面加强党的政治建设,全面提升基层党组织组织力;在重点工程项目建设中,组建项目部临时党支部、成立党员突击队,充分发挥党支部战斗堡垒作用和党员先锋模范作用,确保了各重点工程项目建设的高效推进。坚持高站位、高起点,开展"不忘初心、牢记使命"主题教育,切实通过学习教育,筑牢忠诚根基;通过调查研究,补齐发展短板;通过检视问题,改进工作作风;通过整改落实,推动高质量发展,确保主题教育方向正确、任务落地。

(赵家星)

·工程技术集团分子公司·

马钢集团设计研究院有限责任公司

【主要经济指标】 2019年累计实现营业收入15亿元,利润总额825万元(考核口径);全年共签订合同额21亿元,其中设计合同额8006万元,总承包合同额203190万元,圆满完成年度经营目标。

【市场开拓】 紧密结合马钢"十三五"发展规划,主动适应国家节能环保发展要求,精心组织市场开拓,成功获取以马钢港料一次料场C型棚环保升级改造、长江钢铁140吨电炉、马钢(武汉)材料技术公司新建工厂和重型H型钢工程增补项目等为代表的总承包项目。外部市场先后承接了淮南年处理10万吨高盐环保综合利用项目和日照铸福3号高炉渣处理改造等总承包项目;签订青岛印尼综合产业园灰渣处理研发项目、振石集团东方特钢不锈钢中板退洗项目和宁夏宇光140万吨干熄焦工程等一系列外部设计合同。海外市场承接TOSYALI阿尔及利亚400万吨选矿工程,与澳大利亚ADY公司签订智利200万吨/年采选总包管理合同。

【重点工程项目】 努力构建管理规范、运营高效、产品精细、安全可控的精益项目模式,2019年正式承接项目358项,其中施工图设计208项,工程总承包项目约30项,实际发图22652A1。承接的马钢港料C型棚、长钢140吨电炉、马钢物流公司研发中心大楼、马钢(武汉)材料技术公司新建工厂工程、马钢股份能控中心72号变电所110千伏系统改造等一批重点EPC总承包工程项目正式开工。马钢股份1号高炉大修渣处理、六安钢铁原料场、马钢文体中心改造项目以及海外俄罗斯MMK公司带冷机和江苏淮冶乌兹别克斯坦钢厂30吨超高功率电炉已顺利竣工投产;重型H型钢异形坯连铸机工程在12月成功热负荷试车、重型H型钢加热炉成功烘炉、日照铸福3号高炉顺利出铁。

【技术创新】 全年专利申报30件,获得专利授权16件(其中发明专利4件,软件著作权登记1件)。全年共结题研发项目4项,完成业务建设9项。获冶金建设行业工程设计优秀成果奖7项、安徽省优秀工程勘察设计行业奖5项、安徽省优秀工程咨询成果奖3项、马鞍山市新农房建筑设计方案竞赛鼓励奖2项。钢渣基矿山充填新材料研发及应用、转底炉生产线技术集成研究开发和电炉炼钢短流程钢厂综合技术运用已获得公司级科研开发项目立项。马钢BIM已成为安徽省BIM技术应用品牌,先后获得首届全国冶金建设行业BIM应用技能、第十届"创新杯"BIM应用、省优秀工程勘察设计行业建筑工程信息模型、安徽省第三届BIM应用技能大赛等各类奖项9项,多名员工入选全国及安徽省BIM专家。

【企业管理】 组织开展"三标"管理体系修订工作,正式发布实施19A0版质量、环境、职业健康安全管理体系文件。发布或修订《劳动纪律管理办法》《员工考勤和休假管理办法》《文明单位创建工作评选管理办法》和《公务用车管理办法》等各类管理办法和细则。主动对标行业内先进企业,完成设计院对标管理体系和评价办法初稿。修订完善《员工岗位任职管理规定》、院年度绩效考核办法,与各部门签订年度目标责任书,明确和分解落实责任,以责任担当促改革发展。修订发布《工程项目产值核定管理办法》和《工程项目工作量分配办法》,公平公正衡量项目价值和效益。

【人力资源管理】 继续做好人力资源引进和优化工作,共招收结构、冶金、机械、电气等专业员工18人;完成设计院优秀科技人员津贴评选工作,加快专业技术带头人的梯队建设,筹备建立技术专家库、后备干部人才库。组织开展岗位适应性、三标内审员、总承包管理知识、BIM 应用培训和安全知识培训等各类内外部培训 3000 多人次。

【党群工作】 深入开展“不忘初心、牢记使命”主题教育活动，在全体中层管理人员中开展“守初心、担使命、找差距、抓落实”实践活动。结合设计院工作实际，开展创建“一支部一品牌”活动。按照上级党委部署，做好中国宝武集团的企业文化宣传工作；扎实推进对内、对外宣传工作，在马钢日报、企业微信公众号、院 MIS 系统内部网站发布有关生产、群团、工会等方面的稿件 114 篇。组织开展“以案示警、以案为戒、以案促改”警示教育活动，邀请集团公司纪委领导举行廉洁教育讲座。开展重点工程及专项经费的督查工作，加强对人、财、物管理等重要领域和经营管理重点环节权力运行的监督制约。

【企业文化建设】 围绕“打造有激情的创新团队、建设有温度的企业家园”扎实开展企业文化宣传和群团工作。以劳动竞赛为载体，广泛调动职工的积极性，有效保证重点项目的工期节点。开展送清凉、金秋助学、困难职工帮扶等活动；举办新年团拜会、羽毛球比赛、广播体操训练、“三八”女职工团建等一系列文体活动，活跃职工业余文化生活，增强企业凝聚力和向心力。

（甘富媛）

安徽马钢设备检修有限公司

【生产经营业绩】 2019 年，实现收入 83796 万元（含马钢电修），较 2018 年增长 1137 万元；实现利润 2694.8 万元，较 2018 年增加 359.8 万元，EVA（经济增加值）4361.74 万元。

【实力提升】 公司成功获批“国家高新技术企业”；公司申报的《高炉炉体经济性大修集成技术的应用》项目入围“安徽省科技发明奖提名奖”；公司被中国设备管理协会认定为中国设备维修安装企业能力等级行业类（冶金、化工、电力、矿山）特级。马钢电修公司工程技术中心被授予“马鞍山市大型电机修复工程技术研究中心”；马钢电修公司获取承装修试电力设施许可（承装四级、承修四级、承试五级）。

【机制改革】 紧抓“绿色发展·智慧制造”发展机遇，主动对标找差，探索智能运维、智慧检修新业务。推进业务集中管理，在马钢工程集团内部开展电缆集中采购；整合马钢工程集团吊装资源，强化资源集约化，提高效率效益。优化内部组织架构，提升专业化管理；成立吊装物流和备件修理专业化业务管理单元。完善“一体化”管理模式下两公司的协同发展，按照“精干主业、剥离辅业”的思路，盘活电气修造资源。

【维检服务】 1. 维修检修管理。2019 年完成计划性定修 1664 次，非计划检修 599 次，抢修 1750 次，其中 4 小时以上抢修 209 次；完成马钢股份内部大中修计划项目 40 次；完成股份公司南北区氧气联通管改造及系统检修、炼铁总厂链窑大修、1580/2250 及转炉连铸系统年修等重点检修项目。

2. 推进工单制管理。积极配合股份公司检修协力维保优化工作；制定《EMS 系统管理办法》，在公司范围内全面推广 EMS 马钢设备管理系统。

3. 提升 TRT（高炉煤气余压透平发电装置）总包效果。推行工业互联网智慧检修平台在 TRT 上的应用，完成 4 号 TRT 试行可行性调研报告、技术方案。4 月，完成新建 1 号 TRT 安装调试，一次性并网发电，吨铁发电量比原机组提高 70%。9 月，对炼铁总厂南区 4 号 TRT 进行改造性大修，日发电量提高 20% 左右，高炉顶压调节更加稳定。

4. 精心组织重点工程建设。在保证维保检修效果的基础上积极投身马钢重点工程建设，高效完成马钢重型异形坯项目，重型 H 型钢生产线热负荷试车一次成功。

5. 统筹协调维保资源。为适应股份公司快节奏生产需求，解决较为突出的难点和重点，根据人力资源现状，针对各产线实施精准配置。积极应对政策性离岗对现场维保检修带来的冲击，充分发掘内部资源，提前做好新增产线（重型 H 型钢、重型异形坯）维保资源安排。

6. 延伸专业维检能力。建立仪表标准校验室，引进先进仪表校验设备，实现仪表校验一键化操作，搭建仪控专业队伍，进一步拓展仪控专业市场，重异项目仪控专业工程量达 200 万元；制定《设备检修公司承担股份公司备件修理方案》，拓展备件修复业务，持续推进电机变压器修理总包，不断扩大水泵修复业务。

【技术创新】 加强知识产权管理，申报专利 51 件（发明专利 20 件），获得专利授权 22 件（发明专利 3 件）；进一步梳理完善检修作业标准、技术标准，截至 2019 年年底，公司共有作业标准 3345 项，技术标准 23 篇；提升质量管理活动成果，工匠基地车轮维检 QC 小组成果《降低 90MN 吨油压机检修后吨钢故障时间》获得安徽省 QC 成果发布三等奖；组织编写 3 个内部检定规程,其中《压力控制器校准装置》和《弹性元件式一般压力表校准装置》通过马钢内部校准项目考核。

【市场开拓】 2019年,设备检修共签订合同479项,合同金额81722万元,其中:内部合同428项,合同额77419万元,马钢外部合同51项,合同额4303万元。2019年承揽维保项目42项,合同金额42754万元;承揽检修项目290项,合同金额10008万元;承接工程项目147项,合同额28960万元,其中股份公司以外项目126项,合同额27274万元。与山西安泰钢铁、芜湖新兴铸管、南京钢铁、上海博比等企业建立长效合作关系;与山东潍坊特钢、湖南泰富重装、六安钢铁、铜陵有色等单位建立联系,进一步拓宽市场范围。推广项目经理制,着力提升项目管理水平,通过《工程项目绩效目标责任书》约定项目安全、质量、成本等绩效目标,充分利用考核杠杆,激发项目部经营活力。

【企业管理】 1. 安全管理。落实集团公司安全生产工作要求,保证安全生产稳定;建立检修公司安全生产责任清单,明确各级人员安全管理责任;集中开展安全生产隐患集中排查治理,强化危险源管控;开展应急救援和现场处置方案演练,提升应急响应和救援能力;建立健全班组安全管理标准化体系,打造"危险预知、隐患可控、机制有效、事故为零"的安全型班组;组织安全技能培训,提升职工全员安全技能和特种作业人员作业技能。

2. 人力资源优化。强化政策宣传和解读,鼓励符合条件职工办理政策性离岗手续,2019年共办理协商解除劳动合同422人(含马钢电修);对驻外施工正式职工推行电子考勤系统,准确掌握职工出勤状况。优化外来单位人员信息管理系统,差异化管理工程劳务和混岗劳务;开展社会化招聘派遣劳务,改善人力资源结构;以减总量、调结构、提素质、增效率为目标,有序推进混岗协力优化工作;在全公司范围推行混岗协力层级管理工作。

3. 体系管理。积极推进体系运行,系统开展管理制度标准化转换工作;组织管理体系内审、管理评审和监督审核,提升体系运行实效;成立公司体系运行督导组,全面督察公司管理体系运行情况。

4. 精益工厂建设。编制下发《精益检修现场标准化手册》,提供标准化现场管理指导;固化6S标准化成果,深入开展TnPM管理活动,成功举办马钢检修公司第一届OPL大赛;持续推进精益检修现场标准化和精益施工现场标准化工作,编制检修公司重型H型钢项目精益工厂创建口袋书,指导施工现场精益工厂管理活动,提升"马检"品牌形象。

【党群工作】 扎实开展"不忘初心、牢记使命"主题教育,制定专题学习研讨方案,落实领导班子成员调查研究、深入基层讲党课和检视问题制定整改措施;全面规范党委中心组及基层党组织政治学习,确保日常政治理论学习的制度化、规划化。深化宣传思想引领,发挥《马钢设备检修网》和"马钢检修工程"微信公众平台作用;全面开展意识形态领域风险隐患排查行动、突出问题整治行动和阵地管理提升行动;开展"指尖上的形式主义"专项整治。努力促进党支部"一支部一品牌"品牌创建走深走实,融入中心工作。组织开展"严规矩、强监督、转作风"集中整治形式主义、官僚主义专项行动,签订廉洁从业承诺书、禁设"小金库"承诺书;举办廉洁从业报告会,增强管理人员廉洁从业意识。抓好巡察整改"回头看",持续推动巡察整改工作;积极做好退休、解合党员组织关系转接工作。

民主管理厂务公开工作扎实有效,高效落实职工代表议案,组织职工代表视察工作;关心职工生活,持续开展慰问困难职工,发放互助帮困基金;开展职工创新工作室考评,黄国强创新工作室被命名为"马钢创新工作室";开展主题团日和"青年大学习"等活动;以"一团一品"创建为契机,着力培育特色团建品牌;深入开展"三征集"活动,强化团员青年工作与思想交流。

(张 峰)

安徽马钢工程技术集团有限公司钢结构工程分公司

【主要经济指标】 2019年,钢结构工程分公司坚持以效益为中心,以"绿色发展"为主线,以优化资源配置为重点,以提高全要素生产率为关键,以实现精益运营为目标,持续创新突破,深耕精益创效,不断激发提质增效内生动力和内在潜力,全年完成经营收入7.12亿元,实现利润762万元,超考核利润254万元,比上年增加63.5%。

【市场开拓】 承接重型H型钢、异型坯,长钢综合库厂房、大电炉制作安装等内部钢结构工程以及红花机场、人才公寓、南京法院、南通大剧院等外部钢结构项目,钢结构工程领域不断拓展。2019年签订各类销售合同额8.09亿元,其中钢结构工程合同3.15亿元,增幅6%,马钢检修、备件、彩瓦及维保合同额2.74

亿元,H 型钢销售合同额 2.2 亿元。2019 年完成钢结构制作 32000 吨,钢结构安装完成 17000 吨,H 型钢加工销售 52194.66 吨,加工量 19616.5 吨,完成检修项目 197 项。南京中级人民法院和南通大剧院钢结构制作已全面完成;重型材、异型坯工程项目建设已接近尾声;出色完成 1 号高炉大修收尾工程,得到马钢领导和业主单位一致好评;着力拓展长钢市场,精心组织长钢电炉、10 万立方米干式煤气柜大修、综合仓库库房新建等项目,市场份额不断扩大。

【精益运营】 坚持月度结算、清欠工作专项会议例会制度,编制月度计划,加快资金回笼。2019 年外部项目结算 49 项,结算金额 1.53 亿元;共回笼资金 8.56 亿元,含清欠资金 7400 万元,资金回笼率 107.11%,特别是拖延多年的山东富伦欠款签订了还款协议,每月回款 200 万元。2019 年应收账款余额 19945 万元,较上年初下降 8108 万元,下降率 29%。应收账款周转率实际完成 2.96 次,比计划 2.48 次提高 0.48 次。积极响应集团公司推行的集中采购,实现钢材采购的集约化。2019 年对外对内钢材采购 22663 吨,其中,集团累计集中采购 7000 吨,采购量是上年的 10 倍,为公司降低采购费用;从马钢、萍钢、腾飞管业等厂家直接采购 12084 吨,直采率为 53.3%。通过年度招标,耐材、工业燃气和焊接材料降低大量采购费用,比上年下降幅度分别为 5.5%、4.65% 和 6.1%。完成西村材料站、设备厂精加工厂房、房屋中心、加工中心、建安工程部的搬迁工作,有效盘活土地 203 亩,土地使用费用大幅降低;配合 CCPP 项目,盘活材料库存,减少两级库存和资金占用,库存下降 3915 吨,降幅达 33.4%;通过招标对固废进行合理处置,规范固废处置,实现固废最大化增值。继续强化作业现场“6S”管理,下发《可视化标准手册》,制定管理标准和评分细则,选定 2 家单位作为试点单位,4 家非试点单位全面跟进,加工中心获“超越奖”,现场改善效果显现,职工精益意识正在不断提升。

【安全管理】 深入践行“安全 1000”文化理念,加快推进“安全标准化示范班组”创建工作,班组面貌有较大改观,职工安全素养不断提升;进一步加大安全投入,强化安全检查及考核,安全绩效得到根本好转,实现轻伤及以上事故、重大交通责任事故、重大设备事故、重大火灾爆炸事故均为零的安全目标。

【节能环保】 组织实施油漆大棚建设,产线节能环保装备升级不断加快;大力推广使用水性油漆,源头治理成效显现;完善落实环保目标责任制,环保工作全过程控制效果明显;提高环保应急响应能力,妥善合规处置各类危废,未发生一起环境污染事件。

【设备管理】 新建 C 型钢生产线投入生产,首台磁盘吊已在加工中心投入使用;盘点梳理现有设备,对具有使用价值的设备进行修旧利废,特别是西村搬迁,拆除 9 台行车,利旧 4 台,节约大量设备采购费用;继续做好设备维护保养,提高设备利用率,鼓励设备内修、自修,降低设备维修费用。

【智能制造】 启动 H 型钢加工中心“智能仓储”项目,对进、销、存的材料实施动态监控,逐步达到盘活现有库存、提高材料利用率、提高工作效率的目的;信息化二期项目和应收应付已完成对接和上线工作;先后引进 5 台焊接“机器人”,加快焊接“机器人”推广和应用,焊接效率和质量得到明显提升,焊接设备智能化向纵深迈进。

【技术创新】 组织工程技术人员积极开展技术创新活动,进一步增强公司核心竞争力。2019 年共申报专利 25 项,其中发明专利 9 项;授权专利 7 项,其中授权发明专利 1 项;申报研发项目 15 项,立项 12 项,2 项已结题。申报 APQP 项目 1 项、结转 2018 年 EVI 项目 1 项。2019 年归集研发费用 2571 万元,共申报论文 18 篇,其中 2 篇获选参加第 12 届中国钢铁年会优秀论文。“轨道铝热焊接”技术攻关取得重大突破,并在重型材厂房起重机轨道焊接项目中得到有效验证。

【内部管理】 吊装物流部成建制划入设备检修公司;2019 年共减员 219 人(不含吊装物流部划出人员),其中解除劳动关系 130 人,退休 82 人,超额完成工程技术集团下达的人力资源优化 75 人目标,完成率达 24.39%;逐步优化劳务用工,劳务派遣人员从 2018 年年底的 259 人,降到 2019 年年底的 193 人,实际减员 56 人。修订发布 81 项管理标准文件,制度建设逐步走上规范化轨道;整合成立钢结构制作分厂,设立市场经营部,完成竞聘上岗,实现部门“减员增量”;将机动物资部招标比价和合同签订划入市场经营部,实现所有采购业务“管办分离”;实施月度重点工作跟踪督办,工作效率和效果明显提高。通过 B 级烟道式余热锅炉和欧盟资质认证审核并顺利取证;完成加拿大资质周期性审核工作,9 人通过焊接测试取得证书,审核现场及资料一次通过;完成 18 名电焊工日本 H 等级认证资格证复审;美标资质认证已提交申请。

【队伍建设】 组织 22 人报名参加建造师取证培训,组织 74 人参加住建委安全取证考试,33 人成功取证;组队参加全国钢结构焊接职业技能竞赛焊接机器人操作工竞赛,张宁获得银质奖牌,刘淑衍获得“优秀选手奖”,张烨获得“优秀指导老师”和“优秀裁判”奖。公司被授予“优秀组织奖”,张宁获得“英国劳氏LR”公司颁发“国际焊工操作证”;戴飞代表安徽省参加第二届“海峡两岸三地职工焊接技能”大赛取得金奖;市“第八届职业技能大赛”我单位参赛10人,2人名列前茅;市“第二届机械冶金行业职业技能大赛”,1人获得第二名。

【党群工作】 深入开展“严规矩、强监督、转作风”集中整治形式主义官僚主义专项行动;扎实推进“不忘初心、牢记使命”主题教育活动,深入学习贯彻新时代中国特色社会主义思想,党委中心组开展理论学习15次,集中研讨5次;开展“四个教育”活动9次,开展革命传统教育1次,形势政策教育4次,召开对照党章党规找差距专题会和“一抓八整”集中治理专项行动;积极开展“学习强国”推广使用评比活动,2个支部获“优秀组织奖”,22名党员获“学习标兵”;继续做好宣传报道工作,1—10月共对外投稿270余篇,被采用190余篇;强化党风廉政建设,整理完善《钢结构公司落实党风廉政建设材料清单》和《钢结构公司廉洁风险防控信息库有关数据清单》,督促《2018年巡察管理建议整改任务清单》整改落实;举办廉政教育专题讲座,开展“小金库”自查工作,签订承诺书,将监督关口前移,从源头有效防范廉政风险。征集合理化建议180条,申报马钢一级、二级合理化建议各1条,其他等级建议84条,一般合理化建议94条;开展“安康杯”竞赛,征集“安全生产微创新”案例27篇,其中1篇被工程技术集团评为一等奖;彭清兵《加热炉无支撑模板支设工艺的先进操作法》被马钢集团评为先进操作法;开展微创新劳动竞赛,申报微创新成果9篇,其中4篇获马钢集团公司二等奖、三等奖;两级工会组织为108名困难职工发放送温暖慰问金14万元,为36名患大病重症的职工家庭送达马钢、钢构互助帮困金14.4万元;2019年无偿献血14200升,公司被马鞍山市授予2018年度“无偿献血先进集体”荣誉称号。

(徐峻峰)

安徽马钢重型机械制造有限公司

【主要经济技术指标】 2019年,完成产品销售总量3.3991万吨;其中机械产品总产量2.5476万吨;实现销售收入5.5451亿元;内部利润完成1077万元;机械加工件产品综合合格率98.90%;铸钢件综合合格率99.32%;铆焊件综合合格率99.22%;锻件综合合格率98.44%;千人负伤率4‰。

【生产经营】 1. 机械产品。紧抓马钢“十三五”基建技改契机,积极投入马钢股份重型H型钢、重型异型坯连铸等项目建设,成为两大重点项目的设备制造主力军,共计承揽近1.1万吨。同时重点瞄准刚投产的中型材、优棒、六机六流等生产线的备件制造,积极拓展马钢备件市场,持续扩大备件市场份额。2019年总承揽合同合计27265吨,较上年同期上升41%。其中,新制件增幅76%,辊轴类锻件产品比例大幅上升;项目承揽增幅高达138%,承揽一钢轧重异连铸线、长材重H轧线区非标设备、冷轧1720改造轧机辅助设备、港务原料厂刮板取料机等项目。

2. 技术服务。紧扣“预警、计划、成本,顺行、优化、创新”工作主题,持续提升技术服务能力,连铸、磨辊、车轮、型坯4项业务举头并进,为铸机的精度恢复和稳定生产、轧线的品种开发和质量提高、车轮产线的高效保供提供可靠保障,赢得业主单位的信任和好评。全面建立与轮轴事业部有效对接的管理运行体系,提前规划品种生产工序计划,提升组产效率,实现年内月产5万件达产目标,车轮预加工产量、质量合格率、品种兑现率均创历史新高;成功总包长材事业部重型H型钢项目、一钢轧总厂重型H型钢异形坯连铸生产线的技术服务业务;通过实施“三标一体化”体系运行,强化基础管理,开展管理创新、标杆管理项目、车轮预加工职业技能竞赛、月度“技术服务之星”评选等工作,系统推进品牌建设,内部管理水平迈上新台阶。

3. 绩效管理。结合工艺、资源及任务保有量等现状合理分析,编制更为合理的生产作业计划,并通过周生产滚动计划动态调整,不断提升计划的可执行性。优化生产组织模式,加强部门间协同,由“工序为主”向“以部件、成套为主”产品外协方式转变,进一步提升外协效率和效益;生产等部门与生产单元联合成立“矩阵式”项目组,打破单位间管理壁垒,提高协同效率,共同协商制定、调整《重点项目生产进度计划》与《重点项目生产完成计划》,高效组织项目生产;制定项目量化考核办法,以量评价,正向引导,确保重型异型坯和重型H型钢两大重点项目各交付节点准时兑现。

4. 财务管理。以做好财务共享系统和金蝶EAS系统核算工作为主线,进一步提升会计核算和财务信息化管理水平;积极拓宽融资渠道,通过取得财务公司流动资金贷款授信等方式,确保重点工程设备制作项目和生产经营所需运转资金;严格执行《重机公司交易对象授信管理办法》,做好应收账款账龄分析、风险评估等相关工作,积极催收到期货款;制定《重机公司成本核算规程》,进一步规范成本核算业务,加强了成本管理。

盘活存量资产,开展原电炉区域栈桥厂房、耐材砌筑厂房闲置资产盘活及报废设备、废旧物资备件处置工作,2019 年实现存货变现 4000 万元。通过对库房的库存清理、处置,降低资金占用,释放场地 2000 平方米。

5. 采购管理。从优化供应商队伍开始,通过大力推进集中招标、优化供应商队伍、年度锁定价、变通付款方式等,保证采购价格整体相对稳定合理。采取多种措施实施节能降耗,通过监控各种介质消耗,适时预警、改进,累计平均吨产品能耗和主要定额消耗均在控制指标范围内。

【精益工厂建设】 以全员改善为基础,聚焦"效率、质量、成本、交货期、安全、天气、环境、智能化"(PQCDSMEI)8 要素,建立标准体系,完善评价机制,推动全流程、全要素、全方位精益运营,实现制造能力、环境质量、职工素养、精神面貌全面提升。抓好公司内部联络员、精益师、宣讲师"三支队伍"建设,扎实开展"四室"创建、焦点课题、"职工微创新"劳动竞赛、精益班组建设、清扫工具 PK 赛、红牌作战、OPL 可视化操作教材编写等活动,有效提升职工精益意识、工作质量和效率。2019 年公司获马钢集团公司四室建设先进单位,表面工程分厂辊修基地更衣室获"最佳更衣室";荣获马钢集团公司精益工厂创建优秀改善案例征集活动优秀组织奖和 1 个优秀改善案例一等奖、1 个优秀改善案例二等奖,2 个优秀改善案例三等奖。

【技术创新】 围绕重机公司"机械制造+技术服务"双轮驱动战略,扎实开展科研攻关项目,2019 年,共计立项 20 项,其中重 H 万能轧机装配、重异拉矫机、17-4PH 不锈钢模块、型材万能轧机开发、硬面车轮预加工技术攻关等科研攻关项目取得实质性进展;全年共申报专利 26 件,获专利授权 13 件,其中发明专利 4 件;组织申报 2019 年安徽省首台(套)重大技术装备项目和马鞍山市第二批"专精特新"中小企业库入库项目,申报重异连铸机项目的"精准定位连铸机钢包回转台",通过马鞍山市审核,并报安徽省经信厅认定;积极培育"在线精度检测服务"品牌,检测市场新增焦化、重异现场及重机公司本部,2019 年共完成轧机 22 组、轴承座 420 件、辊系 174 支(其中卷取机芯轴 16 支)、轧制线设置 17 条、重异连铸机扇形段安装框架 2 流等检测服务工作。

【党群工作】 按照党组织标准化建设要求,扎实开展党支部建设提升行动和品牌建设工作,并做好党支部日常工作汇报和考核,强化党员教育管理,组织开展党支部书记培训班、党员活动日学习、"不忘初心,牢记使命"主题教育等活动、做好"学习强国"学习平台的日常学习管理和季度评比表彰;扎实开展"严规矩、强监督、转作风"集中整治形式主义官僚主义专项行动、省委第八巡视组巡视马钢集团公司迎检工作、省国资委和省审计厅集中监督检查问题清单的整改落实等专项工作;组织对任期届满的 9 家党支部进行换届改选,选优配齐配强支部班子。

工会组织以"当好主人翁、建功新时代"为主题,开展劳动竞赛、技能大赛、班组建设、合理化建议等群众性创新创效活动;大力弘扬劳模精神、工匠精神,发挥重机工匠基地、创新工作室引领作用,完善工匠基地各项管理办法,落实各项管理制度,组织开展工匠基地各创新工作室 2018 年度工作总结交流会。

团委通过加强政治理论学习,突出典型示范带动作用,组织开展"做强品牌　青年担当"系列主题实践活动。同时,加强企业各级管理者与青年的沟通交流,积极拓宽青年成长渠道,服务青年的实际需求。

(李升银)

安徽马钢表面技术股份有限公司

【主要经济技术指标】 2019 年,表面技术公司在马钢集团、工程技术集团的坚强领导下,围绕"加快改革创新,实现精益运营"的工作主题,着力主线服务需求,深耕马钢内部市场,抢抓基建技改项目,积极拓展外部市场,推动产品与技术升级,品牌与美誉度齐头并进,效率与效益同步提升。全年实现营业总收入 2.61 亿元,比上年增长 1.16%;实现利润总额 2094 万元,比上年增长 4.65%;实现净利润 1907 万元,比上年增长 9.47%。

【生产经营】 积极采取有效发展战略,寻找新的增长点,2019 年实现销售收入 2.6 亿元,较上年增长 1.18%。

1. 长期承接的协议制备件任务。主动寻找常耗件作为备件增量的重点,利用检修机会扩大业务量。长材、冷热轧、铁厂备件保持稳定,为稳定车间生产提供支撑;三铁检修备件有力补充生产任务量,全年下达生产任务量约18000万元。

2. 股份公司技改项目承接。重型H型钢项目承接成品、导卫和堆垛区设备;冷轧酸轧改造项目承接轴承座、张紧辊设备;1号镀锌线改造项目承接了耐热辊设备;特钢公司大方坯项目承接倾翻装置、加铝粒装置和一钢轧六机六流修配改等工程项目,全年新承接项目总额8774万元。

3. 着力培育壮大钢铁产业链核心技术。自主设计制造的2条车轮检测线、8台机械手顺利达产,第9台机械手于10月份顺利投产,APQP项目伺服重载机械手顺利通过省级新产品鉴定,为公司带来良好的声誉和效益;一钢轧六机六流、车轮公司检测线机械手和淬火台技术成为公司新的经济增长点;电镀轧辊产销两旺,总量5300多支。

4. 积极维护和拓展外部市场业务。开拓柳钢市场,签订150万元的合同;日照钢铁业务继续保持稳定,全年合同量达750万元;通过西重所承接天津忠旺项目237万元,重H的压力矫直机项目520万元。

【技术创新】 有效建立技术创新平台,跟踪并研发冶金装备再制造前沿技术,积累和扩展专业产品制造能力。

1. 成功构筑创新平台。获批设立省级博士后工作站,成功引进两名博士进站工作;在国家知识产权优势企业评价中获得优秀,申报并认证为国家知识产权示范企业。

2. 科技创新成果丰硕。公司申报的省重点研究与开发计划项目获得批准;《冶金苛刻服役环境关键部件的长寿化高可靠复合涂层技术》项目获冶金行业科学技术奖三等奖;主导制定的国际标准进入投票阶段,国家标准和行业标准定稿已提交标准委员会并受理;申报省级新产品1项,已获认定,申报省高新技术产品两项,进入审核阶段;申报专利38件,其中发明专利13件,PCT专利1件,实用新型专利24件,超额完成工程技术集团下达的4+6指标,已获专利授权7件,其中发明专利1件,实用新型专利6件。申报并落实省市区专利奖酬、国家知识产权优势企业、国家知识产权示范企业、市专精特新入库、省专精特新评优、省重点研究与开发计划项目等奖励共计122.7万元,完成公司战略行动计划100万元的指标。机器人产业购置奖补(包括年度购置工业机器人和集成工业机器人),进入审核阶段。

3. 产品研发稳步推进。完成2019年科技研发项目立项和项目计划下发,《激光再制造技术的研究及应用》《防腐型结晶器水箱制造技术开发》及《板坯结晶器铜板》项目目标基本完成,具备结题条件;《连铸结晶器铜板新型涂层的研究及应用》及《高温炉辊的工艺摸索及产品研发》项目进展顺利;《车轮自动淬火台研发》项目基本达到结题条件。

【企业管理】 1. 质量管理实现突破。认真执行《2019年质量管理工作计划》,坚守"不接受、不制造、不传递"不合格品的质量理念,按照"写所需、做所写、记所做"的要求,不断推进重点产品的标准化管理,年内未发生恶性事故、重大质量事故、二级质量事故,质量异议比上年下降38%,质量事故比上年下降33%。修订完善《表面技术公司质量管理办法》进一步加大对质量事故的考核。制定《采购物资质量管理办法》,对采购物资的质量问题进行管控和索赔,全年开出罚单7张,累计罚单金额12500元,确保公司所有产品(含外协)质量均符合出厂要求。

2. 工艺管理不断加强。制订《2019年专业、保供、修旧如新产品标准化工艺编制计划》,对全部12项作业指导书进行重新修订,完成"修旧如新"标准化工艺17项,完成技术协议制定及修订14项终稿、2项初稿,基本实现对公司专业产品的全覆盖。编制《高端产品工艺流程及质量控制计划》,对工艺流程和质量控制进行调整梳理,加强了产品过程可追溯检验。

3. 积极贯彻落实工程技术集团集中采购要求,将钢材、电缆、吊运车辆、焊丝焊剂纳入集采范围,全年集中采购金额932万元,有效降低采购成本105万元;利用信息化平台,加大成本分析、预警和处置力度,针对超领申购和成本倒挂现象,设计多层级流程管控,全年共完成158项单据纠错,累计节约采购资金58万元;积极开展废旧物资统一回收和利库改代工作,全年上交废钢1530吨,钢屑204吨,废旧物资处理回收资金超过392万元,利库改代创效超过106万元;实施完成11个大中修计划项目,投入资金262万元,成本较预算下降26万元;积极争取国家政策,减少税款120万元以上。积极狠抓节能减排,新投入运行的3号变频空压机运行节能效果明显,全年用电总量比上年下降6.03%,能耗总费用比上年下降0.26%。

【"新三板"改制】 安徽马钢表面技术股份有限公司于2011年5月注册成立(前身是马钢第二机修厂、马钢股份有限公司第二机械厂、马钢股份有限公司第二机械设备制造公司),注册资金为27500万元,2019年3月27日完成"新三板"挂牌(证券简称:马钢表面,证券代码:873245)。

(车小求)

安徽马钢输送设备制造有限公司

【主要经济指标】 任务承接20226.14万元，超预算计划12.37%，比上年增加6.75%；销售收入21128.31万元，超预算计划17.38%，比上年增加12.28%，其中外部销售4532.88万元，超预算计划的67.88%，比上年增加66.41%；利润总额245万元，超预算计划63.33%，比上年增加75%。

【应收账款清欠】 2019年清欠应收账款216.05万元，对泰富重工超信用期应收款项提起诉讼并取得胜诉进入强制执行阶段。

【市场开拓】 巩固内部市场同时，外部市场取得新突破。台车篦条外部销量首次突破2000万元，其中湘钢年度销售额突破1000万元，柳钢突破500万元；与承德钢厂签订篦条试用合同，进入在线试用阶段；2019年成为中煤科工滚筒和托辊首选供应商、上海铁睿指定出口制造供应商；与日本JRC签订托辊年度合作协议；新增福建龙净、江阴华东、无锡北纬、象山光明、南通润邦、江阴展鸿等托辊客户。

【技术研发】 高端移动输送设备“移动破碎后连续智能皮带桥设计与开发”及产学研合作，通过省级重点攻关科技创新项目立项，完成研发设计与生产制造环节，进入组装阶段；“履带式储带移置输送机”通过中国冶金矿山企业协会科技成果鉴定。“烧结机篦条品质优化及覆膜砂新工艺产品研发”项目按节点推进；完成市“专精特新”企业认定申报工作；高端输送设备研发中心建成；技术研发中心通过“市级企业技术中心”认定；创建职工创新工作室。完成Q/MGSS01-2019《履带式储带移置胶带机》企业标准的编制和备案。2019年申报实用新型专利5项，授权3项实用新型专利，2项发明专利。

【专业管理】 顺利完成“MGSS”品牌商标注册登记；持续推进精益工厂创建，托辊分厂自动线组休息室获马钢集团公司“最佳休息室”、机加分厂机加组更衣室获得集团公司最佳更衣室称号；完善绩效评价体系，实行差异化分配管理和决定机制；深化人力资源优化，2019年优化18人。强化成本控制，减少存货占用；完善物资采购、外委外协等管理制度；完善环保设备设施，环保工作达标；夯实安全基础，落实隐患整改。

【党群工作】 认真组织开展“不忘初心、牢记使命”主题教育，紧密结合公司发展实际，精心组织实施，将学习教育、调查研究、检视问题、整改落实贯穿全过程，将主题教育的效果转化为推动公司发展的强大动力，加强正面引导，强化舆论监督，营造良好氛围；各党支部开展“五个一”活动，做到全员覆盖；加大人才选育用留，调整提拔公司中层管理人员5人，重点岗位交流5人；加强后备干部队伍建设，建立后备干部库；关注后备人才培养，完成“1+2+4”后备人才申报。

健全以职代会为基本形式的民主管理制度，组织召开二届三次职工代表大会，共收到职代会征集提案17条；深化合理化建议活动，共收到合理化建议15条；关心员工身心健康，积极做好“冬送温暖、夏送清凉、秋送助学”工作，开展困难职工摸底调查和慰问，动员职工参与马钢公司互助保险，为公司女职工购买特殊疾病保险，组织安排职工体检和职工疗休养，落实夏季防暑降温等工作。坚持发展成果惠及全体职工，按照公司部署，认真执行《2019年职工薪酬调整增资方案》，稳妥做好职工薪酬调整调资实施各项工作。

【荣誉】 2019年公司移动破碎后连续智能皮带桥项目通过安徽省重点研究和开发计划项目面上攻关申报，获得省财政补助50万。公司获得市专利补助共计4.6万。

（胡文婷）

马鞍山博力建设监理有限责任公司

【主要指标】 2019年完成(上报)监理产值1881万元，其中，外部产值380万元，外部市场占20%。上缴利润210万元，完成考核指标的105%，再创历史最好纪录。全年监理工程项目184项，未发生监理责任的质量安全事故，工程监理质量合格率100%，监理合同履约率100%，工程监理顾客满意度达95分以上。财务预算执行情况良好，公司无不良资产和不良债务，资金状况良好。

【生产经营】 1. 市场开拓工作成效显著。继续巩固马钢内部监理市场，基本实现了30万元以下监理项目全部承揽，30万元以上招标项目中标率达71.4%。同时，有选择性开拓外部市场，外部市场占比20%。

2. 项目与索赔结算及时跟进。经营部按月列出项目结算计划,计划落实到部门和责任人,做到责任明确,分工具体,推进有力。

3. 合同管理更加规范。严格遵循《合同法》及上级主管部门有关合同管理规定,合同签订严格按照合同预审、洽谈、草签、报审、签订等程序进行。同时,合同登记造册及时,档案齐全,管理规范。未发现违法、违规合同,未发生合同纠纷案件,合同履约率100%。公司继续保持安徽省和马鞍山市"守合同重信用"单位称号。

4. 构建精细化工程监理体系。一是全面实行单项成本核算制度,科学合理配置资源,控制监理部直接成本支出。二是继续实行总监负责制,将责任分解到监理部全体人员,搭建精细化管理传递体系,形成全员精细化管理工作合力。

【技术质量】 不断完善和推进公司技术业务基础管理工作。继续完善公司资质范围内涉及脚手架、深基坑、模板、起重吊装、拆除等工程实施细则内控策划文件电子版模块文档。常态化修订公司BL-GFBZH《相关法律法规标准规范目录汇编》,收集和整理最新相关规范标准(包括电子文档)以及上级主管部门文件,购置并发放常用新版规范等工作,满足工程监理技术工作需要。对公司各项目监理工程的监理规划、监理评估报告、监理工作总结等,实行严格的审批制,全面掌控和动态监控在建重点项目技术质量管理工作状况,确保工程质量受控。以创建市监理示范工程为抓手,进一步提升工程监理工作质量。认真开展质量体系内外部审核,新申报并完成"三标一体化"体系认证。

【安全管理】 全面宣贯马钢集团公司安全管理文件精神,完善公司各岗位安全责任清单,强化项目监理部认真落实方案审查深度,督促施工单位认真按照方案落实。同时,积极开展项目监理部安全生产管理的监理工作检查。

【企业管理】 参加中国宝武融合行动学习培训,认真落实工程技术业务专业整合发展实施方案。同时,积极与上海宝钢咨询公司开展业务工作对接,实施营销协同。继续开展人力资源优化工作,人事效率逐步提高。2019年,按照人力资源8%的优化目标,全年减员8人,完成考核指标。企业对标管理工作不断深入。2019年,公司认真开展对标找差工作,以"超越自我、跑赢大盘、追求卓越"为绩效导向,选择马鞍山天翰监理公司为标杆企业及公司历史指标进行对标。财务管理工作更加规范。建立健全了财务管理制度,特别是风险控制管理制度的建立和运行,提升了资金风险预防应急处置能力。财务业务工作全面移交共享中心上线操作,运行整体正常。全面完成省国资委集中监督检查反馈问题整改任务和2018年马钢巡察管理建议整改任务,持续改进,长期保持。围绕公司改革发展和生产经营开展培训工作。2019年,公司共举办内部5场专项培训,主要为党员教育学习、岗位取证、体系和廉洁从业等,共计125人次参加。参加外部培训8次,主要为继续教育、取证、规范标准等,共计51人次参加。同时,积极参加上级部门举办的各类培训,共计55人次。

【党建工作】 1. 以习近平新时代中国特色社会主义思想和党的十九大精神为指导,认真组织党员职工开展一系列学习活动。

2. 扎实开展"严规矩、强监督、转作风"集中整治形式主义官僚主义专项行动工作,落实"三严三实"、深化"三查三问",加强作风建设,提高工作效率。

3. 开展"不忘初心、牢记使命"主题教育,使党员职工理论武装再强化、党性修养再锤炼、砥砺奋进再动员。

4. 开展及深化"三个以案"警示教育,教育干部职工保持廉洁自律的行为规范,树立正确的人生观、价值观,牢记党的宗旨,常怀律己之心。

5. 全面加强党的政治建设,全面提升党支部的组织力,全面推动企业改革发展,开展"党旗飘扬、诚信监理"党建品牌创建活动。

【工会工作】 1. 充分发挥工会组织的桥梁纽带作用,将工会工作深度融入生产经营和改革发展。

2. 发挥工会民主管理和民主监督作用。组织召开职工大会,坚持厂务公开,完善信访渠道,维护职工权益。

3. 关爱职工健康。深入开展机关管理人员深入基层服务职工、工会送清凉到基层、大病探望等系列活动。

4. 积极参加上级工会组织的各项活动。2019年,参加上级工会组织的拔河比赛、羽毛球比赛等活动共28人次,通过活动的有效开展,陶冶了身心,健康了体魄,增进了情谊。

【荣誉】 2018年未发生一起质量安全事故,无业主投诉和不良记录。公司获2016—2017年度安徽省"优秀监理企业"称号。马钢四钢轧总厂1580mm热轧生产线新建3号加热炉工程、马钢长材事业部型材改造工程获马鞍山市建筑工程"翠螺杯"奖。马鞍山嘉欣缇香郡23—26号商住楼工程、马钢重型H型钢轧钢生产线项目工程获马鞍山市"监理示范工程"称号。2名同志获安徽省优秀总监理工程师称号,2名同志获安徽省优秀监理工程师称号。7名同志获马鞍山市优秀总监理工程师称号,1名同志获马鞍山市优秀监理工程师称号。

(檀言来)

马钢集团物流有限公司

【概述】 马钢集团物流有限公司为马钢集团旗下全资子公司,注册资本3亿元,拥有汽运、航运、仓储三大物流板块,开创钢铁行业完整意义上的物流资源要素的资本整合,实现集团化管控、板块化运营模式。截至2019年12月末,在册人数580,在岗人数558。拥有2个全资子公司、3个控股子公司、3个参股子公司,17家经营单位,车船总载重量达25.4万吨,2019年物流总量达8086万吨。是中国物流与采购联合会副会长单位、国家多式联运示范工程项目单位、第六届大学生物流设计大赛案例提供单位。2019年,物流公司不断加强基础管理,完善各项管理制度,全年制修订并发布各项制度96项,机构改革方案全面实施,内控体系建设加快。

2019年,公司超额完成马钢集团公司下达的预算目标,主要经济技术指标均有大幅提升:营业收入113109.66万元,较上年增长25.51%;外部收入42215.43万元,较上年增长58.43%;利润总额15295万元,较上年增长34.17%;经济增加值(EVA)7989万元,较上年增长64.52%;净资产收益率16%,较上年上升1%。(以上数据同管理口径,2018年数据不包含仓配公司)

11月20日,《马钢物流品牌战略创新与实践》荣登中国企业品牌创新成果的品牌战略创新类成果(2018年度)榜单。11月27日,马钢物流申报的《构建"绿色、智慧、协同、共享"综合性大型钢铁物流公司的探索与实践》管理创新成果顺利通过答辩,荣获2019—2020年冶金企业管理现代化创新成果一等奖。12月9日,物流公司通过国家高新技术企业认定,被授予2019年安徽省第一批"国家高新技术企业"。

(颜璐雪)

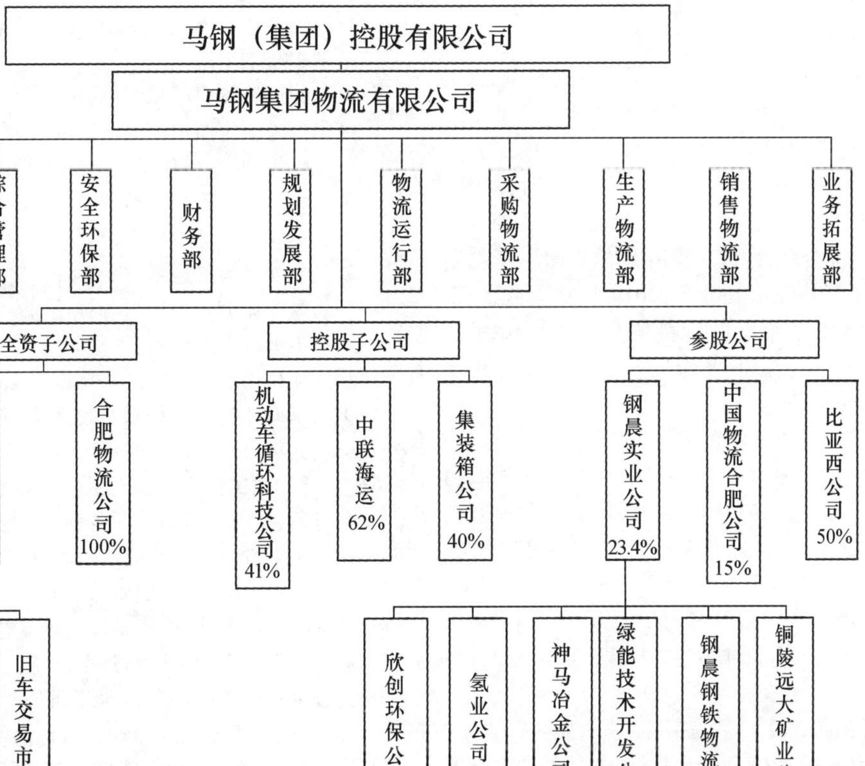

图5 马钢集团物流有限公司组织机构图

·物流公司机关·

物流管理

【降本增效】 保产水平持续提高,优化降本稳步推进。采购、生产、销售物流保产保供支撑力度加大,与港口、承运商建立紧急情况互保关系,保证应急状态下物流保供稳定;依托中联海运,协同采购中心,联合马鞍山港,实施股份公司辅料水运总包全程物流服务,提升燃原料水运服务效率。2019 年完成实物物流量 8086 万吨;全年优化降本 6456 万元,降本成效显著。

【板块发展】 专业板块发展迅速,经营绩效显著提升。汽运公司销售物流汽运专业化总包日臻完善,汽车产业链延伸业务量大幅增加。坚定"专、精、特"主业发展方向,围绕"1+6"产业发展布局,以马钢集团内部市场为依托,坚持有所为、有所不为的原则,构建了汽车产业链多元业务协同发展新格局;2019 年营业收入 5.6 亿元,比上年增长 28.8%;利润完成 6438 万元,比上年增长 42%;外部收入完成 1.5 亿元,比上年增长 67%。中联海运结合罗泾港、南通港关停的实际,以江海直达为方向,抢抓市场机遇,快速扩张的运力充分释放;进一步拓展华润集团、华电集团、宝武集团等外部市场业务;2019 年营业收入完成 3.1 亿元,比上年增长 6%;利润完成 5991 万元,比上年增长 3.2%;外部收入完成 1.9 亿元,比上年增长 55.5%。

【市场开拓】 在优化张庄矿物流总包等既有业务同时,姑山矿矿石集装箱公铁联运运输顺利实施,2019 年运输量 183 万吨,其中铁路发运 39 万吨,比上年增长 550%;互为市场业务规模不断扩大,全年完成 74 万吨,实现营收 3454 万元。2019 年,公司本部外部收入 6012 万,完成预算 153%,新增外部优质客户 14 家,外部收入占比 42%,实现从企业物流向物流企业转变。

【品牌建设】 "马钢杯"第六届全国大学生物流设计大赛在 2019 年全面展开,先后经历案例编写、初赛、复赛、决赛等阶段,大赛共有 580 支队伍取得参赛资格,比上届增加 78 支,涵盖 29 个省市自治区;组委会共收到合格参赛方案 568 份,比上届增加 24%。大赛的举办对钢铁行业未来物流的发展具有较强的引领示范作用,并为企业提供解决方案,搭建更大的人才引进、发展合作平台,增强马钢物流品牌影响力,树立企业良好的社会形象。

【绿色物流】 作为绿色物流的一个重要项目,多式联运示范工程稳步展开,2019 年各条示范线路运量为:干熄焦铁路集装箱长距离公铁联运示范线路 57634TEU(国际标准箱)、集装箱公铁海联运示范线路 2844TEU、公铁联运模范示范线路 6326TEU。

在原有 3 条示范线路基础上开拓新的示范线路:精矿粉集装箱公铁联运示范线路以铁路 35 吨敞顶集装箱作为统一的装载单元,用铁路平板将集装箱从姑山矿运输至马钢公司收料点附近中转场地,通过正面吊将集装箱吊装至集卡上,再短驳至收料仓。该示范线路自 2019 年 8 月试运行,全年完成量 7122TEU;钢材产品集装箱公水联运示范线路针对过去的常规运输方式存在的弊端,水运时间长、产品锈蚀、铁运汽运成本高等问题,优化物流方式及路径,采用集装箱公水联运的方式,保证产品质量,提高周转效率,同时降低全程物流费用。该线路 2019 年通过集装箱公水联运的运量 2708TEU。

为积极响应国家"一带一路"倡议,针对马鞍山地区出口哈萨克斯坦车轮产品水运周期长,产品质量无法保障等问题,优化设计马鞍山至哈萨克斯坦公铁集装箱联运中亚班列示范线路,保障产品质量并大大缩短交货周期。该线路 2019 年 11 月开始运行,通过集装箱公铁联运的运量 200TEU。

以产业链延伸项目为抓手,以全程物流业务为重点稳步推进重点项目:铁路物资再生资源循环利用再制造项目已经提报宝武物流资产公司履行决策程序;机动车循环利用科技项目已经完成合资公司组建;合肥钢铁物流园区项目完成项目建议书的编制。

【党建工作】 制定主题教育实施方案,开展专题学习研讨活动,组织召开各种类型座谈会;围绕板块发展等 8 个方面工作开展专题调研;对班子检视问题、班子成员检视问题、对照党章党规查找自身存在的问题分别建立台账,整改落实。完成了党组织架构设置,在混合所有制企业中联海运公司成立党支部,顺利平稳接收中外合资企业马钢比亚西公司党支部;强化党员发展、民主评议党员和党员示范岗等工作。开展经常性的党风党纪和廉洁自律教育,启动廉洁风险防控体系建设,开展领导人员和管理者及其亲属、其他特定关系人经商办企业专项整治。

(颜璐雪)

·物流公司全资子公司·

安徽马钢汽车运输服务有限公司

【主要经济技术指标】 2019 年,汽运公司紧抓“效率效益”双引擎,紧扣“坚持高质量发展,打造绿色环保汽运”工作主题,依靠全体职工的攻坚克难,较好地完成了各项生产经营绩效指标,其中利润总额、经济增加值(EVA)、劳动生产率超额完成年度目标。实现总收入 5.6 亿元(并表收入),实现利润总额 6438 万元,其中:外部收入 1.5 亿元,占比 26.8%。

【主营业务】 在股份强制降本的情况下,努力增效创收,有效确保应收收入无亏欠。通过组产优化,提升废钢运输效率和效益。顺利承接车轮至特钢钢刨花运输任务,月均创收 5 万元。新承接资源分公司酸碱污泥、一钢轧炼钢二次除尘灰、炼铁总厂 3 号高炉槽上除尘等吸排车运输项目,策划一钢轧 KR 脱硫剂的吸排车运输方案,适时运行。强力推进自有车辆和外包车辆的环保技术改造,效果明显。

【辅营业务】 以马钢集团内部市场为依托,坚持有所为、有所不为的原则,做大做强多元辅业,构建汽车产业链多元业务协同发展新格局。进一步做大报废汽车拆解业务。做好合资公司组建工作;新合资拆解公司筹建工作基本完成。马钢天门大道加油站于 2019 年 11 月正式运营,进一步拓展外部市场。

【企业管理】 以价值创造为核心,构建职能清晰、流程优化、权责到位的管控体系,不断提升精益管理成熟度。5 月份,公司召开高质量发展专题研讨会,会议就汽运公司战略规划、品牌建设、运输主业发展、汽车产业链业务拓展、提升服务保障能力和人力资源等问题展开讨论并提出建议。公司组织开展“推进精益管理,深化挖潜增效”系列活动。

1. 提升体系管理效能。完成三标体系外审第一次监督审核工作。开展层级管理模式可行性调研,研究制订了工资总额包干情况下的薪酬管控模式方案。一项 QC 成果获安徽省一等奖。第四分公司装载机班组获全省质量信得过班组二等奖,荣获全国冶金行业“优秀质量管理小组”称号。1 项发明型专利进入实质性国家申报培育阶段。

2. 打造本质环保型企业。先后对 64 辆车进行篷布密闭改造、对 18 辆货车后门加装液压锁钩、对 37 辆车篷布装置升级改造。分别对二、三、四、六分公司及修理厂洗车台污水隔油零排放改造及建造废物储存点和防渗池。对天门大道加油站和红旗南路加油站地面进行雨污分流和隔油改造。有效组织落实“央视长江大保护警示片”现场会期间环境保障工作。

【党群工作】 坚持以习近平新时代中国特色社会主义思想和党的十九大精神为指导,持续抓好党组织标准化建设,加强意识形态工作的领导和责任制落实,注重思想引领,强化队伍建设。公司先后荣获马钢先进基层党委、马钢先进基层纪检组织。围绕“坚持高质量发展打造绿色环保汽运”工作主题开展系列宣传。充分发挥公司宣传片、画册在内外部商务活动中的宣传作用,展示汽运公司良好形象;多种形式组织开展中国宝武企业文化宣传,加快融入宝武企业文化体系。举办“品端午文化传文明风尚”——“我们的节日·端午”“吟诗诵典传承文明”“书香汽运”等主题活动,继承和弘扬中华优秀传统美德,营造浓厚的汽运家园文化氛围。组织职工参加马钢第二届“职工网上练兵”活动,荣获“掌握安全生产知识塑造本质安全员工”安全知识竞赛线下决赛一等奖。组织职工参加马钢工会全员微创新劳动竞赛,共向马钢申报 10 项微创新项目,其中 5 项获马钢三等奖。命名“陈卫东创新工作室”为汽运公司职工创新工作室,“李韦创新工作室”获马钢集团公司授牌表彰。

(郭金雨)

马钢(合肥)物流公司

【概述】 马钢(合肥)物流有限责任公司位于合肥市肥东循环经济示范园,是马钢集团物流有限公司于 2016 年 12 月 16 日在合肥市注册成立的全资子公司。

【主要经济指标】 2019 年,全面完成公司下达的预算目标,其中:营业收入 7937 万元,比上年增长 4.2%;外部收入 1260 万元,比上年增长 71%;利润总额 44.9 万元,较上年增长 99%。

【保产保供】 2019 年,公司不断完善各项管理,着力提高物流协调能力和服务质量,完成保产保供物流 129.5 万吨。

【市场开拓】 开发合肥及周边地区市场,积极参与政府公共资源项目投标。首次进入高铁项目,与中铁北京局、黄冈筑邦公司开展砂石业务,新增外部收入1260万元,毛利80多万元,为公司扭亏增盈做出重大贡献。

【党建工作】 2019年初成立支部,在党委指导下完善各项基础工作。扎实开展"不忘初心、牢记使命"主题教育活动,落实"三会一课",强化支部及党员个人学习。开展党风党纪和廉洁自律教育。对照党委主题教育实施方案,认真召开支部民主生活会,形成支部对照总结汇报材料并落实各项整改措施。

(刘正海)

·物流公司控股子公司·

安徽中联海运有限公司

【主要经济指标】 营业收入30957万元,较上年增长6%;外部收入19072万元,较上年增长55%;利润总额5991万元,较上年增长3.2%;货运总量1430万吨,较上年增长3.5%;净资产收益率14.53%,较上年增长0.17%。

【法人治理】 完善法人治理结构,确保公司治理机制的正常发挥。2019年召开股东会4次、董事会6次,审议批准《公司年度预算和决算的议案》《利润分配方案》《2019年度安全生产责任书》《关于向马钢集团物流公司申请流动资金贷款500万元的议案》《关于向物流公司申请贷款15000万元贷款的议案》《关于向芜湖扬子银行申请2400万元贷款的议案》《关于向扬子银行申请5000万元流动资金融资授信的议案》《公司三年投融资计划》《固定资产投资议案》等,依法行使出资人责任。

【基础管理】 依据国家相关规范要求,开展内控管理风险识别和评估,建立和完善内控管理体系,编制中联海运公司《内部控制管理手册》,做好风险防控,健全完善公司管理相关制度,确保公司各项工作稳定运营。6月,公司通过中国船级社合肥分社为期6天的"三标一体化"审核指导,取得"质量、环境、健康"管理体系认证证书,初步建立科学、规范、完善的制度管控体系。持续落实安全管理体系(SMS),完善修订体系管理文件,严抓船舶安全管理和船员队伍管理,加强安全体系运行管理,强化船舶设备维保制度化管理,实现全年船舶安全运行。

【高质量发展】 按集团公司要求,积极落实公司高质量发展规划,谋划建造4艘22500吨级散货船项目,12月18日首艘船舶开工建造。

(张征波)

·物流公司参股公司·

比亚西钢筋焊网有限公司

【主要经营指标】 2019年,实现销售收入3.62亿元,较上年下降0.36亿元,减幅9.94%;销量合计8.59万吨,较上年减少1.01万吨;经营绩效大幅好转,实现净利润962万元。

【市场营销】 1. 结合实际,调整营销队伍,划分营销区域。修订营销考核、营销投标、财务规范等制度;重塑营销理念,强化质量品牌,市场上赢得"买比亚西就是买放心"赞誉;开展全员营销:提升品牌影响力,邀请客户来公司考察,"品质过硬、服务真诚"理念得到客户高度认可;优化营销考核,区别公司开发订单和销售人员自主开发订单,对自主开发订单进行倾斜考核,调动员工积极性。2019年与广西路建集团进行深度合作,建立战略合作关系,确定在广西设立分公司,主要承揽广西路建相关业务,开启公司业务拓展之路。

2. 开展制造体系改革。更新3号网机,加强定修制,提高设备可开动率,改善工艺,加大质量控制,提高质量意识,产品合格率极大提升。优化生产班次,改善一线生产环境,加强人文关怀,提高员工归属感。开展劳动竞赛活动,加大生产工艺知识培训,凝聚一线员工队伍,提高员工积极性。坚持班前会制度,确保生产计划的落实,做到生产可控,保证产品按时交付。加强生产工艺管理,确保产品质量和成材率,为产品销售和公司效益提升提供有力支撑。

【采购工作】 根据销售预测、现有库存、原料价格走势、钢厂生产计划等确定合理库存、适时进行采购,实际领用成本与当期采购平均报价相比,共节约采购资金61万元。10月份,除确保高铁用HWZ350适当备库存外,加强与销售、生产的及时沟通,实施高频次小批量采购策略,原料库存由4857吨降至11月底的1485吨,有效化解市场原料价格大幅下跌的风险。

修订运输管理规定并严格执行，加强项目运输的招标、零星项目议标、承运商管理，对运输的全过程进行跟踪考核。针对内勤集中，开展内部交叉轮训，解决人员休息时替班问题；积极倡导沟通主动、流程顺畅、服务及时的部门理念。

【科技创新】 加强质量体系管控，修订公司质量管理相关制度。加强知识产权体系管理，通过知识产权管理体系贯标工作。完成中冶产品认证，协助完成钢筋焊网特级资质审核和检测试样送检。与天津建科机械有限公司联合研发智能化焊网机。作为产品售后的一部分，加强工地现场的技术服务工作，为市场销售提供技术支撑。引导行业协会，加大市场监管，公司实质性履行焊网南方片区质量检查站职能。重视政策研究，积极争取政府项目申报工作。2019 年成功申报国家级知识产权优势企业、安徽省数字化车间、轨道交通建设基地、专精特新企业、技术改造项目投入、两化融合贯标体系认证等。

【财务管理】 进一步细化成本核算，按工艺工时分配制造成本，为营销接单提供更加准确支撑；加强应收账款控制，将销售控制点从出库控制提前到生产任务单，提高了控制的有效性，减少了应收款的资金占用天数；拓宽资金回收渠道，新增云链金融、中企云链、建信融通等收款渠道，另根据行业判断，谨慎接收“中”字头且资信较好的大公司商业承兑，加速了资金回笼；全力拓宽融资渠道，2019 年新增授信额度 2300 万元。

【人力资源管理】 围绕“价值创造”，梳理职能、明确职责、修订流程，加大员工培训、提升员工能力，改革薪酬绩效制度，搭建人力资源管理体系，初步形成与企业管理相适应的团队；规范会议和计划体系，提高工作效率和执行力，按步骤实施Ⅵ体系，提升公司品牌形象；加强员工关系管理构建和谐企业，通过合理的薪酬保障体系，合理的员工发展通道，配套的增值关爱福利和活动，提高员工的幸福感。

【企业文化建设】 提炼建设公司企业文化，从使命、愿景、价值观、精神构建公司层面企业文化理念，同时提炼确立各部门理念，公司文化体系初步构建，员工凝聚力、向心力、干事创业的激情得到改善。

【党建工作】 打造“经纬先锋”党建品牌，以问题为导向，形成纵横相结合、区域协同分工合作、资源共享的党建工作格局；通过“先锋模范岗”引领党员争做真抓实干、岗位奉献、奋发有为、锐意创新的楷模。以解决公司经营发展中热点、难点问题为抓手，通过开展特色主题活动，充分发挥党支部在“推动发展、服务群众、凝聚人心、促进和谐”的战斗堡垒作用。10 月，迎接马钢党委第二巡察组专项巡察。

（徐　敏）

集团公司其他分子公司

马钢国际经济贸易有限公司

【主要经济指标】 2019年,实现贸易收入75亿元,利润总额7280万元;全年无重大经营风险事件发生。

【风险管理】 公司坚持"风控优先",对客户的授信进行分类、分级管理,建立三位一体的授信风控管理体系。修订下发国贸公司《股权投资管理办法(暂行)》《合同管理办法》《客户管理办法》《授信管理办法》《期货管理办法》。加强对承兑汇票的管理,下发《关于加强银行承兑汇票管理的通知》。加强经营风险案例教育,将案例编成故事配以漫画及插图,通过讲座、微信等方式开展教育培训。

【市场经营】 铁矿石全年合同量702万吨,比上年增长18%,矿石业务贸易额比上年增长40%;煤焦业务量47万吨,比上年增幅超过120%;焦炭业务量17万吨,实现稳中有升;备件业务量比上年增长200%;全年销售废钢46万吨,比上年增长138%;酒水实现销售收入1100万元,比上年增长15%,荣获2018年度古井集团先锋奖,成为全国20家优秀经销商之一;螺纹钢品牌输出业务量首次突破24万吨,新增角钢品牌输出1.2万吨;全年钢坯加工量7万吨;采取线上线下销售相结合,与宝武集团的欧冶电商合作,于4月19日正式上线。

【子公司管理】 上海公司实现收入16亿元,比上年增长86%;利润835万元,比上年增长12%。控股的安徽马钢长燃能源有限公司于2019年4月30日注册成立,6月份正式运营,申报办理所得税减免13.59万元。美泰澳门公司贸易额超过5000万美元。完成对澳门公司增资200万元美元、对保理公司增资3000万元的投资计划。

【党建工作】 开展"不忘初心、牢记使命"主题教育,通过自学与集中学习、上党课、自我检视整改、知识竞赛、实地教育、主题党日等活动加强党性修养。修订《国贸公司党风廉政建设"一岗双责"制度》。围绕"提升党建水平、提高创利能力"核心任务,将党建工作与经营建设结合起来,先后与马鞍山海关、财务公司开展支部共建活动。2019年6月完成党总支换届改选工作。

(李　飞)

飞马智科信息技术股份有限公司

【股东大会】 2019年公司召开四次股东大会,即2018年年度股东大会、2019年第一次临时股东大会、2019年第二次临时股东大会和2019年第三次临时股东大会。

1. 2018年度股东大会。会议于2019年5月17日,在重庆市赛迪大厦以现场方式召开。议题:审议《2018年度董事会工作报告》《2018年度监事会工作报告》《2018年度财务决算报告》《2019年度财务预算报告》《2018年度报告及年度报告摘要》《关于确认2018年度关联交易的议案》《关于2019年度关联交易预计的议案》《关于2019年度利润分配议案》《关于修改公司章程的议案》《关于设立机器人公司的议案》《关于投资马钢售电公司的议案》《关于飞马智科五年发展规划的议案》。

上述议题均获得大会批准,没有否决或修改提案的情况。安徽长城律师事务所刘蓉律师出席该次股东大会并出具法律意见书。

2. 2019年第一次临时股东大会。会议于2019年8月27日,在飞马智科3号会议室以现场及网络通信的方式召开。议题审议《关于〈飞马智科信息技术股份有限公司2019年第一次股票发行方案〉的议案》《关于提请股东大会授权董事会全权办理本次股票发行相关事宜的议案》《关于制定〈飞马智科信息技术股份募集资金管理制度〉的议案》。

上述议题均获得大会批准,没有否决或修改提案的情况。

3. 2019年第二次临时股东大会。会议于2019年9月11日,在飞马智科会议室以现场方式召开。议题:审议《公司2019年第一次股票发行方案(修订稿)的议案》《关于与认购对象签订附生效条件的〈购票认购协议〉的议案》《关于公司因本次股票发行修改〈公司章程〉的议案》。

上述议题均获得大会批准,没有否决或修改提案的情况。

4. 2019年第三次临时股东大会。会议于2019年12月25日,在飞马智科3号会议室以现场方式召开。议题:《关于变更会计师事务所的议案》《关于新增银行授信的议案》《关于增加注册资本暨修改公司章程的议案》《关于启动智能装备及大数据产业园一期项目建设的议案》《关于启动长三角(合肥)数字科技中心一期项目建设的议案》《关于设立长三角(合肥)数字科技有限公司议案》《关于公司董事调整的议案》《关于公司监事调整的议案》。

上述议题均获得大会批准,没有否决或修改提案的情况。

【董事会工作】 2019 年董事会共召开 7 次会议。会议主要审议事项如下:

《2018 年总经理工作报告》《2018 年董事会工作报告》《2018 年财务决算报告》《2019 年财务预算报告》《2018 年度报告及年度报告摘要》《关于确认 2018 年度关联交易的议案》《关于 2019 年度关联交易预计的议案》《关于 2019 年度利润分配议案》《关于聘请 2019 年度财务审计机构的议案》《关于董事会设置专门委员会的议案》《关于审议公司管理权限手册的议案》《关于审议子公司委派人员管理办法的议案》《关于修改公司章程的议案》《关于成立机器人公司的议案》《关于投资马钢售电公司的议案》《关于聘任副总经理的议案》《2018 年高级管理人员薪酬分配方案》《2019 年高级管理人员薪酬方案》《关于审议飞马智科五年发展规划的议案》《关于祥云公司拟在安徽省股权托管交易中心科创板挂牌的议案》《关于提请召开 2019 年度股东大会的议案》《爱智机器人科技(上海)有限公司合营合同》《爱智机器人科技(上海)有限公司章程》《关于爱智机器人科技(上海)有限公司委派人员的议案》《马钢宏飞电力能源有限公司出资人协议》《马钢宏飞电力能源有限公司章程》《关于马钢宏飞电力能源有限公司委派人员的议案》《关于项目建设情况的汇报》《关于公司股票发行方案的议案》《关于提请股东大会授权董事会全权办理本次股票发行相关事宜的议案》《关于制定募集资金管理制度的议案》《关于为公司本次股票发行开设募集资金专项账户并签署第三方监管协议的议案》《关于聘请中介机构的议案》《关于提请召开 2019 年第一次临时股东大会的议案》、2019 年半年度报告;《公司 2019 年第一次股票发行方案(修订稿)的议案》《关于与认购对象签订附生效条件的〈购票认购协议〉的议案》《关于公司因本次股票发行修改〈公司章程〉的议案》《关于提请召开 2019 年第二次临时股东大会的议案》《关于确认公司 2019 年第一次股票发行进场交易募集投资方结果及定价的议案》《关于变更会计师事务所的议案》《关于新增银行授信的议案》《关于增加注册资本暨修改公司章程的议案》《关于启动智能装备及大数据产业园一期项目建设的议案》《关于启动长三角(合肥)数字科技中心一期项目建设的议案》《关于设立长三角(合肥)数字科技有限公司的议案》《关于提名长三角(合肥)数字科技有限公司委派人员的议案》《关于公司董事调整的议案》《关于公司董事会秘书调整的议案》《关于提请召开 2019 年第三次临时股东大会的议案》《关于选举发展与战略委员会委员的议案》《关于选举提名与薪酬委员会委员的议案》《关于选举风险与审计委员会委员的议案》《关于聘任提名与薪酬委员会主席的议案》《关于聘任风险与审计委员会主席的议案》《关于出售马钢有线电视业务的议案》。

【监事会工作】 2019 年,监事会认真履行《公司法》《公司章程》赋予的监督职能,为保障公司的规范运作发挥了积极作用。监事会共召开 4 次会议,审议通过了 2018 年年度财务决算报告等 10 项议案。

【主要经济指标】 2019 年,公司加强资金流转、加快结算、加大清欠力度,实现营业收入 6.8 亿元,比上年增长 34.6%;利润 7282 万元,比上年增长 64.1%,超额完成马钢集团下达的营业收入 6 亿元、利润总额 5350 万元预算目标。

【安全生产】 安委会实行月度例会制,组织各类现场安全检查 26 次,开展 43 个安全标准化示范班组创建工作;持续强化安全隐患排查工作,查出安全隐患 190 项,整改 190 项,整改率 100%;辨识危险源 361 条,对识别出的危险源分级管控;与 31 家外协单位签订 106 份安全协议和措施,对协力保产单位开展厂级安全教育 390 人次,安全工作进一步常态化。2019 年未发生工亡、重伤、重大火灾爆炸事故。

【市场开拓】 1. 对马钢内部市场实行分片包干制,全力推进马钢智慧制造工作。落实具体责任人与包干区内单位对接各类业务;先后承接料场环保升级和智能化改造工程,炼焦总厂新建筒仓项目三电自动化等项目;稳步推进马钢集团财务共享、工程技术集团信息化二期等重点项目。

2. 对马钢外部市场实行考核激励,通过修订发布《定价报价管理办法》《采购作业文件》《市场开拓激励》等,进一步规范外部市场流程;加大大数据信息、网络安全等领域开拓力度,为社会客户提供更多技术、安全、数据等服务,签订防城港钢铁基地长材系统、合肥欣奕华 B17 电控系统、阿曼 SOHAR 钢铁公司改造等项目;与腾讯合作,在马钢耐火材料公司率先打造数字化透明工厂，实现透明式生产与智慧运营。

2019年签订内外部合同6.5877亿元，比上年增长27.35%，其中外部合同额2.0075亿元，比上年增长158.43%，创历史最好水平。

【新兴业务】 1. 全力提升云服务运营能力。作为马鞍山市政务云落地公司，全力推进全市信息资源整合及政务信息系统迁移上云平台，完成16家单位27套系统迁移工作。数据中心先后获得国家增值电信业务的互联网数据中心(IDC)和内容分发网络业务经营许可证(CDN)、国家互联网接入服务许可证(ISP)，顺利完成ISO 9001、ISO 27001、ISO 20000体系复审工作。

2. 积极开展工业机器人4S综合服务业务。销售业务范围进一步扩大，顺利获得柯马、发那科等知名品牌的经销商授权；重点跟进马钢车轮包装线重载机器人、化工能源公司硫铵库智能化改造、沙钢机器人、邯郸钢铁套筒机器等项目，其中顺利上线的沙钢贴标机器人项目，是国内首套硅钢出口取样贴标机器人，实现了"智能制造和高质高效生产"高度融合。

3. 做强信息咨询服务。做好祥盾公司资质变更，完成人员劳动合同、社保、公积金、税务等相关事宜的变更办理；积极推进股份公司网络与信息安全技术服务等重点项目实施；顺利获得ISO 20000、ISO 27000证书，体系建设进一步完善。

【重点项目建设】 1. 马鞍山智能装备及大数据产业园建设。编制完成可行性研究报告及平面规划方案、平面方案报规及安全评价工作，完成项目可研评审工作；开展数据中心设计方案评审，推进项目立项工作等，12月9日顺利举行了园区建设奠基仪式，12月30日园区西区桩基建设正式开工。

2. 长三角数据中心项目建设。完成数据中心选址工作、项目可行性研究及平面规划方案编、项目可研评审等工作；积极与肥东县签署入园合作协议，推进园区前期筹备工作。

3. 合资成立机器人公司、参股成立售电公司。与上海工场网、日本NC网络等共同成立爱智机器人(上海)有限公司，参与马钢售电公司组建工作，公司专业化运营能力逐步提升。

【改革发展】 1. 启动新一轮增资扩股。2019年，计划募集资金8.1亿，累计募集7.1652亿元，股票发行认购率88%。完成增资后，公司股东数由4个增加至8个，成功引进马钢合肥公司、基石智能制造产业基金、江东控股集团、苏盐国鑫发展基金，涵盖了行业合作伙伴、产业基金、地方融资平台。马钢集团穿透股权由87%降低至63%，股权结构实现进一步多元化。

2. 实施组织机构改革。将公司的组织架构调整为6个管理部门、4个分公司、4个子公司，提升专业集中度和管理扁平化水平。优化机关部门人力资源，机关人数由63人精简到44人；市场拓展由管理部门转变为业务单位，进一步激发市场开拓人员积极性，逐步建立完善市场化运行体系。

【基础管理】 1. 完善制度建设。先后两次修订公司《章程》，编制发布《飞马智科信息技术股份有限公司中层管理人员管理暂行办法》《股东大会议事规则》《董事会议事规则》《重大交易决策制度》等规章制度；重新修订《合同管理办法》等181项管理制度，同时，以制度建设为抓手，全面提升制度执行力。

2. 规范法人治理结构。累计召开4次股东大会、7次董事会、4次监事会、共审议53项议题，为"三重一大"决策提供有力保障。

3. 完善体系与资质管理。一是健全综合管理体系，梳理流程固化工作程序，修订发布《文件与记录管理办法》等，顺利通过外审。二是启动知识产权贯标活动。积极申报知识产权国家示范企业，逐步建立知识产权管理队伍。三是做好资质维护与提升。开展资质需求及拟申报资质调研，修订《执业注册人员管理办法》，进一步激发员工取证积极性，新增注册一级建造师3人、二级建造师3人。

【科研创新】 省、市两级技术中心通过年度评价；提升科研能力，下达2019年科研计划，安排研发项目15项，落实科研投入3000万元；积极完成9项软著、20项专利申报工作；1项省重大专项课题顺利通过验收。制订《飞马智科产品标志管理办法》，参展第二届中国西部国际投资贸易洽谈会，进一步强化品牌。《冷轧薄板处理工艺全流程电气自动化控制技术的研发与应用》《高速轮轴智能制造关键技术研发及应用》两项科技成果进入安徽省科技进步奖三等奖公示。

【人力资源管理】 制订下发《飞马智科信息技术股份有限公司2019年职工培训工作计划》，累计培训兑现率为92%；开展55名社会化招聘员工、48名新入职高校毕业生的岗前培训、导师带徒、月度考核；先后两期赴余姚组织开展"企业高阶经营管理者培训"，累计培训50人次，进一步提升中层人员的管理水平；注重人才培养，推荐申报省属企业第五批"538英才工程""高端人才"人选1人，申报"马鞍山市科技带头人"1人，申报68名员工享受马鞍山市"骏马"工程安家补贴。

【党群工作】 1. 党建工作。深入开展“不忘初心、牢记使命”主题教育,先后组织党委中心组学习12次、专题研讨4次,制定《飞马智科在“不忘初心、牢记使命”主题教育中开展专项整治工作方案》,对照查摆问题并完成整改,组织全体党员开展革命传统教育、手机APP主题教育知识竞赛等活动;以“一个支部一个品牌”建设为抓手,加强党支部品牌建设;以“竞聘上岗”方式组建经营管理团队,33名同志经过竞聘任职管理岗位,其中新提拔9人,干部队伍进一步年轻化;积极做好党员发展工作,1名职工发展成为预备党员,9名职工于12月份转正;对重点推进的7个工程项目开展“两个嵌入”活动,为工程项目圆满完成提供强有力支撑;开展“三个以案”警示教育和党员干部赌博问题专项整治工作;加强形势任务宣传,开通公司抖音官方账号,累计组织撰写各类新闻报道在网站、电视刊登共500余篇;加强意识形态工作,对照《省委意识形态工作责任制落实情况专项检查反馈意见整改清单》开展自查,加强微信、QQ工作群规范管理。

2. 群团工作。开展《我和我的祖国》快闪拍摄、新时代青年风采诵读比赛、“决战四季度”等系列喜迎国庆70周年活动;开展2018年岗位创新创效成果奖和先进操作法征集评选、创新工作室总结经验交流和评审、合理化建议评审等活动,进一步激发广大职工关心企业、参与管理、献计献策的积极性。承办并圆满完成马钢第九届职业技能竞赛仪器仪表维修工工种竞赛活动,公司获优秀组织奖,11名员工获佳绩。积极开展送温暖活动,对28户困难、大病职工送慰问金额11.99万元。团委开展“学习工匠精神放飞青春梦想”主题团日等活动,积极搭建青年平台,先后开展交流研讨会、趣味篮球赛等活动,增强团队精神和团员青年们的凝聚力。

【荣誉】 2019年公司先后获得全国钢铁工业先进企业、马鞍山市技术创新示范企业、2017—2018年度全市无偿献血先进集体、马钢先进集体、马钢先进基层党委等荣誉称号。

(殷丽君)

财务公司

【概述】 2019年,公司紧紧围绕“提升运营效率、创造服务价值”工作主题,加强资金集中管控,灵活应对市场变化,抢抓经营有利时机,持续做大信贷规模,积极探索产业链金融服务,不断夯实内部管理,资金精益运营水平进一步提升,对集团金融服务能力不断提高,取得了较好的经营业绩。全年实现营业收入4.61亿元,比上年增加0.8亿元;实现利润总额3.6亿元,比上年增加0.44亿元;累计发放贷款37.7亿元、办理票据贴现72.5亿元,全年信贷资产日均余额达86.68亿元,比上年增加21.55亿元;全年人事利润效率1091万元/人,比上年增长210万元/人,增幅达23.8%;各项监管指标均符合监管要求。

【产业链金融】 积极探索上下游产业链金融业务,深入挖掘业务潜能。抓牢上游业务信息源头,全年为50家马钢供应商办理贴现业务1.72亿元,业务跟进及时准确,放款流程方便快捷。创新上游业务模式,加强与宝钢财务公司业务协同,开展财务公司承兑票据转贴现回贴业务,促进财票在产业链间高效支付,实现产业链多方共赢。立足销售公司本部拓展加工中心下游业务渠道,缓解加工中心资金压力。延伸为下游经销商办理票据贴现融资,促进产品销售。全年累计发放买方信贷1.8亿元,年末买方信贷业务余额1.2亿元,较上年同期增长1.02亿元。开展货权质押模式买方信贷业务研讨,择机推动业务成果转化。

【信贷业务】 持续加大多元客户信贷投放力度,深入做好融资顾问服务,支持多元产业发展壮大。加大钢晨实业等客户授信额度,新增诚兴金属等9家多元产业授信客户,年末多元授信客户25家,授信规模41.42亿元,较上年同期增长17.12亿元。积极为废钢公司本部及其下属子公司独家提供初创期融资服务,扶持集团多元新兴产业快速成长。支持集团战略板块整合发展,为轨道交通与车轮公司重组、嘉华建材重组当涂中天提供运营资金缺口解决方案。全年累计为多元产业客户发放信贷72.75亿元,较上年同期增长25.36亿元。

【资金和投资业务】 利用外部市场融资平台功能,凭借同业存单为基础的银行间市场正回购业务,推升主动负债规模。全年日均主动负债达到12.73亿元,较上年同期增长42.23%,收入较上年同期增加364万元。通过信托产品投资提高投资收益率,全年信托产品投资的平均年化收益率为4.77%,超综合投资收益率130BP。

【资金集中】 充分发挥集团司库职能,持续提升资金集中管理水平,全年新增28户成员单位,年末成员单位总数149户。全年新增108个外部银行账户入池,年末入池银行账户数600户,净增加账户69个,银行账户入池率73%。全年平均月末全口径资金集中度为62.69%,比上年增加5.46%。

【风险管理与内部控制】 强化经营多维度风险管理,促进公司风险可控、合规经营。认真自查补漏,积极配合银保监部门开展现场评级,获得2018年度2A评级与上年度持平。选聘外部律师事务所为公司常年法律顾问,帮助规避法律风险。持续强化风险防控基础工作,全年完成40家成员单位的授信评级、华融信托等6家信托公司的机构准入和集合信托计划开展。严格按照监管部门要求深化开展"质量提升年活动",进一步规范公司经营行为。扎实做好反洗钱工作,积极开展扫黑除恶、非法集资专项排查和客户身份识别,2018年度评级得分89.3分,较上年大幅提升。继续发挥稽核工作事后监督作用,按计划开展8项专项稽核,督促发现问题整改,促进公司各项工作合规开展。

【信息化建设】 充分利用高效信息化手段,联合财务共享中心打通财企直连全部结算通道,配合其分批做好成员单位费用共享、应收应付共享、电票财企直联、资金平台上线工作,实现财企间高质量联动运行,提升集团整体结算效率,达到信息实时传递、数据平台共享、业务相互支撑的既定目标。针对各部门业务工作实际需求,以推动信息化建设为切入点,多角度合力开展系统优化攻关,开展信息系统安全加固,保障信息系统应用环境稳定运行,系统功能、操作安全性、业务操作效率均有显著提升。

【人力资源与企业文化建设】 推进多元产业薪酬总额管控制度改革,建立有效的激励、约束机制,进一步完善员工岗位绩效评定、年休假及加班制度等人力资源管理手段创新,优化岗位人员配置,激发员工工作热情。针对性开展金融业务专项培训,组织管理人员和员工参加各类培训63期77人次,持续提升全员技术业务水平。组织开展年度专项课题研究,靶向解决公司经营热点、难点问题。秉承"依托集团、服务集团"的经营理念,积极推进追求卓越、服务至上的企业文化创建,推动建立个性化金融服务体系,打造高素质专业化顾问团队,切实强化公司品牌信誉度。不断增强团队凝聚力,积极引导广大员工形成共同的价值观念和精神理念,组队参加市银行业协会运动会,开展户外拓展培训、登山、徒步等文体活动。

【党建工作】 扎实开展"不忘初心、牢记使命"主题教育,以多种形式集中开展学习16次。持续深入推进党支部标准化建设,坚持把"两学一做"和主题教育纳入"三会一课",依托"学习强国"、公司网站等媒体平台,组织全体党员集中学习党的最新思想政治理论,推进实施党支部品牌创建工作,开展庆祝新中国成立70周年主题党日活动。严格执行工作流程,顺利完成党支部换届工作。全力做好马钢党委巡察迎检准备,配合巡察组高效开展工作,认真剖析巡察提出问题,立行立改不松懈。扎实推进"严强转"专项行动,集中开展党员干部赌博问题专项整治,组织科干签订廉洁从业承诺书,开展节日期间防范"四风"和廉洁自律警示教育、预防职务犯罪宣传教育。调整更新廉洁风险防控识别表,将全部关键岗位人员纳入防控常态化管理。同时结合"三个以案"警示教育,加强关键岗位人员廉洁教育,定期检查学习落实情况。

(姜 勇)

马钢集团投资有限公司

【主要经营指标】 2019年,公司紧紧围绕主业发展方向,推进股权投资和资本运作工作,股权投资主要围绕具有产业协同效应的企业进行股权投资,资本市场方面坚持风控前置,继续保持稳健的投资方向。2019年,合并口径营业收入及投资收益为27459万元,利润总额23006万元,全年未发生经营风险事件。下属子公司马钢(上海)融资租赁有限公司及马钢(上海)商业保理有限公司以稳健的投资渠道,严格的风险控制,取得突出业绩。

【子公司管理】 马钢(上海)融资租赁有限公司积极构建金融产业布局。通过直租、回租、转租赁及联合租赁的方式,为集团内外部优质客户提供专业化、多元化的融资租赁服务。马海(上海)商业保理有限公司打造新的投融资平台。坚持稳健经营和合规发展,确立"精耕细作供应链、战略合作金融圈"的发展定位,开发出线上(线下)化的单笔保理、池保理、票据保理、坏账担保、再保理等八大业务模式。

【股权投资】 2019年外部企业定向增发项目2个:淮北矿业定增项目,投资金额8486万元。物产中大定增项目,投资金额76400万元。马钢集团公司内部项目2个:飞马智科定向增发项目,投资公司追加投资1亿元,持股比例增至9.695%;马钢(上海)商业保理,2019年由股东同比例增资共计3亿元,注册资本达到6亿元人民币,其中投资公司出资1.35亿元,持股比例45%。

【市场研究与投资】 通过对钢铁行业和马钢集团的形势分析,从资本运作角度提出有益建议,立足金融控股平台,助力集团公司发展。2019年,实施券商定向资管计划项目、临时性资金管理项目及可转债/可交换债投资项目,获得较好收益。

【人力资源管理】 2019年,融资租赁公司和商业保理公司向全社会进行市场化人员招聘,坚持薪酬与绩效、公司效益相匹配,良好的机制吸引了一批高素质人才加盟。

【企业培训与交流】 与鞍钢、太钢投资公司开展合作交流,定期研讨资金市场、债券市场和股票市场等的发展趋势,定期开展对标活动。

【党建工作】 制定党支部标准化建设工作目标,并对工作目标进行细化分解。学习贯彻习近平新时代中国特色社会主义思想和党的十九大精神,推进"两学一做"学习教育常态化,开展"三会一课"制度。将党建工作要求纳入公司章程,明确在章程内设立党建专章。

(周立人)

马钢集团招标咨询有限公司

【概述】 2019年,公司在册员工42人,累计完成各类招标项目5802项,招标总金额133.37亿元,营业收入4995万元,利润总额3107万元,经济增加值2245万元,超额完成预算指标,取得显著经营绩效。公司为安徽省招标投标协会副会长单位,马钢招标品牌在安徽省行业内产生一定影响力。

【重点项目】 1. 大力支撑马钢集团重点项目开展。港务原料总厂料场环保升级改造等项目深入调研项目基本情况,精心设计招标方案,帮助降低风险,规范完成6个项目的招标,依法合规实施,有效保证时间节点和项目质量,招标总金额累计达12.6亿元。优质快捷支撑一钢轧总厂重型H型钢异形坯连铸机工程、长材事业部重型H型钢轧钢生产线项目等系列招标40余项,招标总金额超2亿元。山西福马公司系列招标项目采取上门服务,多次赴异地组织开评标,累计开展各类工程、设备等招标59项,招标总金额3.4亿元,节资率21.37%。特钢公司新建大方坯连铸机项目高效快捷,规范开展国际招标,取得理想成效。

2. 积极支撑合资公司招标工作开展。通过策划,长钢综合料场环保提升改造项目确保由实力最优单位中标,长钢产能减量置换140吨电炉工程本着"让市场不让价格"的原则,实现集团资源利用最大化,实现内部单位中标。

【市场开拓】 高度重视市场创效,按照"EVI"理念服务客户,大力开拓外部市场。在2018年与马鞍山监狱、武警支队、安工大、港口集团、雨山区文体局、市环卫处、市城管局建立合作关系基础上,持续提供优质服务,稳定业务渠道。积极开拓新市场,与税务局、体育局、经开区社会事务局、市体育馆、博望区公路局、环保局等单位建立业务关系。打通当涂公管局招标代理备案,为承接当涂项目奠定基础。为开拓新业务,公司鼓励内部优秀科技人员利用业务时间学习造价课程,参加注册造价师考试,并学以致用,利用所承接外部项目的造价需求,积极参与编制,边学边干。公司在2019年马鞍山市公共资源交易市场代理业务排名位居第二,在安徽省代理国际机电业务排名第三。

【制度建设】 为适应马钢集团公司分层分级管控模式的要求,依据相关法律法规的要求,结合省国资委集中监督检查和省审计厅审计反馈问题的整改要求,修订《招标管理办法》,并经集团法务部对合法性进行评审,于6月10日正式发布,保证马钢在招标制度上的依法合规,并符合企业实际,明确公司定位和职责,统一采购方式,进一步规范非招标采购方式管理,具有很强的指导性、操作性和适用性。2019年组织开展15次宣贯培训,并开展马钢招标评标专家库专家专业培训,提高评标专家评标水平和责任意识,增强各单位对招投标法律法规及制度的刚性意识。

【信息化建设】 加速推进信息化建设。马钢电子招投标平台已实现手机移动端功能,具备手机移动端报名、线上购物车及微信、支付宝支付等一站式服务功能,更加便捷、高效的服务于招、投标单位;优化电子平台评标专家管理,实现评标专家随机抽取、工作评价等功能;测试上线废旧物资竞价销售功能,马钢固废资源、废旧物资等销售均可通过该功能快捷高效开展。

【人才队伍建设】 倡导"简单真诚、协调共享"的文化理念,致力于打造招标实战、市场拓展、平台运营、管理咨询四支"精英团队"。定期开展案例分析会、周末大课堂、市场分析会、招标学习周、岗位技能竞赛等特色活动,搭建员工成长成才的平台。鼓励员工参加职业资格考试,2019年公司持有招标师、建造师、造价师、监理师等证书的员工占比达60%,各项活动的开展,快速提升团队综合能力,80后已成为骨干力量。

【外部影响】 重视行业交流和市场影响力宣传,2019年,公司受邀为安徽省人保、芜湖新兴铸管、安徽省综合评标评审专家做招标采购知识专题培训,为合肥公司、长江钢铁、皖北煤电做招标采购管理办法制度咨询。同时,利用担任安徽省招投标协会副会长、第二届专委会轮值主任的机遇,搭建省属企业招标采购交流学习平台,走访调研8家省属企业招标采购情况,学习行业先进做法,取长补短,提升马钢招标社会影响力。牵头策划并组织2019安徽省国有企业招标采购发展论坛,有4篇课题研究成果在论坛成果发布会上获得一、二、三等奖。

【党群工作】 以习近平新时代中国特色社会主义思想为指导,深入学习贯彻党的十九大、十九届二中、三中、四中全会精神,全面落实马钢党委五届三次全体(扩大)会议工作部署。认真开展党支部品牌创建活动,落实党支部提升行动计划。扎实开展"不忘初心、牢记使命"主题教育活动,结合开展"严规矩、强监督、转作风"集中整治形式主义、官僚主义专项行动和"三查三问"活动,全面落实"两个责任",教育引导全体党员、干部牢固树立"四个意识",坚定"四个自信",坚决做到"两个维护",切实发挥党支部"把方向、管大局、保落实"的作用。

(查　培)

马鞍山马钢废钢有限责任公司

【主要经济指标】 2019年是马钢废钢公司"创新商业模式,打造卓越品牌"的关键之年。公司上下坚持以习近平"创新、协调、绿色、开放、共享"五大发展理念为引领,紧紧围绕集团公司"强化效率、效益双引擎,聚焦变革突破、聚力价值创造"及快速融入宝武集团的总体要求,在规范有序生产经营、快速开拓市场、高效推进基地建设、完善风险防控等方面取得丰硕成果。累计销售废钢620万吨,营业收入150亿元,净利润1.91亿元,比上年分别增长107%、149%、36%,圆满完成各项工作目标。

【管理创新】 1. 创新经营模式,扩大经营规模。通过资产重组、并购、业务整合等方式实现废钢资源板块整合,发挥协同效应,快速提高经营规模。新成立马钢智信、马钢富圆、马钢利华三家子公司。大力推进作业区合作模式,快速布局全国市场,与浙江德清、江西萍乡、广西柳州、内蒙古包头、河北邯郸、江苏泰州、浙江温州等地的废钢加工企业正式签订合作经营协议。

2. 加快基地建设,增强加工能力。加快慈湖基地、郑蒲港基地、宣城基地和宿州基地4个基地建设,分别具备280万吨、100万吨、150万吨、60万吨废钢加工配送能力。

3. 完善制度建设,构筑风控体系。为完善企业内部约束监督体系,防范各类风险,助力企业全面健康有序发展,先后针对经营风险、信用风险、经营风险、资金风险、合同风险制定一系列制度及管理办法,规范公司在外销经营、授信、客户供应商、票据管理、采购等方面的业务行为。

【科技研发】 1. 推进信息化建设。设计开发一套集生产调度、物流追踪、经营决策和线上交易为一体的生产管控指挥信息系统,建立高度集成的生产指挥中心,实现各基地影像实时传送、生产智能调度,将生产经营活动融为一体,将分散的行业资源整合。

2. 制定行业标准。成立国内首家专业化的废钢应用技术研发中心。废钢协会委托马钢废钢制定废钢行业标准,2019年6月在马钢和鞍钢先行试点推广,8月份发布标准,2020年1月1日正式实施。

3. 启动智慧制造项目。借助外部科研院所的专业技术实力,启动战略布局规划研究、"绿色发展·智慧制造"项目、智慧服务交易平台设计、熔炼用废钢脱锌技术研发及应用、智能检判等课题,为进一步巩固行业竞争力奠定了基础。

【组产保供】 钢铁工业已逐渐进入绿色发展阶段,随着炼钢技术的发展,钢厂对废钢的用量急剧增加,对废钢品种、质量提出新的需求。公司及时调整品种结构,既满足钢厂降低铁钢比的需求,又发挥自身优质废钢品种的采购优势。同时采取强化验收质量、加大质量异议处罚力度、开通代理采购模式等一系列措施克服困难,保质保量做好股份公司废钢保供工作。

【安全环保】 1. 完善安全制度,实现安全零事故。修订《废钢公司安全生产责任制》,制定《强化安全风险分级管控和隐患排查治理双重预防机制实施方案》和《安全生产隐患集中排查治理专项行动方案》,对新员工进行岗前三级安全教育,组织开展"1+5+N"

安全隐患集中排查治理专项行动,2019 年安全隐患整改或防范措施落实率 100%。

2. 落实长江大保护,改善环境质量。聘请专家对公司环境管理进行风险评审,持续开展公司内部环境问题排查整治,加强长江大保护现场会会前及期间环境绩效管控,实现污染物排放达标率 100%;环保设施同步运行率、完好率 100%。无组织放散为零。设计并引进直径范围 40 米的移动式雾炮机 2 台,为生产现场环保降尘保驾护航。自主设计门式自动喷淋除尘设施,对废钢车辆进行喷淋增湿,减少运输途中粉尘排放。

【党建工作】 以深入学习贯彻落实党的十九大精神、十九届二中、三中全会精神和习近平新时代中国特色社会主义思想为重点,在各分子公司成立党支部和工会组织,开展党总支中心组、党支部、党小组理论学习、专题党课学习等,努力提升全体党员干部的政治素养和理论水平。紧紧围绕全面从严治党、全面加强国有企业党的建设新要求及公司创新废钢商业模式,加速产业转型步伐和深化企业文化建设等重点工作开展思想政治研究,收集调研报告及论文成果 9 篇,报送集团公司 2 篇,其中《浅谈控股合资企业体制机制融合的若干途径》获 2019 年职工思想政治工作暨第十届职工道德论坛征文优秀奖。

(王李璐)

化工能源公司

【主要经济技术指标】 2019 年,公司坚持以习近平新时代中国特色社会主义思想为指导,紧紧围绕“变革突破提效率,创新引领增效益”这一工作主题,齐心协力、攻坚克难、内抓管理、外拓市场,取得可喜经营业绩。实现营业收入 28.1 亿元,利润总额 1.7 亿元,EVA5632 万元,较好地完成集团公司下达的经营目标。

【产业布局】 1 月 2 日,山西福马公司注册成立,4 万吨/年针状焦及 30 万吨/年焦油精制项目正式启动,公司法人治理规范建设,股东会、董事会、监事会和经理层按章程规范设立,各项工作有序展开。2 月 22 日,晨马公司注册成立,焦炉煤气 6000 立方米/小时制氢项目正式启动,项目通过市发改委预备案,完成职业卫生评价,12 月 18 日举行开工典礼,开始现场桩基施工。主动寻求与山东、山西等地具有规范化工园区的合资合作,先后与山西知名大型焦化企业达成焦化基地合作意向。积极与韩国 OCI、中冶赛迪对接马来西亚海外焦化基地建设项目,并完成相应的项目建议书。

【安全工作】 通过系统化、规范化、标准化管理,牢固树立“安全 1000”理念,实现重大事故“五个零”目标,千人负伤率为零,各项安全目标圆满完成。结合安徽省“1+6+N”安全生产隐患集中排查治理专项行动,启动“全面排查治理隐患、全力提升安全管控效果”专项整治行动;建立安全信息化平台;持续强化基建技改项目的外来单位和人员安全管理;实施规范化安全培训,提高全员安全意识和特种操作技能;注重安全管理人才培养,7 名安全生产管理人员取得注册安全工程师证并在公司成功注册。同时,公司荣获马鞍山市人民政府颁发的年度安全生产先进单位称号;苯加氢作业区荣获“全国青年安全生产示范岗”以及中国安全生产协会颁发的“安全管理标准化示范班组”称号。

【环保工作】 各项污染物排放指标满足国家标准及内控标准,积极践行绿色发展理念;处理各类废水约 200 万吨;依托马钢内部平台,2019 年安全处置焦油渣 5500 吨,生化污泥 1.2 万吨;全年未发生环境污染事故。加强新区生化运营管理,完成老区生化药剂替代试验;积极推进 VOC 治理、生化加盖等超低排改造项目;开展“蓝天保卫战行动”及“长江经济带生态环境保护”专项整治,管控成效显著。

【基建技改】 2019 年,公司投资 3.8 亿元的净化合并项目实现一、二净化煤气导入新系统两大关键节点,从根本上解决了南区两个净化系统因装置老化存在的大量安全环保隐患问题。完成一净化生化、三净化制冷电磁站、3 号、4 号焦炉循环氨水管改造等多项技改项目,大量安全环保隐患被整改消缺,公司本质化安全环保水平大幅提升。

【生产组织】 基本实现生产系统稳定、流程可控和产品优良的目标,较好的完成对股份公司炼焦总厂及钢轧系统的工序协同。净化系统全年处理焦炉煤气 3200 万 GJ,焦油产量 18.5 万吨,轻苯产量 5.7 万吨;南区净化合并项目实现煤气指标优化;苯加氢长周期稳定运行取得进步,处理能力进一步释放,年处理量首次突破 7 万吨;出厂产品合格率均为 100%。

【设备保障】 加强对重点设备的运行管理,贯彻落实“生产主导、设备主动”要求,坚持“PDCA”循环。2019 年主要设备故障时间比上年下降 9.3%,主要设备故障次数比上年下降 17%。全年采购安全设备 650

万元,实施安全检修项目683万元。推进重点设备检维修项目实施,顺利完成二净化老AS系统拆除及资产处置、地下半净化水管道更新,三净化初冷器检修,苯加氢外线硫化氢和二甲残管道更新,安监信息平台建设等重点设备检修工作。

【市场营销】 积极优化市场销售渠道,加强市场调研与开发,开拓焦油、轻苯、粗酚钠等产品的新客户,采取策略积极应对价格波动,合理控制产品和原料库存,基本保证年度产销稳定和经营目标的实现。2019年外采购煤焦油1.1万吨,在实现贸易利润的同时,支撑了马钢OCI的生产经营;外采购粗苯4600吨、轻苯1.7万吨。充分发挥公司机制优势,积极拓展焦炭贸易业务,年贸易额达到4.4亿元,为公司年度经营目标的完成提供强力支撑;开辟“贸易+服务+技术支持”新模式,在支撑合作企业转型发展的同时,进一步提升公司在行业内的知名度。

【科技创新】 省重大专项配套产学研项目《煤基气制环氧丙烷工艺包研发》按计划全力推进;与清华大学、西南化工研究设计院合作签约《氢能源系统应用与产业化研究》项目;2019年科研攻关立项22项,两项创新项目获马钢第三届创新方法大赛三等奖;与安徽工业大学等单位合作项目《焦炉煤气脱硫及其废液提盐关键技术与工程化》已获2019年安徽省科学技术奖二等奖公示;《降低非芳含苯指标》荣获2019年度安徽省质量管理小组三等质量技术成果;制定《焦化燃料油》行业标准;为公司安全、环保、经济、高效的生产运行提供科研保障。

【体系建设】 在外部专家的指导和内部各单元的积极配合下组织开展质量、环境、职业健康安全、能源综合管理体系内审,培养16位内审员,5月份完成四大体系认证,同时与相关机构加强风险防控体系的梳理与对接,助推公司体系管理工作迈上新的台阶,内部各项工作水平也得到有效提高。

【内部管理】 (1)整合融合有序推进。9月,公司积极响应宝武与马钢的联合重组,提前谋划、主动交流,实现与宝武炭材的无缝对接;专业化整合快速高效,“首日计划”按期实现,“百日计划”推进有力;专业管理对接推进有序,迅速融入宝武炭材管理体系;在整合融合的过程中不断学习、壮大。(2)人力资源不断优化。积极落实马钢集团相关政策,2019年办理协商一致解除劳动合同84人,办理退休27人,人事效率提升近20%。全力配合集团机构改革,承接改革分流人员3人;通过集团内部招聘6人;切实发挥社会责任,安置复员士官3人。强化三支队伍建设,5名优秀技术人才被提拔为项目副组长或科级管理人员,评选出10名后备干部;持续加大职工培训力度,开展各类技能、安全、体系等各类培训;积极组织参加马钢第九届职业技能竞赛,一人获得马钢岗位技术状元称号、五人获得马钢岗位技术能手称号、四人获得马钢优秀选手称号;1人获马鞍山市学科带头人称号。

【党群工作】 不断加强思想建设,扎实开展“不忘初心、牢记使命”主题教育,召开第一次党代会,充分地发挥党组织“把方向、管大局、保落实”的作用。牢牢把握舆论宣传正确导向,精心策划和开展主题宣讲、专题宣传和典型选树。全面推进组织建设,成立晨马公司、营销中心及福马公司党支部,发展党员8名,5名预备党员转正。坚持以目标为导向,建立有效的预警和发现机制,开展安全环保工作的效能监察,不断增强企业的凝聚力和战斗力。积极开展“战高温”劳动竞赛、“双五小”“庆祝新中国成立70周年”等群团活动。坚持民主管理和厂务公开,完善以职代会为基本形式的民主管理制度。持续深化困难帮扶工作,开展互助帮困、慰问走访、金秋助学等活动,发放慰问款和大病救助金,切实解决困难职工的实际问题。

(丁 玲)

马钢集团康泰置地发展有限公司

【主要经济安全指标】 2019年,实现主营业务收入3.28亿元,利润总额1863.49万元,上缴各项税费1528.75万元;重大安全、伤亡、火灾事故为零。

【安全管理】 按照马钢构建“六项机制”要求,持续健全公司安全管理体系,强化安全监管机制,建立问责机制,推进全员安全生产责任制,保证公司主要安全管理人员下基层抓安全制度的有效落实。牢固树立“安全1000”理念,全方位强化在建工程项目的安全及质量管控,规范施工协作队伍的综合评价考核管理,确保在建工程项目安全无事故。持续优化房(资)产管理台账,畅通沟通反馈渠道,及时消除各类安全隐患,全年完成维修项目31项合计金额600万元、处理水电抢修420项、突发事故及违章整治等20余项,切实保障了各类资产的安全状况。全面加强职工的安全消防意识,陆续开展“防风险、保平安、迎大庆”安全形势教育、多场实地消防演练等专项活动。

【现场管理】 全力做好马钢“三供一业”改造移交现场管理,积极协调市、区政府及马钢相关单位,在确保成片小区维修方案得以落实的基础上,根据现场情况适时调整维修内容,解决重点难点问题,确保各项资产的顺利移交,最大限度发挥出政府及马钢投入的近2500万元资金的效应。不断巩固文明城市创建成果,从制度层面完善管理标准,从操作层面规范基础管理台账,全面提升辖区内四室现场管理水平,其中“人才公寓浴室”荣获2018年度马钢“最佳浴室”称号。按照文明城市创建工作中对农贸市场提出的标准化改造要求,在政府大力支持下,共投入800余万元对辖区内新岗农贸市场实施改造升级。

【服务工作】 完善机关服务基层工作机制,建立机关部门与基层单位业务对口联络制度,及时对基层业务规范开展情况予以指导、监督并做好相应管理制度的修订。不断扩大标准化管理覆盖面,制定物业服务项目标准化体系建设推进计划,并建立符合大学生公寓的标准化流程和评价机制,选取部分机关工作业务打造标准化办理流程,持续完善和提升服务质量。在物业服务外部市场项目上试点推行第一责任人负责制,主动联系、服务业主,对已售房屋开展质量回访,及时沟通、解决问题,提升业主满意度,增强品牌知名度。配合扫黑除恶专项行动和巡视巡察整改工作,开展经营性房(资)产专项检查整治,建立并规范长效管理机制,分10批对涉及128个小区300多套住房的托管资产进行盘点,有效防范国有资产利益流失。按时间节点妥善完成马钢217号、218号中转楼涉及138户的拆迁安置工作,解决了上湖小区、雨山九区、金桥雅苑安置的疑难问题。

【业务拓展】 各项产业坚持“效益”优先原则,在内外市场开拓上均取得一定成效。物业服务组建市场业务拓展招投标工作小组,持续扩大非住宅物业市场份额,顺利取得6个总面积约133.6万平方米的物业服务项目,并积极拓展服务内容,预计增加收入500余万元。建安业务紧盯马钢市场资源,中标工程项目48项合计金额3359万元,此外,分别与马钢集团、马钢股份下属各单位签订工程合同共350余份,全年工程业务量合计金额逾1.1亿元,实现收入和利润双增长10%,创历年最高。物资贸易业务通过招投标拓展矿业公司钢材供应业务,新增东华软件园钢材、水泥供应业务,全年实现经营利润160万元,超额完成销售额和利润双提升20%的年度目标;适时调整矿石供应商,有力应对国际铁矿石价格大幅波动的影响和上游供应链的制约,全年实现收入1.3亿元,利润180万元。房(资)产经营业务积极关注房地产市场动态,采取灵活多样的方式,在门面房租赁市场不景气的情况下实现盛泰名邸门面房92%的出租率;经过努力谈判和协调,仅用5套房源完成100余户的拆迁安置,为马钢节省资金2100余万元。积极探索公司经济增长点的突破口,专项开展垃圾分类、多层住宅增设电梯等相关课题调研工作,为产业拓展谋划思路。

【改革发展】 持续完善法人治理结构,按期开展公司董事会、监事会换届工作,选举产生第三届董事会、监事会,重新聘任了经营管理层。转变传统人工管理模式,初步搭建起物业信息化平台,在物业服务领域全面推广应用电子化收费管理系统;有效推进马钢人力资源信息化管理平台和金蝶EAS财务管理系统的上线应用,逐步实现经营信息共建共享。模拟市场化运营模式,实行工资总额管控经营考核模式,实现职业经理人制度的规范运作。着力探索人力资源优化的方法渠道,明晰管理类、技术业务类、操作维护类三支队伍建设方向。根据企业发展需要有重点地培养队伍,2019年共开展基础技能类、管理能力提升类培训共计105人次,组织评审初级类工程师和政工师,建立并完善职工技能登记台账。

【党建工作】 将党建工作深度融入服务生产经营,充分发挥出党支部战斗堡垒和党员先锋模范的作用。根据马钢党委统一部署,成立“不忘初心、牢记使命”主题教育领导小组,通过集中理论学习、调研检视反思、落实专项整治等方式将主题教育活动贯穿全年;深入推进党支部标准化建设,顺利完成各支部改选;分步开展“一支部一品牌”创建,成功打造出“红色物业联盟”品牌形象。不断加强党风廉政建设,开展“严、强、转”集中整治形式主义官僚主义专项行动,以“三个以案”警示教育为契机,开展党风廉政建设警示教育巡回展,及时落实节日期间“四风”问题防范和中央八项规定监督检查工作,增强党员干部廉洁自律意识。

【文化建设】 分步推进企业形象塑造,改版升级公司门户网站并迅速成为宣传主阵地,组织拍摄企业业务宣传微视频,亮出企业身份新名片。充分发挥意识形态引领作用,着力培育职工家园情怀,组织开展庆祝新中国成立70周年征文、文艺汇演系列活动,修订并完善宣传报道工作考核办法,持续提升宣传稿件的质量和数量,全年共发表宣传报道328篇,其中马钢及以上媒体发表190篇。多形式鼓励员工积极参与公司生产经营管理,组织开展以“精益运营激活力,创新驱动促发展”为主题的劳动竞赛和合理化建议活动,首次开展并评选出6名年度“服务之星”。切实关心职工生活和健康,组织开展年度职工及其家属体检、“健康家园”快步走、高温季节“送清凉”、金秋助学及职工疗休养等活动,全年开展各类慰问40人次,为14名职工落实“互助帮困”“互助保障”资金合计85500元。坚持与职工共享企业发展成果,稳步提升职工收入的同时,实施了红利分配。

（郑　燕）

欣创节能环保科技股份有限公司

【主要经营指标】 2019年,实现营业收入110192.92万元,利润总额9031.75万元;外部收入40180万元,外部收入占比36.46%。

【重点工程】 抓住马钢环保设施提标改造机遇,推进3号烧结机脱硝及超净排、焦化系统除尘、矿山除尘等环保工程治理项目,项目工期、质量、安全、成本总体可控,为马钢股份公司打赢蓝天保卫战做出积极贡献。以11月份国务院“央视长江大保护警示片”反映问题整改工作现场会召开为契机,在保证已完工PPP项目成效的同时,加快推进孟塘及孟塘支渠、雨山河及黄家塘等多条水系治理,强化河道水质管控,狠抓现场建设,顺利通过国家两部委开展的黑臭水体检查等多次检查。

【托管运营】 “环境检测-设计研发-工程建设-托管运营-固废处置”全生命周期服务模式不断充实,运营模式更加成熟。托管运营马钢近150套除尘设施、10余台套脱硫脱硝设施运行稳定,排放达标,环境绩效优良,满足业主要求。2019年,10套脱硫设施共完成二氧化硫减排量34544吨,比上年增加1745吨;4套脱硝设施共完成氮氧化物减排量4339吨,比上年增加1861吨;61套环境除尘设施共完成粉尘收集量383578吨,比上年增加1614吨。10套脱硫设施同步运行率99.96%,比上年上升0.13%,脱硫效率90.07%,比上年下降0.71%;4套脱硝设施同步运行率99.94%,比上年下降0.04%,脱硝效率88.88%,比上年上升21.66%。

【技术进步】 大气和水污染治理设计室在专业技术上推行“师徒制”,提升设计能力。大气治理设计室完成40余项烟气治理项目技术方案编制;参与20余项项目投标;完成20余项施工图设计。水污染治理设计室完成20余项污水处理项目方案编制。立足省企业技术中心、省工程技术研究中心等平台,规范平台制度、组建专业团队。安徽省博士后工作站的创建取得阶段成果,首位博士顺利进站,公司企业科协被评选为市优秀企业科协。2019年,公司立项研发项目12项,转结研发项目2项,在研2项安徽省重点科技计划项目;与清华大学、南京工程学院、安徽工业大学等合作进行技术开发,其中,与清华大学合作开发的《基于空气微波等离子体的恶臭气体净化系统研发》同时申报省科技重大专项。截至12月底,申请专利16项,其中发明专利7项、参与行业标准制定3项;《冶金烟尘超低排放技术与装备的开发及应用》获得省科技进步二等奖。

【市场开拓】 形成投标项目43项,中标项目13项;外部项目完成风险评估32项,评估率100%。对接炼焦总厂、炼铁总厂等多家马钢集团内部单位,努力争取马钢内部环保改造项目,中标马钢股份炼铁总厂3号烧结机脱硫脱硝项目EPC总承包工程项目、南区3号高炉碎焦碎矿转运系统除尘工程EPC总承包工程项目、冷轧总厂2130酸再生环保升级改造工程EPC总包等项目。外部市场方面,由欣川公司EPC总承包建设的河北唐山宝利源140吨/小时干熄焦及余热发电项目12MW发电机组顺利并网发电,成功开拓国内干熄焦余热发电市场;由欣创公司、中钢矿院公司及高新创投公司共同出资成立的马鞍山市洁源环保有限公司,主要承接马鞍山一般工业固废(含Ⅱ类)填埋场项目的建设、运营,为公司拓展新业态。

【企业管理】 修订并实施《安全生产责任制》《安全生产经济责任制》等管理制度,加强安全教育培训工作,提高职工安全意识;出台并实施《应收账款清收管理办法》《资金支付管理办法》等制度,全面加强资金管理;初步建立托管运营成本分析模型,对公司降本情况实时跟踪,分析运营成本增减变动影响因素;优化采购方式,通过区域功能总包、依托采购中心“聚量采购、统采分签”方式降低运营采购成本;跟进马钢精益工厂试点单位,在运营各区域推行6S管理;制定了《项目经理制管理办法》和《项目管理办法》,在3号高炉槽上除尘等项目试行项目经理制,试点项目的进度、质量、成本控制、合同管理、安全管理等方面较以往有较大幅度提高;先后制订和修订

《2019年欣创节能环保公司绩效考核办法(暂行)》,夯实人力资源管理。

(朱以超)

安徽马钢嘉华新型建材有限公司

【主要经济指标】 2019年,公司产销矿渣微粉362.48万吨(本部140.28万吨,委托加工222.20万吨),转销水渣62.26万吨,实现营业收入11.37亿元,利税总额1.21亿元。公司荣获中国建筑材料企业管理协会颁发的"2019中国建材企业500强"称号。

【整合发展】 1. 承接炼铁总厂北区水渣仓布料小车后、南区水渣池后的水渣储运装卸业务,承担工序费用630余万元,确保高炉水渣外发顺畅。

2. 保持矿渣微粉委托加工合作规模,与巢湖地区矿渣微粉企业积极洽谈,1月份,与巢湖亿利达建材公司60万吨产能达成委托加工合作,实现产销矿粉60.43万吨,为确保新型建材公司合肥市场竞争力和市场份额作出突出贡献。

3. 并购当涂中天公司120万吨产能及码头。为优化区域产业发展生态,联合马鞍山市亿嘉美实业发展有限公司(马钢嘉华出资12870万元、亿嘉美出资6930万元)设立当涂子公司即当涂马嘉新型建材有限公司,通过法院变卖破产资产规定程序收购马鞍山市中天新型建材有限公司120万吨矿渣微粉产能和160米长江岸线码头,做实做大马钢水渣延伸加工产业平台。

【绿色制造】 适应长江经济带生态环境突出问题整改现场会的要求,努力提升环境质量,打造与城市、与长江和谐共生的一流企业,包括煤和水渣通廊封闭,堆场地面防渗硬化及集水设施建设,沿江储库外墙彩绘和LED字设计亮化,建构筑物外立面粉刷装饰,鼓风机消音器安装,储库散装发货系统收尘改善提升等。

【智慧制造】 利用地磅进销系统、亚士德车辆跟踪系统并配置卸料传感器,实现款到发货和卸货审核,避免超发,及时获取串货证据并给予合理处置,实现数字赋能智慧管理和制造。学习韶钢嘉华、南钢嘉华先进经验,与飞马智科公司合作,引进武汉华神公司针对矿渣微粉企业研发的生产智能管理、设备智能管理、物资智能管理和安环智能管理模块,实现运维一律远程化、服务一律上线,为自动收集操作运转数据和巡检标准化、为积累生产设备操作和检修数据提供平台,促进生产、设备、物资和安环管理升级。

【体系建设】 公司经过北京国金衡信认证有限公司的审核,取得GB/T23331—2012和RB/T103—2013能源管理体系认证;通过安徽省安全生产协会组织的安全生产标准化审核,并获评省应急管理厅的"安全生产标准化二级企业"称号。

【技术创新】 积极组织职工开展技术业务培训和岗位创新,获取实用新型专利3项,分别为:一种滚筒筛缓冲筋及滚筒筛分机,一种防淤泥堵塞潜水泵,一种潜水泵的防堵保护装置。联合安徽工业大学研发"钢渣—矿渣混合土体路用性能关键技术研究"荣获中国混凝土与水泥制品协会2019年度行业技术革新二等奖。

(徐　平)

安徽马钢粉末冶金有限公司

【主要经营指标】 2019年生产还原铁粉34014.83吨,销售还原铁粉33977吨,销售收入14569万元,实现税前利润334万元(未经审计)。

【生产经营】 围绕"两窑四炉"生产平台的稳产,积极实施月产3000吨还原铁粉达标工作。进一步适应环保要求,实施生产工艺流程再造,以稳定4万吨还原铁粉生产平台为目标,不断采取各种措施,探索调整生产工艺,努力提高品种兑现率,满足客户需求。

【节能技改】 不断提升环境治理能力和环保管理水平,完善相关审批资料,年产6万吨还原铁粉技改项目环境评价于12月由马鞍山市生态环境局审批通过,该项目具备试生产条件,为公司年形成"三窑六炉"生产新格局奠定装备基础。积极探索兰炭替代焦粉举措,通过兰炭与焦粉的不同配比搭配使用,找到合理搭配比例,掌握使用兰炭的工艺制度,兰炭的使用大幅降低了生产成本。

【科技创新】 优化产品结构,加快新产品开发与组产。在做强制品用还原铁粉主产品的同时,成功开发磁性材料用粉的生产工艺,为优化产品结构、充分应对新能源汽车市场的发展、消化新增产能奠定了基础。本着成熟一个客户、发展一个客户的方针,组织成立EVI小组,积极提供客户试用预混合合金粉,努力提升产品档次。已完全掌握新开发的预烧料生产技术,进入正常的生产计划,每月有一定的销量,创造了较好的经济效益。

【安全环保】 突出环保整治,环保工作进入常态化管理,努力打造本质型环保企业。针对史无前例的环保整治压力,粉末冶金公司将环境保护提升到直接决定公司生死存亡的高度,全面实施粉尘、烟气、噪音、水处理达标排放的整治计划,仅水处理系统就投入300多万元。通过持续投入与整治,现场环境面貌得到极大改善,受到同行、客户、上级部门的一致肯定。同时,配合省市环境部门建立在线监测设施,各项举措转入常态化管理,管控指标均达标运行。

【体制改革】 根据宝武集团和马钢集团公司整合的要求,积极参与专业部门和人员工作对接,参加专业化整合培训,加强与股东的沟通,争取其他股东的支持。12月底,由马钢(集团)控股有限公司、宝武集团环境资源科技有限公司、安徽马钢粉末冶金有限公司签署了委托托管协议,约定于2020年1月1日起,马钢(集团)控股有限公司委托宝武集团环境资源科技有限公司对安徽马钢粉末冶金有限公司进行管理。

【党的建设】 扎实开展"不忘初心、牢记使命"主题教育,通过党员自学、集中学习研讨、深入基层调研和谈心谈话等方式相结合,持续推动学习习近平新时代中国特色社会主义思想往深里走、往心里走、往实里走,引导广大党员增强"四个意识"、坚定"四个自信"、做到"两个维护";认真贯彻执行前置程序的刚性要求,坚持支委会集体讨论审议涉及公司生产经营建设、改革发展和员工切身利益的事项,继续强化支部对公司各项工作的领导。2019年共召开支委会7次,讨论审议公司第十八次股东会、三届二次董事会议案及《企业与员工协商一致解除劳动合同实施方案》等共计17项与企业经营管理息息相关的重要内容;注重党员发展和组织队伍建设,2019年共有3名年轻技术骨干递交入党申请书;健全党支部工作制度,严肃党的组织生活,落实"三会一课"和主题党日制度,全年开展主题党日活动12次,累计参加240余人次。结合公司实际,致力打造"学习型党支部"品牌创建工作,各项工作按照创建方案有序推进。按照集团公司部署,圆满完成集中整顿软弱涣散基层党组织工作,开展民主评议党员21人,其中优秀党员6人、合格党员15人,表彰党内各类先进9人,充分发挥基层党组织战斗堡垒作用和党员先锋模范作用。

(刘建强)

安徽马钢创享财务咨询有限公司

【概述】 安徽马钢创享财务咨询有限公司于2019年3月筹备,2019年8月1日正式成立,注册资本500万元,下设3个管理部门为业务组、总务组、财务部,与马钢财务共享中心实行一套班子,两块牌子,内部机构与马钢财务共享中心合署。主要业务范围包括财务信息咨询(不含投资咨询)、会计代账服务、税务服务。

【发展定位】 立足马钢,拓展市场,结合内外,发展成为马鞍山具有重要影响力的财务咨询服务商。

【业务运营】 鉴于9月19日中国宝武与马钢集团联合重组,公司市场开拓及具体业务均暂缓,截至2019年12月31日,创享公司资产为502.62万元,利润总额26163.13元。

(顾　颖　金　花)

深圳市粤海马钢实业有限公司

【概述】 深圳市粤海马钢实业有限公司(以下简称为粤海马公司)为马钢集团一级控股子公司,成立于1992年11月25日,由马鞍山钢铁公司与深圳市南山粤海实业公司共同出资设立,注册资本300万元,马钢出资225万元,持股75%,南山粤海公司出资75万元,持股25%。

【经营管理】 粤海马公司成立后,由公司集团管理部对其进行管理;集团管理部撤销后,粤海马公司划归马钢实业公司管理;2012年马钢实业公司改制后,粤海马股权划至马钢集团公司,由集团公司资本运营部对其进行管理;2014年马钢资产经营公司成立后,集团公司委托资产经营公司对其实施管理。

粤海马公司2019年处于停业存续状态,共有员工2人,主要业务为自有28套房产的租赁。按照安徽省国资委关于清理马钢非主业工作的要求,集团公司投资管理部(法务部)、资产经营公司负责解决南山粤海公司的25%股权问题,待问题解决后择机出售房产,待集团公司收回资金后,再实行清算注销。

(高　亮)

安徽马钢耐火材料有限公司

【概述】 2019年7月23日,马钢集团股东决定,同意解散安徽马钢耐火材料有限公司,成立安徽马钢耐火材料有限公司清算组。2019年,该公司停产停工,资产处于清算核算状态。年底,原安徽马钢耐火材料有限公司仍有居家休养、编外、工伤离岗休养和转岗待安置员工共计19人在册。

(孙　俊)

·集体企业·

马钢利民企业公司

【主要经济指标】 2019年,实现主营业务收入16亿元,比上年增加3.7亿元。其中:劳务系统实现产值6.6亿元;建安系统实现产值5.6亿元;生产贸易系统实现产值3.8亿元。全年新增固定资产966.3万元。

【劳务总包】 处理顶岗业务转换成工序委托业务、劳务项目取消后续事宜;组织对劳务分包单位进行年度综合考核评价;协调处理劳务人员历史遗留问题、劳务派遣人员岗位调整、劳务人员招聘工作等,进一步增强劳务管理经验,规范管理模式。

【市场开拓】 建安公司内、外部市场均取得良好成效。内部市场:先后中标马钢高端汽车和轨道交通零部件线棒材深加工项目B组土建工程、一钢轧总厂铁水预处理改造工程等近10项重点工程;外部市场:在张家港经济开发区实业总公司厂房改造、六安大昌原料场等多个项目,打响利民建安品牌,外部施工合同金额近10亿元。建安公司承揽的总包项目均通过招标的方式确定工程分包和劳务分包单位,提升单项工程盈利水平。

【生产贸易】 利民固废科技公司3号线冶金固废一体化处置建成,达到"废水零排放、废气超低排"的环保要求。试生产期间,窑况表现稳定。商业贸易方面重点做好历史债务清欠,对重点债务单位由专人定点负责,全年清欠外债约300万元。

【基础管理】 不断加强制度建设,先后修订完善并印发《固定资产管理办法》《合格供应商管理办法》等33项规章制度,为企业规范化、精细化管理提供制度保障;金蝶EAS财务核算系统正式上线,利用系统的集成优势开发"工程项目报量及进度款支付台账""工程质保金到期预警台账""应收账款催收提醒台账""月度利润预测报送表"等功能模块,提升财务管理水平。继续与合作商业银行签订协定存款协议,降低利民公司财务费用,历史应收账款清欠工作取得明显成效,全年清收回笼历史应收账款近2000万元。

【党群工作】 不断发挥党委"管大局、把方向、保落实"作用、党支部战斗堡垒作用、党员先锋模范作用。通过深化习近平新时代中国特色社会主义思想教育,以及党的组织制度、作风廉政建设创新,开展基层党支部标准化建设和党支部品牌创建活动。本着以人为本的理念,提高职工薪酬待遇。对困难家庭情况进行排查、核实、清理。"两节"期间,各级工会走访慰问困难职工,发放慰问金、救助款。

(汤　莉)

集团公司合资公司

马鞍山马钢嘉华商品混凝土有限公司

【主要经营指标】 2019年,实现产值30877.75万元(其中混凝土主业销售收入21778.63万元,其他营业收入9099.12万元);实现税前利润740.39万元;上缴税费1892.62万元。

【资源融合】 2019年,商品混凝土公司纳入矿业资源集团公司管理,在混凝土原材料资源紧缺的巨大压力下,通过技术研发,利用张庄矿、南山矿、桃冲矿等矿业板块可资源化的固废作为混凝土掺合料,缓解马钢重点工程混凝土原材料供应紧张状况。

【持续转型】 2019年公司在环境风险和质量风险受控的情况下,坚持"市场导向和效益最大化"原则,成功将风淬渣等冶金固废运用在混凝土生产中,为下一步融入宝武后板块的协同与发展奠定基础。

【对标争先】 通过对标找差,与行业标杆企业的关键性经营数据开展横向对比,每月召开成本分析会,全面查找差距,制定具体方案,落实专项改进措施。通过对标,马鞍山分公司、铜陵分公司分别在减员增效、材料比价降本方面做了重点改进,取得预期效果,为进一步深化对标管理开了好头。

【安全环保】 全面贯彻落实安全生产法律、法规的新标准和新要求,深入排查和有效化解各类安全生产风险,安全生产持续稳定,实现重伤及以上人身、交通事故为零的目标。8月,经安徽省安监局评定验收,公司由"安全生产标准化三级"晋升为"安全生产标准化二级"企业。为强化"绿色发展"理念,各分公司加强环保硬件和软件的投入和管理,完成集团公司和地方政府下达的节能减排目标。

【资金回笼】 为确保风险受控,2019年马鞍山本部主业进行战略性收缩,外部市场主要向市政和基础设施项目转移;铜陵分公司两头市场盈利能力较强,寻求与大型国企和信誉好的民营企业合作机会,1000万元以下项目一律现款交易,严格控制抵账项目,销售模式由全部赊销逐步向预收款模式转变。其中中建、市政等相关项目欠款为4681万元占24%,其他外部市场项目欠款4357.8万元占22%,马钢内部工程项目欠款10653万元占54%。

【干部管理】 2019年,公司先后对不能够胜任现岗位的4名中层管理人员给予组织调整,同时,根据员工评议、组织考察、相关会议研究决定,提拔任用两名公司中层副职管理人员,在总职数不变情况下,进一步改善年龄和文化结构。对管理不到位、出现资金风险等问题进行严格考核与处罚,全年共考核处罚75人次,扣发奖金14.33万元。

【客商年会】 首次成功举办"建材客商年会",与各战略攸关方增进友谊,加强了解,为与建材客商建立健康、高水平、长期合作的伙伴关系打下更加坚实的基础,为公司持续转型和深化"前向一体化"发展战略起到积极的推动作用。

【员工培训】 2019年年初,采取"请进来,走出去"方式开展内部员工培训,先后邀请有关专家对公司的管理及业务骨干进行"EVA经济相关知识、企业生产经营中涉及的法律问题、反腐倡廉与廉洁从业、创新工作室的建立与运行、公文和通信报道的写作技巧"等专业知识密集性培训。同时,先后选送公司各级业务骨干到苏州、厦门、上海等地,参加"行为领导力""混凝土专项技术知识""企业微课开发"等业务培训。全年共组织培训634人次,其中自行组织培训18项,培训人员493人次,完成年度培训计划的100%。

【ERP管理】 克服实际困难,组织开展ERP管理系统前期初始化基础建设和实施上线相关筹备工作。

【党群工作】 注重"党建引领",助推企业增效。年初以来,公司以党建促管理,两级党组织和群团组织紧紧围绕公司工作主题,广泛地开展形势任务教育,正面宣传和引导,并利用微信群等各种媒介传播正能量,凝聚人心,形成合力,为公司"做强主业,转型发展"提供强有力的政治保障。

【企业文化】 5月,公司党总支组织开展"重温家园文化,践行使命担当"主题征文活动,共收到员工稿件31篇。不同层级、岗位员工多角度讲述公司近3年的变化,抒发对企业的家园情怀,部分优秀作品被推荐到《马钢日报》刊登,组织其中6篇文章作者面向各分公司进行宣讲,弘扬企业文化。

【社会责任】 积极响应马鞍山市委、市政府和马钢集团公司党委号召,参与"百企帮百村"脱贫帮扶活动。2019年,公司党总支主要负责人带领相关管理人员多次深入和县郑蒲港杜姬庙村、含山县昭关镇大宣村贫困户开展慰问,送去慰问金,并与当地村委负责人员共同研究脱贫致富的有效途径。

(童红武)

瑞泰马钢新材料科技有限公司

【主要经济指标】 2019年实现营业收入125016万元,比上年增长4%;利润总额4722万元,比上年增长25%;净资产收益率18%,较预算数增加50%。

【生产经营】 持续进行产线盈亏分析,不定形生产线初步实现达产达效,定型生产线实现顺产。积极创建精益工厂,建成投用2.47兆瓦屋面光伏发电系统,公司综合工序能耗34.333千克标准煤/吨材,优于行业先进标准,各类排放指标优于国家和行业标准;推进“精益采购”,持续开展替代镁砂专项工作,加强废旧耐材管控,努力扩大自用量;充分做好减税降费等政策性奖补增效工作;多措并举化解结算方式改变、总包业务先后两次大幅降价、固定资产折旧计提、新进员工和燃动力成本大幅提升等难题,筹备召开马钢股份公司2017—2018年耐材总包业务总结暨优秀供方表彰会,协同分包方共渡难关,确保实现马钢股份总包经营和公司生产经营稳定顺行,全年外销收入在严峻的营销环境下略高于去年。公司获瑞泰科技优秀业绩奖,马鞍山市招商引资工作先进集体,马鞍山市雨山区“先进集体”,进入马鞍山企业(综合)100强和制造企业20强。

【科技进步】 实施300吨钢包用高抗冲刷性长寿命预制砖的研发与应用等36项技术进步项目,取得在四钢轧300吨钢包和RH炉全面替代传统材料等明显成效,产品技术指标和使用效果显著提升和增强;加强创新中心建设,完善48个实验室试验方法标准,与武科大共同组建产学研实习和研究生实习实践基地及工程(技术)研究中心。积极做好与区、市、上级单位相关部门的协调和对接,申请发明专利12项,公司现有授权专利15项,受理专利25项,4项高新技术产品,及镁碳砖、滑板砖生产许可证。主持制定和修订《无碳钢包砖》《滑板砖》2项行业标准已发布,累计主持、参与制定修订行业标准6项、团体标准1项,并与武科大和洛耐院合作研修国际标准与国家标准;公司通过国家高新技术企业认定,获批马鞍山市节能环保型高温材料智能制造工程技术研究中心和节能环保型高温材料数字化车间、瑞泰科技“创新型企业”“知识产权先进单位”“智能制造明星企业”称号。《耐材总包业务定价机制》项目获瑞泰科技创新奖特等奖,《节能环保型机压无碳钢包衬砖的研制与应用》等2项获瑞泰科技创新奖二等奖。

【企业管理】 围绕发挥新装备和生产线效率和效益,尽快实现顺产、达产、达效,开展“管理年”活动。

1. 建立完善综合管理体系。取得两化融合、质量、环境、职业健康安全和能源管理体系认证证书。

2. 推进信息化建设。实现“业财一体”纵深应用,初步建成国内首家透明工厂。

3. 深化体制机制改革。优化人力资源,员工减少24%,全年招聘22名新员工,提拔任用3名总经理助理,并推荐一名总经理助理任安徽瑞泰总经理,公开选聘分厂厂长1名、部长(分厂厂长)助理3名,机构精简率62.5%,员工平均年龄由47.6岁降低到39.9岁,大专以上学历员工占比67.6%,企业瘦身健体30%,同时,积极开展“导师带徒”活动;完善薪酬激励机制,提高管理效率与效益;制定公司“十四五”战略发展规划(初稿);启动马钢耐火资产清算工作。公司转型升级,高质量发展的经验和做法,被央视《焦点访谈》栏目点赞。

【精神文明建设】 理顺党组织关系,认真学习贯彻党的十九大和十九届二中、三中、四中全会精神,按要求推进“不忘初心、牢记使命”主题教育,创新开展以党建促经营,以经营促发展活动,强化“政治体检”和“财务体检”;举办党务工作者培训,开展寻访红色足迹和新职工参观老厂区等教育活动;成立团委并召开第一次团员大会;召开东方运营管理中心暨瑞泰马钢党委工作会议和东方运营管理中心2019年上半年工作总结会暨“不忘初心、牢记使命”主题教育工作启动会,以及职代会;制作企业宣传片和宣传册,建设宣传展厅;参加马钢“奋斗新时代”职工文艺汇演及团拜会演出,获马钢文艺汇演三等奖;组织198名员工开展职业健康检查和健康体检;积极与市公交公司协调解决职工上下班通勤问题;开展献爱心扶贫捐赠活动。同时,承办中国耐火材料行业协会会长办公会暨七届七次常务理事会、瑞泰科技2019年1—4月份经营工作会议暨党风廉政建设和反腐败工作会议;接待中国耐材行业协会、腾讯、中汽研、国内知名钢铁企业和巴西、俄罗斯等一批批行业内外专家和客户的慕名考察交流;公司党委获中国建材集团和研究总院先进基层党组织称号。

(孙　俊)

马钢共昌联合轧辊有限公司

【主要经营指标】 2019年销售轧辊230支，共计6702吨，实现轧辊销售收入12650万元。同时，通过余料回收及协作服务实现销售收入361万元，全年营业收入13011万元，利润102万元，安全生产情况良好。

【生产经营】 通过重组改革连续三年实现盈利。2019年，借助马钢、美电、共昌三方资源，自身技术实力，马钢轧辊在市场上的影响力逐步提升，订单业务不断增加，通过不断平衡支承辊业务与外协加工业务，充分发挥出各工序产能，产量稳定达到每月800吨。

【市场开拓】 在保持和维护正在合作的客户关系基础上，重拾近两年内没有合作的老客户，继续进行新客户开发。主要有鞍钢联众（广州）不锈钢有限公司、乳源东阳光优艾希杰精箔有限公司、西马克技术（北京）有限公司、首钢京唐公司、首钢顺义公司、柳州钢铁股份有限公司、本溪钢铁股份有限公司，顺利通过柳州钢铁股份有限公司、本溪钢铁股份有限公司合格供方评审，并在西马克技术（北京）有限公司、鞍钢联众（广州）不锈钢有限公司、乳源东阳光优艾希杰精箔有限公司取得成果，依托股东方协助，2019年共签订合同41份，合同总额16129万元。

【财务管理】 加强效益测算，为实现盈利，积极预测，从成本角度加以分析，从经营角度加以管控，严控非生产性支出，加强资金安全管理，在应收款下降的同时，确保汇票安全兑付。

【技术质量】 引进美国联合电钢锻钢支撑辊制造技术；生产的轧辊材质有美电牌号DH3Cr、5CrMo、DH15，满足板带冷、热轧机的使用要求。鉴于国内有些客户习惯于采用中国早期的轧辊材质牌号70Cr3Mo，为满足这部分用户的要求，开发70Cr3Mo热处理工艺，产品性能满足客户技术要求。

（谢 萍）

马鞍山力生生态集团有限公司

【主要经营指标】 2019年实现服务经营收入4.4亿元，完成年度服务经营目标，实现工亡、重伤、食物中毒等重大事故为零。

【主体服务】 1. 工作餐服务职工满意。强化工作餐菜单设计，深入市场调研，围绕物价和职工需求，不断强化菜肴设计、研发与创新，努力消化物价上涨因素，保证工作餐质量。强化工作餐标准化管理，严格落实工作餐“五统一”，对照菜单重点检查菜肴洗切、配比、制作等标准执行情况；利用微信群，对各食堂制作菜肴进行点评，相互借鉴学习，不断改进提高。持续深化微笑服务、文明窗口服务，进一步规范统一窗口服务流程和文明用语，树立良好窗口形象。加大工作餐原料验收检测，增加检测频率，全年共检测餐用具、农药残留900多批次，保证食品卫生安全。

2. 厂容厂貌服务经受考验。强化现场常态化管理，以建立健全绿化环卫作业标准化为推动，组织开展“强化责任战高温，盯紧现场提质量”百日活动，创新管理机制，改进工作方法，优化作业方式，实行绿化环卫联动协同作业，提升现场工作质量。完善快速反应机制，充分发挥微信、GPS网络平台作用，强化作业计划下达、执行、检查、整改等各环节的快速响应和有效衔接，提升现场应急保障能力，圆满完成“长江经济带生态环境突出问题整改”现场会、省委领导来马钢调研、宝武集团主要领导多次来马钢检查指导等活动的厂区环境服务保障工作。应对近50年最严重干旱天气，及时启动抗旱保苗，连续奋战4个多月，打赢抗旱保苗持久攻坚战。

3. 防暑降温服务及时高效。贴近主体需求，针对特殊人群，研制无糖零卡盐汽水，受到好评；针对夏季高温天气持续时间长，加班生产，延长发放时间，保障防暑降温物品充足供应、发放及时。

【市场经营】 餐饮管理公司瞄准“百家食堂规模”“托管食堂收入超亿元”的目标，大力拓展外部市场，新增托管含山县政务中心、市自然资源和规划局、城市管理局、邮政管理局、博望区法院、人保马鞍山分公司、郑蒲港蒲建园区等7家单位食堂。市政公园酒店在做好谢师宴、喜宴、年夜饭等大众宴席和招待餐、会议餐服务的同时，积极拓展增收渠道，开展盒饭外送业务，增加经营项目，努力增收增效。园林建设公司发挥市政资质作用，积极开拓绿化和市政工程领域市场，中标三铁北路道路整修工程，实现市政工程项目新突破，2019年承揽马钢“八线四面”绿化、石溪冶水泥厂区域整治等12项绿化和市政工程。暖通工程技术公司在巩固提升股份公司维保市场、马钢改造工程市场和民用空调市场基础上,着力开拓外部市场,中标人保马鞍山分公司办公楼和马钢节能减排CCPP综合利用发电工程等中央空调项目。徽谷商贸公司深化多种经营,大力拓展国台酒、茶叶、主副食品及土特产等团购市场。马钢宾馆、黄山太白山庄等旅游酒店单位在完善资产托管费用结算办法,做好服务的同时,努力克服外界不利因素,严格内部管理,深化全员营销、网络营销和团队营销,开源节流,降本增效。

【企业管理】 1. 全面落实服务标准化。以巩固提升团餐服务标准化为核心,以深入开展"全面落实服务标准化,全面打造品牌竞争力"竞赛活动为推动,强化工作餐制作、服务等标准的执行,提升整体素质,增强服务意识,塑造品牌质量;进一步梳理完善标准体系,修订标准6项,新建标准1项,不断推进标准化建设常态化,通过省级服务标准化试点项目验收。

2. 调整优化机关管理职能。对政治处、纪委、工会进行机构整合,成立党群工作部,与党委办公室(办公室)合署办公,进一步精减人员;新组建品牌质量部,加强公司品牌建设和质量管控。

3. 加强员工管理。适应管理要求,对《员工管理手册》进行第4次修订;严格劳动纪律管理,出台相关激励政策,开展劳动纪律、现场工作质量、6S现场管理联合检查,提升现场工作质量。

4. 优化人力资源。通过定编定岗、提高劳动定额、优化服务项目、调整作业作息时间、集中配送、工作量包干等措施,2019年共优化劳动用工40余岗位,共解除劳动合同35人。

5. 强化日常检查。通过现场指导、即时整改、限期整改、跟踪督查等方式,全年检查食堂、浴室、绿化环卫等作业现场1200多家次。

6. 强化6S现场管理。制定6S现场管理标准和考核细则,建立日常自查、巡查制度,不断改进完善。开展债权清理,一些历史遗留问题得到解决。

7. 加强食堂细化分析。在全面落实分项核算,规范完善食堂月、季经济分析的基础上,开展食堂完全成本分析,增强市场意识,提升经营效果。

8. 加强集中采供和供应链建设。通过与周边蔬菜、水产、家禽等源头厂家合作,共建绿色生态原料供应基地,确保食品安全;积极推进蔬菜集中采购、分拣、配送试点,从第四后勤服务区扩大到第二后勤服务区,为全面推行蔬菜集中配送奠定了基础。

9. 加强车辆管理。建立环卫车辆、工作餐配送车辆和机关乘务车运行日志,有效发挥车辆GPS平台监管功能,通过专项检查与考核,促进了车辆规范运行。

10. 加强安全工作。落实安全管理责任,做到"明责、知责、尽责",保障公司安全工作总体平稳。

【品牌建设】 1. 完成公司商标注册。公司商标取得国家知识产权局颁发的《商标注册证》,为公司加快品牌发展提供有力支撑。

2. 提升品牌影响力。承办第128期全国餐饮业餐厅职业经理人和安徽省第二期餐饮服务食品安全管理员取证培训,公司104名参训学员全部通过考试,取得餐厅职业经理人和食品安全管理员资格证书。承办马鞍山市第一届餐饮服务业职业技能竞赛,公司25名选手参加比赛,其中,3人获一等奖、2人获二等奖、4人获三等奖;2人获马鞍山市技术能手称号,16人获技师或高级技师称号。组队参加第八届全国烹饪技能竞赛团餐专项赛,夺得团体金奖,这是安徽省唯一团餐金奖。公司同时荣获"安徽省烹饪协会30年功勋单位""中国团餐企业百强""客户满意的百家中国好食堂""安徽省诚信品牌""安徽杰出餐饮品牌""安徽省园林绿化企业50强"等荣誉。

3. 增强竞争优势。根据集体用餐配送加工流程,对原二轧食堂进行改造,通过市场监督管理局现场审核,取得集体用餐配送中心食品经营许可证,为公司开拓外部餐饮配送市场创造有利条件。顺利通过《食品安全管理体系ISO 22000》《质量管理体系ISO 9001》《食品企业危害分析与关键控制点(HACCP)体系》《职业健康安全管理体系OHSAS 18001》《环境管理体系ISO 14001》认证复审。

4. 培育公司品牌产品。巩固好既有名特产品,致力新品种研发,重点开展区域特色菜肴传承人的探索。

5. 加强大师工作室建设。制订下发《关于加强烹饪大师工作室建设的实施意见》,聘任技术骨干,建立大师工作室工作机制,建设大师工作室实训基地。

6. 完善基础功能。根据公司发展需要,对集体用餐配送中心、食品饮料厂生产车间、茶干厂等进行维修改造,淘汰液氨制冷系统,排除安全隐患。

7. 推进产业链延伸。与太白楼茶干厂合作,成立力生太白楼食品有限公司,进一步开发生产豆类制品,发挥优势,实现互补。

【文化建设】 提升党建标准化水平,深入学习贯彻党的十九大、十九届二中、三中、四中全会精神,扎实开展"不忘初心、牢记使命"主题教育,深入推进党组织标准化建设,为完成全年工作目标提供坚强政治保证。深化企业文化建设,组建公司合唱团,开展全员歌唱《力生之歌》活动；举行庆祝建党98周年“不忘初心”歌咏大会，唱响红色经典，营造浓厚氛围；开展“我与公司共成长——力生青年故事汇”活动，激发青年干劲，进一步增强企业凝聚力、向心力。认真落实“两个责任”，加强党风党纪教育，开展“小金库”专项清理，筑牢反腐倡廉堤坝；严格管理问责，对2名违纪人员给予党内严重警告处分。围绕市场开拓，开展餐厅储备人才、宴会菜肴、食品安全知识等培训工作；围绕重点工作，开展高炉大修后勤保障劳动竞赛、工作餐标准化制作对抗赛、厨师技术比武、菜肴研发创新、新员工岗位练兵等劳动竞赛；加强新生力量建设，招聘3名烹饪专业大学生，37名第三届力生烹饪冠名班学生和21名优秀协力工成为公司新员工。组织开展双先评比，召开五一表彰大会，表彰4个先进集体、8个标杆班组、10个先进班组、20名标兵和32名优秀员工；关心关爱职工，组织开展送温暖和帮困救助工作，全年为困难职工提供救助资金7.57万元。践行社会责任，采购贫困地区农副产品，为邻近社区环卫工提供防暑降温饮料，树立良好企业形象。

（刘向阳）

马鞍山钢铁建设集团有限公司

【经济技术指标】 2019年，马建集团公司紧密围绕“持续深化改革，落实精益运营”工作主题，面对市场任务不足、资金链紧绷、职工队伍不稳等问题，加大市场开拓、项目结算清欠力度，全力实施改革攻坚、严格项目施工管理，各项工作规范有序、稳步向好。全年完成总产值30.15亿元（其中施工产值仅9.91亿元），完成计划指标的94%；实现净利润156万元（未经第三方审计），完成计划指标的16%。

【改革管理】 1. 精简优化机构设置。通过两次内部机构改革，减少管理环节，优化人力资源配置，提高工作效率。物流公司和资产管理公司优化后的绩效初步显现。

2. 努力推进股权改革。根据马钢总体工作安排，先后完成法务尽调、财务审计、净资产评估和稳定风险评估等工作，后因宝武重组马钢工作部署，股改工作暂缓实施。

3. 制定运营改善实施方案。为规范公司管理，整改落实关键性问题，公司制定运营改善实施方案，明确问题整改责任人、排定时间节点，推动实现精益运营目标。

4. 严格问责管理。成立问责领导小组，定期召开专题会议研究有关问责事项，严肃查处造成恶劣市场影响的事件，全年问责事项四起，涉及各类人员13人次。

【市场开拓】 致力于缓解任务不足局面，强化激励机制建设、推动任务落实，全年签订合同额25.78亿元，合同91份，其中马钢工程2.8亿元。

1. 落实市场开发激励机制。修订《市场开发考核激励办法》，完善市场开发目标责任体系，积极发挥市场总监的职能作用。全年共搜集工程信息197项，参加投标、议标166项，中标91项。

2. 积极开拓马钢内部市场。承接马钢特钢公司大方坯、一钢轧总厂六机六流、长江钢厂电炉等土建工程，但5000万以上马钢内部合同仅1项，总体呈现点多面广、体量小的特点。

3. 布局外部市场。先后对接跟踪当涂安置房、石钢搬迁等十多个项目，但由于大多数项目垫资条件苛刻、融资限制等因素，公司主业市场拓展较为乏力。

4. 创新项目合作模式。利用社会资源优势，拓展任务渠道，合作承揽了固镇县曹徐安置房项目，成为公司主业体量的主要支撑。

【工程建设】 1. 保障马钢重点工程建设施工。强化重型H型钢、异型坯、料场大棚、特钢大方坯等项目的施工组织，安全、质量、技术、进度管理等全面受控。

2. 落实领导包保责任。公司管理层驻点山西立恒、河北京唐、广西盛隆、合肥云谷学校等外埠工程，努力扭转问题多发局面，降低负面影响，确保项目按期收尾。

3. 探索建立新型劳务市场。在重型H型钢、料场大棚项目试点的基础上，全面落实劳务实名制管理。

4. 强化项目经营管理。推广实施项目经理负责制下的费控经理管控制度，确保项目利润最大化，为向经营型项目部转变奠定坚实基础。

5. 项目经营承包管理逐步优化。推行汽运公司授权经营承包试点，实现扭亏为盈；修订印发《项目管理通则》，按照项目目标成本和目标效益测定项目承包经营指标，强化项目预评审及前期策划工作。

6. 抓好技术质量工作。顺利通过“三标一体化”复审，荣获马鞍山市建设工程“翠螺杯”奖4项，其中2

项计划申报省级“黄山杯”。全年获得国家发明专利1项,实用新型专利5篇;形成企业级工法3项,其中申报部级工法2项。

【财务管理】 1. 落实结算清欠工作。加强结算清欠计划落实的考核管理,分析存在问题,多次召开专题会议,协调推进结算清欠工作,先后完成44个项目结算,结算金额4.64亿元;签订年度清欠责任书,建立上下联动机制,实施刚性考核,全年共清欠回笼资金5245万元,提高资金周转效益。

2. 强化财务费用管理。持续构建“以收定支,量入为出”的资金平衡运作模式,大力压缩非生产性费用支出,做好筹资融资和税务策划,确保公司现金流处于基本运行状态。

3. 强化物资资产管理。规范物业管理,清理盘活闲置、低效资产。

4. 依法维护企业经营权益。积极解决历史遗留问题,努力降低经营风险。全年应对诉讼50余起,通过做好诉讼的应诉和预判等手段,加强判决书执行力,节约案件受理费、执行费、相应利息等计493.2万元,最大限度地维护公司利益。

【精神文明建设】 1. 发挥党组织领导核心和政治核心作用。深入开展“不忘初心、牢记使命”主题教育,全面加强党章、党规、党纪等政治理论学习,党员“学习强国”平台参与率100%,通过创建“党员先锋号”“流动堡垒工程”、落实“严规矩、强监督、转作风”集中整治形式主义官僚主义专项行动、召开“民主生活会”和“组织生活会”等,深入查找公司在市场开拓、施工生产、经营管理、资金管理和职工队伍建设中存在的突出问题,为保障企业生产顺行提供强有力的政治保证。

2. 正面引导凝聚力量。通过公司门户网站等平台不断深化形势任务教育,提振信心,凝聚士气,围绕施工经营活动广泛开展合理化建议征集和劳动竞赛等活动,为职工岗位建功创效搭建平台。

3. 切实保障职工权益。加强和完善职代会规范化建设,畅通民主管理渠道,坚持发展依靠职工、发展为了职工,在职工工资发放的基础上,人均工资较上年提高10%。

4. 关心关爱职工。落实春节和中秋发放职工福利措施,实施一年一次的职工健康体检制度,通过互助帮困基金、金秋助学、大病救济、平安大病保险等平台加大帮扶力度,帮助困难职工度过生活难关,全年共走访、慰问生病和家庭困难职工124人次,发放慰问金6.17万元;职工保险赔付52人,理赔金额18.65万元;实施大病救助23人,救助金额6.86万元;两节期间为全体职工发放节日物品金额计81.6万元。

5. 努力培育和谐稳定的发展环境。两级党组织面对历史问题多发的局面,结合实际深入细致地开展职工思想政治工作,加强信访维稳,妥善化解各类矛盾纠纷,确保企业施工经营、改革创新的各项措施平稳实施和发展大局稳定。

(王秀勤)

钢晨实业公司

【主要经营指标】 2019年,公司坚持“聚焦市场,夯实管理,变革创新”的工作思路,全面发力、重点突破、纵深推进,通过全体员工的共同努力,生产经营业绩持续改善,为实现企业高质量可持续发展奠定了坚实的基础。全年实现销售收入33亿元(不包括远大公司和欣创公司)。

【市场开拓】 2019年,公司24个主要产品中有7个创年度历史新高,6个创月度历史纪录,有15个较上年有一定增长。各单位积极开辟新市场、新渠道,增加新品种、新产品销售,取得显著效果,为公司稳定经营、提升效益做出突出贡献,2019年共上报市场开发项目24项,产生出2个一等奖,4个二等奖,8个三等奖。

【企业管理】 1. 创新管理方面。制订创新管理办法,公司共申报创新管理项目14项,目前已结题5项,评出创新管理成果二等奖3名,三等奖1名。通过深入推进创新管理项目,进一步规范公司内部创新机制,提高广大员工开展创新工作的积极性;成功启动阿米巴辅导项目,在全公司推行阿米巴经营模式。

2. 项目开发方面。完成合肥园区项目建议书,积极推动项目落地;制订智慧仓储项目实施计划,室内库冷卷PDA已开始实施;成立钢晨(三亚)供应链管理有限公司,积极争取相关业务政策及税收优惠;提交亚太合作、液氢、停车场改造等7份项目可行性研究报告。

3. 基建技改方面。完成物流园休息室、换单中心雨棚、二期轨道修复、中心大道延伸等项目的施工,道路开口项目经过3年多努力,于11月获批开工。

4. 政策争取支持。申报物流园国家中小企业服务平台、制造业与互联网融合发展试点企业、高新技术企业、省示范物流园、省聚集示范园区等政策项目，获得政府支持资金、土地契税返还以及开发区财政返还等。

【党群工作】 扎实做好党建基础工作，深入开展"不忘初心、牢记使命"主题教育；组织观看献礼片《我和我的祖国》，2019年培养积极分子2名，发展预备党员4名，预备党员转正5名，开展新进党员宣誓仪式；加强廉政教育，组织学习宝武集团在廉洁从业方面的规定，进一步贯彻落实红黄线制度。完成公司智慧团建团员团干部信息导入工作，组织开展"青春在洋溢"主题团日活动，获经开区"五四红旗团组织"荣誉。利用"5S"管理活动、HR管理咨询、青工座谈会、务虚会等形式广泛征集合理化建议共54条；开展"触摸历史的温度，穿越时空的古道"主题徒步活动、"携手共进·清凉一夏"主题团建活动；组织做好员工年度健康体检、大病员工理赔及慰问等工作；开展员工评优评先活动，2019年，公司24人获得"先进个人"称号，6人获得"优秀员工"称号。

【钢材分公司】 扩大经营规模，年销量56万吨，比上年增长14%，有效维持市场龙头地位；调整经营策略，找准自身定位，坚持稳健原则，保证渠道销售，稳定业务量，以长钢产品为基础，带动马钢、雨花产品齐头并进，三个钢厂有效平衡，互相补充，满足终端需求，其中雨花材年销量达11万吨，比上年增长48%，结构更趋合理、发展更为稳健；加强应收账款和存货控制，减少钢厂存量资金和在途资金的占用，提高了资金运营效率；开展合肥市场调研和竞争对手分析，完成合肥办事处设立相关准备工作；深入推进阿米巴经营模式，完善考核和激励方案。

【物流园公司】 继续打造仓储、钢贸两个平台，全年吞吐量达到430万吨，创历史新高，存货货主超过300家；农商行金融质押总量超过18万吨；引入沙钢、新兴铸管两个外钢品牌，外钢入库量16万吨，比上年增长70%。配送设立运力专员，充分利用享运平台，配送量达50万吨，比上年增长46%。协助举办"马钢杯"第六届全国大学生物流设计大赛，与安徽工业大学管理科学与工程学院进行产学研合作基地授牌，被工信部认定为国家级中小企业公共服务示范平台。

【神马公司】 积极开拓市场，陆续与安徽首矿、南钢、贵航特钢等新钢厂开展精矿粉业务，全年精矿粉业务量达92万吨，创历史新高；积极开拓新的供应渠道，尝试合作新模式，努力解决废钢进项发票问题，为做好废钢长线业务打下良好基础；抓住矿山环保治理后复产机会，积极落实辅料资源，开发长强钢铁等新的辅料用户，并与安徽首矿签订菱镁粉、溶剂生石灰供货合同，为辅料贸易多元化打开局面；全年贸易量达169万吨，打破历史纪录。

【报业分公司】 抓住印厂资源洗牌和整合机会，及时调整市场开发策略，取得《合肥电视报》《今日宁国》《镇江壹周》等新业务，减缓印量下滑的不利影响，全年报纸印量超过5000万对开张，圆满完成预算目标；加大降本工作力度，在新闻纸价格大幅下行时，采取多批次小批量方式订货，对油墨进行招标采购，有效降低原材料成本；商务制版开发标签印刷的UV商业制版新品种，拓宽制版业务渠道，全年商务制版3.2万张，稳固马鞍山制版市场主导地位。

【润滑油分公司】 坚持以长城油销售业务为基石，巩固原有市场，开辟新兴市场，全年油品销售208万升，其中新开发项目用油近30万升；面对危废处置政策变化，积极与产废和处置单位沟通，先后与11家集团下属公司建立危废处置合作关系，为马钢保产发挥了重要作用；废油回收业务首次做到集团、股份全覆盖，全年回收废油超过1600吨，创历史新高。

【绿能公司】 对本市及周边地区气体充装市场做全面调查和分析，加强营销力量，新增直供户32家，回头客户10余家，全年各类产品业务量大幅增长，其中丙烷销售超过12万瓶，创历史新高，新气体销售合计24万瓶；新增丙烷供应商，降低采购成本；加大风险隐患排查力度，增加安全投入，制订钢瓶日清点制度，重新梳理发货流程，提升管理水平。

【铜陵远大公司】 加大政府协调力度，努力做好生产、设备、市场等各方面准备工作，矿山于3月份通过主管部门的验收，全年销售86万吨，效益超过预算目标；解决了四矿临时矿权证及三线历史遗留问题，消除开采源头上的障碍，保证矿山的稳定运行；在郑蒲港设立子公司，水洗线于11月份纳入远大公司生产。

【氢业公司】 继续与客户保持良好合作关系，开拓新的采购渠道，增强保供能力；改造现场充装设备，增加钢瓶充装能力，投运氦离子色谱仪，提高产品质量分析能力；积极关注马钢制氢项目建设进展，订购膜压机，为氢气充装扩产做好准备。

（严雪婷）

统计资料

2019年马钢集团统计资料

主要指标完成情况

表1

指标名称	单位	本年实际		
		本年实际	本年实际子项	本年实际母项
一、工业总产值				
新产品产值	万元	513959		
二、主要产品产量				
铁矿石原矿	吨	21483929		
铁矿石成品矿	吨	7622855		
烧结铁矿	吨	24319146		
球团铁矿	吨	5736747		
生铁	吨	18095320		
粗钢	吨	19835258		
钢材	吨	18748677		
焦炭	吨	4551091		
企业自发电量	万千瓦小时	614814		
钢丝	吨	69101		
三、销售及库存				
钢材销售量	吨	18702658		
钢材库存量	吨	223597		
钢坯销售量	吨	285837		
钢坯库存量	吨	184965		
产品销售率(实物)	%	99.75	18702658	18748677
产品销售率(价值)	%	99.72	7329338	7349983
四、产品质量及物耗				
生铁一级品率	%	64.48	11667639	18095380
炼铁原料矿石消耗	千克/吨	1618.77	29292247970	18095380
综合焦比	千克/吨	486.33	8800346880	18095380
喷煤比	千克/吨	138.24	2501463110	18095380
粗钢钢铁料消耗	千克/吨	1059.75	21020348720	19835258
转炉炉衬寿命	炉	13821		
电炉冶炼综合电耗	千瓦时/吨	398.72	344540000	864106

续表1

指标名称	单位	本年实际		
		本年实际	本年实际子项	本年实际母项
钢材质量等级品率	%	116.15	21830089	18794505
钢材质量优等品率	%	50.81	9549525	18794505
锭坯至材综合成材率	%	96.17	18923436	19677912
五、能耗				
综合能源消费量	万吨标煤	1231.30		
万元产值能耗	吨标煤/万元	1.65	12313026	7442088
吨钢综合能耗	千克标煤/吨	569.60	11298225481	19835258
吨钢可比能耗	千克标煤/吨	533.12	10574510951	19835258
吨钢耗新水	立方米/吨	2.68	53088609	19835258
六、劳动工资				
全部从业人员劳动生产率	元/人·年	1558422	74420884300	47754
年末全部从业人员	人	45741		
全部从业人员平均人数	人	47754		
全部从业人员工资总额	万元	505119		
七、固定资产投资				
本年固定资产投资完成额	万元	336278		
八、安全环保				
千人负伤率	‰	0.36	17	47754
千人工亡率	‰	0.04	2	47754
死亡人数	人	2		
工业废水排放处理率	%	100.00	959576970	959576970
工业废气排放处理率	%	100.00	442316540000	442316540000
污染物综合排放合格率	%	99.98	810090	810225
九、外经外贸				
出口创汇率	%	5.68	416238	7329338
钢铁产品出口额	万美元	60514		
其中:钢材	万美元	60514		
钢铁产品出口量	吨	919318		
其中:钢材	吨	919318		

（朱　宁）

主要产品生产能力

表 2

指标名称	单位	年初生产能力	本年新增能力					本年减少能力	年末生产能力
			本年新增能力合计	新建增加	改造增加	并购新增	其他增加		
黑色金属矿采选									
铁矿石开采能力	万吨/年	1851.00	136.00		136.00				1987.00
铁矿石选矿处理原矿能力	万吨/年	2401.00	236.00		236.00				2637.00
人造块矿									
烧结铁矿	万吨/年	2621.00							2621.00
球团铁矿	万吨/年	640.00							640.00
炼铁产品									
生铁	万吨/年	1833.00							1833.00
粗钢	万吨/年	2170.50							2170.50
转炉钢	万吨/年	2060.50							2060.50
电炉钢	万吨/年	110.00							110.00
连铸坯	万吨/年	2058.50	128.00	85.00			43.00		2186.50
方坯	万吨/年	663.00	43.00				43.00		706.00
板坯	万吨/年	1114.50							1114.50
圆坯	万吨/年	80.00							80.00
异型坯	万吨/年	201.00	85.00	85.00					286.00
钢材生产能力	万吨/年	1970.00							1970.00
热轧钢材	万吨/年	1410.00							1410.00
铁道用钢材	万吨/年	32.00							32.00

续表 2

指标名称	单位	年初生产能力	本年新增能力					本年减少能力	年末生产能力
			本年新增能力合计	新建增加	改造增加	并购新增	其他增加		
热轧大型型钢	万吨/年	247.00							247.00
其中:H 型钢	万吨/年	187.00							187.00
热轧棒材	万吨/年	78.00							78.00
热轧钢筋	万吨/年	611.00							611.00
线材(盘条)	万吨/年	121.00							121.00
其中:高速线材	万吨/年	121.00							121.00
热轧中厚宽钢带	万吨/年	321.00							321.00
冷轧(拔)钢材	万吨/年	370.00							370.00
冷轧薄宽钢带	万吨/年	308.00							308.00
冷轧电工钢板(带)	万吨/年	62.00							62.00
镀涂层板(带)	万吨/年	190.00							190.00
镀层板(带)	万吨/年	160.00							160.00
其中:镀锌板(带)	万吨/年	160.00							160.00
热镀锌板(带)	万吨/年	160.00							160.00
涂层板(带)	万吨/年	30.00							30.00
钢丝及其制品合计	吨/年	15.00						15.00	
钢丝	吨/年	15.00						15.00	
焦炭	万吨/年	510.00							510.00
机焦	万吨/年	510.00							510.00

(朱 宁)

固定资产投资完成情况

表 3　　　　单位：万元

项目名称	开工年月	建成投产年月	计划总投资	自开始建设累计完成投资	本年完成投资				
					本年完成投资合计	按构成分			
						建筑工程	安装工程	设备购置	其他费用
上年同期			2217529	1704677	236300	82240	7870	134097	12093
合计			3028711	1558682	336278	149775	8581	151604	26318
50 万—5000 万元项目小计	201701	201912	202129	137346	76598	6580	8199	60041	1778
和尚桥铁矿	200808	201212	185000	181888					
姑山矿钟九铁矿 200 万吨/年采选建设工程	201906	202312	79391	13833	13833	504	382		12947
马钢(合肥)钢铁公司环保搬迁项目	201102		1378700	711755	5327	5242		72	13
电炉厂合金棒材精整生产线工程	201205		22480	12242	627	627			
精品车轮加工检测线搬迁改造	201606	201712	5800	5547	2538	279		2111	148
车轮公司 2 号、3 号车轮检测线技术改造	201606	201801	8800	3824	379	338			41
马钢轮轴系统创新能力建设工程	201609	201812	5590	1767	774	774			
煤焦化公司(南区)净化系统合并项目	201706	201805	38000	24289	126	49			77
煤焦化公司老区 0#干熄焦工程	201711	201901	16000	4	4				4
煤焦化公司新建筒仓项目	201809	202011	42000	6578	6578	6254			324
炼焦总厂 7 米焦炉系统工程	201812		125980	10	10				10
二铁总厂 1 号高炉大修工程	201808	201812	52000	41467	6006	4206		1113	687
二铁总厂 2 号高炉技改工程	201606	201709	32000	30308	6219	6219			
一钢轧总厂新建六机六流方坯连铸机	201712	201810	10000	10721	889	603			286
一钢轧总厂转炉三次除尘系统工程	201808		5249	4381	3827	1567		2029	231

续表 3

项目名称	本年完成投资										
	按投资方向分										
	铁矿采选	烧结	球团	炼铁	炼钢			连铸	轧材	焦化	其他
					炼钢合计	电炉	转炉				
上年同期		1242		49200	2835	117	2718	11317	123702	25076	22928
合计	13833	4939	2978	28035	24806	15059	9747	45790	156281	9004	50612
50 万—5000 万元项目小计		3100	2978	12512	7299	1379	5920	6695	23354	2286	18374
和尚桥铁矿											
姑山矿钟九铁矿 200 万吨/年采选建设工程	13833										
马钢(合肥)钢铁公司环保搬迁项目		1839		3298							190
电炉厂合金棒材精整生产线工程									627		
精品车轮加工检测线搬迁改造									2538		
车轮公司 2 号、3 号车轮检测线技术改造									379		
马钢轮轴系统创新能力建设工程											774
煤焦化公司(南区)净化系统合并项目										126	
煤焦化公司老区 0#干熄焦工程										4	
煤焦化公司新建筒仓项目										6578	
炼焦总厂 7 米焦炉系统工程										10	
二铁总厂 1 号高炉大修工程				6006							
二铁总厂 2 号高炉技改工程				6219							
一钢轧总厂新建六机六流方坯连铸机								889			
一钢轧总厂转炉三次除尘系统工程					3827		3827				

续表 3

项目名称	本年完成投资							
	其中：							
	增加产能	增加新产品	改进工艺	节约能源	提高产品质量	保护环境	其他	本年固定资产投资实际到位资金(自筹资金)
上年同期	3164	55444	63157	11548	41649	42438	18900	242150
合计	20563	137723	45077	14907	35012	74179	8817	337370
50 万—5000 万元项目小计	2107	216	24988	740	27843	11887	8817	81200
和尚桥铁矿								
姑山矿钟九铁矿 200 万吨/年采选建设工程	13833							
马钢(合肥)钢铁公司环保搬迁项目	4623		190	514				5500
电炉厂合金棒材精整生产线工程		627						1000
精品车轮加工检测线搬迁改造		2538						2500
车轮公司 2 号、3 号车轮检测线技术改造					379			400
马钢轮轴系统创新能力建设工程					774			800
煤焦化公司(南区)净化系统合并项目						126		150
煤焦化公司老区 0#干熄焦工程						4		10
煤焦化公司新建筒仓项目						6578		7000
炼焦总厂 7 米焦炉系统工程						10		10
二铁总厂 1 号高炉大修工程						6006		6000
二铁总厂 2 号高炉技改工程			6219					6500
一钢轧总厂新建六机六流方坯连铸机					889			1000
一钢轧总厂转炉三次除尘系统工程						3327		4000

续表3

项目名称	开工年月	建成投产年月	计划总投资	自开始建设累计完成投资	本年完成投资				
					本年完成投资合计	按构成分			
						建筑工程	安装工程	设备购置	其他费用
重型H型钢生产线异型坯连铸机工程	201709	201904	33000	17465	16233	5547		9708	978
重型H型钢轧钢生产线项目	201709	201908	119648	98696	96953	41222		53370	2361
长材事业部型材升级改造项目	201702	201806	45000	46148	9583	5023		2196	2364
长材事业部型材升级改造工程公辅配套项目	201704	201904	36000	31281	10381	6715		2758	908
四钢轧新增重卷检查线工程	201409	201508	10000	11558	1063	500		563	
四钢轧总厂热轧平整分卷检查线	201609	201705	8000	8406	1826	1826			
四钢轧总厂1580mm热轧生产线新建3#加热炉工程	201704	201712	8900	5962	586	426			160
冷轧总厂二硅钢新增常化机组工程	201704	201805	12800	10878	177				177
冷轧总厂一硅钢适应性改造工程	201704	201809	13200	9767	1169	1156			13
港务原料总厂新料场功能置换固废处理系统工程	201710	201806	6000	5554	2890	2696			194
马钢原料场环保升级及智能化改造工程	201905	202112	150000	8525	8525	6771		1420	334
港务原料总厂供二铁原料通廊安全和环保综合治理技术改造工程	201805		11000	25	25	25			
节能减排CCPP综合利用发电工程	201903		102520	3272	3272	2940			332
马钢高端汽车零部件用特殊钢棒线材深加工项目	201603	201607	6000	5661	980	909			71
马钢高端汽车零部件用特殊钢棒线材深加工项目—优棒生产线工程	201611	201802	59000	53291	6665	6659			6
特钢公司新建大方坯连铸机及配套改造工程	201809	202002	42000	21973	21973	5273		15891	809
马钢一体化计划系统和质量管理信息化系统项目	201705	201903	8500	5670	1652	255		332	1065
长江钢铁综合料场环保提升改造项目	201909		88759	14910	14910	14910			
长江钢铁产能减量置换技改项目140t电炉炼钢工程	201910		59265	13680	13680	13680			

续表 3

项目名称	本年完成投资										
	按投资方向分										
	铁矿采选	烧结	球团	炼铁	炼钢			连铸	轧材	焦化	其他
					炼钢合计	电炉	转炉				
重型 H 型钢生产线异型坯连铸机工程								16233			
重型 H 型钢轧钢生产线项目									96953		
长材事业部型材升级改造项目									9583		
长材事业部型材升级改造工程公辅配套项目									10381		
四钢轧新增重卷检查线工程									1063		
四钢轧总厂热轧平整分卷检查线									1826		
四钢轧总厂 1580mm 热轧生产线新建 3#加热炉工程									586		
冷轧总厂二硅钢新增常化机组工程									177		
冷轧总厂一硅钢适应性改造工程									1169		
港务原料总厂新料场功能置换固废处理系统工程											2890
马钢原料场环保升级及智能化改造工程											8525
港务原料总厂供二铁原料通廊安全和环保综合治理技术改造工程											25
节能减排 CCPP 综合利用发电工程											3272
马钢高端汽车零部件用特殊钢棒线材深加工项目									980		
马钢高端汽车零部件用特殊钢棒线材深加工项目—优棒生产线工程									6665		
特钢公司新建大方坯连铸机及配套改造工程								21973			
马钢一体化计划系统和质量管理信息化系统项目											1652
长江钢铁综合料场环保提升改造项目											14910
长江钢铁产能减量置换技改项目 140t 电炉炼钢工程					13680	13680					

续表 3

项目名称	本年完成投资							
	其中:							
	增加产能	增加新产品	改进工艺	节约能源	提高产品质量	保护环境	其他	本年固定资产投资实际到位资金(自筹资金)
重型 H 型钢生产线异型坯连铸机工程		16233						16500
重型 H 型钢轧钢生产线项目		77562				19391		100000
长材事业部型材升级改造项目		9583						10000
长材事业部型材升级改造工程公辅配套项目				10381				10500
四钢轧新增重卷检查线工程					1063			1100
四钢轧总厂热轧平整分卷检查线					1826			2000
四钢轧总厂 1580mm 热轧生产线新建 3#加热炉工程					586			600
冷轧总厂二硅钢新增常化机组工程		177						200
冷轧总厂一硅钢适应性改造工程		1169						4000
港务原料总厂新料场功能置换固废处理系统工程						2890		3000
马钢原料场环保升级及智能化改造工程						8525		9000
港务原料总厂供二铁原料通廊安全和环保综合治理技术改造工程						25		100
节能减排 CCPP 综合利用发电工程				3272				3500
马钢高端汽车零部件用特殊钢棒线材深加工项目		980						1000
马钢高端汽车零部件用特殊钢棒线材深加工项目—优棒生产线工程		6665						7000
特钢公司新建大方坯连铸机及配套改造工程		21973						22000
马钢一体化计划系统和质量管理信息化系统项目					1652			1800
长江钢铁综合料场环保提升改造项目						14910		15000
长江钢铁产能减量置换技改项目 140t 电炉炼钢工程			13680					14000

(朱 宁)

2019 年年底保有的地质储量及三级矿量

表 4

矿山或矿区名称	露天或坑下	矿石种类	基础储量 矿量/万吨	基础储量 金属量/万吨	基础储量 品位/%	基础储量其中：储量 矿量/万吨	基础储量其中：储量 金属量/万吨	基础储量其中：储量 品位/%	资源量 矿量/万吨	资源量 金属量/万吨	资源量 品位/%	查明保有资源储量 矿量/万吨	查明保有资源储量 金属量/万吨	查明保有资源储量 品位/%
铁矿合计			60002.25	22222.03	37.04	41304.79	15096.16	36.55	42407.12	13930.94	32.85	102409.37	36152.97	35.30
和尚桥铁矿	露天	铁矿	1018.03	275.48	27.06	967.13	258.80	26.76	5488.19	1363.27	24.84	6506.22	1638.75	25.19
高村铁矿	露天	铁矿	5833.72	1376.17	23.59	4725.11	1092.92	23.13	10727.36	2460.86	22.94	16561.08	3837.03	23.17
姑山铁矿	坑下	铁矿	1287.50	576.93	44.81	1158.75	508.92	43.92	6613.88	2754.68	41.65	7901.38	3331.61	42.16
和睦山铁矿	坑下	铁矿	703.67	277.60	39.45	562.94	219.88	39.06	1292.76	491.12	37.99	1996.43	768.72	38.50
白象山铁矿	坑下	铁矿	9996.20	3949.50	39.51	8496.77	3350.28	39.43	4791.59	1885.97	39.36	14787.79	5835.47	39.46
长龙山铁矿	坑下	铁矿	59.52	24.50	41.16				51.11	22.91	44.82	110.63	47.41	42.85
罗河铁矿	坑下	铁矿	26719.77	10976.48	41.08	16992.85	6875.31	40.46	9762.87	3717.70	38.08	36482.64	14694.18	40.28
张庄铁矿	坑下	铁矿	14383.84	4765.37	33.13	8401.24	2790.05	33.21	3679.36	1234.43	33.55	18063.20	5999.80	33.22

矿山或矿区名称	质量情况	开拓矿量 矿量/万吨	开拓矿量 金属量/万吨	开拓矿量 品位/%	开拓矿量 月数	采准矿量 矿量/万吨	采准矿量 金属量/万吨	采准矿量 品位/%	采准矿量 月数	备采矿量 矿量/万吨	备采矿量 金属量/万吨	备采矿量 品位/%	备采矿量 月数
铁矿合计		12119.56	3564.17	29.41		997.28	358.94	35.99		1011.84	306.20	30.26	
和尚桥铁矿	S:2.35%、P:0.11%、V_2O_5:0.07%	2950.00	656.67	22.26	49.20					147.00	33.66	22.90	5.88
高村铁矿	S:0.94%、P:0.35%、V_2O_5:0.08%	1843.00	356.25	19.33	31.20					246.00	51.00	20.73	5.90
姑山铁矿		9.20	3.54	38.48	2.21	3.90	1.55	39.74	0.94	2.10	0.88	41.90	0.50
和睦山铁矿		275.00	110.00	40.00	33.00	39.00	15.60	40.00	4.68	9.00	3.15	35.00	1.10
白象山铁矿		1400.00	552.02	39.43	84.00	260.00	102.52	39.43	15.60	110.00	43.37	39.43	6.60
长龙山铁矿	S:0.39%、P:0.01%、CaO:15.86%	28.36	12.15	42.84	8.51	23.98	10.28	42.87	7.19	21.64	9.27	42.84	6.49
罗河铁矿		2544.00	885.31	34.80	101.76	383.40	135.34	35.30	15.34	228.10	83.03	36.40	9.12
张庄铁矿		3070.00	988.23	32.19	73.68	287.00	93.65	32.63	6.89	248.00	81.84	33.00	5.95

（朱　宁）

科技活动情况

表5

指标名称	本年实际	上年同期
一、研发人员情况		
研发人员合计	1738	3216
其中:女性	55	159
其中:全职人员	300	1259
其中:本科毕业及以上人员	1024	2299
二、研发经费情况		
研发经费支出合计	198551	235979
其中:使用来自政府部门的研发资金	3271	2764
(一)企业内部的日常研发经费支出	193656	218944
人员人工费(包含各种补贴)	29286	41811
原材料费	140760	147352
折旧费用与长期费用摊销	4354	19522
无形资产摊销		2877
其他费用	19256	7382
(二)当年形成用于研发的固定资产支出	2494	8941
其中:仪器和设备	2494	5457
(三)委托外单位开展研发的经费支出	2401	8094
其中:对境内研究机构支出	688	1863
对境内高等学校支出	1367	2863
对境内企业支出	164	2782
对境外支出	182	586
三、企业办(境内)研发机构情况		
期末机构数	1	12
机构人员合计	373	734
其中:博士毕业	15	15
硕士毕业	143	179
本科毕业	202	530
机构经费支出	20470	17964
机构承担研发项目数	251	232
期末仪器和设备原价	16710	23362
其中:进口	7254	10896

续表5

指标名称	本年实际	上年同期
四、研发产出及相关情况		
(一)自主知识产权情况		
当年专利申请数	350	526
其中:发明专利	200	232
期末有效发明专利数	634	684
其中:境外授权	3	3
其中:已被实施	386	460
专利所有权转让及许可数		
专利所有权转让及许可收入		
(二)新产品生产及销售情况		
新产品产值		1751201
新产品销售收入	1065964	1755814
其中:出口	64115	96194
(三)其他情况		
发表科技论文	190	147
期末拥有注册商标	33	36
其中:境外注册	3	3
形成国家或行业标准	11	11
五、其他相关情况		
(一)政府相关政策落实情况		
研究开发费用加计扣除减免税	10856	10129
高新技术企业减免税		228
(二)技术获取和技术改造情况		
引进境外技术经费支出	5159	819
引进境外技术的消化吸收经费支出		
购买境内技术经费支出		1648
技术改造经费支出	273136	225621

(朱 宁)

劳动工资统计

表6

指　标	单位	集团公司	
			其中:股份公司本部
在册年末职工人数	人	45634	20956
其中:在岗职工	人	43572	19664
在册职工年平均人数	人	48378	23899
其中:在岗职工	人	45655	22121
在册职工工资总额	万元	504409	227138
其中:在册年平均工资	元	104264	95041
在岗职工工资总额	万元	491033	218300
其中:在岗年平均工资	元	107553	98686
不在岗职工工资总额	万元	13375	8838
其中:不在岗年平均工资	元	49119	49701

(朱胜利)

专业技术职称构成情况

表7　　单位:人

级别 专业	专业比例/%	总计	高级职称	中级职称	初级职称
工程	72.9	5132	1518	1808	1806
教育	2.3	164	43	85	36
财会	6.3	445	65	199	181
经济	5.8	409	27	250	132
政工	11.5	808	167	360	281
其他	1.2	86	5	50	31
合计	100.0	7044	1825	2752	2467

(朱胜利)

人 物

2019 年马钢先进人物

全国钢铁行业劳动模范获得者名录

吴保桥，男，1996 年 7 月毕业于北京科技大学金属压力加工系，获学士学位，2010 年获北京科技大学工程硕士学位，马钢股份有限公司技术中心型钢研究所所长、高级工程师，马钢公司高级技术主管。从 20 世纪 90 年代中期起，他即从事轧钢领域的科研和技术开发工作，尤其在 H 型钢科研和新产品技术开发方面，积累了丰富经验，并获得多项成果。

以吴保桥为技术带头人的型钢团队攻克了一系列的技术难关，在国内率先通过法国 TechNip 公司的供货资质审查，率先开发出有 -50 摄氏度低温冲击要求的热轧 H 型钢、槽钢和角钢，产品应用于全球最大的 LNG 项目 - 俄罗斯北极圈内的亚马尔项目，共实现销售利润近 1.3 亿元。该产品的开发成功，打破国外公司对该产品的垄断，为马钢赢得国际声誉，国家新材料产业发展专家咨询委员会主任、中国工程院院士干勇先生在接受中国冶金报采访时说“高寒地区热轧 H 型钢”产品开发达到世界一流水平。以吴保桥为技术带头人的型钢团队，2013 年先后开发出兰新铁路挡风墙用低成本耐候 H 型钢和铁道车辆用高强耐候 H 型钢，2015—2017 年供中国中车股份 28.08 万吨，新增销售收入 12.5 亿元，新增销售利润 2.4 亿元。2015 年以来，他带领型钢项目组累计开发新品种 56 个，新产品 40 多万吨，新增利润效超 3 亿元，为马钢 H 型钢走出国门，参与国际市场竞争打下了坚实的基础；同时，也支撑了国内中海油、中石油等单位的工程公司承接国际项目。团队开展的“高低温韧性热轧 H 型钢关键制造技术研究”项目获 2018 年安徽省科技进步奖一等奖，“高寒地区油气结构用型钢系列产品关键制造技术与应用”项目获 2017 年冶金科学技术奖一等奖。2018 年吴保桥团队被安徽省人才工作领导小组命名为“安徽省‘115’产业创新团队”，他本人被聘为团队带头人。吴保桥本人共申报发明专利 16 项，获得发明专利 4 项；主持和参与 GB/T 11263—2017《热轧 H 型钢和剖分 T 型钢》、GB/T 20933—2014《热轧钢板桩》、GB/T 34103—2017《海洋工程结构用热轧 H 型钢》等 10 多项国家和行业标准制修订工作，发表文章 10 余篇。

作为一名中国共产党党员和马钢公司 H 型钢领军人才，他每年以自己的实际行动带教 3 名徒弟，开展技术培训不少于 20 学时，搭建高水平 H 型钢人才梯。在 H 型钢激烈的市场竞争中，把握机遇，实现马钢 H 型钢高品质的发展，并为国内 H 型钢发展起到推动作用，较好地发挥了马钢劳动模范的先锋带头作用。

袁军芳，男，1970 年 7 月出生，中共党员，高级技师，马鞍山市劳动模范，安徽省技能大师工作室领衔人，安徽省技术能手，安徽省国资委第一批“538 英才工程”高端人才，马鞍山市首席技师。袁军芳主要负责马钢股份 110kV 及以上高压供电系统运行和维护工作，擅长冶金电力系统故障分析、继电保护及二次回路故障综合判断及处理。电力供应的长周期安全稳定是钢铁生产的基础，袁军芳作为马钢高压供电系统唯一电气高级技师，凭借扎实的技术功底和敬业爱岗的精神，多次解决行业性难题。

近年来，通过对疑难问题解决和总结，他拥有马钢公司技术秘密 10 项，获国家授权专利 11 项，通过技术创新工作先后解决疑难故障 30 余项，参与实施的技术应用和技术创新项目达 20 多项。2018 年他主持马钢第一个智能化变电所的设计和施工工作，为提高冶金系统智能化水平起到积极的推动作用；《马钢电网防电压波动技术实施》获 2018 年安徽省重大合理化建议项目和技术改造改进成果奖；《马钢 4 号高炉外部供电系统方式优化和实施创新》项目通过优化 110kV 线路迁建初步设计、创新 11 号变电所中压母线接线方式和在实施过程中自主设计和施工，共节约投资和创效 3000 余万元，项目获得马钢(集团)控股有限公司技术创新成果二等奖。近年来在国家级学术期刊杂志上发表科技论文 9 篇。

袁军芳积极参加新产品开发和标准编制，他开发的新型 CSC-221M 滤波器数字式保护测控装置和 CSC-326G 数字式变压器保护装置，通过安徽省鉴定；

开发的DEP6590型微机电动机保护测控装置,通过上海市经济委员会鉴定;编写的现行行业标准YB/T 4122《微机继电保护运行技术管理规程》,使冶金系统有了自己的微机保护技术标准,规范了冶金供电系统的保护运行和管理。

袁军芳分别通过国家"创新工程师"三级、"创新培训师"一级和国际TRIZ三级认证。创新成果相继获得2016年全国企业创新方法大赛一等奖一项、中国金属协会青年创新创意大赛三等奖二项。2017年,他参与编著的《创新之路-TRIZ企业应用实践》一书由安徽科学技术出版社出版发行。2018年,袁军芳作为教练,带队参加全国首届创新方法大赛,取得一个一等奖、四个二等奖的好成绩,同时获得第七届钢铁行业职工培训和职业教育多媒体课件大赛一等奖。

袁军芳积极承担技能人才培训任务,每年以自己的实际行动带教3名徒弟,开展技术培训不少于20学时,搭建了高水平的供电系统人才梯队,近几年相继培养电工技师10余名,2018年被评为马鞍山市"名师"称号。袁军芳编写的《微机保护培训教材》已经作为马钢供电系统员工培训教材使用;编写的《电工》《维修电工》《同步电机原理及应用技术》和《电机与拖动》教材相继出版发行。2017年被安徽冶金职业科技学院聘为"特聘技能大师"。

以个人命名的"袁军芳工作室"先后被命名为"安徽省职工创新工作室"和"省级技能大师工作室"。

林震源,男,42岁,汉族,中共党员,马钢(集团)南山矿业公司钳工,高级技师,国际TRIZ一级认证,TRIZ国家二级创新工程师,安徽省政府特殊津贴,安徽省属企业"538"英才工程"拔尖人才",安徽省青年岗位能手,马鞍山市技能大师工作室领头人,马钢公司劳动模范,马钢公司"优秀工匠",马钢首席技师。

扎根采场练就"首席技师"。1995年,19岁的林震源从马钢技校毕业分配到马钢南山矿从事采掘设备大中修工作。23年来,他始终扎根在采场一线,凭着求真务实、笃学不倦、精益求精的工作作风,逐渐练就了扎实过硬的业务技能,积累了丰富的现场经验,在属于自己的路上,不断努力、不断前行、不断进步。他从一个"学徒娃"成长为业务尖子,进而成为"拿奖专业户",林震源不断演绎属于自己的青春故事,成为年轻一辈中的佼佼者。在繁重的工作中,他又自学焊工、电工等专业,逐步把自己打造成"一专多能"的技术多面手,不仅精通各类矿山机械设备的维修与安装,还善于机械设备的改造与革新,他用青春编织着梦想,而梦想因此照进了现实。2015年他成为机修钳工高级技师,2017年被马钢公司聘为首席技师,成功背后,是林震源日复一日的坚守和从不懈怠的勤勉。

立足岗位成就"功勋矿工"。在全国劳模卜维平的影响和带领下,凭着对矿山事业的热爱以及对本职工作的钻研与执着,林震源立足岗位,在急难险重情况下沉稳应对,屡出奇招。2014年林震源编制的"不退铲杆,10m^3电铲推压齿轮更换法"简化了检修工艺,大大降低劳动强度,被命名为先进操作法,在马钢矿山系统推广应用。同年,他取得安徽省评标专家资格证书,成为安徽省入库专家。2015年,国家级资源综合利用重点工程——半连续工程开工建设,他全身心扑在现场。半连续是全新生产工艺,配备的操作人员大多不能胜任,培训成了难题,林震源再次勇挑重担,白天在生产线上工作,晚上研究工艺标准,编制培训教材。仅仅7个月,54名新工人全部培训上岗。此外,他对半连续新系统进行20余项设备改造和国产化备件替代工作,每年可节约300余万元。几年间,他获得国家授权专利9项,国家二级创新工程师资格认证;安徽省"538"英才工程拔尖人才、享受安徽省政府特殊津贴……这些成绩也许并不能够惊天动地,但它们却总会让一份令世人敬重的主人翁精神传递久远,贡献企业。

情系矿山铸就"工匠大师"。2016年8月11日,市级林震源技能大师工作室成立。林震源深知独自前行走的很快,但结伴同行可以走得更远。他带领团队成员对创建方案、创建思路、创建方法进行重新梳理、规划,同大家商讨创新项目实施过程,促进攻关成果及时转化为生产应用,积极探索如何培养青年员工,如何带领全体职工创新创效、挖掘潜力。经过2年的努力,工作室培养出一批优秀职工创新个人和优秀职工创新团队,创新成果树已结出管理创新、技术创新、方法创新、工艺改造等方面20余项硕果,累计创造经济价值近千万元。他和他的团队还斩获首届中国创新方法大赛二等奖。第三届冶金青年创新创意大赛二、三等奖各一项。他本人也获得了安徽省青年岗位能手,马鞍山市首席技师,马钢优秀工匠等光荣称号。

(查仁豪)

安徽省五一劳动奖章获得者名录

陈志刚　马钢股份公司第一钢轧总厂

全国五好家庭获得者名录

王　强　　马钢股份公司检测中心

安徽省技能大奖获得者名录

沈　飞　马钢股份公司轮轴事业部车工高级技师

安徽省“江淮杰出工匠”获得者名录

张　烨　马钢集团公司焊工高级技师
李　强　马钢股份公司炼焦总厂焦炉调温工高级技师
汪昌平　马钢集团公司电工高级技师
李明军　马钢集团公司磨矿分级工技师

安徽省三八红旗手获得者名录

柯　航　马钢集团设备检修公司

中国宝武“最美宝武人”获得者名录

夏　莉　马钢集团设备检修公司

（查仁豪）

2019年马钢名录

马钢(集团)控股有限公司中层以上管理人员名录

公司领导

董事长、党委书记	魏　尧
总经理	丁　毅
党委副书记	丁　毅
	陈冬生
董事	魏　尧
	丁　毅
	陈冬生(11月离任)
	刘国旺(11月任职)
	钱海帆
	陆克从(11月离任)
副总经理	钱海帆(常务,12月任职)
	苏世怀(3月退休)
	唐琪明
	陈昭启
	蒋育翔(11月离任)
	严　华
	任天宝
纪委书记	陈冬生
工会主席	张晓峰
党委常委	魏　尧
	丁　毅
	陈冬生
	王强民(11月任职)
	张晓峰
	钱海帆
	蒋育翔(11月离任)
	陆克从
	严　华
总法律顾问	蒋育翔
总工程师	苏世怀(3月退休)
总会计师	陈昭启
副总会计师	张乾春
总经理助理	王文潇
马钢工作办公室副主任	刘国旺(11月任职)
	蒋育翔(11月任职)

办公室(党委办公室、外事办公室、董事会办公室、信访办公室、保密办公室)

主　任	邓宋高
副主任	郝　军(12月离任)
	黄全福
	严晓燕
	王荣军(11月任职,宝武总部交流挂职人员,为期一年)
董事会秘书	邓宋高
外事办主任	邓宋高
信访办主任	郝　军(12月离任)

党委工作部(党委组织部、党委宣传部、人力资源部、企业文化部、统战部、团委)

部　长	王东海
副部长	许延平
	徐乃文(12月离任)
	陶青平(12月离任)
	何　潮(11月任职,宝武总部交流挂职人员,为期一年)
	刘　斌(11月任职,宝武总部交流挂职人员,为期一年)
团委书记	蓝仁雷(12月离任)

原纪委(监察审计部)(12月集团机关改革)

副书记	毛文明
部　长	毛文明(12月离任)
副部长	方金荣(公司中层正职,12月离任)
	徐小苗(12月离任)
	王　彤(11月任职,宝武总部交流挂职人员,为期一年)
办公室主任	徐小苗(12月离任)
信访检查室主任	毛文明(12月离任)
审计室主任	秦学志(12月离任)

纪委(审计稽查部)

副书记	毛文明

部　长　毛文明(12 月任职)
副部长　徐小苗(12 月任职)
王　彤(11 月任职,宝武总部交流挂职人员,为期一年)

公司党委巡察工作办公室

主　任　毛文明
巡察员　顾明星
郑晓明
张　纲(12 月离任)
王文宝(11 月离任)
副巡察员　汪根祥(12 月离任)
刘家彪(12 月离任)

工会

主　席　张晓峰
副主席　马桢亚(3 月由原股份公司二铁总厂调任)
副主席　胡晓梅(女,12 月离任)
副主席　吕艳斌(11 月任职,宝武总部交流挂职人员,为期一年)
经济工作部部长　王卫东

管理创新部

部　长　张吾胜
副部长　話盛中
王　谦(12 月离任)
殷朝海(3 月任职,5 月改任助理调研员)
孙纪鹏(11 月任职,宝武总部交流挂职人员,为期一年)

科技管理部

经　理　张　建(3 月离任)
张吾胜(3 月任职)
副经理　話盛中(3 月任职)
王　谦(3 月任职,12 月离任)
殷朝海(5 月改任助理调研员)

安全管理部(能源环保部)

部　长　汪为民(12 月离任)
张吾胜(12 月任职)
副部长　丁伯埙(12 月离任)
李　盛(11 月任职,宝武总部交流挂职人员,为期一年)

投资管理部

部　长　王文忠
副部长　周浩锋
戴修明

法律事务部

部　长　郭　斐(12 月离任)
王文忠(12 月任职)
副部长　陈　全(12 月离任)

财务部

部　长　张乾春(兼)
副部长　赖永兵(5 月离任)
冯为民(11 月改任助理调研员)

行政事务中心(马钢公积金中心、档案馆)

主　任　张　艳(女)
副主任　陈伟革
查满林
住房公积金中心主任　陈伟革
档案馆馆长　查满林
公司中层副职管理人员　余方超

人力资源服务中心

副主任(主持工作)　何　军

财务共享中心

主　任　陈昭启(兼)
副主任　胡海燕(女)

安徽马钢创享财务咨询有限公司

执行董事(法定代表人)总经理
胡海燕(女,7 月任职)

离退休职工服务中心

主　任、党委副书记　刘希贤
党委书记、纪委书记　黎　兵
工会主席　杨　骏
副主任　黎　兵
杨国平
杨　骏

马钢教育培训中心

主　任　牛树刚
党委书记　张永涛
党委副书记　王　艳(女)
牛树刚
纪委书记、工会主席　王　艳(女)
副主任　陈厚新

马钢党校

校　长　陈冬生(兼)
常务副校长　张永涛

安徽冶金科技职业学院

院　长　牛树刚
党委书记　张永涛
党委副书记、纪委书记、工会主席　王　艳(女)
副院长　陈厚新

马钢高级技师学院(马钢高级技校)

院长(校长)　牛树刚
党委书记　张永涛
党委副书记、纪委书记、工会主席　王　艳(女)
副院长(副校长)　陈厚新

新闻中心

副主任　赵建勋
　王七水
《马钢日报》社总编　赵建勋

保卫部(武装部)

部长、党委副书记　周　青
党委书记、工会主席　李　寅
纪委书记　艾红兵
副部长　李　寅
　艾红兵
　宋　晔

矿业公司

董事长　陆克从(兼)
党委书记、总经理(法定代表人)　张　华
党委副书记、纪委书记、工会主席　朱春喜
常务副总经理　任文田
副总经理　李　雷
总工程师　王文景(9月由姑山矿调任)
财务总监　赵雄江
安全总监　任文田

南山矿业公司

经理、党委副书记　李大培
党委书记　李生玉
纪委书记、工会主席　王建军
副经理　李生玉
　彭　中
　汪令松
安全总监　汪令松(9月任职)

姑山矿业公司

经理、党委书记　朱青山
党委副书记、纪委书记、工会主席　何　军
副经理　奚树才
　王文景(9月离任)
　陈　轲
安全总监　王文景(9月离任)

桃冲矿业公司

经理、党委书记　王维勤(3月提任)
党委副书记、副经理(主持工作)　王维勤(3月离任)
党委副书记、纪委书记、工会主席　钟先进
副经理、安全总监　邓付古

罗河矿业公司

董事长、总经理、党委书记　许如亭
党委副书记、纪委书记　潘浩峰
副总经理　王宏喜
　季海俊
财务总监　季海俊
安全总监　王宏喜

张庄矿业公司

执行董事、总经理、党总支书记　吴新义
党总支副书记、工会主席　朱开桂
副总经理　李　东
　陈五九
安全总监　陈五九

马钢嘉华商混有限公司

董事长、总经理、党总支书记　姚效云

工程技术集团

董事长　任天宝(兼)
总经理(法定代表人)　夏会明(9月离任)
　程建国(9月任职)
党委书记　崔代宝(4月改任调研员)
　程建国(9月任职)
党委副书记　夏会明(9月离任)
　刁节和
　王德川(9月由股份公司炼铁总厂提任)
纪委书记、工会主席　刁节和

副总经理 崔代宝(4月改任调研员)
程建国(9月离任)
吴芳敏
陈孝文
张平远
黄加坤(9月任职)
陶明华
张太平(10月改任助理调研员)
总工程师、安全总监 陶明华
财务总监 吴浩波

马钢集团设计研究院

董事长、党委书记 陈孝文
党委副书记、纪委书记、工会主席 黄朝武
总经理 蔡长生

安徽马钢重型机械制造有限公司

董事长、总经理、党委书记 吴芳敏
党委副书记 张有飞
许 庆
副总经理 张有飞
龚 杰
总工程师 龚 杰
纪委书记、工会主席 许 庆
安全总监 张有飞

安徽马钢设备检修有限公司

执行董事、总经理 程建国(9月离任)
黄加坤(9月任职)
党委书记 黄加坤
党委副书记 程建国(9月离任)
工会主席 黄加坤(9月离任)
副总经理 黄加坤(9月离任)
詹 旭
宁光岩
黄 俊
朱兆山
安全总监 宁光岩

安徽马钢表面技术股份有限公司

董事长 夏会明(9月离任)
程建国(9月任职)
总经理、党委书记 朱广宏
党委副书记、纪委书记、工会主席、监事会主席 陈捍华
副总经理 潘廷刚
戴 勇

工程技术集团钢结构公司

总经理、党委书记 张平远
党委副书记、纪委书记、工会主席 汤 杰
副总经理、安全总监 赵宗利

安徽马钢输送设备制造有限公司

董事长、总经理、党总支书记 石玉军(公司中层副职)
副总经理 任 伟

监理公司

经理、党支部书记、总工程师 张秀龙(公司中层副职)

马钢共昌轧辊有限公司

董事长 王东峰(公司中层副职)

物流公司

董事长 陆克从(兼)
党委书记、总经理(法定代表人) 徐劲松
党委副书记、纪委书记、工会主席 李继宁(公司中层正职,6月由股份公司督察室调任)
副总经理 龙吉宁
常 明
祁尚民
财务总监 史一兵

中联海运公司

董事长 祁尚民(公司中层副职)

安徽马钢汽车运输服务有限公司

董事长、总经理、党委书记 钱时华
党委副书记、纪委书记、工会主席、监事会主席
童旭霞(女)
副总经理、安全总监 占成友

安徽马钢比亚西钢筋焊网有限公司

总裁、党支部书记 万恩三(公司中层副职)

中铁物总资源科技有限公司

董事、副总经理 方啸云(公司中层副职,7月任职)

安徽省郑蒲港务有限公司(2月股权划归安徽省港口集团)

总经理 方啸云(公司中层副职,7月离任)

飞马智科信息技术股份有限公司

董事长 蒋育翔(兼)
总经理 梁越永

党委书记 李　军(3 月离任)
梁越永(3 月任职)
党委副书记 梁越永(3 月离任)
李　军(3 月任职)
纪委书记、工会主席 李　军
副总经理 李　军(3 月任职)
裴秋平
何诗兴

化工能源公司

董事长 唐琪明(兼)
总经理、党委书记 邱全山
党委副书记、纪委书记、工会主席 杨子江
副总经理 毕振清
朱乐群
徐风雷
总工程师 朱乐群
安全总监 朱乐群

马鞍山马钢废钢有限责任公司

董事长 陈昭启(兼)
总经理、党总支书记 琚泽龙
党总支副书记、工会主席 谢　华(女)
常务副总经理 曹玉龙
副总经理 张建国
财务总监 李青华

马钢国际经济贸易公司

董事长、总经理 叶　毅
党总支书记 叶　毅
党总支副书记、工会主席 刘德华
副总经理 严春明
张卫明
刘德华

海外事业管理部(3 月职能划转到股份公司运营改善部)

经　理 叶　毅
副经理 张卫明

投资公司

董事长 魏　尧(兼)
监事长 陈冬生(兼)
总经理 陈昭启(兼)
党支部书记、副总经理 严太霞(女,公司中层正职)
副总经理 王开定(公司中层正职)

马钢(上海)融资租赁公司

董事长 严太霞(女)

马钢商业保理公司

董事长 王开定

马钢资产经营管理公司

总经理、党支部书记 王福宁

财务公司

董事长 丁　毅(兼)
总经理、党支部书记 伍生林
副总经理 盛重乐
风险总监 汪冬妹(女)

招标公司

党支部书记 陶　炜
执行董事、总经理 陶　炜
副总经理 水声文
刘　瑛

马钢集团康泰置地发展有限公司

董事长 张晓峰(兼)
党委副书记、纪委书记、工会主席 张福成

安徽欣创环保节能科技有限公司

董事长、党委书记 胡新华
总经理 杨　凡(3 月提任)
党委副书记 杨　凡
副总经理 戚震彪
杨　凡(主持经理层工作,3 月离任)
财务总监 陈　芳(3 月提任)

安徽马钢粉末冶金有限公司

董事长、党支部书记 徐瑞林(公司中层副职)
副总经理 吕祖涛

安徽马钢耐火材料有限公司

董事长、总经理、党委书记 陈海山
党委副书记、纪委书记、工会主席 张宏亮
副总经理 卢咏明
郁书中
总工程师 郁书中

利民企业公司

经理、党委书记 温业云
党委副书记、纪委书记、工会主席 尹绍慷
副经理 尹传毅(11 月免职)

(许体武)

马鞍山钢铁股份有限公司中层以上管理人员名录

公司领导(12月成立股份公司党委)

党委书记　魏　尧(12月任职)
党委副书记　丁　毅(12月任职)
刘国旺(12月任职)
王强民(12月任职)
党委委员　魏　尧(12月任职)
丁　毅(12月任职)
刘国旺(12月任职)
王强民(12月任职)
张晓峰(12月任职)
田　俊(12月任职)
张文洋(12月任职)
伏　明(12月任职)
工会主席　张晓峰(12月任职)
董事长　丁　毅
总经理　钱海帆(12月离任)
王强民(12月任职)
董事　丁　毅
王强民(12月任职)
钱海帆
任天宝
张文洋
副总经理　陆克从(12月离任)
田　俊
张文洋
伏　明
监事会主席　张晓峰
安全总监　伏　明
副总工程师　乌力平(12月退休)
黄发元
总经理助理　杜松林
章茂晗
王光亚

办公室(外事办公室、董事会办公室、信访办公室、保密办公室)

主　任　邓宋高(12月离任)
副主任　郝　军
黄全福(12月离任)
严晓燕(12月离任)

党委工作部(团委)

副部长　徐乃文(12月由集团党委工作部调任)
陶青平(12月由集团党委工作部调任)
团委书记　蓝仁雷

原监察审计部(12月机关改革)

部　长　毛文明(12月离任)
副部长　秦学志(12月离任)
徐小苗(12月离任)

纪委(审计稽查部)

副部长　方金荣(12月任职)
秦学志(12月任职)
中层正职管理人员　张　纲(12月任职)
中层副职管理人员　汪根祥(12月任职)
刘家彪(12月任职)

股份公司督察室

主　任　钱海帆(兼)
副主任　李继宁(公司中层正职,3月由检测中心调任,6月离任)
赵广化(公司中层正职,3月由铁运公司调任)
徐旭东(公司中层正职,3月由轮轴事业部调任)

工会

主　席　张晓峰(12月任职)
副主席　胡晓梅(女,12月由集团工会调任)

董事会秘书室

副主任(主持工作)　何红云(女)

法律事务部

部　长　郭　斐
副部长　陈　全

运营改善部

部　长　朱伦才
副部长　崔银会
王　谦(12月由集团管理创新部调任)

人力资源部

部长　许　洲

副部长　唐叶来(4月改任助理调研员)
　　　　李传艳

安全生产管理部

部　长　王世发(12月改任调研员)
　　　　汪为民(12月由集团安全管理部调任)
副部长　洪　伟
　　　　高长松
　　　　丁伯埙(12月由集团安全管理部调任)

能源环保部

部　长　罗武龙(3月任职)
副部长　曹曲泉(3月任职)
　　　　唐胜卫(3月任职)

市场部

部　长　张　峰
副部长　朱付林

计划财务部

部　长　邢群力
副部长　许继康
　　　　潘松林
　　　　江　鹏
主任会计师　许继康

制造部

部　长　刘国平
党总支书记　何大顺
副部长　何大顺(公司中层正职)
　　　　周　全
　　　　陈　斌
　　　　黄　龙(3月由原三铁总厂调任)

工程与设备管理部(3月机构改革)

部　长　熊佑发(3月离任)
副部长　李怀迁(3月离任)
　　　　连　炜(3月离任)
　　　　徐兆春(3月离任)
　　　　杭　挺(3月离任)
冶金质量监督站站长　熊佑发(5月离任,职能划转到技术改造部)

技术改造部

部　长　程　鼎(3月由技术中心调任)
副部长　连　炜(3月任职)
　　　　杭　挺(3月任职)
冶金质量监督站站长　程　鼎(5月任职)

设备管理部

部　长　熊佑发(3月任职)
副部长　徐兆春(3月任职)
　　　　李怀迁(3月任职,11月离任)
　　　　夏会明(11月任职)

招标中心

主任、党支部书记　陶　炜
副主任　水声文
　　　　刘　瑛

销售公司

总经理　章茂晗(兼)
党委书记、工会主席　黄　鹏
党委副书记　胡继兵(3月改任助理调研员)
纪委书记　胡继兵(3月改任助理调研员)
　　　　黄　鹏(3月任职)
副总经理　黄　鹏
　　　　张永翔(5月任职)
　　　　赵　勇(5月任职)
　　　　聂庆文(5月提任)
　　　　余周松(5月提任)
销售总监　胡继兵(3月改任助理调研员)
　　　　张永翔(5月离任)
　　　　赵　勇(5月离任)
　　　　聂庆文(销售公司聘任总监,5月离任)
　　　　余周松(销售公司聘任总监,5月离任)
　　　　刘　辉(销售公司聘任总监,1月离任)

采购中心

经　理　胡夏雨
党总支书记　李　博
副经理　李　博
　　　　徐　权
　　　　杜轶峰
　　　　徐葆春
工会主席　李　博

检测中心

主任　张林平
党委书记　李继宁(3月离任)
　　　　张林平(3月任职)
党委副书记　张林平(3月离任)
纪委书记、工会主席　李继宁(3月离任)

副主任　李继宁(3月离任)
茅建新
方啸震
陈玉宝
安全总监　茅建新

技术中心、新产品开发中心

主　任　钱海帆(兼,3月任职)
副主任　苏世怀(兼,3月退休)
党委书记、常务副主任、新产品开发中心主任
程　鼎(3月离任)
张　建(3月由集团公司科技管理部调任)
党委副书记、纪委书记、工会主席　杨智勇
副主任　张明如
朱　涛
李帮平
刘永刚
总工程师　朱　涛
安全总监　李帮平
技术研究院(筹)院长　张　建(3月任职)

铁路运输公司

经　理　钱　曦
党委书记　赵广化(3月离任)
钱　曦(3月任职)
党委副书记　钱　曦(3月离任)
程　宏
纪委书记　程　宏
工会主席　赵广化(3月离任)
程　宏(3月任职)
副经理　赵广化(3月离任)
刘世刚
陆智刚
总工程师　刘世刚
安全总监　陆智刚

仓储配送公司

经理、党委书记　孔　剑
党委副书记、纪委书记、工会主席　于　颖(女)
副经理　田路生(3月改任助理调研员)

港务原料总厂

厂　长　殷光华
党委书记　杨文武(3月离任)
殷光华(3月任职)
党委副书记　殷光华(3月离任)
朱　晨
纪委书记、工会主席　朱　晨
副厂长　杨文武(3月离任)
朱梦伟
总工程师、安全总监　朱梦伟

第二炼铁总厂(3月铁厂整合)

厂　长、党委副书记　丁　晖(3月离任)
党委书记、纪委书记、工会主席　马桢亚(3月离任)
副厂长　马桢亚(3月离任)
王德川(3月离任)
李　明(3月离任)
聂长果(3月离任)
总工程师　聂长果(3月离任)
安全总监　李　明(3月离任)

第三炼铁总厂(3月铁厂整合)

党委副书记、副厂长(主持工作)　黄　龙(3月离任)
党委副书记、纪委书记、工会主席　徐　军(3月离任)
副厂长　刘晓超(3月离任)
吴宏亮(3月离任)
陈生根(3月离任)
总工程师　吴宏亮(3月离任)
安全总监　陈生根(3月离任)

炼铁总厂(3月整合)

党委书记、厂长　丁　晖(3月任职)
党委副书记、纪委书记、工会主席　徐　军(3月任职)
副厂长　王德川(3月任职,9月离任)
刘晓超(3月任职)
吴宏亮(3月任职)
陈生根(3月任职)
聂长果(3月任职)
李　明(3月任职)
总工程师　吴宏亮(3月任职)
安全总监　陈生根(3月任职)

第一钢轧总厂

厂长、党委书记　吴耀光
党委副书记、纪委书记、工会主席　陈　钰
副厂长　陈　钰
周庆升
胡玉畅(9月离任)
范满仓(9月由四钢轧总厂调任)
总工程师　吴耀光

安全总监　周庆升

长材事业部

总经理、党委书记　王光亚(兼)

党委副书记、纪委书记、工会主席　叶景好

副总经理　吴　坚

钱晓斌

张卫斌

总工程师　吴　坚

安全总监　吴　坚

营销总监　李元水(长材事业部聘任营销总监)

第四钢轧总厂

厂　长、党委书记　毛学庆

党委副书记　史德明

纪委书记、工会主席　姜　宁

副厂长　范满仓(9月离任)

胡玉畅(9月由一钢轧总厂调任)

司小明

邓　勇

总工程师　司小明

安全总监　邓　勇

冷轧总厂

厂长、党委书记　杨兴亮

党委副书记、纪委书记、工会主席　朱瑞琨

副厂长　卫　东

沈新玉

严开龙

杨必祥

张四方

总工程师　沈新玉

安全总监　杨必祥

特钢公司

党委书记、经理　曹天明

党委副书记、纪委书记、工会主席　孙铭章

副经理　苏　炜

龚志翔

石　玮

总工程师　龚志翔

安全总监　石　玮

轮轴事业部

总经理　杜松林(兼)

党委书记　徐旭东(3月离任)

杜松林(兼,3月任职)

常务副总经理　安　涛(公司中层正职)

党委副书记　杨文武(公司中层正职,3月任职)

纪委书记、工会主席　徐旭东(3月离任)

杨文武(3月任职)

副总经理　李　翔(公司中层正职)

杨文武(3月任职)

杨　霄

刘爱兵

谷　源

肖　峰

总工程师　肖　峰

安全总监　谷　源

轨道装备公司

董事长、总经理　杜松林(兼)

财务总监　陈　皓(7月由投资公司提任)

马钢-瓦顿股份有限公司

董事长　杜松林(兼)

总裁　李　翔(公司中层正职)

能控中心(3月职能整合)

主任　罗武龙

党委书记、工会主席　左爱华(4月改任调研员)

党委副书记　罗武龙

戴辉棣(公司中层正职,3月任职)

副主任　左爱华(4月改任调研员)

戴辉棣(3月任职)

吴正球

李　辉(3月任职)

张　健

蒋卫兵(3月任职)

曹曲泉

唐胜卫

纪委书记　吴正球

总工程师　吴正球

安全总监　张　健

气体销售分公司(3月职能整合)

经理、党委书记　戴辉棣(3月离任)

纪委书记　李　辉(3月离任)

工会主席　蒋卫兵(3月离任)

副经理　李　辉(3月离任)

蒋卫兵(3月离任)

安全总监　蒋卫兵(3月离任)

热电总厂

厂长、党委书记　李　通

党委副书记、纪委书记、工会主席　杨效东
副厂长　翁海胜
　王仲明
安全总监　翁海胜

炼焦总厂

厂长、党委书记　汪开保(7 月提任)
党委副书记　汪开保(主持工作,7 月离任)
　张益民
纪委书记、工会主席　张益民
副厂长　汪开保(主持工作,7 月离任)
　夏鹏飞(7 月提任)
　汪　强(7 月提任)
总工程师　汪开保
安全总监　夏鹏飞

资源分公司

总经理、党总支书记　王　蕾
党总支副书记、工会主席　潘兴炉
副总经理　曹芳胜
安全总监　曹芳胜

合肥公司(合肥板材公司)

董事长　钱海帆(兼)
总经理　汪　洋
党委书记　汪　洋
党委副书记、纪委书记、工会主席
　王文宝(公司中层正职,11 月由党委巡察办调任)

副总经理　闫　敏
　利小民
总工程师　闫　敏

安徽长江钢铁股份有限公司

董事长、党委书记　许　健
副总经理　马春风
财务总监　乐志海
纪委书记　乐志海

安徽马钢嘉华新型建材有限公司

董事长　蒋育翔(兼)
总经理、党支部书记　赵鲁卿(公司中层副职)

马钢和菱包装材料公司

董事长、总经理、党总支书记　王华新
副总经理、安全总监　杨德佳

埃斯科特钢公司

董事长　钱海帆(兼)
总经理　曹天明
副总经理　高　峰
　王　强

滕州盛隆煤焦化公司

总经理　赵业明(公司中层副职)

欧邦彩板

董事长、总经理　刘　辉(1 月由销售公司提任)

马钢宏飞电力能源有限公司

董事长　李怀迁(4 月由设备管理部调任)

(许体武)

退休中层以上管理人员名录

姓　名	原单位	退休前职务	退休前职级	退休月份
张　鸣	冷轧总厂	党委书记	正处	201901
李小宇	轮轴事业部	部长	正处	201901
张庆奇	马钢合肥公司	董事长	正处	201902
梁晓乾	炼铁总厂	副厂长	副处	201902
钱保友	马钢输送设备制造公司	副经理	副处	201903
苏世怀	马钢集团公司	副总经理、总工程师	副厅	201901
彭宗胜	化工能源公司	副经理	副处	201906
张爱华	马钢计量处	经理	正处	201908
董　雷	马钢废钢公司	经理	正处	201910
徐泰松	马钢矿业集团	罗河矿董事长	正处	201910
陈　晋	马钢纪委监察审计部	副巡查员	副处	201911
孙国毅	马钢炼铁总厂	高级技术主管	副处	201911
乌力平	马钢集团公司	总经理助理	正处	201912
李悦社	马钢纪委监察审计部	副巡查员	副处	201912
李　兰	马钢离退休中心	主任	正处	201912
张　踪	马钢矿业资源集团	经理	正处	201912

（王宝驹）

专业技术职称构成情况

专业/级别	专业比例/%	总计/人	高级职称/人	中级职称/人	初级职称/人
工程	72. 9	5132	1518	1808	1806
教育	2. 3	164	43	85	36
财会	6. 3	445	65	199	181
经济	5. 8	409	27	250	132
政工	11. 5	808	167	360	281
其他	1. 2	86	5	50	31
合计	100. 0	7044	1825	2752	2467

说明:表内统计范围为2019年年末集团在岗职工。

（朱胜利）

取得高级职称任职资格人员名录

正高级工程师(机械工程专业高级工程师)

汪开忠	沈　昶	江　波	谷海容			

机械工程专业高级工程师

夏勇军	查丛文	黄在强	王　勇	祝家兴	唐明姣	叶兴梅
郑　圆	葛良水	黄　维	赵　飞	杜克飞	白　熙	魏　刚
兰家祥	彭　劲	胡晓刚	张旭毅	胡海青	冷德智	王　瑛
丁　正	杨　平	唐　政	吴其华	张晓歌	黄运美	夏连生
陈　勇	纪　杰	姜　涛	甘　炜	方　赦	李　慧	何发平
徐成林	杨成建	董　进	祝易松	李道勇	刘　振	孟玲俊
张　涛	张小宁	胡晓颖	郑华权			

冶金工程专业高级工程师

张　辉	朱宗杰	刘成皓	王启明	乐志强	程　尧	方　毅
陈　扬	邓国平	高义军	王　欢	周　磊	王曼娟	郑　德
高　军	彭　鹏	高　鹏	覃德波	官明徽	冯长英	黄智光
鞠亚华	张　杨	刘　伟	姚　鑫	葛晴晴	程德利	王　少
张喜秋	于景辉	毛　鸣	康　伟	胡　睿	于文坛	邹　强
胡芳忠	崔　磊	付　斐	夏德飞	王　娟	卢健彪	董德强
罗　刚	唐　名					

高级政工师

周春华	张红莲	王　舜	魏　娟	张海燕	杨　骏	何晓西
王　剑	刘　华	彭　鹏	周晓帆	简　洁	王传龙	

(张志斌)

2019年马钢逝世人物名录

逝世的县处级以上(含享受)离休干部名录

姓　名	出生年月	参加工作时间	离休时间	原工作单位及职务	享受待遇
谈　峻	1931年8月	1949年7月	1991年8月	马钢医院科长	县处
沈　杰	1927年5月	1943年6月	1993年12月	公司办公厅副经理	地市
张如阁	1929年7月	1949年2月	1988年10月	马钢耐火厂科长	县处
姜学义	1928年11月	1948年11月	1983年5月	马钢初轧车间主任	县处
王应恺	1931年8月	1947年4月	1991年12月	马钢医院工会主席	县处
李春山	1926年1月	1944年12月	1982年11月	马钢炉料公司副处长	县处
姜广德	1930年11月	1947年1月	1990年11月	马钢汽运处科长	县处
郑道芹	1933年3月	1948年1月	1993年1月	马钢医院主治医师	县处
王　发	1932年9月	1947年10月	1987年1月	马钢轮箍厂科长	县处
武学哲	1928年3月	1945年8月	1985年6月	马钢医院科长	县处
罗忠伯	1923年6月	1940年5月	1981年11月	马钢工会副主席	地市
李玉兴	1928年4月	1945年8月	1981年1月	马钢姑山矿工会主席	县处
水才根	1928年6月	1945年7月	1982年4月	马钢中板厂卫生所长	县处
郝义传	1925年7月	1949年5月	1989年8月	马钢股份机关科长	地市
何思广	1933年11月	1949年8月	1992年12月	马钢运输部科长	县处
孙德臣	1930年7月	1948年5月	1990年8月	马钢轮箍厂科长	县处

（舒　园）

附　录

特载
企业大事记
概述
集团公司机关部门
集团公司直属机构
集团公司分子公司
集团公司其他分子公司
集团公司合资公司
统计资料
人物
● 附录

2019 年马钢荣获集体荣誉名录

获得全国钢铁工业先进集体

马鞍山钢铁股份有限公司长材事业部

飞马智科信息技术股份有限公司

安徽长江钢铁股份有限公司

获得安徽省巾帼文明岗

马钢矿业集团桃冲矿工程与设备总降配电所

马钢股份公司检测中心检化验二站综合作业区

2019 年马钢重要文件选登和部分文件目录

文件选登

关于集团公司机关机构调整与职能优化的决定

2019 年 3 月 4 日　马钢集发〔2019〕8 号

各单位党委(直属总支、支部),机关党委及所属总支、支部;各单位:

根据公司机关机构改革总体部署和 2018 年机关机构改革"回头看"总体要求,经公司研究,决定对机关进行机构调整与职能优化。

一、机构调整与职能优化

(一)机构调整。管理创新部与科技管理部合署办公。科技管理部保留"科技发展、品牌管理"职能,将"科技项目、知识管理"职能下放各子公司。

(二)将管理创新部"领导人员薪酬管理"职能调整到党委工作部(人力资源部)。

(三)投资管理部增加"子公司董事、监事选任需求"职能。

(四)将财务部"统计综合核算"职能调整到财务共享服务中心。

(五)法律事务部增加"合规管理,子公司法务管控"职能,强化对子公司法务管理的指导、协调、评价和风险培训。

二、规范对口政府管理职能

对口政府部门的综合管理由集团公司办公室负责,对口政府部门的专业管理由集团公司职能部门负责,包括但不限于:

(一)政府相关部门关系协调的综合管理,由办公室负责;

(二)对口政府部门的应急管理,报送公司重大事项信息,由办公室负责;

(三)对口政府部门的保密工作的综合管理,由办公室负责;

(四)对口政府部门的人事、人才综合管理,由党委工作部(人力资源部)负责;

(五)对口政府部门钢铁及其他产业发展的相关政策,由管理创新部负责;

(六)对口政府部门的进出口综合管理,由管理创新部负责;

(七)对口政府部门的科技综合管理,由科技管理部负责;

(八)对口政府部门投资政策的综合管理,由投资管理部负责;

(九)对口政府部门的财政政策争取、税务筹划、金融监管的综合管理,由财务部负责;

(十)对口政府部门的安全管理,由安全管理部负责;

(十一)对口政府部门的能源管理、环境保护管理,由能源环保部负责。

三、调整后各部门的主要职能

(一)办公室(党委办公室、外事办公室、董事会秘书处、信访办公室、保密办公室)承担文书、保密,秘书、接待,调研,董事会秘书处,信访,外办,应急办,北京办事处、上海联络处职能。

(二)党委工作部(党委组织部、党委宣传部、人力资源部、企业文化部、统战部、团委)承担党建管理,机关党群,统战,领导力建设,宣传与企业文化,人事效率,薪酬福利,员工发展,团委职能。

(三)纪委(监察审计部、巡察办公室、监事会工作办公室)承担党风建设与纪律检查,监督检查与效能监察,内部审计职能,及党委巡察工作,监事管理工作。

(四)工会承担组织、宣教、民管,权益保障、女工,劳动和经济工作,财务资产管理职能。

(五)管理创新部和科技管理部(合署办公)承担战略管理,公司治理,组织绩效与运营提升,风险管理,科技发展,品牌管理,信息化管理职能。

(六)投资管理部承担股权投资管理,股权变动管理,子公司董事、监事选任需求管理,资本证券化管理,股权投资风险管理职能。

(七)财务部承担预算及经营计划管理,资金管理,会计管理,统计日常管理,税务,保险管理,资产管理,固定资产投资管理,财务风险及衍生工具管理职能。

(八)安全管理部和能源环保部(合署办公)承担安全管理,环境管理,能源管理,职业健康管理,消防管理职能。

(九)法律事务部承担合规管理,合同管理,诉讼事务,子公司法务管控职能。

四、几点要求

(一)2019年3月31日前完成机构、职能及人员调整。

(二)各部门要从大局出发,完整、高效执行公司决定,不允许相互推诿、扯皮,影响工作进度和工作质量。涉及重大问题或事项应向公司及时报告。

(三)做好稳定工作。改革期间,领导人员和党员要充分发挥思想政治工作优势,保证队伍不散,人心不乱,工作顺畅有序。

关于转发中共中国宝武钢铁集团有限公司委员会调整马钢(集团)控股有限公司党组织隶属关系的通知

2019年9月30日　马钢集发〔2019〕40号

各单位党委(直属总支、支部),机关党委及所属总支、支部:

中国宝武钢铁集团有限公司与马钢(集团)控股有限公司重组实施协议于2019年9月19日签署。根据《关于调整马钢(集团)控股有限公司党组织隶属关系的通知》(宝武委〔2019〕170号)文件精神,重组后中共马钢(集团)控股有限公司委员会的党组织隶属关系,调整为隶属于中共中国宝武钢铁集团有限公司委员会。现将《关于调整马钢(集团)控股有限公司党组织隶属关系的通知》予以转发。

关于撤销马钢集团北京办事处驻上海联络处的决定

2019年11月8日　马钢集发〔2019〕45号

各单位党委(直属总支、部),机关党委及所属总支、支部;各单位:

根据国务院国资委《关于开展中央企业驻京办事机构专项清查工作的通知》(国资厅监督二〔2019〕339号)和中国宝武相关要求,经公司党委五届八十一次常委会议研究决定,2019年11月15日前,撤销北京办事处(以下简称"北办")、驻上海联络处(以下简称"上办")。

北办和上办机构撤销后,按要求封场所、封账户、交印章、交执照、摘牌,原由北办、上办承担的餐饮、自有场所住宿的内部接待业务和职工疗休养业务一律停止,集团员工赴京、赴沪出差的餐饮、住宿等采取市场化方式解决。

关于深化集团公司机关机构改革及人力资源优化的决定

2019年11月29日　马钢集发〔2019〕57号

各单位党委(直属总支、部),机关党委及所属总支、支部;各单位:

依据中国宝武集团"一基五元"发展战略,为优化公司治理结构,下沉产业经营职能,压缩管理边界,降低管理成本,进一步聚焦集团本部公司治理、公共关系对接、共享服务、风险防控职能,经公司研究决定,对集团公司机关机构及人力资源优化调整如下:

一、集团公司机关机构调整与职能优化

(一)集团公司办公室(党委办公室、外事办、信访办)、党委工作部(党委组织部、党委宣传部、企业文化部、团委)、纪委(监察审计部)、工会不再承担马钢股份公司相关管理工作。股份公司设置相应管理机构。

(二)办公室增加监事会秘书处职能。

(三)纪委(监察审计部)更名为纪委(审计稽查部),承担纪检监督、信访案管与审理、监督检查与审查调查、内部审计、监事管理职能。保留党委巡察办公室。

（四）管理创新部、科技管理部与安全管理部、能源环保部合署办公，相关部门合署前的所有职能由管理创新部（科技管理部、安全管理部、能源环保部）承担。

（五）投资管理部与法律事务部合署办公，相关部门合署前的所有职能由投资管理部（法律事务部）承担。

（六）党委工作部（人力资源部）承担的企业年金日常管理工作，委托投资公司负责。

（七）财务部承担的保险、衍生工具日常管理工作，委托投资公司负责。

（八）撤销监事会工作办公室。监事管理职能由审计稽查部承担。

（九）集团公司外事办对各子公司外事工作进行管理、指导、服务和评价，具体事务由各子公司承担。

（十）集团公司机关部门履行省、市机关对口协调职能。

二、调整后集团各部门的主要职能

调整后集团各部门的主要职能具体见附件。

三、有关安排

（一）根据职能安排，重新核定定员，根据宝武总部委托管理业务界面情况运行一段时间后再作调整。委派到子公司的财务负责人暂时继续挂靠在财务部单列管理，后续逐步调整。

（二）集团公司机关部门领导原则上按照"一正一副"配置，承担职能较多的可多配一名副职；职能人员配置时，重点保障对口省、市机关及对外联络职能。

（三）压减管理岗位，推进管理层级扁平化，部门内部取消职能模块设置，按照"一专多能"原则，以职能为基本单元配置人员，加强横向协同、协作，提高配置效率。

（四）马钢股份公司新设立机关部门所需人员原则上应一律从集团公司相应职能部门调入，具体按照个人自愿和组织需要原则，组织开展岗位聘用。

（五）2019 年 12 月 20 日前完成机构和人员调整。

附件：集团机关各部门主要职能表

附件

集团机关各部门主要职能表

序号	机构名称	主要职能	备注
1	办公室(党委办公室、外事办公室,董事会秘书处、监事会秘书处、信访办公室、保密办公室)	承担文书保密、秘书接待,应急与信访、调研、董事会及监事会秘书处,外办职能	增加监事会秘书处职能
2	党委工作部(党委组织部、党委宣传部、人力资源部、企业文化部、统战部、团委)	承担党建管理,机关党群,领导力建设与统战,宣传与企业文化,人事效率,薪酬福利,员工发展,团委职能	企业年金日常管理工作委托投资公司负责
3	纪委(审计稽查部、党委巡察办公室)	承担纪检监督、信访案管与审理、监督检查与审查调查、内部审计与监事管理、巡察办公室职能	撤销监事办。监事管理职能由审计稽查部承担
4	工会	承担组织宣教与民主管理,女工与权益保障,劳动和经济工作,财务资产管理职能	
5	管理创新部(科技管理部、安全管理部、能源环保部)	承担战略规划,公司治理,改革办,组织绩效与运营提升,风险管理,科技发展与品牌管理,信息化管理,安全、能源环境、消防、职业健康管理职能	
6	投资管理部(法律事务部)	承担股权投资与变动管理,子公司董事、监事选任需求管理,资本证券化管理,股权投资风险管理,法律事务职能	
7	财务部	承担预算管理(商业计划书),资金管理,税务,会计管理,统计日常管理,资产管理及固定资产投资管理,财务风险管理职能	衍生工具,保险日常管理工作委托投资公司负责

部分文件目录

字　号	文　件　标　题
马钢集发〔2019〕1 号	关于开展 2018 年度基层单位党建述职评议考核工作的通知
马钢集发〔2019〕2 号	关于成立马钢集团公司推进新时代产业工人队伍建设改革协调小组的通知
马钢集发〔2019〕3 号	关于印发《马钢集团公司推进新时代产业工人队伍建设改革行动方案》的通知
马钢集发〔2019〕7 号	2018 年度马钢集团公司党员领导干部民主生活会情况报告
马钢集发〔2019〕8 号	关于集团公司机关机构调整与职能优化的决定
马钢集发〔2019〕10 号	关于成立中国共产党马鞍山钢铁股份有限公司炼铁总厂委员会及撤销中国共产党马鞍山钢铁股份有限公司第二炼铁总厂、第三炼铁总厂和气体销售分公司委员会的通知
马钢集发〔2019〕11 号	关于马桢亚等同志工作职务的通知
马钢集发〔2019〕12 号	关于黄鹏等同志工作职务的通知
马钢集发〔2019〕14 号	关于开展党员组织关系集中排查和整改工作的通知
马钢集发〔2019〕15 号	关于认真学习贯彻俞伦洋同志在省委第八巡视组巡视马钢(集团)控股有限公司党委工作动员会上的讲话的通知
马钢集发〔2019〕17 号	关于命名表彰马钢 2018 年度先进集体和劳动模范的决定
马钢集发〔2019〕18 号	关于赵云龙等同志工作职务的通知
马钢集发〔2019〕22 号	关于中国共产党马钢集团矿业有限公司委员会更名为中国共产党安徽马钢矿业资源集团有限公司委员会的通知
马钢集发〔2019〕24 号	关于印发《马钢集团公司党委关于开展“不忘初心、牢记使命”主题教育的实施方案》的通知
马钢集发〔2019〕25 号	关于表彰 2019 年党内各类先进的决定
马钢集发〔2019〕27 号	关于汪开保等同志工作职务的通知
马钢集发〔2019〕28 号	关于在“不忘初心、牢记使命”主题教育中开展专项整治的工作方案
马钢集发〔2019〕29 号	关于成立马钢集团公司党委巡视整改工作领导小组的通知
马钢集发〔2019〕30 号	关于在“不忘初心、牢记使命”主题教育中开展“用人行政化、作风‘衙门化’、监管空洞化”专项整治的通知
马钢集发〔2019〕31 号	马钢集团公司党委关于“不忘初心、牢记使命”主题教育专项整治情况的通报
马钢集发〔2019〕32 号	马钢集团公司党委关于报送《省委巡视组巡视反馈意见整改落实工作方案》的报告
马钢集发〔2019〕33 号	关于王文景等同志工作职务的通知
马钢集发〔2019〕34 号	关于印发《省委巡视组巡视反馈意见整改落实工作方案》的通知
马钢集发〔2019〕35 号	马钢集团公司党委关于印发《省委意识形态工作责任制落实情况专项检查组反馈意见整改方案》的通知
马钢集发〔2019〕37 号	关于开展意识形态领域风险隐患排查行动、突出问题整治行动和阵地管理提升行动的通知
马钢集发〔2019〕38 号	马钢集团公司党委关于 2019 年上半年巡察情况的报告
马钢集发〔2019〕39 号	关于胡玉畅等同志工作职务的通知
马钢集发〔2019〕40 号	关于转发中共中国宝武钢铁集团有限公司委员会调整马钢(集团)控股有限公司党组织隶属关系的通知
马钢集发〔2019〕41 号	关于新闻中心机构改革及人力资源优化的决定
马钢集发〔2019〕44 号	关于开展领导人员和管理者及其亲属、其他特定关系人违规经商办企业专项治理工

	作的通知
马钢集发〔2019〕45号	关于撤销马钢集团北京办事处、驻上海联络处的决定
马钢集发〔2019〕46号	关于撤销马钢集团北京办事处、驻上海联络处的报告
马钢集发〔2019〕47号	关于尹传毅同志工作职务的通知
马钢集发〔2019〕48号	关于下发《马钢(集团)控股有限公司“三重一大”决策实施办法(试行)》的通知
马钢集发〔2019〕49号	关于王文宝同志工作职务的通知
马钢集发〔2019〕51号	关于成立中国共产党马鞍山马钢废钢有限责任公司委员会的通知
马钢集发〔2019〕52号	关于成立中国共产党马钢轨道交通装备有限公司委员会的通知
马钢集发〔2019〕54号	关于印发《马钢党委理论学习中心组学习实施办法》的通知
马钢集发〔2019〕55号	关于印发《马钢集团公司党委意识形态工作责任制实施细则》的通知
马钢集发〔2019〕57号	关于深化集团公司机关机构改革及人力资源优化的决定
马钢集发〔2019〕58号	关于王荣军等同志工作职务的通知
马钢集发〔2019〕59号	关于成立中国共产党马鞍山钢铁股份有限公司委员会的通知
马钢集发〔2019〕60号	关于郝军等同志工作职务的通知
马钢集发〔2019〕62号	关于开展2019年度马钢基层党组织党建工作责任制考核评价工作的通知
马钢集发〔2019〕63号	马钢(集团)控股有限公司党委关于巡视整改进展情况的通报
马钢集发〔2019〕67号	关于开展2019年度基层党组织书记抓党建述职评议考核工作的通知
马钢集发〔2019〕68号	关于调整集团部分基层党组织隶属关系的通知
马钢集发〔2019〕69号	关于调整欣创公司党委隶属关系的通知
马钢集发〔2019〕70号	关于调整飞马智科党委隶属关系的通知
马钢集发〔2019〕71号	关于张晓峰同志工作职务的通知
马钢集发〔2019〕72号	关于魏尧等同志工作职务的通知
马钢集〔2019〕1号	关于印发《集团公司2019年安全生产工作计划》的通知
马钢集〔2019〕4号	关于印发《马钢员工因私出国(境)管理办法》的通知
马钢集〔2019〕10号	关于下达集团公司2019年度财务预算及投资预算的通知
马钢集〔2019〕14号	关于印发《省审计厅经济责任审计反馈问题整改方案》的通知
马钢集〔2019〕15号	关于下发《马钢集团公司2019年培训工作计划》的通知
马钢集〔2019〕16号	关于发布《马钢(集团)控股有限公司2019年品牌建设战略行动计划》的通知
马钢集〔2019〕19号	关于印发《2019年职工薪酬调整增资方案》的通知
马钢集〔2019〕20号	关于表彰2018年精益工厂创建工作先进单位　优秀改善亮点　优秀推进人员的通报
马钢集〔2019〕21号	关于印发《省国资委集中监督检查反馈意见整改方案》的通知
马钢集〔2019〕39号	关于设立马钢集团财务管理咨询有限公司的决定
马钢集〔2019〕46号	关于印发《企业与员工协商一致解除劳动合同实施方案》的通知
马钢集〔2019〕51号	关于表彰2018年度马钢管理创新先进单位和管理创新成果奖的通报
马钢集〔2019〕66号	关于成立马钢集团企业年金管理委员会的通知
马钢集〔2019〕76号	关于成立马钢集团清理拖欠民营企业中小企业账款工作领导小组及有关工作部署的通知
马钢集〔2019〕77号	关于调整公司在职因病非因工死亡职工遗属抚恤金标准的通知
马钢集〔2019〕82号	关于成立《马钢志(2001—2019年)》编纂委员会的通知
马钢集〔2019〕83号	关于备用金借款有关事项的通知
马钢集〔2019〕94号	关于编制集团公司2020年度全面预算的通知
马钢集〔2019〕95号	关于下发《马钢“绿色发展·智慧制造”专项工作方案》的通知

马钢集〔2019〕99 号	关于下发 2020 年度商业计划书编制大纲的通知
集办发〔2019〕1 号	关于启用“中国共产党马钢集团物流有限公司委员会”等印章的通知
集办发〔2019〕2 号	关于印发矿业板块改革实施意见的通知
集办发〔2019〕3 号	关于做好 2019 年春节和“两会”期间信访稳定工作的通知
集办发〔2019〕4 号	关于规范集团公司会议管理有关事项的通知
集办发〔2019〕5 号	关于印发相关板块及单位改革实施意见的通知
集办发〔2019〕6 号	关于下发《2018 年巡察发现问题管理建议书》推动巡察成果转化运用的通知
集办发〔2019〕7 号	印发《关于开展“严规矩、强监督、转作风”集中整治形式主义官僚主义专项行动工作方案》的通知
集办发〔2019〕8 号	关于印发《马钢集团公司党委 2019 年巡察工作要点》的通知
集办发〔2019〕9 号	关于印发《马钢集团公司党务公开目录》的通知
集办发〔2019〕10 号	关于印发《2019 年马钢集团公司信访工作意见》的通知
集办发〔2019〕11 号	关于印发《马钢集团公司党委关于开展党支部品牌创建工作的意见》的通知
集办发〔2019〕12 号	关于印发马钢股份公司改革实施意见的通知
集办发〔2019〕13 号	关于印发《马钢党委中心组 2019 年理论学习安排意见》的通知
集办发〔2019〕14 号	关于印发《马钢 2019 年党风建设和反腐倡廉工作重点任务分解表》的通知
集办发〔2019〕15 号	关于启用“中国共产党马鞍山钢铁股份有限公司炼铁总厂委员会”印章的通知
集办发〔2019〕16 号	关于成立马钢关心下一代工作第五届委员会的通知
集办发〔2019〕17 号	关于印发《马钢关心下一代工作委员会章程》的通知
集办发〔2019〕18 号	关于陈扬等同志工作职务的通知
集办发〔2019〕19 号	关于启用“中国共产党安徽马钢矿业资源集团有限公司委员会”印章的通知
集办发〔2019〕20 号	关于印发《马钢集团公司党委在“不忘初心、牢记使命”主题教育中开展“以案示警、以案为戒、以案促改”警示教育实施方案》的通知
集办发〔2019〕21 号	关于印发《马钢集团公司党委巡察人才库成员管理办法(试行)》的通知
集办发〔2019〕22 号	关于填报《省委第八巡视组对马钢集团党委巡视反馈问题整改责任清单》的通知
集办发〔2019〕23 号	马钢集团公司党委 2019 年上半年巡察情况通报
集办〔2019〕1 号	马钢集团公司 2018 年度档案工作专业评价情况通报
集办〔2019〕2 号	关于表彰 2018 年度公文处理、保密先进单位和先进个人的通知
集办〔2019〕3 号	关于印发《马钢 2019 年档案进馆计划》的通知
集办〔2019〕4 号	关于印发《2019 年版〈马钢年鉴〉编纂大纲》的通知
集办〔2019〕5 号	转发省国资委《关于省纪委监委检查发现淮化集团有关问题的通报》的通知
集办〔2019〕6 号	关于印发《集团公司 2018 年档案工作总结和 2019 年档案工作要点》的通知
集办〔2019〕7 号	关于启用“马钢(集团)控股有限公司总图规划专用章”的通知
集办〔2019〕8 号	关于公司内部信息扩大知悉范围自查工作的通报
集办〔2019〕9 号	关于陈扬等同志工作职务的通知
集办〔2019〕10 号	关于做好 2019 年防汛工作的通知
集办〔2019〕11 号	关于启用“安徽马钢矿业资源集团有限公司”印章的通知
集办〔2019〕12 号	关于启用“安徽国弘企业管理咨询有限公司”印章的通知
集办〔2019〕13 号	关于表彰 2017～2018 年度效能监察工作先进单位　优秀项目的通报
集办〔2019〕14 号	关于下达清理拖欠民营企业中小企业账款整改措施的通知
集办〔2019〕15 号	关于启用“马钢集团企业年金管理委员会”印章的通知
集办〔2019〕16 号	关于印发《马钢集团公司关于新中国成立 70 周年庆祝活动信访维稳工作方案》的通知

集办〔2019〕17号	关于开展马钢集团根治欠薪百日攻坚行动的通知
集办〔2019〕18号	关于印发《〈马钢志(2001—2019年)〉编纂工作实施方案》的通知
集办〔2019〕19号	关于启用"安徽马钢创享财务咨询有限公司"印章的通知
集办〔2019〕20号	关于认真做好国庆七十周年活动期间安全、环保、信访维稳工作的通知
集办〔2019〕21号	关于进一步规范重大事项法律审核工作的通知

（陈　扬）

2019年省级以上报纸有关马钢报道

报　摘

马钢：强化"双引擎"再登新平台

2018年7月19日，马钢160件高速车轮经法国在马钢瓦顿重新包装后，顺利运抵德国铁路公司装车上线运行，这是中国制造的高速车轮首次驶出国门。图为德国客商来马钢考察车轮产品。

（张明伟　摄）

回首2018年，马钢紧紧围绕"加速提升创新竞争力"工作主题，以全面创新增动力、以全面协同提效率、以全面精益强质量，开创了转型发展的新局面，营收、利润、上缴税金显著增长，创造了马钢史上年度最佳经营业绩。2019年，马钢将强化"效率、效益"双引擎，聚焦变革突破，聚力价值创造，力争生产经营再跃新平台。

钢材市场的波动性，倒逼大型钢铁企业提升钢铁供给质量和智能制造水平。同时，在国家政策指引下，钢铁企业将进入"推重组，促转型"阶段。因此，通过兼并重组提高产业集中度将成为钢铁行业下一步发展的必然选择，也是摆脱当前行业困境的关键所在。

为此，马钢将坚持市场导向，聚焦品种、品质、品牌，不断满足客户的差异化、定制化需求，实现高质量、高效率、高效益；拓宽发展视野，开放合作，把握行业转型大势，积极寻求和参与行业资源整合、要素协同，做到提早谋划、争取主动、共赢发展。

坚定不移做优做精钢铁主业

2019年，马钢将对标行业标杆企业，以提高产品毛利率为核心，大力实施创新驱动发展战略，构建绿色精品智慧钢铁供应链。在轮轴产品方面，马钢以高铁、地铁、机车轮和重载货车轮市场为目标，保总量、调结构、拓市场，2019年计划销售车轮及箍环18万吨、轮对8000套、车轴1.5万根。在板带产品方面，马钢将持续优化产品结构和客户结构，提高汽车板核心区域市场占有率，扩大高强钢市场份额，提高W470及以上高牌号电工钢比重，持续拓展冷轧、镀锌、酸洗等高端家电用钢市场。在长材产品方面，马钢将大力拓展工业用型材、低温耐候产品、高强钢筋等市场。在特钢产品方面，马钢将继续稳固高端轨道交通、能源用钢，进军汽车零部件用优棒材市场。

同时，马钢将加强精益制造过程管控。其中，铁前系统继续完善高炉体检、预警和应对机制，瞄准标杆深入挖潜，强化系统联动协同，优化配煤配矿，加快推进系统配套项目，加强炉役后期高炉炉缸监控，实现高炉长周期稳定顺行生产，持续降低铁水成本。钢轧系统强化生产、设备、能源、物流系统联动，优化资源配置和产线分工，合理优化铁钢比，释放优势产线产能，确保组产效益最大化。

此外，马钢将完善服务型营销体系，实施客户分级管理、分级营销，整合优化客服体系，发挥客户服务小组功能，增强客户服务体验，提升客户忠诚度，促进产品销售和服务功能，提高优质客户比例及订货量。

积极培育壮大多元支柱产业

2019年，马钢将集中优势资源，推动矿产资源、工程技术、废钢资源、化工能源等多元产业尽快跃上50亿元～100亿元营收平台，废钢资源板块力争率先突破百亿元级营收。同时，马钢将完善产业布局，加快矿产资源综合利用、煤化工、废钢基地建设进程；推动外向发展，快速提升外部收入占比，力争在若干细分市场形成"小巨人"；以发展混合所有制为突破口，积极引入战略投资者,推进股权多元化,加快资产证券化,激活发展新动能;借鉴瑞泰马钢、马钢奥瑟亚等成功合作经验,在更大范围、更多领域引入行业龙头企业,积极参与行业并购重组;按照宜控则控、宜参则参的思路,加快多元产业混合所有制改革步伐,构建开放合作的产业发展新格局;以产权多元化为契机,提升资源优化配置能力,提高投资回报率,力争在上市公司培育上取得突破。

为更好地培育壮大多元支柱产业,马钢将着力外向发展,强化"走出去"意识,聚焦主业,聚焦核心产品和技术,加快产品升级和服务升级,屏化产业链延伸。下一步,马钢将做实矿产资源板块,打造罗河矿一期、钟九矿、桃冲矿千万吨级辅料基地;做强工程技术板块,加快内部资源和业务整合;做大废钢资源板块,构建"基地+贸易+金融""互联网+废钢"新型商业模式;做优化工能源板块,加快实施焦炉煤气制氢、针状焦和焦油深加工项目;做好金融投资板块,发挥财务"蓄水池"作用;做细新材料板块,开发新型墙体材料等新产品,加速磁性材料用粉等产品开发;做深信息技术板块,加快智能装备及大数据产业项目建设,推动研发中心、云计算数据中心、智能装备产业基地建设。

(章利军)

2019 年 1 月 11 日《中国冶金报》

"链"接上下游　铆紧利益链
——马钢积极推进供应链创新与应用纪实

7 月 19 日下午,马钢党委召开五届四次全体(扩大)会议暨上半年经济运行分析会。会上,马钢集团公司党委书记、董事长魏尧提出,要融入大平台,共建高质量钢铁生态圈。在这之前,马钢则积极布局供应链,努力实现融合发展、互补发展、协同发展、共赢发展。

早在 2018 年 10 月,商务部等 8 部门联合公布了《全国供应链创新与应用试点城市和试点企业名单》,马钢、鞍钢、河钢等 6 家钢铁行业企业被列为试点单位。今年 4 月,马钢供应链协同平台上线,进入内部协同阶段。该平台的上线意味着马钢和供应商之间的沟通与协同将步入流程化、信息化和透明化的轨道。

"链"接上游供应商
——创新策略打造特色采购供应体系

近年来,马钢致力于打造备件保供精准化、采购精益化、管理精细化的管控体系,在供应商的选择上,本着"广开大门,提高标准"的原则,大力引进有实力、讲诚信、守合同的供应商,并在内部供应商评价体系管理中,对供应商进行全方位、综合性的科学评价,充分考量供应商的供货业绩。

许多供应商不仅紧密配合马钢各项业务采购,而且多次在备件紧急供应、生产抢修中提供了宝贵的支持。这些在关键时刻伸出援助之手,提供及时、有效帮助的供应商,是马钢重点关注、优先选择的对象。如 2018 年,在马钢冷轧总厂镀锌、连退产线减速箱故障抢修过程中,南京高精齿轮集团有限公司迅速组织人员 24 小时加班生产马钢所需的备件,确保马钢产线得以连续生产。还有,去年在马钢一钢轧总厂两台 200 吨铸造起重机改造工程工期紧、备件品种供应多的情况下,太原重工股份有限公司克服自身制造任务多的困难,按照马钢检修工期要求倒排制造工期,并安排生产技术人员 24 小时提供支持,开启各类大型加工设备进行作业,如期交付了马钢所需的备件。

今年 3 月 22 日,全国 49 家备件供应商及部分海外备件设计制造商代表,应邀参加马钢 2019 年备件重点供应商大会,并共同交流合作体会,分享合作成果,使马钢的上游供应商体系得到进一步强化。

与此同时,马钢对煤炭、焦炭、铁矿石、合金、有色金属等大宗原燃料和物资全面实行比质比价、好中选优,按照利益共享、风险共担的原则,创新采购策略,优化原料供应体系。在煤炭、焦炭方面,马钢分别采取与重点矿务局实行煤炭年度合同季度定价、年度合同月度定价的采购价格优化机制,并采取指数定价、价格联动、总包定价等多种方式降低采购成本。在铁矿石资源方面，马钢提前锁定长协矿资源，探索新定价模式，将必和必拓长协杨迪粉矿定价方式从单一指数定价改为混合指数加折扣的方式，现货适时调节库存，保障生产用料供需平衡。合金资源方面，马钢打破以往"独木桥"式采购模式，针对南北资源分布等特点，制定了不同的采购策略，实行南方资源聚量让利、北方资源低量保价，并通过对市场的精确分析和精准判断，开创期货实物交单的采购模式。以此，马钢逐步打造了具有自身特色的采购供应体系，完善了供应链质量、成本优势等，为适应马钢转型升级需求提供支撑。

"链"接下游用户
——多管齐下　向产业服务供应链转型

今年年初以来，马钢积极推进供应链创新与应用，采取了多方面举措，取得了一系列重要成果。例如，马钢M700L、M950JJ等性能稳定的热轧高强钢品种相继进入各大汽车产线，满足了客户对汽车轻量化的需求；高品级页岩气油井管用钢填补国内空白；H型钢在科威特、阿曼、卡塔尔生根开花；轮轴、轮对抢滩澳大利亚、俄罗斯、韩国、南非和美洲等海外市场；与中国中车、格力、美的、光宝、海尔、富士康、东风汽车、长安汽车，以及海外矿山四大巨头、美国GE公司、德国铁路公司、日本ITEC公司等定期或不定期开展业务交流、技术交流，促进双方受益……

技术服务、专业服务、现场服务、跟踪服务和实行24小时快速响应机制，是马钢今年创新营销的一大亮点。为了与客户设计联动、研发互动，马钢全面深化EVI(供应商服务先期介入)、APQP(产品质量与策划先期介入)和"五位一体"(客户经理、技术经理、研发工程师、工厂代表、产品设计师)的工作机制，使马钢产品俏销海内外市场。这是马钢向供应链下游延伸服务的具体实践，多管齐下，大力推动制造供应链向产业服务供应链转型，提升制造产业价值链。

主动对接，把贴心服务做到客户家门口。今年6月，马钢长材事业部营销服务室联合马钢技术中心、中铁物资组织专人对铁路系统用户太原机车厂、西安车辆厂进行回访。在技术交流过程中，客户对马钢造车材的质量、公差、交货期十分满意，并提出现有的帽型钢乙字钢主要靠双拼焊接，用于造车材最大的主体梁部件，性能上有缺陷，也存在成材率低的问题，希望马钢能帮助解决一下问题。恰巧，马钢前不久研发了一款热轧帽型钢双拼乙字钢，可免去焊接、探伤步骤，又能缩短制造工期和降低制造成本，同时具有环保功能。该产品上线生产后可直接取代双拼焊接乙字钢。得知这一消息后，客户立即表示合作意愿，并给了马钢生产2000辆平板车约1.3万吨造车材的订单。

瞄准高端需求，深度介入客户生产过程。马钢一直关注广汽新能源发展走向。经过不懈努力，马钢实现了对广汽乘用车用材共计30个常用牌号认证的基本覆盖，并通过广汽乘用车、广汽新能源汽车牌号的有效认证，这为马钢成为广汽集团自主品牌供应商打下了坚实基础。2018年以来，马钢"五位一体"服务小组加强与广汽合作，依据时间节点积极准备第一款新能源汽车试模料，并现场全程跟踪试模。在双方高层领导的多次交流对接下，随着新车型不断涌现，定点选择的马钢材料也逐渐增多。目前，马钢与广汽新能源已有4款车型开展合作，其中两款车型已定点马钢材料，合计定点零部件70多个。另外两款车型正在开展EVI，广汽新能源汽车将其中一款整车给予马钢开展EVI，包含整车选材推荐、结构优化和精简麻点表等工作，双方将共同协作实现整车轻量化设计目标。

今年年初以来，马钢还先后与宝鸡钢管、中石化、中石油、中海油、中国汽车技术研究中心等客户交流了高级别M80-P油井管产品、LNG(液化天然气)项目低温钢筋、海洋用热轧H型钢标研发与应用技术，以及标杆车拆解、腐蚀与防护技术手段，使双方深化合作找到了有效契合点。

强化联系，积极融入全球供应链网络。马钢一直在积极拓展海外市场，强化海外供应链网络建设，着力在世界范围内完善供应链体系，与海外很多用钢企业形成了良好的双边合作关系。

自2006年日本ITEC公司与马钢合作以来，该公司不仅协助马钢品牌产品H型钢通过日标JIS(日本工业标准)认证，还助力马钢拓展了镀锌板、热轧卷等板材在日本的市场。日本ITEC公司累计从马钢订购了50万吨产品，日本新电视台天空树、东京迪士尼乐园、日本成田机场、羽田机场和奥运新国立竞技场等项目都用上了马钢产品。马钢在海外的供应链体系得到极大拓展。

马钢与美国GE公司合作10多年来,按照美方的标准提供车轮超过20万件。目前,马钢轮轴事业部已开发出20种型号整体机车车轮产品,基本实现高品质机车车轮产品全覆盖。由于马钢机车车轮研发实力赢得了GE公司的高度认可,去年GE公司将所有NPI(新产品导入)项目的车轮交给马钢。这个项目对供应商要求极高,也有很大的市场风险。面对从开始询价到最终交货给供应商的时间仅有半年左右等困难,马钢轮轴事业部主动多次与GE公司进行技术交流,商讨工艺技术方案,并制订新的生产工艺标准,最终按期、按质完成了GE公司全年1万件机车车轮制造任务。

(章利军)

2019年8月14日《中国冶金报》

报道目录

报刊名称	标　题	版　面	时　间	作　者
中国冶金报	马钢收获60年最佳业绩	头版二条	1月1日	章利军
中国工业报	马钢收获史上最佳业绩	二版	1月7日	章利军
中国冶金报	马钢绘出创建精益工厂路线图	四版	1月8日	章利军
中国冶金报	马钢与客户共建、共享、共生	八版	1月8日	章利军
中国冶金报	2018马钢经济运行平稳向好	头版	1月9日	章利军
中国冶金报	马钢多元力争迈上新台阶	七版头条	1月9日	章利军
中国冶金报	马钢去产能受到安徽省肯定	头版	1月11日	章利军
中国冶金报	马钢强化双引擎　再登新平台	三版	1月11日	章利军
中国冶金报	马钢锁定新年发展目标	头版二条	1月18日	章利军
安徽工人报	马钢举办多元产业合作发展大会	头版	1月22日	章利军
中国冶金报	开创钢铁智能物流的黄金途径	七版头条	1月23日	章利军
中国工业报	马钢开创钢铁智能物流黄金途径	二版	1月24日	章利军
中国冶金报	绿色矿山香满园	六版头条	1月30日	章利军
中国工业报	抢占市场高端　马钢强化技术攻关获认可	二版	1月31日	章利军
中国工业报	做优做精主业　马钢生产经营力争上台阶	二版	2月11日	章利军
安徽工人报	马钢春节期间生产创佳绩	头版二条	2月12日	章利军
中国冶金报	马钢第一资源活起来了	头版头条	2月13日	章利军
现代物流报	马钢春节期间生产创佳绩	B3版	2月13日	章利军
中国冶金报	市场高回报是如何获得?	八版	2月13日	章利军
中国冶金报	马钢过年不忘按时交货	二版	2月14日	章利军
安徽工人报	法国阿尔斯通电贺马钢	头版二条	2月18日	章利军
中国工业报	马钢信用等级上调至AAA	二版	2月18日	章利军
安徽工人报	打造现代智能物流领军企业	头版头条	2月19日	章利军
中国冶金报	当好企业环境经营的守护者	四版头条	2月19日	章利军
中国冶金报	马钢多元发展合作大会显特色	七版	2月20日	章利军
中国工业报	马钢供应阿尔斯通1万件车轮零投诉	二版头条	2月25日	章利军
中国工业报	变革突破　马钢着力提高投资回报	三版	3月7日	章利军
中国冶金报	马钢对口扶贫成功实现村出列、户脱贫	八版	3月14日	章利军
中国冶金报	马钢汽车板研发团队再获吉利奖杯	三版	3月27日	章利军
中国冶金报	不经历风雨,怎能见彩虹	三版头条	4月3日	章利军
中国冶金报	钢铁产线上灵巧的机器人	三版头条	4月4日	章利军
中国冶金报	以赛为契机描绘新发展蓝图	七版头条	4月24日	章利军
中国冶金报	第六届全国大学生物流设计大赛在马钢举办	头版	4月25日	章利军
中国冶金报	这家都市工厂“美翻了”	二版头条	4月25日	章利军
安徽工人报	马钢入选全国首批重点培养产教融合企业	头版头条	5月7日	章利军
中国工业报	全国第六届大学生物流设计大赛举行	二版	5月9日	章利军
中国工业报	去产能促转型　马钢从“新”扬帆起航	二版头条	5月9日	章利军
中国冶金报	马钢:高端家电板让客户眼睛放光	六版	5月10日	章利军
中国冶金报	马钢成为唯一入选企业	头版	5月14日	章利军
中国冶金报	马钢提前布局抗洪抢险新阵势	头版	5月16日	章利军
中国冶金报	立足岗位建功　青春百炼成钢	三版	5月17日	章利军

中国冶金报	新中国第一件车轮	头版	5月21日	章利军
安徽工人报	马钢高新智能产品精彩绽放西洽会	头版	5月20日	章利军
中国冶金报	扬帆逐浪珠三角	四版	5月22日	章利军
中国冶金报	马钢彩色车轮成功“彩绘”国际市场	头版	5月23日	章利军
中国冶金报	马钢智能制造绽放第二届西洽会	三版	5月23日	章利军
安徽工人报	马钢彩色车轮成功扮靓国际市场	二版头条	5月23日	章利军
安徽经济报	绿色高新产品登上国际舞台	四版头条	5月25日	章利军
中国冶金报	马钢提前部署抗洪抢险工作	二版	5月28日	章利军
中国冶金报	老伙伴、新伙伴都是好伙伴	二版头条	5月30日	章利军
安徽工人报	马钢机器人　产线智多星　工人好帮手	二版头条	5月30日	章利军
安徽工人报	马钢研发出国内最高级别页岩气油井钢	二版	6月4日	章利军
安徽工人报	中钢马矿院绿色矿山建设方案通过评审	二版	6月13日	章利军
现代物流报	不让一滴工业废水排放长江	七版	6月17日	章利军
中国冶金报	马钢研发出国内最高级别页岩油井钢	头版	6月18日	章利军
中国冶金报	中钢马矿院3个矿山绿色建设方案通过评审	五版	6月19日	章利军
中国冶金报	令人刮目相看的设备大夫	二版头条	6月20日	章利军
中国工业报	马钢研发高级别页岩气油井钢	三版	6月20日	章利军
中国冶金报	马钢党委精心部署主题教育	头版二条	6月27日	章利军
安徽工人报	马钢党委精心部署主题教育	头版二条	6月28日	章利军
中国工业报	令人刮目相看的设备大夫	二版	7月1日	章利军
中国冶金报	水清岸绿产业优　股股污水变清泉	六版头条	7月3日	章利军
中国冶金报	做绿色发展的贡献者	头版	7月4日	章利军
中国冶金报	马钢矿山铁人精神代代传	二版头条	7月9日	章利军
中国冶金报	当好企业环境经营的“守卫者”	四版头条	7月18日	章利军
中国冶金报	破难点　找支点　抓要点　盯重点	五版	7月23日	章利军
中国冶金报	让列车飞快安全行驶	二版头条	7月23日	章利军
中国冶金报	让美丽的云彩飘在天空	五版	7月26日	章利军
中国工业报	李红光　让列车飞快安全运行	二版	7月29日	章利军
中国冶金包	为钢企超低排放当好开路先锋	头版	8月13日	章利军
中国冶金报	“链”接上下游　铆紧利益链	头版头条	8月14日	章利军
安徽工人报	打造行业内有地位有影响的大型矿业资源集团	头版头条	8月16日	章利军
中国冶金报	马钢矿业绘出未来五年发展蓝图	头版	8月21日	章利军
中国冶金报	决胜市场　有何妙招?	五版头条	8月21日	章利军
现代物流报	绿色低碳是钢铁行业主基调	B1版头版头条	8月21日	章利军
中国冶金报	新中国第一根热轧大H型钢	头版	8月22日	章利军
中国冶金报	汗水浇灌的“特钢之花”	三版	8月28日	章利军
现代物流报	马钢矿业与研究规划院签署战略协议	B6版	8月28日	章利军
现代物流报	我国轨道交通产业化技术创新平台再添重锤	B2版	9月11日	章利军
中国冶金报	听魏尧通报:联合重组后马钢怎么干	二版	9月27日	章利军
现代物流报	为打造亿吨宝武做出马钢贡献	B1版头条	10月9日	章利军
现代物流报	奋力打造世界一流品牌新马钢	B2版头条	10月9日	章利军
安徽工人报	马钢矿业前9个月实现利润超9亿元	头版二条	10月11日	章利军
现代物流报	马钢快速分析实验室全球一流	B7版	10月14日	章利军

中国冶金报	“宝马”重组进入实质性操作阶段	头版二条	10 月 15 日	章利军
中国冶金报	马钢化工能源板块向百亿元目标进发	头版	10 月 16 日	章利军
中国冶金报	马钢快速分析实验室稳定顺行 100 天	五版	10 月 17 日	章利军
中国冶金报	打造微创新智能保卫新平台	三版头条	10 月 24 日	章利军
中国冶金报	马钢矿业前 9 个月实现利润超 7 亿元	五版	10 月 30 日	章利军
中国冶金报	江波:中国高速车轮的科研工匠	二版	10 月 31 日	章利军
安徽工人报	国内加热炉首台“智脑”在马钢投用	头版	11 月 5 日	章利军
现代物流报	国内加热炉首台“智脑”在马钢投用	B2 版	11 月 6 日	章利军
中国冶金报	马钢加热炉装上“智脑”环保经济效益显著	三版	11 月 7 日	章利军
安徽工人报	产业链延伸迈大步　一体化发展加速度	头版	11 月 8 日	章利军
中国冶金报	连续 25 天的伏击	二版	11 月 22 日	章利军
现代物流报	校企深化合作揭开新篇章	B2 版头条	12 月 11 日	章利军
中国冶金报	青山相向　花鸟为邻	六版头条	12 月 11 日	章利军
中国冶金报	从企业物流变身现代物流企业	头版	12 月 24 日	章利军
中国冶金报	马钢矿业今年预计实现利润 9.5 亿元	五版	12 月 25 日	章利军

2019年马钢编辑出版的部分书刊目录

《马钢》总目录

本刊特稿

2019,奋力奔跑　再创辉煌
——集团公司党委书记　董事长魏尧赴部分直属机构子公司二级单位调研纪实　马新平(1-4)
责任书就是"军令状"抢市场更要精气神　靳　轩(1-10)
提高政治站位　深刻领会学习
——在马钢集团党委"不忘初心,牢记使命"主题教育动员会上的讲话　魏　尧(2-4)
构建集团管控模式　激发内生发展动力
——在集团公司二级机关机构改革总结会上的讲话　魏　尧(2-8)
防风险　除隐患　遏事故　全力打造本质安全型企业　丁　毅(2-13)
共担一份责任同享一片蓝天
——写在"六·五世界环境日"来临之际　丁　毅(2-15)

变革突破进行

厘清职能　优化服务　创造价值
——行政事务中心积极谋划变革突破提高双效新思路　庞　湃(1-13)
明确路线图　吹响冲锋号
——物流公司加快落实变革新举措　利　骏　祝　凯(1-15)
突破"天花板"借力再起跳
——新型建材公司在变革中加速奔跑　靳　荣　新　华　朱中辉(1-16)

迈向高质量

马钢六项产品斩获冶金产品实物产品质量大奖　高莹茹(1-47)
托起北极能源明珠
——马钢研发团队自主研发高寒地区结构用热轧H型钢纪实　里　君　刘军捷　邢　军(1-50)
走向高端走红市场
——特钢公司创造最佳业绩探秘　章利军　罗继胜(1-52)
用行动力提升品牌力　以品牌力彰显竞争力
——马钢蝉联中国"十大卓越钢铁企业"品牌　高莹茹(2-35)
十年磨砺谱新篇
——检修公司奋力推动高质量发展纪实　梅晨光　靳　戎(2-38)
技术"扮靓"品牌　服务"抢滩"市场
——马钢抢抓机遇全力进军低温钢筋市场记略　李成鑫　石东文(2-42)
跑出加速度　闯出一片天
——技术中心特钢团队提效率增效益记略　胡乃悦　杨　龙(2-44)
抢滩前沿　逐鹿珠江
——马钢广州加工中心强化与客户战略对接记略　章利军　高用辉(2-47)
寿命提高三倍　安全效益凸显
——马钢耐蚀钢项目团队倾心研发新型耐酸性腐蚀钢记略　栖　风　杨　龙(2-49)

厂长经理话发展

强化"双引擎"　推动"全覆盖"　毛文明(1-18)
坚持变革突破　促进马钢高质量发展　张吾胜(1-21)
聚焦创新驱动　聚力管理增效　刘国平(1-24)
当好改革"排头兵"　实现发展新突破　张　华(1-27)
变革突破提效率　创新引领增效益　邱全山(1-30)
全系统精益运营　全流程高效管控　罗武龙(1-33)

多元产业

在变革创新中书写崭新篇章
——马钢大力推动多元产业快速发展纪实　荣　健(1-54)
马钢机器人,"稀树"渐成林
——飞马智科公司助力钢铁智能制造纪实　杨　军(1-57)
协同精益创新
——工程技术板块奋力开创高质量发展新局面　赵　伟　余骏平(1-59)
增强核心竞争力提升品牌影响力
——欣创公司致力打造绿色家园　欣　宣(1-62)
在螺变中孕育希望
——废钢公司创新商业模式加快转型纪实　刘　飞　杨祖年(1-64)
钢城迎盛会携手向未来
——马钢精心组织、稳步推进第六届物流大赛回眸　靳　荣　俞国沛(2-59)

为转型装上“加速器”
——矿业资源集团公司大力推动科技创新工作综述
张　泓　侯爱民(2-62)
创出智造新天地
——飞马智科公司成立一周年回眸　智　宣(2-64)

企业党建

党建标准化点燃“红色引擎”
——南山矿业公司基层党组织标准化建设综述
李先发　王汉强(1-36)
党建根基牢　发展动力足
——姑山矿业公司党委深化党建品牌创建记略
张红莲(1-38)
旗帜引领奋进路
——检修公司党建工作深度融入中心促发展记略
梅晨光　吴向敏(1-41)
融入中心工作　助力品牌建设
——轮轴事业部党委拓展基层党建工作内涵记略
杨旭东(1-44)
马钢集团公司党委关于开展“不忘初心、牢记使命”主题教育的实施方案　(2-17)
凝聚合力　筑牢基石
——炼铁总厂党委发挥核心作用深化整合工作纪实
张永中(2-23)
推动“四个强起来”全面提升组织力
——姑山矿龙山(白象山)选矿厂党总支打造基层战斗堡垒纪实　党　轩　泓　文(2-26)
强化“四融入”　筑牢“根”和“魂”
——长材事业部成品车间党支部抓党建促发展纪实
陈　慧　张瑞君(2-30)
固本强基促发展
——轮轴点检分厂党支部党建深度融入中心工作纪实
许　然(2-33)

马钢人物

“马钢芯”“中国梦”
——记“中国好人”、飞马智科工程一案经理张世友
余积意(1-66)
洒向人间有大爱
——记“全国最美家庭”、检测中心职工王强一家
黄珊珊(2-66)

《安徽冶金》总目录

·行业简讯·

第十届中韩双边先进钢铁技术研讨会在上海召开
安徽省金属学会(1-1)
安徽省金属学会召开创新驱动助力矿业发展咨询会
安徽省金属学会(1-2)
马钢1号高炉大修工程顺利竣工投产
周　飞　黄　苹(1-3)
中冶华天荣获马鞍山市市长质量奖　何彩虹(1-5)
安徽省金属学会召开两项科技成果评价会
秦玲玲等(2-1)
新时代绿色矿山建设与绿色矿业发展研讨班在马鞍山举办
何　伟(2-3)
220kV皖中长江大跨越拆除工程北跨越塔成功爆破拆除
高琪琪(2-5)
钢铁行业能源管理中心技术研讨会在马鞍山召开
秦玲玲(3-1)
冶金流程工程学学科发展及教学研讨会在马鞍山召开
秦玲玲(3-2)
中钢天源举办第二届新材料学术论坛　张金艳(3-4)
芜湖新兴铸管获评全国工业线材行业优质钢厂品牌
张晓静等(3-5)
中钢天源南京新材料研究院与中钢新型签约合作项目
肖莹莹(3-6)
中国耐火材料行业协会会长办公会暨七届七次常务理事会在瑞泰马钢召开　孙　俊(3-7)
干勇院士受聘中钢天源科技顾问　田　甜(3-8)
中国宝武与马钢集团重组对接工作全面启动
张　泓(4-1)
中国汽车企业创新“安亭指数”专家团走进江淮汽车
汪许中(4-5)
中冶华天获全国冶金建设行业BIM应用技能大赛一等奖
张　璐(4-7)
奇瑞汽车荣膺世界田径锦标赛服务用车　李　军(4-9)
江淮汽车助力2019世界制造业大会　李浩东等(4-11)
马钢首推高韧性新型铝硅镀层热成形钢　张　泓(4-13)

·试验研究·

典型合金钢棒材在线淬火-回火处理研究
陈志强　卢　勇　朱凤泉等(1-6)
基于有限元法的车轮轻量化设计
童　乐　刘　智　钟　斌等(1-10)
CO_2 非平衡态等离子体发射光谱特性研究
戴　超(1-13)
马钢4000m^{3}高炉炉缸炉底耐材性能的试验分析
张晓萍　王　洛　宋灿阳(1-17)
并罐式无钟高炉布料偏析分析
赵国磊　高成云　孙刘恒(1-21)
热处理工艺对A3车轴钢组织及力学性能的影响
胡艺耀　伍万飞　胡芳忠等(1-25)
铸余渣渣罐隔板材料的制备及性能研究
桂满城　饶　磊　刘自民等(1-29)
公路路基边坡破坏过程和治理方案研究　赵武鹏(2-6)
优化轧制工艺提升棒材线生产效率　和丽辉等(2-11)

·冶金科技·

·技术交流·

·学习园地·

·企业管理·

《冶金动力》总目录

·国庆征文·

·冶　金·

·燃 气·

·制　氧·

·热　电·

·简 讯·

《安徽冶金科技职业学院学报》总目录

冶金科学技术

·冶金与工艺·

·冶金与机械·

·冶金与自动化·

·冶金与建筑·

·综 合·

高等职业(其他)教育

企业经济与管理

人文学术研究

《马钢党校》2019 年总目次

教育培训工作研究

学习党的十九大精神

党建和思想工作

马钢管理研究

教学与科研

纵　横　谈

# 马鞍山钢铁股份有限公司
2019年年度报告(摘编)

一、公司简介

1. 公司信息

公司的中文名称	马鞍山钢铁股份有限公司
公司的中文简称	马钢股份
公司的外文名称	MAANSHAN IRON & STEEL COMPANY LIMITED
公司的外文名称缩写	MAS C. L.
公司的法定代表人	丁毅

2. 联系人和联系方式

职务	董事会秘书、联席公司秘书	联席公司秘书
姓名	何红云	赵凯珊
联系地址	中国安徽省马鞍山市九华西路8号	中国香港中环德辅道中61号华人银行大厦12楼1204-06室
电话	86-555-2888158/2875251	(852)21552649
传真	86-555-2887284	(852)21559568
电子信箱	mggfdms@ magang. com. cn	rebeccachiu@ chiuandco. com

3. 基本情况简介

公司注册地址	中国安徽省马鞍山市九华西路8号
公司注册地址的邮政编码	243003
公司办公地址	中国安徽省马鞍山市九华西路8号
公司办公地址的邮政编码	243003
公司网址	http://www. magang. com. cn(A股);http://www. magang. com. hk(H股)
电子信箱	mggfdms@ magang. com. cn

4. 信息披露及备置地点

公司选定的信息披露报纸名称	上海证券报
登载年度报告的中国证监会指定网站的网址	www. sse. com. cn
公司年度报告备置地点	马鞍山钢铁股份有限公司董事会秘书室

5. 公司股票简况

公司股票简况			
股票种类	股票上市交易所	股票简称	股票代码
A 股	上海证券交易所	马钢股份	600808
H 股	香港联合交易所有限公司	马鞍山钢铁	00323

6. 其他有关资料

公司聘请的会计师事务所	名称	安永华明会计师事务所(特殊普通合伙)
	办公地址	中国北京市东城区东长安街 1 号东方广场安永大楼 16 层
	签字会计师姓名	安秀艳、巩伟

二、发行及上市

1993 年 9 月 1 日,本公司正式成立,并被国家列为首批在境外上市的九家股份制规范化试点企业之一。公司 1993 年 10 月 20 日—10 月 26 日在境外发行了 H 股,同年 11 月 3 日在香港联交所挂牌上市;1993 年 11 月 6 日—12 月 25 日在境内发行了人民币普通股,次年 1 月 6 日、4 月 4 日及 9 月 6 日分三批在上海证券交易所挂牌上市。

三、会计数据和财务指标摘要

1. 主要会计数据

单位:千元　币种:人民币

	2019 年	2018 年	本年比上年增减/%	2017 年
总资产	86322044	76871999	12. 29	72191590
营业收入	78262846	81951813	-4. 50	73228030
归属于上市公司股东的净利润	1128149	5943287	-81. 02	4128940
归属于上市公司股东的扣除非经常性损益的净利润	1635501	5092357	-67. 88	3969087
归属于上市公司股东的净资产	26933162	28173623	-4. 40	23895740
经营活动产生的现金流量净额	7865957	13870430	-43. 29	4599822
期末总股本	7700681	7700681	—	7700681

2. 主要财务指标

主要财务指标	2019 年	2018 年	本期比上年同期增减/%	2017 年
基本每股收益(元/股)	0. 147	0. 772	-80. 96	0. 536
稀释每股收益(元/股)	0. 147	0. 772	-80. 96	0. 536
扣除非经常性损益后的基本每股收益(元/股)	0. 212	0. 661	-67. 93	0. 515
加权平均净资产收益率(%)	4. 09	22. 68	减少 18. 59 个百分点	18. 92
扣除非经常性损益后的加权平均净资产收益率(%)	5. 94	19. 44	减少 13. 50 个百分点	18. 18

3. 非经常性损益项目和金额

单位：千元　币种：人民币

非经常性损益项目	2019年金额	2018年金额	2017年金额
非流动资产处置损益	-77058	371280	-176952
计入当期损益的政府补助，但与公司正常经营业务密切相关，符合国家政策规定、按照一定标准定额或定量持续享受的政府补助除外	579015	337543	409514
员工辞退补偿	-1163531	-150464	-216124
除同公司正常经营业务相关的有效套期保值业务外，持有交易性金融资产、交易性金融负债产生的公允价值变动损益，以及处置交易性金融资产、交易性金融负债和以公允价值计量且其变动计入其他综合收益的金融资产取得的投资收益	249161	225957	217459
单独进行减值测试的应收款项减值准备转回	—	—	3632
处置了公司股权的投资收益	—	188829	737
非同一控制下企业合并公允价值调整产生的投资收益	—	—	391
联合营公司增资导致股权被动稀释产生的投资损失	—	—	-22335
处置联营公司取得的投资收益	-16	7690	—
除上述各项之外的其他营业外收入和支出	3444	-1034	-11147
少数股东权益影响额	-23911	-40870	-11689
所得税影响额	-74457	-88002	-33634
合计	-507353	850929	159851

4. 采用公允价值计量的项目

单位：千元　币种：人民币

项目名称	期初余额	期末余额	当期变动	对当期利润的影响金额
交易性金融资产	2084414	2126112	41698	175611
交易性金融负债	8013	2259	-5754	5754
应收款项融资	4970114	11098699	6128586	—
其他权益工具投资	263122	278577	15454	—
合计	7325663	13505647	6179984	181365

四、2019年经营情况及2020年工作措施

按中国企业会计准则计算，本集团2019年营业收入为人民币78263百万元，同比减少4.50%；归属于上市公司股东的净利润为人民币1128百万元，同比减少81.02%；基本每股收益为人民币0.147元，同比减少

80.96%。报告期末,本集团总资产为人民币86322百万元,同比增长12.29%;归属于上市公司股东的净资产为人民币26933百万元,同比减少4.40%。

按中国企业会计准则计算,2019年度,本公司实现净利润人民币794百万元,计提10%法定盈余公积后,2019年年末可供股东分配的利润为人民币3288百万元。综合考虑公司盈利及未来可持续发展,董事会建议派发2019年年末期股利每股现金人民币0.08元(含税),未分配利润结转至2020年度,不进行资本公积金转增股本。该等分配方案尚待提交股东周年大会审议批准。

2019年是公司发展史上具有里程碑意义的一年。在安徽省和中国宝武的主导下,公司加入中国宝武,这为公司加快高质量发展提供了新平台。一年来,公司坚持稳中求进工作总基调,深入贯彻落实安徽省委省政府、中国宝武重大战略部署,在全球经济处于下行周期、中国经济增速放缓的大背景下,积极应对两头市场的急剧变化,强化"效益、效率"双引擎,聚焦变革突破,聚力价值创造,持续推动钢铁主业做优做精,虽受钢铁行业产能增加以及铁矿石、废钢、煤炭等主要原燃料价格或快速上涨或高位波动的影响,公司盈利空间受到明显挤压,但仍实现了企业经营的平稳有序。主要工作有:

1. 全面推进与中国宝武重组工作,协同效应逐步显现。成为中国宝武的一员后,公司积极推进与中国宝武的整合融合工作,有序开展管理对接工作,全面启动与中国宝武在绿色发展·智慧制造等方面的协同工作和专业化整合融合百日行动计划。

2. 做优做精钢铁主业,运营质量稳步提升。在公司于2018年4月关停两座420立方米高炉、于2018年10月关停两座40吨转炉,以及2019年1到2月份一座2500立方米高炉大修的情况下,通过柔性组产和精益制造,本集团全年生产生铁1810万吨、粗钢1984万吨、钢材1877万吨,同比略有增加。坚持效益最大化原则,持续扩大高附加值产品比重,全年品种钢比例55.5%;深入推行精益营销,持续优化客户渠道,新开发终端用户102家,板带直供比达到81.1%;加快推进重点产品认证,铁道车辆用高耐蚀热连轧钢板产品通过CRCC产品认证,汽车板70个牌号产品通过上汽大众、上汽通用等主机厂认证,马钢"中国标准动车组复兴号车轮"荣获2019世界制造业大会创新产品金奖。

3. 持续深化改革管理,不断激发发展活力。创新绩效考评机制,构建以EVA和清单制考核为主的考核指标体系;为进一步强化资源业务整合,公司整合成立炼铁总厂,有序推进轨道交通资源整合;持续优化人力资源,按每年8%底线要求,积极推进"减总量、调结构、提素质、增活力",完善配套政策,实施流程再造,推行扁平化管理,人事效率显著提升;加强创新型人才培养,系统推进"1+2+4"人才培养工程,实施"领航计划"和"腾飞计划"。

4. 深入推进技术创新,技术创新持续发力。深入推行"基地+"技术创新模式,与北科大合作实施多个智能制造项目,与清华大学联合打造铁基新材料联合研究中心;不断加快创新平台建设,"轨道交通关键零部件先进制造技术"国家地方联合工程研究中心获批成立并挂牌运行;大力实施技术研发攻关项目,全年承担省级以上科研项目13项,开展73项新产品开发项目,获冶金科学技术奖3项,其中公司主导或参与的"重载车轴钢冶金技术研发创新及产品开发""热轧板带材表面氧化机理研究与新一代控制技术开发及应用"获一等奖。

5. 不断深化品牌建设,企业形象有效提升。以落实品牌建设20项年度重点工作为抓手,持续完善品牌培育管理体系,积极参加"第19届中国国际冶金工业展""2019世界制造业大会"等国际国内展会,加大品牌传播力度。在中钢协2019年冶金行业管理现代化创新成果奖评比中,2项成果获奖。公司还获上市公司百强高峰论坛授予中国百强企业奖,获港股100强研究中心授予"综合实力100强"。

6. 持续打造"三型"企业,风险控制有力加强。围绕打造本质安全型企业,强化安全"1000"理念,压实安全责任,深入开展"1+5+N"安全专项治理,公司安全生产形势总体平稳;围绕打造本质环保型企业,加快实施三年超低排放改造系列项目,组织开展长江大保护系列工作,深入落实中央环保督察的要求;围绕打造财务稳健型企业,健全投资收益机制,从严从紧控制资金支出,优化融资结构,积极争取政策资金。

7. 积极投身精准扶贫攻坚战,扶贫工作取得实效。本公司继续致力于推动企业与社会的全面协调发展,在马钢集团的支持和帮助下,派出扶贫工作队驻村开展产业扶贫、教育扶贫、结对帮扶,扶贫工作取得积极成效,并获安徽省好评。

2020年,本公司在坚持稳中求进工作总基调、贯彻新发展理念的同时,将强化中国宝武"超越自我、跑赢大盘、追求卓越”的绩效导向，以“三高两化”为实施路径，以改革为动力，以创新促发展，聚焦整合融合，全面对标找差，努力开创公司高质量发展新局面。2020年，本集团计划生产生铁1820万吨、粗钢2020万吨、钢材1910万吨，与2019年产量相比，分别增加0.55%、1.81%和1.81%，其中本公司计划生产生铁1440万吨、粗钢1590万吨、钢材1466万吨，与2019年产量相比，分别增加2.49%、3.92%和2.95%。拟采取的主要措施有：

1. 深入贯彻中国宝武总体发展战略，编制新一轮发展规划。公司根据中国宝武发展战略和公司产品产线定位，聚焦轮轴、板带、精品长材三大系列和专业化产品，围绕板材综合竞争力进入行业第一梯队、轮轴国内外综合竞争力第一、H型钢国内综合竞争力第一、特钢打造为精品优特钢棒线材基地的目标，积极谋划钢铁产业战略规划调整提升工作，实现对中国宝武总体规划的有效承接。

2. 持续完善与中国宝武对接机制，发挥协同效益。按照“统一语言、统一规则、统一平台”要求，加速与中国宝武的深度融合，推进研发、采购、制造、销售、资金、管理和产业链延伸等全方位协同，重点抓好9个技术支撑项目和14个管理支撑项目的落地，有效支撑高端产品技术突破和管理体系能力提升，力争全年实现协同效益人民币16亿元。

3. 坚持北区填平补齐和南区专业化生产，塑造竞争新优势。快速实施北区配套项目，完善一钢轧和特钢产能布局，通过加快技术改造，系统解决铁烧焦不平衡和铁钢不平衡的问题，提升南区专业化生产能力，助推中国宝武成为全球钢铁业引领者。

4. 继续提升制造水平，进一步发挥规模优势。以高炉为中心，进一步完善高炉体检风险预警机制，强化系统联动，夯实高炉稳定高效运行基础，实现高炉高水平下的稳定顺行；优化铁钢比，着力提高产能利用率和订单兑现率，实现增量增收增效。

5. 全面对标找差，追求极致高效。坚持有所为有所不为，加快系统配套，快速提升系统效率；全面对标找差，树立以关键技术经济指标提升为降本增效主渠道的考核导向，以去年指标最好的三个月平均水平为起点，强化产线分工，追求极致高效，进一步改善指标、优化结构、高效组产、降低成本。

6. 建设绿色钢厂，打造智慧钢企。以2021年中国宝武绿色发展·智慧制造大会在马钢召开为契机，落实“两于一入”“三治四化”要求，按中国宝武的部署，制定落实工作方案，加快实施超低排放改造项目，显著提升马钢绿色发展指数水平；按照“四个一律”要求，实施一批智慧制造样板项目，支撑产品质量的一致性、稳定性、可靠性，促进安全、效率、环境、组织优化。

7. 聚集钢铁主业，持续推进瘦身健体。通过专业化整合和资产运营，聚焦钢铁主业，降低“两金”占用，进一步提高资产、资金和人事效率；以投入产业效益为衡量，进一步压减法人。

8. 变革薪酬体系，突出激励导向。新形势下，进一步完善公司治理，探索长期性激励形式，建立健全并实施持续、稳定的激励与约束机制，调动核心人才和优秀骨干的积极性；强化绩效考核导向，聚集关键指标，确保商业计划书的落实。

五、研发投入

研发投入情况表

单位：百万元

本期费用化研发投入	846.47
本期资本化研发投入	—
研发投入合计	846.47
研发投入总额占营业收入比例/%	1.08
公司研发人员的数量	1738
研发人员数量占公司总人数的比例/%	6.63
研发投入资本化的比重/%	—

六、投资项目进展

重大的非股权投资

单位:百万元

项目名称	预算总投资额	报告期新增投资额	工程进度/%
品种质量类项目	9446	1911	51
节能环保项目	5861	982	42
设备更新及其他技改项目	1809	620	79
其他工程	不适用	87	不适用
合计	—	3600	—

报告期末,主要在建工程项目的具体情况如下:

单位:百万元　币种:人民币

项目名称	预算总投资	工程进度
重型H型钢轧钢生产线项目	1650	设备安装、调试阶段
马钢原料场环保升级及智能化改造工程	1500	桩基施工,智能化决策系统测试
马钢合肥公司环保搬迁项目—焦炉系统工程	1260	桩基施工
节能减排CCPP综合利用发电工程	1025	土建基础施工
马钢长材系列升级改造工程公辅配套项目	520	设备调试阶段
特钢公司新建大方坯连铸机及配套改造工程	435	设备安装、单体调试
1720酸轧线改造	429	开工前准备
煤焦化公司新建筒仓项目	420	一期基本完工,二期开工前准备
马钢220kV输变电-CCPP公辅电力配套工程	374	前期准备
重型H型钢生产线异型坯连铸机工程	330	设备调试阶段
马钢南区新建CCPP公辅燃气、热力配套工程	291	开工前准备
冷轧总厂1号镀锌线设备能力提升改造工程	280	开工前准备
马钢高端汽车和轨道交通零部件线棒材深加工项目	268	设备安装调试阶段
炼焦总厂7号、8号焦炉烟气脱硫脱硝项目	150	7号焦炉建成投产,8号焦炉开工前准备
炼焦总厂7号、8号焦炉烟气脱硫脱硝项目	150	吸附塔钢结构安装,电控楼施工
合计	8932	—

七、重要事项

1. 公司、股东、实际控制人、收购人、董事、监事、高级管理人员或其他关联方在报告期内或持续到报告期内的承诺事项

▶　马钢集团于2015年承诺将通过马钢投资公司以合法合规的方式,以适当价格增持不低于人民币4.09亿元马钢股份A股,增持计划全部实施完成后6个月内不出售所增持的股份。

随着钢铁行业去杠杆工作的深入,马钢集团在2020年将继续加大去杠杆的力度,可能使资金面较为紧张。此外,马钢集团正在进行产业整合,故资金需求较大。截至目前尚未筹措足额增持资金。

马钢集团将在保障生产经营正常资金运转的前提下,积极筹措资金,通过合法合规的方式实施增持计划并

严格履行信息披露义务。

▶　中国宝武于2019年向中国证监会申请豁免要约收购本公司股份(A股)期间,为避免同业竞争事项,出具《关于避免同业竞争的承诺函》,承诺:

"(1)针对本次收购完成后宝钢股份与马钢股份存在的部分业务重合情况,根据现行法律法规和相关政策的要求,本公司将自本承诺函出具日起5年内,并力争用更短的时间,按照相关证券监管部门的要求,在符合届时适用的法律法规及相关监管规则的前提下,本着有利于上市公司发展和维护股东利益尤其是中小股东利益的原则,综合运用资产重组、业务调整、委托管理等多种方式,稳妥推进相关业务整合以解决同业竞争问题。

前述解决方式包括但不限于:

1)资产重组:采取现金对价或者发行股份对价等相关法律法规允许的不同方式购买资产、资产置换、资产转让或其他可行的重组方式,逐步对宝钢股份与马钢股份存在业务重合部分的资产进行梳理和重组,消除部分业务重合的情形;

2)业务调整:对宝钢股份与马钢股份的业务边界进行梳理,尽最大努力使两家上市公司之间实现差异化的经营,例如通过资产交易、业务划分等不同方式实现业务区分,包括但不限于在业务构成、产品档次、应用领域与客户群体等方面进行区分;

3)委托管理:通过签署委托协议的方式,由一方将业务存在重合的部分相关资产经营涉及的决策权和管理权全权委托另一方进行统一管理;

4)在法律法规和相关政策允许的范围内其他可行的解决措施。上述解决措施的实施以根据相关法律法规履行必要的上市公司审议程序、证券监管部门及相关主管部门的审批程序为前提。

(2)本公司目前尚未就解决宝钢股份与马钢股份存在的部分业务重合问题制定具体的实施方案和时间安排,本公司将在制定出可操作的具体方案后及时按相关法律法规要求履行信息披露义务;

(3)除上述情况外,本公司或其他子公司获得与马钢股份的业务可能产生竞争的业务机会时,本公司将尽最大努力给予马钢股份该类机会的优先发展权和项目的优先收购权,促使有关交易的价格是公平合理的,并将以与独立第三者进行正常商业交易时所遵循的商业惯例作为定价依据;

(4)本公司保证严格遵守法律、法规以及上市公司章程及其相关管理制度的规定,不利用上市公司间接控股股东的地位谋求不正当利益,进而损害上市公司其他股东的权益;

(5)在中国宝武拥有马钢股份控制权期间,本公司作出的上述承诺均有效。如出现违背上述承诺情形而导致马钢股份权益受损的情形,中国宝武愿意承担相应的损害赔偿责任。"

报告期,中国宝武未违反该项承诺。

▶　中国宝武于2019年向中国证监会申请豁免要约收购本公司股份(A股)期间,为规范和减少中国宝武与本公司发生关联交易,出具《关于规范和减少关联交易的承诺函》,承诺:

"(1)中国宝武将确保马钢股份的业务独立、资产完整,具备独立完整的产、供、销以及其他辅助配套的系统。

(2)中国宝武及中国宝武控制的其他企业不会利用对马钢股份的控制权谋求与马钢股份及其下属企业优先达成交易。

(3)中国宝武及中国宝武控制的其他企业将避免、减少与马钢股份及其下属企业之间不必要的交易。若存在确有必要且不可避免的交易,中国宝武及中国宝武控制的其他企业将与马钢股份及其下属企业按照公平、公允、等价有偿等原则依法签订协议,履行合法程序,并将按照有关法律、法规及规范性文件的要求和《马鞍山钢铁股份有限公司章程》的规定,依法履行信息披露义务并履行相关的内部决策、报批程序,保证不以与市场价格相比显失公允的条件与马钢股份及其下属企业进行交易,亦不利用该类交易从事任何损害马钢股份及其股东的合法权益的行为。

(4)如中国宝武违反上述承诺,中国宝武将依法承担及赔偿因此给马钢股份造成的损失。"

报告期,中国宝武未违反该项承诺。

▶　中国宝武于2019年向中国证监会申请豁免要约收购本公司股份(A股)期间,为持续保持本公司的独立性,出具《关于保证上市公司独立性的承诺函》,承诺:

“(1)中国宝武保证在资产、人员、财务、机构和业务方面与马钢股份保持分开,并严格遵守中国证监会关于上市公司独立性的相关规定,不利用控股地位违反马钢股份规范运作程序、干预马钢股份经营决策、损害马钢股份和其他股东的合法权益。中国宝武及其控制的其他下属企业保证不以任何方式占用马钢股份及其控制的下属企业的资金。

(2)上述承诺于中国宝武对马钢股份拥有控制权期间持续有效。如因中国宝武未履行上述所作承诺而给马钢股份造成损失,中国宝武将承担相应的赔偿责任。”

报告期,中国宝武未违反该项承诺。

八、股份变动及股东情况

1. 股份变动情况

报告期内,公司股份总数及股本结构未发生变化。

2. 股东总数:

截至报告期末普通股股东总数(户)	203898
年度报告披露日前上一月末的普通股股东总数(户)	197388

3. 截至报告期末前十名股东、前十名流通股东持股情况表

单位:股

前十名股东持股情况							
股东名称	报告期内增减	期末持股数量	比例/%	持有有限售条件股份数量	质押或冻结情况		股东性质
					股份状态	数量	
马钢(集团)控股有限公司	—	3506467456	45.54	—	无	—	国有法人
宝钢香港投资有限公司(注)	未知	894718458	11.62	—	未知	未知	国有法人
香港中央结算(代理人)有限公司(注)	-894210208	822352592	10.68	—	未知	未知	未知
中央汇金资产管理有限责任公司	—	142155000	1.85	—	未知	未知	国有法人
香港中央结算有限公司	未知	115225937	1.50	—	未知	未知	未知
福建滚雪球投资管理有限公司-嘉耀滚雪球1号证券投资基金	未知	55604486	0.72	—	未知	未知	未知
中国银行股份有限公司-富国中证国企一带一路交易型开放式指数证券投资基金	未知	34038300	0.44	—	未知	未知	未知

续表

前十名股东持股情况							
股东名称	报告期内增减	期末持股数量	比例/%	持有有限售条件股份数量	质押或冻结情况		股东性质
					股份状态	数量	
西藏富通达投资有限公司	未知	29610600	0.38	—	未知	未知	未知
招商银行股份有限公司-上证红利交易型开放式指数证券投资基金	未知	29521813	0.38	—	未知	未知	未知
中国农业银行股份有限公司-中证500交易型开放式指数证券投资基金	未知	29348549	0.38	—	未知	未知	未知
上述股东关联关系或一致行动的说明	报告期末，马钢(集团)控股有限公司与宝钢香港投资有限公司的控股股东均为中国宝武，属一致行动人。除此之外，马钢(集团)控股有限公司与前述其他股东之间不存在关联关系，亦不属一致行动人，但本公司并不知晓前述其他股东之间是否存在关联关系及是否属一致行动人。						

注：报告期末，中国宝武之全资子公司宝钢香港投资有限公司共持有本公司H股896387958股，约占本公司总股本的11.64%，其中直接持有894718458股，通过香港中央结算(代理人)有限公司持有1669500股。香港中央结算(代理人)有限公司持有本公司H股822352592股乃代表其多个客户所持有。

报告期内，马钢(集团)控股有限公司所持股份没有被质押、冻结或托管的情况，但本公司并不知晓其他持有本公司股份5%以上(含5%)的股东报告期内所持股份有无被质押、冻结或托管的情况。

香港中央结算(代理人)有限公司持有本公司H股822352592股乃代表其多个客户所持有。

于2019年12月31日，尽本公司所知，根据《证券及期货条例》之规定，以下人士持有本公司股份及相关股份之权益或淡仓而记入本公司备存的登记册中：

股东名称	持有或被视作持有权益的身份	持有或被视作持有权益的股份数量(股)	占公司已发行H股之大致百分比(%)
宝钢香港投资有限公司	实益持有人	896387958(好仓)	51.73
The Goldman Sachs Group, Inc.	大股东控制的法团的权益	84379331(好仓)	4.87
		79353863(淡仓)	4.58
Citigroup Inc.	大股东控制的法团的权益	85240224(好仓)	4.91
		9663130(淡仓)	0.55
	核准借出代理人	74757584(可供借出的股份)	4.31
UBS Group AG	大股东控制的法团的权益	67736393(好仓)	3.91
		30271597(淡仓)	1.75
Credit Suisse Group AG	大股东控制的法团的权益	61251196(好仓)	3.53
		36367078(淡仓)	2.10

于 2019 年 12 月 31 日,公司董事、监事及高级管理人员均未在本公司或本公司相联法团(定义见《证券及期货条例》)的股份、相关股份及债券中拥有权益或淡仓。

除上述披露外,于 2019 年 12 月 31 日,本公司并未知悉任何根据《证券及期货条例》而备存的登记册所记录之权益或淡仓。

4. 公司与实际控制人之间的产权及控制关系的方框图

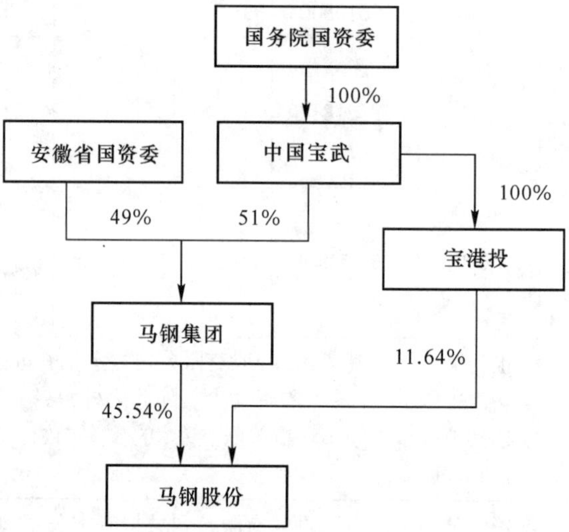

九、董事、监事、高级管理人员情况

现任及报告期内离任董事、监事和高级管理人员持股变动及报酬情况

姓名	职务	任期起始日期	任期终止日期	报告期内从公司获得的税前报酬总额(万元)
丁　毅	董事长	2013-8-9	2020-11-30	—
王强民	董事	2020-3-5	2020-11-30	—
	总经理	2019-12-30	2020-11-30	—
钱海帆	董事	2011-8-31	2020-11-30	84.76
	总经理	2011-7-14	2019-12-30	
张文洋	董事	2017-11-30	2020-11-30	65.83
	副总经理	2017-2-14	2020-11-30	
任天宝	董事	2011-8-31	2020-11-30	—
张春霞	独立董事	2017-11-30	2020-11-30	10.00
朱少芳	独立董事	2017-11-30	2020-11-30	10.00
王先柱	独立董事	2017-11-30	2020-11-30	10.00
张晓峰	监事会主席	2008-8-31	2020-11-30	76.60

续表

姓名	职务	任期起始日期	任期终止日期	报告期内从公司获得的税前报酬总额(万元)
张乾春	监事	2017-11-30	2020-11-30	—
严开龙	监事	2015-12-1	2020-11-30	52.63
秦同洲	独立监事	2017-11-30	2020-11-30	7.37
杨亚达	独立监事	2017-11-30	2020-11-30	7.37
田　俊	副总经理	2017-2-14	2020-11-30	67.13
伏　明	副总经理	2017-10-11	2020-11-30	65.60
何红云	董事会秘书	2018-4-19	2020-11-30	41.39
陆克从	副总经理	2011-7-14	2019-12-30	76.60
合　计	—	—	—	575.28

十、内部控制

公司第九届董事会第三十次会议于2020年3月30日审议通过《公司2019年度内部控制评价报告》，确认本公司2019年度内部控制有效。

安永华明会计师事务所(特殊普通合伙)为本公司2019年度财务报告相关内部控制有效性进行了审计，并出具了无保留意见的内部控制审计报告。

十一、A股及H股市场表现

2019年年末，马钢A股收盘价为人民币2.99元，比上年末下跌13.58%；H股收盘价为港币3.16元，比上年末下跌8.41%。

(李　伟)

图书在版编目(CIP)数据

马钢年鉴.2020/《马钢年鉴》编辑委员会编.—北京：冶金工业出版社，2020.12
ISBN 978-7-5024-8647-1

Ⅰ.①马…　Ⅱ.①马…　Ⅲ.①马鞍山钢铁公司—2020—年鉴　Ⅳ.①F426.31-54

中国版本图书馆 CIP 数据核字(2020)第 242736 号

出 版 人　苏长永
地　　址　北京市东城区嵩祝院北巷 39 号　邮编　100009　电话　(010)64027926
网　　址　www.cnmip.com.cn　电子信箱　yjcbs@cnmip.com.cn
责任编辑　杜婷婷　俞跃春　美术编辑　彭子赫　版式设计　孙跃红　禹　蕊
责任校对　王永欣　责任印制　禹　蕊
ISBN 978-7-5024-8647-1
冶金工业出版社出版发行；各地新华书店经销；北京捷迅佳彩印刷有限公司印刷
2020 年 12 月第 1 版，2020 年 12 月第 1 次印刷
787mm×1092mm　1/16；18.75 印张；4 彩页；621 千字；279 页
198.00 元

冶金工业出版社　投稿电话　(010)64027932　投稿信箱　tougao@cnmip.com.cn
冶金工业出版社营销中心　电话　(010)64044283　传真　(010)64027893
冶金工业出版社天猫旗舰店　yjgycbs.tmall.com
（本书如有印装质量问题，本社营销中心负责退换）